Franz-Josef-Land
bergen
Barents-See
Murmansk
RUSSISCHES REICH
Jakutsk
Ochotsk
Kamtschatka
Ochotskisches Meer
Sachalin
Kurilen
WEDEN
St. Petersburg
ckholm
Jekaterinburg
Moskau
Irkutsk
Chabarowsk
REICH
Warschau
MONGOLEI
STERR.-
NGARN
Wladiwostok
Taschkent
Peking
Port Arthur
Konstantinopel
Kaspisches Meer
Tientsin
Seoul
Tokyo
IEN
OSMANISCHES REICH
CHINA
Kiautschou
JAPAN
Teheran
Kabul
Sian
Mittelmeer
Jaffa
Bagdad
PERSIEN
TIBET
Nanking
Shanghai
Lhasa
BYEN
Kairo
Delhi
Yün-nan
Pazifischer Ozean
Karachi
Kanton
ÄGYPTEN
Calcutta
BRIT. INDIEN
Hongkong
Maskat
Macau
ARABIEN
Mandalay
KA
Mekka
Bombay
Marianen
Karthum
Arabisches Meer
Bangkok
ANGLO-ÄGYPT. SUDAN
Goa
Madras
SIAM
Philippinen
Saigon
Addis Abeba
Südchinesisches Meer
Karolinen
ITAL. SOMALILAND
Colombo
ERUN
Singapore
DT.-SÜDSEE-KOLONIEN
Mogadischu
BELG. KONGO
Borneo
Neu-Guinea
Samoa-Inseln
Sumatra
oldville
DT.-OSTAFRIKA
NIEDERLÄNDISCH INDIEN
Herbertshöhe
Batavia
Daressalam
Java
Port Moresby
Port Darwin
guela
Moçambique
Korallenmeer
Salisbury
Indischer Ozean
ÜDWESTAFRIKA
MADAGASKAR
Johannesburg
AUSTRALIEN
SÜDAFRIKAN. UNION
Fremantle
Kapstadt
Adelaide
Sydney
Kap der guten Hoffnung
Melbourne
Tasmanische See
Neu-Seeland
0
1000
2000
3000 km

GISELA GRAICHEN • HORST GRÜNDER

DEUTSCHE KOLONIEN

3. Auflage 2005

ISBN-13: 978-3-550-07637-4
ISBN-10: 3-550-07637-1

Lektorat: Annalisa Viviani, München
Buchgestaltung und Layout:
Büro Jorge Schmidt, München
Karten: Peter Palm, Berlin,
nach Vorlagen des Ferdinand Schöningh Verlags, Paderborn
Repro: Franzis print & media GmbH, München
Druck und Bindung: Westermann Druck, Zwickau

GISELA GRAICHEN • HORST GRÜNDER

DEUTSCHE KOLONIEN

Traum und Trauma

Unter Mitarbeit von
Holger Diedrich

ULLSTEIN

Inhalt

◆

Deutscher Kolonialismus – ein Sonderweg?

Am Dienstag, den 8. August 1967, versuchten Studenten auf dem Gelände der Hamburger Universität die bronzene Statue eines berühmten deutschen Afrikareisenden und Kolonialeroberers vom Sockel zu stürzen. Sein Name: Hermann von Wissmann, »Deutschlands größter Afrikaner«, seinen zeitgenössischen Biographen zufolge. Die revoltierenden Studenten sahen in dem Denkmal eine Epoche kolonialer Fremdbestimmung und Ausbeutung verkörpert, die stellvertretend für die politischen Ziele der eigenen Zeit zu stehen schienen.

Tatsächlich dürfte den meisten Studenten und ihren Mitmenschen der Name Wissmann wenig gesagt haben, spielte – und spielt – die deutsche Kolonialgeschichte im Geschichtsbewußtsein der Deutschen doch eher eine beiläufige Rolle. Das mag aus der Kurzlebigkeit des deutschen Kolonialreichs resultieren: Es hatte nur dreißig Jahre Bestand (1884 bis 1914). Und es war relativ folgenlos für das gegenwärtige politisch-historische Bewußtsein. Daß das Deutsche Reich 1919 im Versailler Friedensvertrag seine Kolonien in Afrika, Asien und in der Südsee definitiv verloren hatte, wurde geradezu erleichtert registriert. Deutschland schien für die imperialistische Vergangenheit Europas und die anschließend heftig einsetzende Diskussion um die Probleme von »Ausbeutung« und »Unterentwicklung« nur indirekt Verantwortung zu tragen. Im übrigen sind bis heute die Beziehungen Deutschlands zu seinen ehemaligen Kolonien weitgehend unbelastet durch die koloniale Vergangenheit. Eine Ausnahme bildet in mancher Hinsicht die ehemalige Kolonie Deutsch-Südwest, das heutige Namibia. Im Zeitalter des Kalten Krieges war es die strategische Bedeutung des Landes, die Europa lange am Mandatsregime Südafrikas in Südwestafrika festhalten ließ. 2001 kamen die Entschädigungsklagen der Herero über den Völkermord der Deutschen im Herero-Nama-Aufstand von 1904/07 hinzu.

Deutsche Kolonialgeschichte bleibt nicht auf das kurzlebige Überseeimperium des Kaiserreichs beschränkt. Vielmehr ist die deutsche Kolonialexpansion in den achtziger Jahren des 19. Jahrhunderts in einen über fünf Jahrhunderte währenden komplexen Prozeß eingebettet. Dieser unterstreicht die Kontinuität sowie die Einheit der westlichen Kolonialgeschichte. Doch blieben im 16. und 17. Jahrhundert die Bemühungen um die Begründung deutscher Kolonialgebiete in der »Neuen Welt« – trotz des nicht unerheblichen Anteils deutscher Entdecker, Wissenschaftler, Forscher, Missionare, Bergleute, Söldner sowie Kaufleute – für die deutsche Kolonialgeschichte ergebnislos. Nicht viel erfolgreicher gestalteten sich die Kolonialpläne und Kolonialgründungen des 18. Jahrhunderts.

Erst in den 1840er Jahren begannen planmäßige deutsche Kolonialversuche und Kolonialgründungen. Nach der gescheiterten Revolution von 1848 kamen diese Bemühungen vorerst zum Stillstand. Die Reichsgründung von 1871 schuf schließlich eine neue Ausgangssituation, wenn es auch noch Jahre dauerte, bis eine zielstrebige Kolonialagitation und sich formierende Kolonialbewegung die Voraussetzungen für eine aktive Kolonialpolitik bildeten. Allerdings besaß gerade dieser stets nur aufholende und sich um einen »Platz an der Sonne« mühende deutsche Kolonialismus in stärkerem Maße als bei den etablierten Kolonialmächten Züge von Improvisation und Überheblichkeit.

Den deutschen Bestrebungen um ein Kolonialreich, wie es andere europäische Nationen besaßen, schloß sich zudem eine bis in den Nationalsozialismus reichende revisionistische Agitation an. Kolonialphantasien standen neben dem imaginären Ausbau eines kolonialen Weltreichs. Nach dem Zweiten Weltkrieg verdrängte die kritische Auseinandersetzung mit der deutschen Kolonialvergangenheit allerdings schnell die wenigen, politisch kaum noch relevanten Töne der Rechtfertigung.

Die deutsche Kolonialgeschichte ist eingebettet in die Globalisierung der Weltgeschichte. Dieser historische Prozeß nahm seinen Ausgangspunkt in den Entdeckungsfahrten der frühen Neuzeit und erreichte Ende des 19. Jahrhunderts einen weiteren, letzten Anlauf zur Weltbeherrschung Europas. Darum spricht wenig dafür, im Hinblick auf das kurzlebige deutsche »Kolonialabenteuer« im Kaiserreich neue »Kontinuitätsthesen« in bezug auf das Dritte Reich oder gar einen erneuten »deutschen Sonderweg« zu konstruieren. Es sei denn, man hebt auf die relative Verspätung des deutschen Kolonialismus ab. Sie stellt das Deutsche Reich allerdings in eine Reihe mit Italien, Belgien und den USA. Diese Einheit und Kontinuität des neuzeitlichen europäischen Kolonialismus gilt letztlich auch für die westlichen rassischen und rassistischen Vorstellungen und Konzepte, die Bestandteil der abendländisch-westlichen Expansionsgeschichte waren. Selbst die Eskalation von Machtmißbrauch in den afrikanischen Kolonien hatte Parallelen in den Gewaltexzessen anderer Kolonialmächte. Das deutsche Kolonialzeitalter war somit nicht nur eine historische Episode, sondern vielmehr Teil eines welthistorischen Vorgangs, in dem Kolonialismus und Imperialismus die eine Welt – mehr oder weniger gewaltsam – zusammenfügten.

Der lange Weg zum Kolonialreich

Deutsche Konquistadoren, Kanoniere und Kaufleute: Im Dienst von Spaniern und Portugiesen

Gouverneur Georg Hohermuth von Speyer (rechts) und Philipp von Hutten (links) anläßlich der Musterung der Welser-Armada in San Lúcar de Barrameda vor der Einschiffung nach Venezuela. Zeichnung von Hieronymus Köler d. Ä., um 1560

Hier in Coro kamen wir an, den XXVII. Tag des Mai im Jahr 1538. Bis zu diesem Zeitpunkt hatten wir drei Jahre auf erwähnter Entrada verbracht, bei der die armen Christen das erlitten haben, worüber nur Gott und die, die dabei waren, Bescheid wissen. Was meinen Anteil an Beute aus diesem langen, beschwerlichen Unternehmen betrifft – zum dritten Mal bin ich von Indianern verwundet worden und habe zwei Pferde verloren, wodurch ich in große Schulden geraten bin … Aber wie Gott will, das Land oder mein Leben muß die Rechnung bezahlen.« Als der freie Reichsritter Philipp von Hutten diese Zeilen an den Kaiserlichen Rat Matthias Zimmermann richtete, wußte er noch nicht, daß das Schicksal für ihn letzteren Weg bereithielt.

Wie kam überhaupt ein Reichsritter zur damaligen Zeit in den Dschungel Venezuelas? Hatte er sich auf eigene Rechnung an der Eroberung Amerikas beteiligt oder stand er in fremden Diensten? Warum hatte er überhaupt die in dem Brief beschriebene Pein über sich ergehen lassen?

Zunächst hatte sich Philipp, Neffe des berühmten Humanisten Ulrich von Hutten, am Hof Karls V. aufgehalten. 1534 wechselte er in den Dienst des Augsburger Handelshauses der Welser. Bereits am 18. Oktober 1534 ging er als Hauptmann eines 600 Mann starken Landsknechtheers im spanischen San Lúcar de Barrameda an Bord der Welser-Galeone »Santa Trinidad« und landete am 6. Februar 1535 in Coro, der damaligen Hauptstadt Venezuelas.

Noch immer rätselt man über die Beweggründe für Philipps Wechsel vom Hof des Habsburgers in den Dienst der Welser, eines der größten europäischen Bank-, Fernhandels-, Reederei- und Minenunternehmen des 16. Jahrhunderts. Finanzielle Aspekte dürften für den weitgehend mittellosen Reichsritter ausschlaggebend gewesen sein, wie es ja auch die im Brief zum Ausdruck kommende Konquistadoren-Mentalität des »Alles oder nichts« spiegelt. Doch sind die Verbindungslinien zwischen Karl V. und dem Augsburger Patrizier und Kaufmann Bartholomäus Welser V. (auch der Ältere genannt) ziemlich eindeutig: die Verleihung der Statthalterschaft des zum spanischen Kolonialreich gehörenden Venezuela an die Welser im Jahre 1528. Anlaß für die Übertragung dieser »Kolonie« an das Handelshaus waren sowohl langfristige Schulden Karls V., die aus dessen Kaiserwahl von 1519 (als spanischer König Carlos I.) resultierten, als auch Schwierigkeiten der Spanier bei der »Pazifizierung« des südamerikanischen Festlands. Es gab auch eine Vorgeschichte: Die Welser besaßen schon vor 1528 Goldwäschereien und Zuckermühlen auf Santo Domingo. Durch einen ersten Vertrag zwischen Krone und Handelshaus waren deutsche Bergleute (»mineros alemanes«) in die Neue Welt gelangt, und ein weiteres Abkommen über die Einfuhr von 4000 Sklaven in die Karibik hatte den Welsern mindestens 80 000 Dukaten Gewinn eingebracht. Insgesamt brachten die Welser etwa 5000 Afrikaner in die Neue Welt.

Im Vertrag vom 27. März 1528 überließ Karl V. ihnen unter der üblichen Bedingung des »Königsfünften«, der Abgabe des fünften Teils der »Beute« und der Einnahmen, eine Provinz »vom Kap Vela … bis nach Maracapaná … mit allen Inseln, die vor besagter Küste liegen«. Es handelte sich um ein Gebiet, das dem heutigen westlichen Venezuela und einem Teil des heutigen Kolumbien entsprach und das der italienische Forschungsreisende Amerigo Vespucci angesichts der indianischen Pfahldörfer im Golf von Maracaibo Venezuela (»Klein-Venedig«) genannt hatte.

Neben den Gewinnen aus den Gold- und Salzmonopolen sowie dem Handel und Bergbau erhielten die Vertreter der Welser das Recht, aufständische Indianer »als Sklaven zu nehmen« – ebenfalls ein einträgliches Geschäft. Ansonsten galt die alte spanische Kolonialformel, das zugestandene Gebiet »zu erobern, zu besiedeln und zu christianisieren« – Aufgaben, an denen nicht nur die Welser-Agenten kein Interesse zeigten, sondern das Unternehmen letztlich auch scheitern sollte.

Denn im Grunde ging es für alle Amtsträger des Handelshauses in Venezuela nur um eines – Gold. Als Anschauungsmaterial standen den deutschen Gouverneuren und Generalkapitänen der Provinz nicht nur die von Hernando Cortez und Francisco Pizarro nach Europa gesandten Schätze der Azteken und Inka vor Augen – den »königlichen Fünften« der letzteren hatte Philipp von Hutten nachweislich im Februar 1534 mit dem Kaiser zusammen in Toledo gesehen –, sondern auch eine Legende, die auf einen realen Ursprungsraum hinwies: das Hochland von Kolumbien. Es handelte sich um das Gerücht von einem vergoldeten Mann, auf spanisch El Dorado.

Sage und Name des »Goldkaziken« gehen auf einen religiösen Brauch der Muisca, eines Chibcha-Volkes in Kolumbien, zurück, wonach ein mit Goldstaub überpuderter Herrscher in vorspanischer Zeit alljährlich (nach anderer Überlieferung täglich) auf den im Hochland von Bogotá gelegenen heiligen See von Guatavita hinausfuhr, dort als Weihegaben für die Götter Gold und Smaragde versenkte und sich dann selbst in das Wasser stürzte, um den Goldstaub abzuspülen. Der spanische Chronist Oviedo, ein Zeitgenosse Philipp von Huttens, beschrieb den Goldkaziken wie folgt: »Er

Theodor de Bry, El Dorado, der Vergoldete. Der mit Goldstaub überpuderte Kaiser aus Guayana

ging einher, über und über mit Goldstaub bedeckt, so selbstverständlich, als sei es Salz. Denn für ihn war jeder andere Schmuck häßlich. Schmuck oder Waffen aus gehämmertem oder bearbeitetem Gold zu tragen, war etwas Gewöhnliches, Vulgäres.«

Das Ziel aller Beutezüge ins Landesinnere – Entradas, wie die Spanier schon ihre Einfälle in das von Mauren beherrschte eigene Land genannt hatten, und auch Philipp nannte sein Unternehmen so – war ausschließlich das »Goldland«. Dabei gingen die deutschen Konquistadoren mit äußerster Härte vor, nicht nur gegen die Indianer, sondern auch gegen ihre zumeist spanischen Soldaten. Gleich auf der ersten Entrada von 1529/30 ließ Gouverneur Ambrosius Dalfinger einen spanischen Hauptmann wegen »Aufwiegelung« hinrichten. Weitere Entradas standen unter dem Kommando des Feldhauptmanns Nikolaus Federmann (1530/31, 1536/39). Der erfolgreichste und bekannteste deutsche Konquistador und Welser-Amtsträger gelangte über die Kordilleren ins Hochland nahe dem heutigen Bogotá, wo man ja das Goldland vermutete. Er kam indessen zu spät, da die Spanier bereits ein Jahr zuvor in dieser Gegend reiche Beute gemacht hatten.

Bei seinem Vorgehen bevorzugte Federmann, wie er in seiner – für die Geschichte Venezuelas grundlegenden – *Indianischen Historia* (1557) schrieb, ein je nach Situation unterschiedliches Verhalten. Friedliche Indios suchte man mit Hilfe von Geschenken zu gewinnen (»Eisenhacken und Glasperlen, die bei uns, wie bekannt, nichts wert, bei ihnen aber, da sie ihnen fremd waren, sehr begehrt sind«). Gegen feindlich gesinnte Indianer schritt man dagegen mit äußerster Brutalität ein (»Wir erstachen etwa 500 von ihnen; denn wir hatten sie sehr überrascht«). Zwischenzeitlich erfolgte Huttens bereits erwähnter Zug (1535/38) unter dem neuen Gouverneur und Generalkapitän Georg Hohermuth von Speyer, bei dem Hutten selbst seine teuren Pferde einbüßte. Andere verloren alles. Denn nur 110 der 400 Mann umfassenden Expedition kehrten zurück. Das »Goldland« hatte man ohnehin nicht gefunden.

Die letzte Entrada, die Huttens Schicksal werden sollte, führte er selbst als Generalkapitän an. Zwar stieß dieser Zug bis auf die Höhe Perus vor, die Kordilleren vermochte man aber nicht zu überqueren. Nachdem Hutten während eines Gefechts mit Indianern schwer verletzt worden und seine Mannschaft von 200 auf 60 Soldaten reduziert war, entschloß sich ihr Führer zur Umkehr. Bei der Stadt Barquisimeto geriet die Truppe, die von dem Sohn des Bartholomäus Welser, Bartholomäus VI. dem Jüngeren, begleitet wurde, in einen Hinterhalt. Es waren keine Indianer, die Hutten, den jungen Welser und zwei spanische Offiziere im Mai 1546 ermordeten, sondern der spanische Rebell Juan de Carvajal mit seinen Anhängern, der selbst die Statthalterschaft anstrebte.

Mit dem Tod von Hutten und Bartholomäus VI. endete faktisch die Welser-Statthalterschaft, wenn sich auch der anschließende Prozeß der Krone mit dem Handelshaus noch bis 1556 hinzog. Hauptvorwurf der spanischen Krone war, daß die Kompanie ihrem Auftrag, das übertragene Land zu erobern, besiedeln und christianisieren, nicht nachgekommen sei. Überdies stand das Welser-

Unternehmen eindeutig immer unter der Oberhoheit Spaniens. Auch die Zahl der deutschen Kompanie-Angestellten, Siedler, Bergleute und Soldaten blieb verschwindend gering. Darum besteht wenig Anlaß, von Deutschlands »erster Kolonie« in Venezuela zu sprechen. Die kolonialeuphorischen Kreise und Historiker der zweiten Hälfte des 19. Jahrhunderts sahen das freilich ganz anders.

Andere Deutsche nahmen an den Entdeckungen und Eroberungen Amerikas teil und erreichten nicht selten durch ihre schriftlichen Zeugnisse einen größeren Bekanntheitsgrad. Das gilt etwa, was die sogenannten »Americana«, Berichte aus Amerika, betrifft, für den bayerischen Landsknecht Ulrich Schmiedel. Er gelangte 1534 mit einer spanischen Expedition auf einem Schiff, das im Auftrag des Nürnberger Zweigs der Welser segelte, in die La-Plata-Region. Seine *Wahrhafftige Historien einer wunderbaren Schiffahrt* (1567) sind die früheste Quelle der Gründung von Buenos Aires. Einen noch größeren Bekanntheitsgrad erlangte der aus Hessen stammende Landsknecht Hans Staden, der zwischen 1548 und 1555 in portugiesischen und spanischen Diensten zweimal nach Brasilien kam. Wie Federmann und Schmiedel übte er einen großen Einfluß auf das Indianerbild Europas im 16. Jahrhundert aus. Neben dem spanischen Verdikt über die Indianer, daß sie nämlich »keinen Glauben, kein Gesetz und keinen König« (no fe, no ley, no rey) besäßen, gilt dies vor allem für den Topos des Kannibalismus.

Stadens Bericht von 1557 über seinen neunmonatigen Aufenthalt bei den brasilianischen Tupinambá im Jahre 1533 (*Die wahrhaftige Historie der wilden, nacketen, grimmigen Menschfresser-Leute*) enthielt 54 Holzschnitte, wovon nicht weniger als dreißig Abbildungen kannibalistische Szenen waren. Das Werk, das gemeinhin nur das »Menschenfresserbuch« genannt wurde, erlebte bereits in den ersten zehn Jahren nach seinem Erscheinen fünf Nachdrucke und wurde europaweit verbreitet.

Nicht nur nach Brasilien, die portugiesische Dependance in der Neuen Welt, gelangten deutsche Konquistadoren, sondern auch nach Afrika und Asien. Schon 1415 hatte Oswald von Wolkenstein am portugiesischen »Kreuzzug« gegen Ceuta, der Gibraltar gegenüberliegenden afrikanischen »Säule des Herkules«, teilgenom-

men. Im Jahre 1427 erinnerte sich der »letzte Minnesänger« an diesen ersten dauerhaften Schritt der Portugiesen in einen anderen Kulturkreis mit den Versen:

»Von Lizabon in Barbarei;
gen Septa, das ich weilent half gewinnen,
da manger stolzer mor so frei
von seinem erb müsst hinden aus entrinnen.«

Andere Reisende wie der Nürnberger Stadtarzt Hieronymus Münzer gelangten seit den fünfziger Jahren des 15. Jahrhunderts auf portugiesischen Schiffen nach Afrika. Die wohl bekannteste Gestalt im Zuge des Kap- und Inselspringens der Portugiesen entlang der Westküste Afrikas dürfte jedoch Martin Behaim sein. Der gleichfalls aus

»Wie die Indianer Menschenfleisch braten«, Kupferstich von Theodor de Bry, 1593

Nürnberg stammende Patriziersohn erfuhr als Nautiker, Kosmograph und Seefahrer gleichermaßen Ruhm und nationale Verehrung. Ihm wurde nicht nur ein hoher Anteil am nautischen Wissen der Portugiesen zugeschrieben, sondern auch die Beteiligung an mehreren ihrer Afrikafahrten. Heute nimmt man an, daß eine Afrikareise ihn wahrscheinlich nur bis zum Golf von Guinea geführt hat.

Auf jeden Fall ist der berühmte und nach ihm benannte »Erdapfel« der älteste noch vollständig erhaltene Erdglobus, den Ruprecht Kolberger aus Nürnberg nach den Angaben Behaims anfertigte. Der Globus zeigt – mit wenigen Einschränkungen – das gesamte geographische Wissen des vorkolumbianischen Europa. Den schriftlichen Niederschlag dieser Kenntnisse stellt die 1493 ebenfalls in Nürnberg erschienene Weltchronik des Stadtarztes Hartmann Schedel dar.

Behaim, der am 29. Juli 1507 in Lissabon »im spitall unnd inn fast großer armutt« starb, gehörte zu jener ansehnlichen Kolonie von Deutschen in der Stadt am Tejo, die im Dienst der portugiesischen Expansionspolitik standen. Das galt nicht zuletzt für deutsche Handwerker und Söldner, wobei insbesondere deutsche Artilleristen (bombardeiros) und Büchsenschützen hohe Wertschätzung und Privilegien genossen. Um 1525 verrichteten allein 50 deutsche Kanoniere ihren Dienst in Indien. Auf der Schiffs- und Festungsartillerie beruhte ja in erster Linie der machtpolitische Vorsprung der Portugiesen gegenüber ihren arabischen und asiatischen Gegnern.

Von ihrer Zahl her bildeten allerdings die Kaufleute innerhalb der deutschen Kolonie in Lissabon die größte Gruppe. Die meisten dieser Kaufleute in der damaligen Weltmetropole waren Vertreter süddeutscher Handelshäuser. Mit der Entdeckung des »Seewegs nach Indien« durch Vasco da Gama im Jahre 1498 verlagerte sich ohnehin – zumindest vorübergehend – der Schwerpunkt des europäischen Fernhandels von den norditalienischen Städten nach Lissabon. Auch der Fondaco dei Tedeschi, der Handelshof der Deutschen in Venedig, verlor an Bedeutung. Nach der Rückkehr der mit den begehrten Gewürzen und anderen Produkten des Orients reich beladenen Schiffe des Vasco da Gama und Pedro Alvarez Cabral bewiesen die Augsburger Handelshäuser der Welser, Fugger, Hochstätter, Rehlinger, Rem und Herwart genauso Geschäftssinn wie die der Nürnberger Handelsfirmen der Holzschuher, Imhof und Hirschvogel. Nicht zuletzt auf der Grundlage der Berichte von Gewährsmännern wie Hieronymus Münzer und Martin Behaim bauten sie ihre Lissabonner Stützpunkte aus oder richteten dort neue Geschäftsbereiche ein. Königliche Privilegien sicherten auch ihnen eine hervorragende Stellung innerhalb der zunehmend globalen Vernetzung des Handelskapitalismus. Dabei konnten die deutschen Kaufleute die Gewinne einstreichen, während die portugiesische Krone die Last des Imperiums trug.

Spätestens seit der Indienfahrt von 1505/06 gehörten deutsche Handelsbeauftragte und deutsche finanzielle Beteiligungen zum portugiesisch-asiatischen Handelsaustausch. In das Indien-Unternehmen unter dem Kommando des Francisco de Almeida hatten sechs süddeutsche Firmen – die Welser, Fugger, Hochstätter, Imhof, Gossembrot und Hirschvogel – im Verbund mit norditalienischen Kaufleuten investiert. Dieses Konsortium rüstete drei der zwanzig Schiffe (unter portugiesischen Kapitänen) aus. Die Welser waren mit fast einem Drittel des Gesamtkapitals von 65 400 Cruzados beteiligt. Die erste deutsche Handelsfahrt brachte der süddeutsch-italienischen Teilhaberschaft einen Reingewinn von 160 Prozent.

An Bord der »Lionarda«, einem der drei Schiffe des Konsortiums, befand sich Balthasar Springer, ein Welser Handelsagent. Man weiß nur, daß er aus Vils am Lech stammte. Wichtiger ist ohnehin, daß er über die Reise, die insgesamt zwanzig Monate dauerte, 1509 ein schmales Büchlein verfaßte, das den Titel *Die Merfart und erfahrung nüwer Schiffung und Wege zu viln onerkanten Inseln*

Eingeborene von Allago (Algoa), Holzschnitt von Hans Burgkmair, 1508, eines der frühesten völkerkundlichen Bilddokumente des Entdeckungszeitalters

und Künigreichen trug. Es handelt sich um den frühesten deutschsprachigen Bericht einer neuzeitlichen Indienreise.

Von den Bewohnern des Kaps der Guten Hoffnung, den Nama oder – wie die Buren sie nennen sollten – Hottentotten, weiß Springer zu berichten: »Die Einwohner dieses Landes sind ein halbwildes Volk. Wenn du zu ihnen kommst, geben sie dir wohl einen Ochsen oder ein Schaf für eine kleine Schale oder ein Messer ... Alle gehen nackt herum, nur die Scham bedecken sie mit hölzernen oder ledernen Scheiden und binden den Knaben ihre Schwänzlein nach oben. Sonst ist es ein angenehmes Land mit gutem Wasser und wohlriechenden Kräutern. Es gibt so viel Sand dort, daß Männer und Frauen auf breiten Lederstücken gehen – beinahe wie mit großen Pantoffeln. Etliche von ihnen hängen sich Kleidung aus Tierfellen um, wie man in unseren Landen kurze Mäntel trägt. Viele von ihnen haben ihr Haar mit Gummi und Pech aufgetürmt und zur festlichen Zier viele und kostbare Edelsteine hineingesteckt. Sie haben eine schnelle, seltsam wunderliche Sprache, und ihre Wohnungen sind unter der Erde.«

In Indien interessierten ihn zwar auch die Produkte des Landes, mit denen die Portugiesen und ihre deutsch-italienischen Begleiter die Schiffe füllten – Pfeffer (»der Pfeffer wächst gleich wie Weintrauben«), Ingwer, Zimt, Gewürznelken und Muskatnüsse sowie Edelsteine, Perlen und Sandelholz –, aber zugleich finden sich neben den farbigen Beobachtungen über Land und Leute Anspielungen auf christliche Legenden und Mythen über das »Wunderland« Indien. So ist »Gutschin« (Cochin) »ein großes Königreich, aus dem einer der heiligen drei Könige stammt ... Aus der Gegend hinter Kananor, Kallakuten und Gutzyn stammt ebenfalls einer der heiligen drei Könige ... Es liegt auch der heilige Thomas in diesem Land begraben. Eines dieser Königreiche wird Persien genannt, auch dort wohnte einer der heiligen drei Könige.« Schließlich schrieb er über den König von »Gutschin«: »Und wenn er spazieren will, so ziehen vor und nach ihm fröhlich und in großer Zahl sein Hofgesinde und Volk mit ihren Wappen und Waffen an der Seite, und andere spielen mit Freude Trompeten, Bögen, Hörner, Schalmeien und andere Instrumente.« Gerade solche anschaulichen Szenen, illustriert durch die Holzschnitte Hans Burgkmair des Älteren, eines Zeitgenossen Dürers, erhöhten die damalige Attraktion des Springerschen Berichts. Die Holzschnitte Burgkmairs gelangten später in seinen monumentalen Zyklus von 137 Holzschnitten über den »Triumphzug Kaiser Maximilians I.«

Künstler, Schriftsteller und Forscher verfolgten künftig die europäische Ausbreitung über die Welt ebenso wie Forschungsreisende, Kaufleute, Missionare und Söldner in den Dienst anderer welterobernder Nationen traten. Auf diese Weise waren sie indirekt Teil der Europäisierung der Erde. Ein direkter Besitz von Kolonien blieb für das zersplitterte Heilige Römische Reich Deutscher Nation im 16. Jahrhundert freilich aus. Das folgende Jahrhundert sollte aber immerhin einige koloniale Experimente deutscher Staaten erleben.

Präludium: Hanauisch-Indien, Neu-Kurland, Groß-Friedrichsburg

Der 22. August 1669 war ein ganz besonderer Feiertag in der kleinen Residenzstadt der oberhessischen Grafschaft Hanau. Die Festungskanonen donnerten, Feuerwerkskörper erhellten die Nacht, und im Schloß flossen zu einem »herrlichen und köstlichen« Mahl Sekt und Wein in Strömen. Hanau hatte weder einen Krieg gewonnen noch eine Fehde beendet, sondern die Stadt empfing den Hofrat Becher, der aus Amsterdam zurückkehrte. Dort hatte er von der Holländisch-Westindischen Kompanie eine »Kolonie« gekauft, ein Gebiet von über 3000 Quadratmeilen an der Nordostküste Südamerikas. Zum Vergleich: Die Grafschaft Hanau umfaßte damals ganze 44 Quadratmeilen.

Kolonialerwerb stand im 17. Jahrhundert weitgehend im Zeichen der merkantilistischen Wirtschaftspolitik des absolutistischen Staates, der darauf bedacht war, die ständigen Finanznöte, verursacht durch Kriege, Hofhaltung, Heer und Beamtentum, nicht zuletzt über eine Förderung des Außenhandels und den Schutz des eigenen Wirtschaftsraums zu beheben. Koloniale Gebiete erschienen

am ehesten geeignet, das erstrebte Ziel einer aktiven Handelsbilanz zu erreichen, wobei die im 17. Jahrhundert vorherrschende »Weltmacht« der Niederlande das weithin bewunderte Vorbild abgab.

Auch das Hanauer Projekt stand unter holländischen Vorzeichen – vereinten den Reichsgrafen Kasimir von Hanau, der über etwa 100 000 Einwohner in 19 Städten und rund 270 Dörfern regierte, und seinen Hofrat Johann Joachim Becher doch ihre Studien- und Wanderjahre in Holland sowie die Bewunderung des niederländischen Handelsexpansionismus.

Der vielseitig gebildete Gelehrte und typisch barocke Projektmacher Becher, berühmt durch eine ganze Reihe technischer Erfindungen und philologisch-pädagogischer Reformmodelle, hatte sich nach dem Scheitern all seiner Kolonialpläne nach Hanau gewandt. Hier fand er bei dem exzentrischen und von einigen Zeitgenossen sogar als größenwahnsinnig angesehenen Reichsgrafen begeisterte Unterstützung.

Am 18. Juni 1669 schloß Becher im Auftrag des Grafen mit der Holländisch-Westindischen Kompanie einen Vertrag, der Ende Juli die Zustimmung der Generalstaaten fand. Das auf diese Weise geschaffene Hanauisch-Indien bestand aus einem 30 Meilen breiten Küstenstreifen mit einem 100 Meilen tiefen Hinterland zwischen dem Rio Orinoco und dem Rio de las Amazonas im heutigen Französisch-Guayana. Geplant war eine im Erbbesitz des Grafen verbleibende, den Siedlern allerdings relativ große politische, religiöse und wirtschaftliche Freiheiten gewährende Kolonie. Die Indianer sollten »zu Freunden und civilen Menschen« gemacht werden, d. h. eine friedliche Verständigung sollte angestrebt werden. Die Hauptarbeit sollten eingeführte Sklaven verrichten.

Ende August/Anfang September 1669 verfaßte Becher, um Aufklärung über die »indischen Sachen« zu geben und den inzwischen zahlreichen kritischen Publizisten die »Mäuler zu stopffen«, eine Werbeschrift, in der ausdrücklich von den »Teutschen« und »Teutschland« – nicht vom Reich – die Rede war. Die zentrale Passage lautete: »Wohlan dann dapffere Teutschen/ machet/ daß man in der Mapp neben neu Spanien/ neu Franckreich/ neu Engelland/ auch ins kuenfftige neu Teutschland finde/ es fehlet euch so wenig

Johann David Welcker, Allegorie auf die Erwerbung von Surinam durch den Grafen Friedrich Kasimir von Hanau 1669/70 an Verstand und Resolution solche Sachen zu thun/ als andern Nationen.«

Das Hanauer Projekt gelangte jedoch nicht zur Ausführung, da die marode Situation der Grafschaft und die Prunk- und Verschwendungssucht des Reichsgrafen dem Unternehmen den Boden entzogen. Außerdem hatte der Reichshofrat beschlossen, daß sich das Grafenhaus aus dem Kolonialprojekt zurückzuziehen habe.

Ein weiteres Kolonisationsunternehmen des merkantilistischen Zeitalters ist mit dem Namen des Herzogs Jakob von Kurland verbunden. Der rührige baltische Duodezfürst, der bereits mit Portugiesen, Spaniern, Engländern, Holländern und selbst dem Papst – wegen einer Südseekolonie – verhandelt hatte, besaß eine Zeitlang die Insel Tobago, die südlichste der Kleinen Antillen, und in Westafrika Befestigungsanlagen am Gambia. Aus der Teilnahme am lukrativen transatlantischen Sklavenhandel hoffte er sowohl seine innenpolitische Abhängigkeit vom polnischen Adel zu lösen als auch Kurland zu einem »zweiten Holland« zu machen.

Außenpolitische Schwierigkeiten verhinderten indes einen Erfolg des Unternehmens, das am 24. Mai 1654 mit der Besetzung Tobagos durch eine kurländische Expedition unter Willem Mollens d. J. und der Gründung Neu-Kurlands mit dem geplanten Zentrum »Jakobusstadt« bereits seinen Höhepunkt erreicht hatte. Denn die Situation vor Ort stellte sich keineswegs so rosig dar, wie man dies erhofft hatte. »Ich habe erfahren, daß es bei den Wilden hier Goldkörner gibt, habe aber keine gesehen; daß es Perlen gibt, habe aber keine gesehen«, schrieb »Gouverneur« Mollens am 11. August nach Kurland. Auch der Handel mit den Indianern gestaltete sich schwierig, da ein ständiger Krieg zwischen den einheimischen Kariben und den festländischen Arawaks herrschte. Als dann 1658 die Schweden Kurland besetzten und Jakob vorübergehend internierten, vertrieben die Holländer die wenigen verbliebenen kurländischen Kolonisten auf Tobago und nahmen auch die kurländische Gambia-Kolonie in Besitz. Ohnehin vermochte das inzwischen politisch zerrissene Kurland die hohen Einbußen an Schiffen, Mannschaften und immer wieder neuen Kolonisten nicht zu verkraften. Auch die

Im heutigen Ghana liegt die ehemalige kurbrandenburgische Festung, die 1683 unter dem Großen Kurfürsten Friedrich Wilhelm als kolonialer Stützpunkt angelegt und 1717 an die Holländer verkauft wurde.

erhofften Gewinne aus dem Sklavenhandel waren mit dem Verlust Gambias ausgeblieben.

Gegenüber den mehr oder weniger schnell gescheiterten Projekten von Hanauisch-Indien in Guayana und Neu-Kurland auf Tobago ist der Nachwelt – insbesondere den Kolonialpropagandisten des 19. Jahrhunderts – noch am ehesten jenes ebenfalls im Geiste des Merkantilismus betriebene und von holländischem Einfluß zeugende Unternehmen des Großen Kurfürsten im Gedächtnis geblieben, das am 1. Januar 1683 mit der Gründung von Groß-Friedrichsburg an der westafrikanischen »Goldküste« (im heutigen Ghana) spektakulär in Szene gesetzt wurde. Mit Hilfe der friedlich gesinnten Afrikaner hatte man tags zuvor Kanonen auf einen als Festung vorgesehenen Berghügel geschleppt. Am Neujahrstag wurde dann »mit Pauken und Schalmeien« die »große Kurfürstlich Brandenburgische Flagge« vom Schiff geholt und unter dem Spalier der Soldaten, Salutschüssen und den neugierig-ängstlichen Blicken der Einheimischen »an einem hohen Flaggenstock« aufgezogen.

Die anschließenden Vertragsverhandlungen und deren Besiegelung durch einen gemeinsamen rituellen Trunk schildert der Leiter der Expedition, Otto Friedrich von der Groeben, in seiner *Guineischen Reisebeschreibung* (1694) höchst anschaulich: »Indessen berief ich meine Offiziere nebst den zween Capiscirs (Häuptlinge) zu mir ins Zelt, gab ihnen mein Vornehmen abermals zu verstehen und begehrte, mich ihrer Treue durch einen Eid zu versichern. Worauf sie antworteten, daß ich daran nicht zu zweifeln brauchte, dafern ich mit ihnen Fetische saufen wollte, daß wir es gleichfalls treu mit ihnen meinten, sie nie verlassen und wider ihre Feinde verteidigen wollten. Da ichs eingewilliget, ward eine Schale mit Branntwein hergebracht und mit Schießpulver durchgerühret. Daraus mußte ich die unangenehme Gesundheit anfangen, die beiden Capiscirs folgten mir nach und beschmierten mit dem Rest den gemeinen Schwarzen die Zunge, damit sie auch getreu bleiben möchten.«

Dem Ausbau der afrikanischen »Küstenkolonien« – insgesamt ein Streifen von ca. 50 Kilometern – dienten die Anlage weiterer Forts in der Nähe des Kaps Tres Puntas sowie die von beiderseitigem Interesse bestimmten Schutzverträge mit dortigen Häuptlingen. Ein Jahr später reiste Jan Jancke, ein einheimischer Häuptling, auf einem Kompanie-Schiff nach Europa, um die Unterwerfung der Häuptlinge aus der Umgebung von Groß-Friedrichsburg und der anderen Forts an der Küste vor dem Großen Kurfürsten persönlich zu bekräftigen. 1687 kam zu diesen westafrikanischen Stützpunkten noch die Inselgruppe Arguin hinzu, die der mauretanischen Küste vorgelagert und von den Holländern nach einem französischen Angriff aufgegeben worden war.

Zentrale Figur bei der Verwirklichung der Kolonialpläne Friedrich Wilhelms war der niederländische Kaufmann und Schiffsreeder Benjamin Raule. Der »Direktor in Seesachen« und spätere brandenburgische Minister für Seefahrt und Kolonien stellte die Schiffe und das benötigte Geld zur Verfügung. An den finanziellen Möglichkeiten Kurbrandenburgs waren zuvor die Gründung einer Brandenburgisch-Ostindischen Handels-Kompanie, der Ankauf Tranquebars in Indien von den Dänen und sogar Kontakte nach Persien mit Blick auf die dortige Seidenproduktion gescheitert. Raule, durch die Monopole der holländischen Handelskompanien vom Indienhandel ausgeschlossen, war denn auch mit der Hälfte der Einlagen an der am 18. November 1682 gegründeten Brandenburgisch-Africanischen Compagnie beteiligt, die sich nach dem kurzzeitigen

Jan Jancke vor dem Großen Kurfürsten im Schloß zu Berlin, Tuschzeichnung von Hans W. Schmidt, ca. 1903

Erwerb Tobagos (1691/99) von dem kurländischen Schwager des Großen Kurfürsten vorübergehend Brandenburgisch-Africanisch-Americanische Compagnie nannte. Sitz der Kompanie und Ausgangshafen der Unternehmungen war seit 1684 – anstelle von Pillau – der eisfreie Hafen von Emden. Zwar gelangte Ostfriesland erst 1744 an Preußen, aber der Große Kurfürst hatte im Zuge eines lokalen Konflikts 1682 die Burg Gretsiel an der Emsmündung besetzt und daraufhin mit den ostfriesischen Ständen und der Stadt Emden einen Handels- und Schiffahrtsvertrag geschlossen.

Schließlich gelang es Benjamin Raule, sich im November 1685 von den Dänen noch einen Teil der Antillen-Insel St. Thomas abtreten zu lassen. Die Insel blieb zwar unter dänischer Souveränität und Verwaltung, aber die brandenburgische Kompanie erhielt im Westteil der Insel Pachtland für Plantagen und Verwaltungsgebäude. Von den insgesamt rund 300 Europäern auf dem Eiland standen 50 im Dienst der Brandenburger, davon die meisten Niederländer und Hugenotten. Der Schriftverkehr erfolgte auf niederländisch.

Der Pachtvertrag mit den Dänen und die afrikanischen Niederlassungen versetzten Brandenburg in die Lage, im Rahmen des Dreieckshandels zwischen Europa, Afrika und Amerika am berüchtigten transatlantischen Sklavenhandel teilzunehmen. Nach Afrika brachten die Brandenburger Textilien, Metall- und Gebrauchswaren sowie Waffen und Branntwein. Aus Afrika führten sie Gummi (aus Arguin), Häute, Getreide, Straußenfedern, Gold, Elfenbein und vor allem Sklaven aus. Von letzteren dürften in der ca. dreißigjährigen Geschichte der Kompanie ungefähr 30 000 in die Neue Welt gelangt sein, bei Todesraten um 10 Prozent. Die meisten von ihnen wurden auf andere Inseln weiterverkauft, die übrigen auf den staatseigenen Plantagen beschäftigt. Aus der Karibik brachte die brandenburgische Flotte – auf ihrem Höhepunkt gerade einmal aus sechzehn Schiffen bestehend – Hölzer, Baumwolle, Kakao, Indigo, Tabak und Zucker zurück. Wirtschaftlich war der Dreieckshandel allerdings kein Geschäft, da die Verluste an Waren und Schiffen enorm hoch waren: Insgesamt gingen fünfzehn Schiffe verloren, davon wurde ein Drittel durch den Kriegsgegner Frankreich gekapert. Ohnehin sah sich Brandenburg-Preußen, in Europa in den Spanischen Erbfolge- und den Nordischen Krieg verstrickt, immer weniger in der Lage, seine überseeischen Besitzungen und Unternehmungen wirksam gegenüber den großen seefahrenden Nationen zu schützen. Die Folge war, daß der Soldatenkönig Friedrich Wilhelm I., der ohnehin das »afrikanische Kommerzienwesen als eine Chimäre« betrachtete, die inzwischen verkleinerten westafrikanischen Gebiete 1717 für 7200 Dukaten »und zwölf Mohren«, davon sechs mit Goldketten behangen, an die Holländer verkaufte.

Friedrich Wilhelm I. wollte die unrentablen Handelskolonien in Westafrika dem Halleschen Waisenhaus überantworten. So kam die Bildfolge »Afrikanische Elefanten bei Gehorsamsübungen mit Feuerwaffen« nach Halle.

Arguin, das ein Jahr später vertraglich an die Holländer gelangte, wurde 1721 von den Franzosen im Handstreich gegen die dort noch ausharrenden brandenburgischen Besatzungsreste genommen. Ähnlich verfuhren die Dänen mit den brandenburgisch-preußischen Besitzungen auf St. Thomas, die sie zwischen 1731 und 1738 versteigerten.

Das brandenburgisch-preußische Abenteuer in der Karibik hatte allerdings noch ein historisches Nachspiel. Nach der Niederlage im deutsch-dänischen Krieg von 1864 boten die Dänen den verbündeten Preußen und Österreichern Dänisch-Westindien an, um Teile Schleswigs behalten zu können. Die noch alliierten deutschen Großmächte besaßen indessen kein Interesse. 1896 machte Dänemark erneut den Vorschlag, einen Teil Nordschleswigs gegen die dänischen Jungferninseln (zu denen St. Thomas gehörte) zu tauschen. Entrüstet lehnte Wilhelm II. es ab, deutsches Gebiet abzutreten. Schließlich verkauften die Dänen die Inselgruppe an die USA, die sie noch heute als einverleibtes Territorium besitzen.

Friedrich Wilhelms Sohn, Friedrich II., zeigte sich kaum mehr interessiert an kolonialen Unternehmungen, obwohl er sich mit einem Kapital von 270 000 Talern an der 1751 in Emden etablierten Asiatisch-Chinesischen Handelsgesellschaft beteiligte. Auch spätere Gründungen wie die Bengalische Kompanie (1753) und die Levantinische Kompanie (1769) scheiterten. Eine Eingabe des weitgereisten Handelskapitäns und Sklavenhändlers Joachim Nettelbeck, eine preußische Pflanzungskolonie im nördlichen Südamerika zu begründen und zur Lösung des Arbeitskräftemangels für die Plantagen gegebenenfalls die Wiederinbesitznahme der Kolonien des Großen Kurfürsten an der Küste Westafrikas ins Auge zu fassen, ließ der König ebenso unbeantwortet, wie sein Nachfolger Friedrich Wilhelm II. eine weitere Denkschrift des späteren Verteidigers von Kolberg höflich ignorierte. Die militärischen Notwendigkeiten angesichts der exponierten Lage Preußens und die »innere Kolonisation« hatten Vorrang vor dem Erwerb überseeischen Kolonialbesitzes. Das Zeitalter nationalökonomischer Ideen, die auf die bessere Nutzung des heimischen Bodens setzten, der Abfall der amerikanischen Kolonien sowie die aufkommende Kolonialkritik der Aufklärung verringerten außerdem bei allen europäischen Kolonialmächten die Neigung zu kolonialen Projekten und Programmen. Der englische Politiker Disraeli wird sie in den 1850er Jahren »als Mühlsteine um unseren Hals« bezeichnen. Zu diesem Zeitpunkt hatte sich der koloniale Wind indessen schon wieder zu drehen begonnen.

»... da und dort ein junges Deutschland gründen«: Bürgerlicher Aufbruch

Nun wollen wir in Schiffen über das Meer fahren, da und dort ein junges Deutschland gründen, es mit den Ergebnissen unseres Ringens und Strebens befruchten, die edelsten, gottähnlichen Kinder zeugen und erziehen: wir wollen es besser machen als die Spanier, denen die neue Welt ein pfäffisches Schlächterhaus, anders als die Engländer, denen sie ein Krämerkasten wurde. Wir wollen es deutsch und herrlich machen: vom Aufgang bis zum Niedergang soll die Sonne ein schönes, freies Deutschland sehen und an den Grenzen der Tochterlande soll, wie an denen des Mutterlandes, kein zertretenes unfreies Volk wohnen, die Strahlen deutscher Freiheit und deutscher Milde sollen den Kosaken und Franzosen, den Buschmann und Chinesen erwärmen und verklären.«

Diese Worte stammen von Richard Wagner. Der königlich-sächsische Hofkapellmeister, der selber in Dresden auf den Barrikaden gestanden hatte, forderte am 15. Juni 1848 in einer pathetischen Ansprache im heimatlichen Vaterlandsverein zu einer Fortsetzung der »republikanischen« Politik im Innern durch eine »Weltmachtpolitik« nach außen auf. Die Rede stand noch ganz im Zeichen bürgerlicher Aufbruchstimmung der Anfangszeit der 1848er Revolution, zu deren nationalen Forderungen auch Kolonien und eine Flotte gehörten.

Nur wenige Monate später mußte sich Wagner als steckbrieflich gesuchter Revolutionär nach Zürich absetzen.

Politisch gefährliche Individuen.

Richard Wagner
ehemal. Kapellmeister und politischer Flüchtling aus Dresden.

Steckbrief.

Der unten etwas näher bezeichnete Königl. Capellmeister

Richard Wagner von hier

ist wegen wesentlicher Theilnahme an der in hiesiger Stadt stattgefundenen aufrührerischen Bewegung zur Untersuchung zu ziehen, zur Zeit aber nicht zu erlangen gewesen. Es werden daher alle Polizeibehörden auf denselben aufmerksam gemacht und ersucht, Wagnern im Betretungsfalle zu verhaften und davon uns schleunigst Nachricht zu ertheilen.

Dresden, den 16. Mai 1849.

Die Stadt-Polizei-Deputation.

von Oppell.

Wagner ist 37—38 Jahre alt, mittler Statur, hat braunes Haar und trägt eine Brille.

Steckbrief Richard Wagners, Mai 1849

Die Revolution war gescheitert – und damit vorerst auch die Hoffnung auf deutsche Kolonien und eine deutsche Flotte. Denn mit dem Scheitern der Revolution gingen nicht nur die Freiheitsforderungen des Bürgertums unter, sondern auch die bürgerlichen Träume eines starken Nationalstaates, zu denen – wie bei anderen großen Nationen – ein Kolonialreich und, nicht zuletzt zu dessen Schutz, eine weltweit operierende Flotte gehörten.

Dabei hatte mit dem bürgerlichen Aufbruch im Vormärz eine hoffnungsvolle, nunmehr anhaltende Argumentation für deutsche Kolonien eingesetzt. In erster Linie waren es bürgerliche Liberale und Radikale (Demokraten), die in der vormärzlichen Publizistik und während der 1848er Revolution auf eine baldige deutsche Weltgeltung hofften.

Zugleich veränderten sich die Argumente im Hinblick auf die Notwendigkeit des Erwerbs von Kolonien. Zu der merkantilistischen Begründung traten zum einen das Auswanderungsargument – die Folge sozialer Nöte sowie religiöser und politischer Verfolgung –, zum anderen das nationale Motiv im Zuge des politischen Aufbruchs des Bürgertums hinzu. Kolonien erschienen nun als Ventil für den eigenen Bevölkerungsüberschuß. Zugleich verwiesen Kolonialverfechter und Expansionspublizisten auf den bisherigen Verlust an »nationaler Energie«, während liberale Bürgerliche aus Handelsinteresse und der Furcht, die eigene Nation komme bei einer fortschreitenden Aufteilung der Welt zu kurz, auf den deutschen Anspruch auf »Seegeltung« und große Kolonien in Übersee pochten. Schon um dem »nationalen« Aspekt der Auswanderungsfrage Rechnung zu tragen, sprach man daher davon, künftig das Osmanische Reich zu »beerben«, ein »Neu-Deutschland« in Südamerika zu errichten oder große Teile Afrikas zu annektieren.

Gleichzeitig brach ein Zeitalter planmäßiger deutscher Kolonialversuche und Koloniegründungen an. Ein Unternehmen, das sozial-bevölkerungspolitische, nationale und handelsökonomische Motive miteinander verband, war das Projekt einer Deutschen Antipoden-Colonie aus den Jahren 1841/42. Hinter ihm stand eine Gruppe Hamburger Reeder, Schiffseigner und Kaufleute unter der Leitung des Senatssyndikus Karl Sieveking. Nachdem Sieveking bereits Sondierungen über die Möglichkeit einer deutschen Koloniegründung in Südafrika und Südamerika angestellt hatte, schien sich die Gelegenheit zu ergeben, von der Londoner New Zealand Company, einer Grundstücks- und Spekulationsgesellschaft, für 10 000 Pfund Sterling die neuseeländischen Chatham-Inseln zu erwerben. Auf diesen der Stadt Hamburg auf dem Globus genau gegenüberliegenden und damit »von der Natur vorherbestimmten« Inseln plante der Syndikus ein Ansiedlungsgebiet für deutsche Auswanderer einzurichten. Als die britische Regierung die New Zealand Company jedoch wissen ließ, daß sie im Rahmen der erhaltenen »Charter« weder zum Kauf noch zum Verkauf der zur königlichen Kolonie Neuseeland gehörenden Chatham-Inseln berechtigt sei, brach das auch beim Aktienverkauf nicht reüssierende Projekt zusammen. Das gescheiterte Unternehmen veranlaßte schließlich einen Hamburger Lokalpoeten unter dem Motto »God save the Sieveking« zu einer satirischen Hymne, die mit dem Refrain endete:

»Schon brüllen Hamburgs Rammer Gottverdauri!
Wy goat mit Froo un Kind nach Warekauri!«

Warekauri war der einheimische Name für die Chatham-Inseln.

Gegenüber Projekten in der Südsee, die eher als Vorlage für Romane dienten, schienen einige auf den amerikanischen Raum gerichtete Kolonialprojekte realistischer konzipiert zu sein. Das galt vor allem für den am 20. April 1842 im herzoglich-nassauischen Schloß zu Biebrich nahe der Bundesfeste Mainz von adeligen Offizieren gegründeten »Verein deutscher Fürsten, Grafen und Herren zum Schutze deutscher Auswanderer in Texas«. Dieser »Mainzer

Adels-« oder »Texasverein« versuchte, die infolge unorganisierter deutscher Massenauswanderungen entstandenen Mißstände durch den planmäßigen Ankauf von Ländereien und deren Besiedlung in Texas – seit 1836 selbständig (»Lone Star Republic«) – zu beseitigen. Das aus patriotischen, sozialpolitischen, standespolitischen und geschäftlichen Beweggründen unternommene Werk endete indes in einem Fiasko. Unzureichendes Kapital, Unerfahrenheit und Gutgläubigkeit der verantwortlichen Männer, die mehrfach auf Spekulanten hereinfielen, mangelnde Organisation und Verwaltung und nicht zuletzt das Desinteresse Washingtoner Annexionisten an einer deutschen »Feudalkolonie« führten zum Zusammenbruch. Fast die Hälfte der 7380 Auswanderer des Mainzer Adelsvereins starben an Hunger und Seuchen.

Beim Auswanderungsagenten, nach einem Gemälde von Hans Pöck

Geringes Interesse erweckte vorerst der Schwarze Kontinent. Einer der wenigen Vorschläge zur Gründung deutscher Kolonien in Afrika stammte von Wilibald Huger von der Oelsnitz aus dem Jahre 1847. Der Offizier forderte in einer Denkschrift an den im gleichen Jahr einberufenen preußischen Vereinigten Landtag die »Erhebung Preußens zu einer See-, Kolonial- und Weltmacht«. »Afrika ist der Schlüssel der Welt«, so sein Fazit, »mutmaßlich hat ihn die Vorsehung für Deutschland bestimmt.«

Den vorläufigen Höhepunkt bürgerlicher Kolonial- und Flottenpläne stellte dann die Revolution von 1848 dar. Schon im Vorfeld hatte der aus einer hessischen Theologen- und Beamtenfamilie stammende Ernst Dieffenbach, der als Burschenschaftler vorübergehend ins Exil gehen mußte, der Nationalversammlung eine Denkschrift vorgelegt, die den engen Zusammenhang von Auswanderung einerseits und einer Flotte und eigenem Kolonialbesitz andererseits demonstrieren sollte. Die »germanische Rasse« hielt er für besonders prädestiniert zu weltweiter Expansion, fügte indessen bedauernd hinzu: »Deutschland, die fruchtbare Mutter germanischer Völker, hat nur indirekt an dieser großen Mission teilgenommen, der Strom, der von ihm ausging, hat wohl Einöden befruchtet und Wüsten in blühende Gärten verwandelt, aber die Rückwirkung des neuen Lebens auf den alten Körper war abgeschnitten, wenn nicht gar feindselig – eine Folge der inneren Ohnmacht und Zerrissenheit von den Zeiten der Religionskriege an.« In einem Atemzug mit seinen konkreten Vorschlägen potentieller Erwerbsgebiete an der Ost- und Westküste des südlichen Amerika, in Neuseeland und Tasmanien artikulierte der Gießener Professor der Geologie zugleich latente Ängste des Bürgertums vor der sozialen Revolution, wenn er Kolonien als Heilmittel gegen die Gefahren des »Pauperismus« und des »Proletariats« empfahl.

Das Flottenprogramm der Paulskirche stammte aus der gleichen nationalen Aufbruchstimmung der Zeit und stellte ein gewichtiges Anliegen des liberaldemokratischen Bürgertums dar. Bereits der »Fünfzigerausschuß«, ein vom Frankfurter Vorparlament gewähltes Organ, das als gesamtdeutsche Übergangsinstitution bis zur Wahl der deutschen Nationalversammlung fungierte, hatte im April 1848 einen Marineausschuß eingesetzt. Er nahm sofort Kaufverhandlungen mit England auf. Im Mai veranlaßten die »Fünfziger« die Einberufung eines Marinekongresses nach Hamburg, forderten den Bundestag auf, umgehend Maßnahmen gegen die Küstenblockade der Dänen zu ergreifen, und verabschiedeten einen Aufruf an das deutsche Volk zu Spenden für die Flotte. Der Appell endete mit den Worten: »Wenn das deutsche Volk will, werden bald schwarz-rot-goldene Flaggen auf deutschen Kriegsschiffen wehen, werden bald unsere Feinde uns achten zur See, wie auf dem Lande. Voran, wackeres deutsches Volk, allüberall deine Ehre zu wahren, allüberall für die Entfaltung deiner Machtherrlichkeit zu sorgen!«

Bei der Verwirklichung ihres Flottenprogramms blieben die Achtundvierziger allerdings auf den stärksten deutschen Staat – auf Preußen – angewiesen. Preußische staatliche Flottenpläne über den Aufbau einer Kriegsflotte stellten dann auch das Bindeglied zwischen Berlin und Frankfurt dar. Zwar bildete vorerst die Schleswig-Holsteinische Frage, d. h. die national aufgeheizte Auseinandersetzung mit Dänemark um die Herzogtümer Schleswig und Holstein, den konkreten Anlaß für beide Seiten, aber das Grundsatzprogramm für eine nationalstaatliche Flotte war in beiden Plänen bereits enthalten. Die schließlich eingerichtete deutsche Bundeskriegsflotte, bestehend aus neun Dampfern, zwei Segelfregatten und 27 Kanonenbooten unter dem Kommando des Admirals Karl Rudolf Bromme, vermochte noch den Dänen bei Helgoland ein siegreiches Gefecht zu liefern. Da jedoch nicht nur die Beiträge der Gliedstaaten des Deutschen Bundes entweder gar nicht oder nur teilweise eingingen, sondern auch Preußens Führungsanspruch umstritten blieb, mußte sie schon 1853 meistbietend versteigert werden.

Eine Folge der bürgerlichen Aufbruchstimmung von 1848 waren zahlreiche Kolonisationsprojekte. In den großen Städten Deutschlands entstanden Kolonialvereine, von denen einige Kolonialland erwarben und kolonisatorischen Erfolg erzielten. So gründete der Colonisations-Verein von 1849 in Hamburg, der als Aktiengesellschaft ins Leben trat, im Küstengebiet der brasilianischen Provinz Santa Catarina die Kolonie Dona Francisca, die bis 1868 etwa 8000 Kolonisten aufnahm. Aber auch in der weiter südlich gelegenen Provinz Rio Grande do Sol entstand eine ganze Reihe deutscher Niederlassungen. Südbrasilien und die La Plata-Länder standen im Mittelpunkt deutscher Auswanderungspläne, überseeischer Handelsbestrebungen und erster »Weltmachtträume«. Vier besonders patriotische Deutsche aus Valparaiso (Chile) forderten in einer Eingabe vom 17. November 1865 an den preußischen Ministerpräsidenten Bismarck sogar die Besitznahme von Nordpatagonien »mit mildem Klima und herrlichen Häfen, der strategische

Schlüssel zum Pazifischen, Südatlantischen und Indischen Ozean«. Ihrer Meinung nach sollte für dieses Gebiet dann »hinfort der ominöse Name Patagonien in Neu-Germania oder Neu-Preußen umgewandelt werden und Patagonien möchte alsdann nur den äußersten Süden bis zur Magellanstraße bezeichnen«. In Südamerika schien überdies die Erhaltung des Deutschtums sowie eine Verbindung mit dem Mutterland leichter möglich als im assimilationskräftigeren Nordamerika. Tatsächlich aber gingen im 19. Jahrhundert weniger als 5 Prozent der deutschen Auswanderer nach Lateinamerika, über 95 Prozent nach wie vor in die Vereinigten Staaten.

Immer wieder tauchten auch weiterhin Inseln im Indischen und Pazifischen Ozean sowie Gebiete in Ostasien, Afrika, Mittel- und Südamerika als potentielle Kolonialfelder, Flottenstationen und nicht zuletzt als Strafkolonien in der Diskussion auf. 1870/71 verlieh der deutsche Sieg über Frankreich Kolonialplänen einen zusätzlichen Auftrieb. Bereits vor den Friedensverhandlungen stand französischer Kolonialbesitz als Kriegsentschädigung zur Debatte. Hanseatische Kaufleute, Militär- und Marinekreise sowie bürgerliche Nationalisten – wie der sächsische Rittergutsbesitzer und später namhafte Kolonialpropagandist Ernst von Weber – forderten Bundespräsidium und Reichstag auf, als Ausgleich von Frankreich die Abtretung Cochinchinas mit der Hauptstadt Saigon zu verlangen. Bismarcks Stellungnahme zu diesen Absichten ist bekannt: »Ich will auch gar keine Kolonien. Die sind bloß zu Versorgungsposten gut ... diese Kolonialgeschichte wäre für uns genauso wie der seidne Zobelpelz in polnischen Adelsfamilien, die keine Hemden haben.« Trotz dieser klaren Absage an Kolonien lebte die koloniale Projektemacherei ebenso fort wie die allgemeine Grundstimmung einer bevölkerungspolitischen, ökonomischen und nationalen Notwendigkeit überseeischer territorialer Besitzerweiterung. Für das nationale Bürgertum stand deutscher Kolonialbesitz nun wie 1848 auf der Tagesordnung. Die Gründung des geeinten Deutschen Reiches hatte die Voraussetzungen grundlegend geändert.

Forscher, Missionare, Händler

»Weiße Flecken« und »geographische Taten«

Wir zogen dann durch den Schutt, der sich rund um den Erdwall der Stadt angehäuft hat, ließen eine Reihe schmutziger Rohrhütten, welche die ganze Stadt umgeben, zu unserer Rechten und betraten so die engen Straßen und Gassen, welche kaum zwei Reiter nebeneinander passieren können, gefolgt von einem Schwarm von Städtern. Aber großen Eindruck machte der gut bevölkerte und wohlhabende Charakter dieses Stadtviertels auf mich; manche Häuser erhoben sich zu einer Höhe von zwei Stockwerken.«

Es ist der 7. September 1853. Die kleine Karawane mit elf Eseln, die das Gepäck schleppen, hat nach unsäglichen Strapazen das legendäre Timbuktu erreicht. Die Stadt, sechs Kilometer nördlich des oberen Nigerbogens im heutigen Mali gelegen, gilt als das berühmteste Handels- und Kulturzentrum des islamischen Westafrika. Zahlreiche Moscheen, Bibliotheken und »mit Gold gepflasterte Straßen«

Europäische Sicht afrikanischer »Eßgewohnheiten«

sollen die Zierde der Stadt sein, deren Pracht und Reichtum auf dem Saharahandel mit Salz und Gold beruhen.

Welche Enttäuschung aber für den Anführer der Reisegruppe, den deutschen Afrikaforscher Heinrich Barth, als er sich der rauhen Wirklichkeit gegenübersieht. Eine ziemlich armselige Ansammlung von Hütten und Ruinen ist das erste, was ihm auffällt. Zwar bessert sich sein erster Eindruck. Aber die von politischen und religiösen Kämpfen gebeutelte Stadt, die einst um die 50 000 Einwohner beherbergt haben soll, ist längst nur noch ein Schatten ihrer großen Vergangenheit.

Heinrich Barth war nicht der erste Europäer, der Timbuktu betrat. Als eigentlicher Entdecker von Timbuktu gilt der Franzose René Caillié. Er hielt sich 1828 drei Wochen in den Mauern der Stadt auf. Zwar hatte schon zwei Jahre zuvor der englische Major Alexander G. Laing die Stadt betreten, da er sich aber großsprecherisch als Christ und Europäer bekannte, wurde er auf dem Rückweg von Arabern ermordet. Anders verhielt sich Heinrich Barth. Er trat in der Verkleidung eines arabischen Gelehrten auf. Unter dem Namen Abd el-Kerim (»Diener des Gnädigen«) und als »Messias« legte er den Leuten die Hand zum Segen auf. Da er sich zudem die Feindschaft des Scheichs el-Bakay mit den räuberischen Fulbe von Massina, einem islamisierten nomadischen Hirtenvolk, zunutze machte, konnte er sich über ein halbes Jahr lang in Timbuktu aufhalten und als erster eine ausführliche Beschreibung dieser alten Handelszentrale im westlichen Sudan nach Europa senden.

Afrika stand um die Mitte des 19. Jahrhunderts längst im Mittelpunkt des geographischen und wissenschaftlichen Interesses einer breiten Öffentlichkeit. Reise- und Abenteuerbeschreibungen über den geheimnisvollen Kontinent wurden von einem gebildeten Publikum geradezu verschlungen. Im ausgehenden 18. Jahrhundert sah die Situation jedoch noch völlig anders aus. Wenig wußte man vom »dunklen« Kontinent, und betreten hatten Europäer ihn nur an seinen Randzonen.

Die Gründe dafür, warum sich Afrika so lange als unattraktiv und abweisend darbot, waren vielfältiger Art. An erster Stelle behinderten die Natur des Landes mit den großen Wüsten im Norden (Sahara) und Süden (Kalahari) sowie dem für Mensch und Tier schier undurchdringlichen Tropenwald im Äquatorialbereich das Vordringen. Eine starke Brandung, Riffe, ständige Nebel, Staubstürme aus den Wüsten und nur wenige natürliche Häfen erschwerten die Landung. Zwar war auch Afrika – wie Amerika und Sibirien – von großen Flußsystemen durchzogen, aber viele waren wegen zahlreicher Stromschnellen nur streckenweise, andere nur saisonal befahrbar. Riesige Entfernungen mußten daher von den späteren Entdeckern und Forschern zu Fuß zurückgelegt werden. Nur im Norden halfen Kamel und Pferd, im Süden der Reitochse und der Ochsenwagen. Das entscheidende Hindernis stellte jedoch das afrikanische Klima mit seinen Tropenkrankheiten wie der Malaria und dem Gelbfieber dar. Im übrigen war der Handel mit Sklaven, Pfeffer, Elfenbein und Gold so gut von den Afrikanern organisiert worden, daß die Europäer keinen Grund hatten, ins fieberverseuchte Hinterland vorzudringen und die Feindschaft der afrikanischen Zwischenhändler herauszufordern. Erst nachdem sich seit den 1840er Jahren die Chininprophylaxe durchsetzte, verlor Afrika allmählich seinen Schrecken als das »Grab des weißen Mannes«. Nur im klimatisch zuträglicheren Süden hatten die Niederländer (Buren) bereits seit 1652 eine Siedlungskolonisation begonnen.

Entsprechend ungenau waren noch um die Mitte des 18. Jahrhunderts die geographischen Vorstellungen von Afrika. Nicht selten lebten auf den zeitgenössischen Karten, abgesehen von den präziser gewordenen Küstenzonen, die antik-mittelalterlichen Anschauungen weiter fort. Fiktive Gewässer und Gebirge – wie die berühmten »Mondberge« des antiken Naturforschers Claudius Ptolemäus als Ursprung der Nilquellen – überdeckten die tatsächlich weißen Flecken. Nicht genauer waren die Informationen über die Afrikaner selbst und ihr Leben.

Auf den Schiffen der Holländisch-Ostindischen Kompanie reisende deutsche Schriftsteller wie Andreas Josua Ultzheimer, Samuel Brun, Michael Hemmersam und Wilhelm Johann Müller zeichneten überdies ein von europäischem Überlegenheitsbewußtsein gegenüber den »armen Heiden« bestimmtes Bild, und selbst christliche Gelehrte rechtfertigten die Einrichtung der Sklaverei mit entsprechenden Bibelstellen.

Ein Wandel im Hinblick auf den vergessenen Kontinent vollzog sich in den 1780er Jahren. Ausgangspunkt war die in England sich vehement artikulierende Bewegung für die Abschaffung der Sklaverei, in deren Verlauf Afrika und die Afrikaner in das Bewußtsein einer breiteren Öffentlichkeit rückten. Das am 22. Mai 1787 von den Engländern begründete Komitee für die Abschaffung des Sklavenhandels wählte als werbewirksames Emblem einen an Händen und Füßen gefesselten Afrikaner mit der Aufschrift »Bin ich nicht ein Mensch und ein Bruder?«

Der Einsatz im Kampf gegen Sklavenhandel und Sklaverei fiel mit dem großen Missionsaufbruch des erweckten England zusammen. Ein biblisch-christlich fundiertes Auserwähltheits- und Überlegenheitsgefühl sowie ein aus Kulturoptimismus und Fortschrittsgläubigkeit zusammengefügter Aktivismus zeichneten diese Bewegung aus, die nicht zuletzt die Missionierung der »armen Schwarzen« zu ihrem Programm machte. Zahlreiche Missionsgesellschaften begannen, ihre Sendboten nach Afrika – aber nicht nur dorthin – zu senden.

Die neuerliche Aufmerksamkeit, die Afrika durch missionarische und humanitär-zivilisatorische Ziele sowie durch Handelsinteressen fand, wurde durch ein weiteres, für jene Zeit typisches Moment ergänzt: die wissenschaftliche Neugier im Hinblick auf den »dunklen«, unbekannten Kontinent. »Im Verlangen, unsere Zeit von der Last einer Unkenntnis zu befreien, die so wenig ihrem Charakter entspricht«, begann bezeichnenderweise die Präambel, in der die Gründung der Britischen Gesellschaft zur Förderung der Entdeckung des Innern Afrikas am 9. Juni 1788 in London angekündigt wurde. Die Gesellschaft, die auch ausländische Reisende unterstützte, wurde zum wichtigsten Förderer der Erforschung Afrikas in Europa; zugleich bildete sie das Vorbild anderer europäischer Gesellschaften mit gleicher Zielsetzung. Bereits 1795 hatte sich der deutsche Theologe Friedrich Konrad Hornemann der Afrikanischen Gesellschaft zur Verfügung gestellt, um zum Niger vorzustoßen. Er brach von Kairo in Richtung Libysche Wüste auf und gelangte von

dort aus im November 1798 nach Mursuk im Fessan, mußte dann jedoch wegen feindlich gesonnener Araber sein Unternehmen abbrechen. Erst bei einem zweiten Versuch 1800, von Mursuk aus über das Reich Bornu zum Niger vorzudringen, hat er möglicherweise Erfolg gehabt. Er starb 1801 in Bokane, etwa fünfzig Kilometer nördlich des Stromes, wahrscheinlich an der Ruhr.

Wunschtraum blieb eine Reise zum Niger für den Schweizer Afrikaforscher Johann Ludwig Burckhardt. Dem hochbegabten Natur- und Sprachforscher gelang es hingegen, als muslimischer Kaufmann »Ibrahim« verkleidet, weite Teile Kleinasiens und des Nahen Ostens zu bereisen und den Zutritt nach Mekka (1814), der heiligen Stadt des Islam, zu erlangen. Burckhardt verdanken wir die erste ge-

Nahrung der Hottentotten. »Man ißt das Vieh samt seinen Innereien und Därmen halb roh und nur wenig oder gar nicht gekocht, und den Kot drückt man aus den Därmen mit den Zähnen aus«, heißt es in einer zeitgenössischen Beschreibung.

naue Beschreibung der Kaaba, des größten Heiligtums der Muslime. Afrikareisende wie Hornemann, Burckhardt sowie die Schotten Mungo Park und Hugh Clapperton und der Franzose René Caillié hatten den Zugang zum Niger von Norden her gewählt. Sie wurden auf diese Weise zugleich zu Pionieren der Sahara- und Sudanforschung. Deren eigentlicher Begründer wurde jedoch der deutsche Privatgelehrte Heinrich Barth (1821–1865). Der sprachbegabte junge Geograph und Historiker hatte schon im Rahmen der Studien für seine Habilitationsschrift die nordafrikanischen Küstenländer des Mittelmeeres sowie das Niltal bis Assuan zwischen 1845 und 1847 bereist. Da seine Vorlesungen über die »Geographie des nördlichen Afrika« nicht gerade Studenten in großer Zahl anlockten, schloß er sich einer geplanten englischen Expedition unter Leitung des Missionars James Richardson an, die Erkenntnisse zur Abschaffung des Sklavenhandels gewinnen und Handelsbeziehungen mit sudanesischen Staaten anknüpfen wollte. Barth seinerseits hoffte, mit einer großen »geographischen Tat« seiner akademischen Karriere zum Durchbruch zu verhelfen.

Barths afrikanische Begleiter Abega und Dorugu, die später bei der Übersetzung der englischen Haussa-Bibel halfen

Zwischen 1850 und 1855 durchzog der aufmerksame Beobachter und asketische Reisende Barth geographisches Neuland in Nord- und Zentralafrika. Über Murzuk, Ghat und das Bergland Air sowie nach einem Abstecher in die alte Handelsstadt Agades erreichte er in Katsena das Gebiet der Fulbe. Er reiste weiter nach Kano (im heutigen Nordnigeria), dem – wie er schrieb – »afrikanischen London« und »bedeutendsten Mittelpunkt des Verkehrs im eigentlichen sogenannten Sudan oder Land der Schwarzen«. Die nächste Station war Kuka, das Zentrum des Reiches Bornu-Kanem, wo er sich der Zuneigung des Sultans Omar erfreute.

Auf dem Weg nach Yola, der Hauptstadt des Fulbe-Reichs Adamaua, betrat er erstmals künftigen deutschen Kolonialboden, ohne allerdings zu diesem Zeitpunkt auch nur einen Gedanken an deutsche Kolonien in Afrika zu verschwenden. Dann kehrte er nach Kuka zurück und brach zur legendären Stadt Timbuktu auf. Von dort kehrte er – wieder über Kuka – auf der alten Karawanenstraße durch das Gebiet der kriegerischen Tuareg nach Tripolis zurück, wo er Ende August 1855 eintraf.

Im Verlauf seiner über fünfjährigen Forschungsreise hat Heinrich Barth rund 18 000 Kilometer zu Fuß, zu Pferd oder auf dem Kamel zurückgelegt. Dabei trug der unermüdliche, geradezu akribische Chronist eine ungeheure Fülle von geographischem, topographischem, hydrographischem, historischem, ethnologischem und linguistischem Material zusammen, das er bis zu seinem Tod gewissenhaft auswertete. Er beherrschte sieben indigene Sprachen, andere zeichnete er auf; in seinem handschriftlichen Nachlaß befinden sich Wörterverzeichnisse von über vierzig Sprachen. Grundlegend waren aber vor allem seine Studien zur Geschichte des Islam im Sudan und zu den sudanesischen Staaten, mit denen er das Fundament für die moderne Geschichtsschreibung über das nördliche Afrika legte. Zwar war auch Barth als Kind seiner Zeit vom Vorsprung Europas und seiner zivilisatorischen Mission in Afrika überzeugt, aber kolonialpolitische Intentionen lagen ihm ebenso fern wie rassistische Vorurteile. Der vielleicht größte Afrikaforscher war bereit, sich auf die ihm begegnenden fremden Kulturen einzulassen und lehnte es ab, wie Hegel in den Schwarzafrikanern Völker ewigen Stillstands zu sehen.

Auf den Spuren Heinrich Barths drang ein anderer deutscher Saharaforscher ebenfalls bis in das geheimnisumwitterte Adamaua vor. Der in Vegesack bei Bremen geborene Gerhard Rohlfs (1831–1896) war nach einem abgebrochenen Medizinstudium und gesundheitlichen Problemen 1855 in die französische Fremdenlegion in Algerien eingetreten. Dort machte er sich mit der Sprache sowie den Sitten und Gebräuchen der Araber vertraut. Nach seinem Abschied aus der Legion – er brachte es bis zum Feldwebel und erhielt die hohe Auszeichnung der »Légion d'honneur« –, durchquerte er als »strenggläubiger« muslimischer Arzt zunächst die nördliche Sahara, bevor es ihm 1865/67 gelang, als erster Europäer den

Gerhard Rohlfs mit »Sklavenkind« Noël

Westteil des afrikanischen Kontinents von Tripolis bis zum Golf von Guinea zu bereisen – »nach ein paar Jahren wird hoffentlich mein Name mit Ehre an der Seite Heinrich Barths, Mungo Parks, Leo Africanus' und anderen genannt werden«. Von der Reise brachte er einen jungen Sklaven mit, dem er den Namen Noël (frz. Weihnachten) gegeben hatte. Als »Mohr von Berlin« und Günstling Wilhelms II. wurde Henri Noël stadtbekannt.

Auch Rohlfs betrat südöstlich des Tschadsees späteren deutschen Kolonialboden (Nordkamerun). Koloniale Ziele für Deutschland sah er aber zunächst noch in einer anderen Gegend: im Bereich der Libyschen Wüste. Über diese Region schrieb er nach der Reichsgründung: »Wir müssen unbedingt am Mittelmeer eine Kolonie haben, schon der zunehmenden Schiffahrt wegen. Cyrenaika würde aber, glaube ich, am wenigsten die Eifersucht der fremden Mächte erwecken.«

Die Reichsregierung war schon längst auf den anerkannten Reisenden und ein kolonialinteressiertes Publikum auf seine abenteuerlichen Reisebeschreibungen aufmerksam geworden. Im Dezember 1870 wurde Rohlfs Königlich-Preußischer Hofrat, und die Mitgliedschaft in der 1873 nach englischem Vorbild gegründeten Deutschen Gesellschaft zur Erforschung des äquatorialen Afrika und deren Erweiterung 1878 zur Afrikanischen Gesellschaft in Deutschland war für ihn selbstverständlich. Auf dem Programm dieser geographischen Gesellschaften stand aber längst nicht mehr nur die »geographische Tat«, sondern auch die Vorarbeit auf potentiellen Kolonialfeldern.

Nachdem Rohlfs bereits 1880 auf seiner neunten Afrikareise für Bismarck diplomatische Dienste beim Negus von Abessinien geleistet hatte – noch im Sinne der kolonialen Enthaltsamkeit des

Reichskanzlers –, wurde er 1884, im Jahr der Kolonialerwerbungen in West- und Südwestafrika, deutscher Generalkonsul auf Sansibar. Seiner Frau schrieb der Dreiundfünfzigjährige enthusiastisch: »Es ist mir der schönste Lohn meines Lebens, dies noch mitmachen zu können. All die Schrecknisse und Gefahren, all die vielen Mühen und Drangsale, das Hungern und Dürsten, das ich in Afrika erduldet habe, sind nichts gegen das Gefühl, daß nun dieser Erdteil auch für unser Vaterland gewonnen ist und daß ich auch hierbei noch mitwirken kann.«

Der aus dem altmärkischen Eichstedt gebürtige Gustav Nachtigal während eines Aufenthalts in Kairo 1875

Zu diesem Zeitpunkt stand ein anderer namhafter deutscher Afrikaforscher bereits im Dienst der Kolonialregierung und befand sich gerade auf dem Weg, in Westafrika »Schutzverträge« mit einheimischen Potentaten zu unterschreiben und deutsche Flaggen zu hissen: Gustav Nachtigal (1834–1885), der sich wie Rohlfs aus gesundheitlichen Gründen 1861 nach Afrika begeben hatte. Der promovierte Mediziner avancierte zum Berater und Leibarzt des Bey von Tunis. Gleichzeitig hoffte er jedoch, sich seinen Jugendtraum einer Forschungsreise durch Afrika erfüllen zu können. Die Gelegenheit bot sich ihm, als er in Tunis mit Rohlfs zusammentraf. Der berühmte Afrikareisende bat ihn, Geschenke des preußischen Königs, darunter ein Porträt des späteren Kaisers, an den Sultan Omar von Bornu zu überbringen. Wilhelm I. wollte sich damit für die Hilfe erkenntlich zeigen, die der Sultan den deutschen Afrikareisenden Heinrich Barth, Adolf Overweg, Eduard Vogel, Karl Moritz von Beurmann und Rohlfs hatte zuteil werden lassen.

Am 17. Februar 1869 brach Nachtigal mit einem ortskundigen Führer, drei Dienern und zehn Kamelen von Tripolis auf. Auf seiner fünfjährigen Reise, während der er als erster Europäer das Tibesti-Gebirge eingehend erforschte, konnte er nicht nur die Präsente dem hocherfreuten Sultan überreichen, sondern auch vom Sultan von Wadai die Hinterlassenschaften der ermordeten Deutschen Vogelsang und Beurmann zurückerhalten. Nach Forschungen in den Tschadsee-Ländern kehrte er über Darfur, Kordofan und Khartum, der Hauptstadt des Sudan, nilabwärts ins Mittelmeer und nach Deutschland zurück, wo er schon lange als verschollen galt. Bescheidener als Rohlfs bemerkte er zu seiner Reise: »Ich konnte damit eine Lücke in der Geographie füllen; ich hatte außerdem meine Kraft erprobt und begann zu meiner physischen und moralischen Energie Vertrauen zu fassen.«

Der berühmt gewordene Reisende wurde in Anerkennung seiner Verdienste um die geographische und ethnographische Erforschung Nordafrikas zum Präsidenten der Berliner Gesellschaft für Erdkunde und stellvertretenden Vorsitzenden der Afrikanischen Gesellschaft von Deutschland gewählt. 1879 erschien der erste von drei Bänden über seine Afrikareise *(Sahara und Sudan)*. 1882 schickte die Reichsregierung den hochgeachteten Gelehrten als Kaiserlichen Generalkonsul nach Tunis.

Dort erreichte ihn im März 1884 jene berühmte Weisung Bismarcks, als »Reichskommissar für die Westküste von Afrika« mit den lokalen Häuptlingen »Freundschafts-, Handels- und Protektoratsverträge« abzuschließen und den deutschen Einfluß zu sichern. Während der insgesamt 369-tägigen Schiffsreise verbrachte Nachtigal 155 Tage an Bord seines Führungsschiffs »Möve«, zumeist seekrank. Am 5. Juli 1884 traf er in Togo ein und stellte das Gebiet um Bagida und Lome unter deutschen Schutz. Verträge und Flaggenhissungen folgten nach dem 14. Juli in Kamerun. Auf der Weiterreise hißte er schließlich am 28. Oktober auch in Deutsch-Südwest die Flagge, nachdem die Erwerbungen von Lüderitz schon am 24. April unter Reichsschutz gestellt worden waren. Auf der Rückreise erlag der Afrikaforscher und Kolonialbeamte an Bord der »Möve« seinem alten Lungenleiden. Sein Grab auf Kap Palmas wurde 1888 auf Veranlassung des Auswärtigen Amtes nach Duala neben das Denkmal verlegt, das die deutsche Kaufmannschaft in Westafrika für ihn errichtet hatte.

Hatten Barth, Rohlfs und Nachtigal unbewußt späteren deutschen Kolonialboden betreten, setzte die eigentliche Entdeckung der deutschen Gebiete an der westafrikanischen »Sklavenküste« erst nach den Kolonialerwerbungen ein. Die Forschungsreisen standen dabei oft im Zusammenhang mit der militärischen Eroberung oder galten ohnehin als Militärexpeditionen.

In Togo erfolgte die erste der »größeren amtlichen Reisen« 1888 unter Curt von François, dem späteren Landeshauptmann von Deutsch-Südwest. Er durchzog den Nordwesten der Kolonie. Größere Bedeutung für die Erschließung des Hinterlandes erlangte die Togo-Expedition. Sie verließ 1894 die Station Misahöhe im Süden – benannt nach Misa von Esterhazy, der ehemaligen Geliebten des Landeshauptmanns Jesco von Puttkamer – und gelangte bis nach Sansane-Mangu im Norden der Kolonie. Sie brachte wertvolle Ergebnisse im Hinblick auf die geographischen und ethnographischen Gegebenheiten sowie auf Flora und Fauna des Landes. In Kamerun sind die ersten großen Expeditionen unter kolonialen

Vorzeichen mit dem Namen Eduard Robert Flegel verbunden. Der Baltendeutsche kam als Kaufmann nach Afrika, gab aber schon bald seinen Beruf auf und widmete sich der Erforschung des mittleren Westafrika. Er erarbeitete eine Streckenkarte des Benuë, dessen Quellen er entdeckte, bestieg 1879 den großen Kamerunberg und unternahm, finanziert von der Deutschen Afrikanischen Gesellschaft, mehrere Forschungsreisen durch Gebiete des heutigen Nigeria und Kamerun. Nach den deutschen Kolonialerwerbungen seit 1884 unterstützte er die deutschen Kolonialbestrebungen und suchte, gefördert vom 1882 gegründeten Deutschen Kolonialverein, das deutsche Schutzgebiet im Binnenland (Adamaua und Niger-Benuë-Gebiet) zu erweitern. Er veröffentlichte zahlreiche Reiseberichte und Tagebuchaufzeichnungen, die gleichzeitig im Dienst der Förderung des kolonialen Gedankens standen.

1888 gelang es einer Expedition, von der im Süden gelegenen Küstenstadt Groß-Batanga aus die dichte Urwaldregion zu durchdringen, das Hochplateau zu ersteigen und damit »die Grenze zwischen den Bantu- und Sudannegern festzustellen«. Sie erreichte das Handelszentrum Yaunde, die heutige Hauptstadt Kameruns, von wo aus bis zur Jahrhundertwende die weitere »Befriedung« des Nordens und Ostens erfolgte. Auch der »Subimperialismus« einzelner Kolonialpioniere spielte immer wieder eine Rolle bei der Erschließung und Beherrschung kolonialer Räume. So stieß der sechsundzwanzigjährige Forscher Eugen Zintgraff – in Überschreitung seiner Kompetenzen – in das Gebiet der Bali im Kameruner Grasland vor und stellte dieses Volk unter deutsches Protektorat (1891). Er drang schließlich bis Yola im äußersten Nordosten und zum Benuë vor. Damit war er der erste, »der die Küste mit dem Sudan verband«.

Südwestafrika galt seit dem Landfall durch den Portugiesen Diogo Cão als äußerst unwirtliche Gegend. Der übliche Name »Skelettküste« verwies auf das, was man in dieser Region Afrikas gegebenenfalls zu erwarten hatte. Riffe, ständige Nebelbänke durch den Zusammenstoß der Luft des kalten Benguela-Stroms mit den heißen Winden aus den großen Wüsten Kalahari und Namib und schließlich die Wüsten selbst standen einer Erschließung von See her im

Wege. Kupferfunde und Goldsuche hatten aber schon seit dem Ende des 17. Jahrhunderts Kap-Holländer und andere Abenteurer von Südafrika aus in das Land gelockt. Vor allem Missionare wie Carl Hugo Hahn trieben dann die weitere Erforschung des Landes voran.

Wenig besser stand es um die Kenntnis des ostafrikanischen Binnenlandes, waren Araber und Suaheli doch argwöhnisch darauf bedacht, daß ihr Zwischenhandelsmonopol – in erster Linie für Sklaven – nicht in Gefahr geriet. Erst die Suche nach den Nilquellen änderte die Situation. Zwei deutsche Missionare spielten in diesem Zusammenhang eine wesentliche Rolle: die Schwaben Johannes Rebmann und Johann Ludwig Krapf, die im Dienst der anglikanischen Church Missionary Society in Ost-Äquatorialafrika wirkten. Zusammen entdeckten sie am 11. Mai 1848 den schneebedeckten Kilimandscharo. Besteigen sollten ihn aber als erste 1889 der Forschungsreisende und Verleger Hans Meyer und sein Begleiter Ludwig Purtscheller. Auf einer Karte Ostafrikas von 1856 gab Rebmann zudem den ersten Hinweis auf die ostafrikanische Seenplatte, was wiederum die britischen Reisenden John H. Speke und Richard F. Burton Anlaß gab, in diesem Bereich nach den Nilquellen zu suchen. Speke löste dann das »Nilproblem«, indem er einen Ausfluß des Victoriasees als Ursprung des Nils identifizierte.

Die eigentliche »nationale Periode« der Erforschung Deutsch-Ostafrikas setzte erst mit der Niederwerfung des sogenannten Araberaufstands von 1888/89 ein, nachdem die Konquistadoren um Carl Peters, den »Gründer« der Kolonie, wenig Interesse an wissenschaftlicher Erkundung gezeigt hatten. An der Spitze des deutschen Expeditionskorps stand der Kolonialoffizier Hermann von Wissmann. »Deutschlands größter Afrikaner«, wie zeitgenössische Biographen ihn nannten, hatte bereits eine ruhmreiche Karriere als Forschungsreisender hinter sich, als er ein militärisches Kommando nach Afrika erhielt.

Wissmann kam 1880 im Auftrag der regierungsamtlich geförderten Afrikanischen Gesellschaft in Deutschland erstmals nach Afrika. Er durchquerte Äquatorialafrika von Luanda (Angola) bis zum oberen Kongo. Von dort schlug er sich mit nur wenigen Trä-

◀ Hermann von Wissmann (sitzend, links) mit Offizieren und Sudanesen-Askari.

gern und ohne Medikamente zunächst bis zum Tanganjikasee, schließlich bis nach Sansibar durch, das er im November 1882 erreichte. Mit seiner Reise wurde Wissmann der erste Deutsche, der das tropische Afrika durchquerte, und der erste Europäer, dem dies auf der West-Ost-Route gelang. 1883/84 leitete Wissmann eine vom belgischen König Leopold II. finanzierte Expedition ins obere Kongogebiet – das Vorspiel zum Erwerb des Kongostaates durch den kolonialehrgeizigen Monarchen. Nach 1886/87 setzte er die geographische Erkundung dieser Region fort. Danach folgte die Karriere als Kolonialbeamter. Noch während des Feldzugs gegen die aufständischen Küstenleute wurde er Reichskommissar für Deutsch-Ostafrika, später Gouverneur der Kolonie.

Auch der von Abenteuern umwobene Mehmed Emin Pascha war Afrikaforscher und Kolonialbeamter in einem. Hinter dem arabischen Titel verbarg sich der aus Schlesien stammende Arzt Eduard Schnitzer, der 1865 zum muslimischen Glauben übergetreten und über eine ärztliche Tätigkeit in der türkischen Armee und anschließend als »Chief Medical Officer« im englischen Ägypten bis zum Gouverneur der ägyptischen Äquatorialprovinz (heutiger Südsudan) aufgestiegen war. Vorübergehend durch den Mahdi-Aufstand von der Außenwelt abgeschnitten, waren gleich zwei Expeditionen – in England unter Stanley, in Deutschland unter Carl Peters – zu seiner »Rettung« aufgebrochen. Stanley hatte zwar den Wettlauf gewonnen, aber Emin Pascha war unter dem Einfluß von Peters' Plänen eines deutschen »Griffs nach dem Nil« in deutsche Kolonialdienste getreten. Anfang 1890 versah ihn die deutsche Kolonialregierung mit der Weisung, im Bereich des Victoriasees englischen Ambitionen entgegenzutreten. Er drang von der Küstenstadt Bagamoyo über die Westküste des Victoriasees bis auf kongolesisches Gebiet vor, wo er 1892 ermordet wurde.

Als Verwaltungsbeamter wenig erfolgreich, hatte Emin Pascha sich doch einige Verdienste als Ethnograph und Naturforscher erworben, wobei die Publikationen seiner Reisebriefe, Berichte und Tagebücher ein übriges zu seinem Ruhm beitrugen. Von wesentlich größerer wissenschaftlicher Gründlichkeit und naturkundlicher Beobachtung zeugen dagegen die kartographischen und zoologischen

Arbeiten seines Begleiters Franz Stuhlmann (*Mit Emin Pascha ins Herz von Afrika*, 1894). Das gilt auch für die Afrikaforschungen des namhaften österreichischen Geographen und Kartographen Oskar Baumann, der auf seiner zweiten großen Afrika-Expedition 1892 auch ruandisches Gebiet berührte. Nur ein Jahr später betrat der spätere Gouverneur von Deutsch-Ostafrika, Adolf Graf von Götzen, im Zuge seiner Afrikadurchquerung das »sagenhafte Reich Ruanda«. Fasziniert von der Größe der in Deutschland Watussi genannten »feudalen« Oberschicht der Tutsi und des Hofes des allmächtigen Herrschers Kigeri IV. Luabugiri schrieb er in seinem Werk *Durch Afrika von Ost nach West* (1895): »Luabugiri und seine nächsten Verwandten sind sicherlich den größten Menschen zuzuzählen, die es unter der Sonne gibt, und würden, nach Europa gebracht, außerordentliches Aufsehen erregen ... Luabugiris Gesichtszüge waren von eigentümlicher Schönheit. Um die Stirn trug er einen Kranz von grünen Blättern, und sein sinnlich blickendes Auge sowie ein grausamer, um den Mund spielender Zug erinnerten unwillkürlich an die Köpfe römischer Cäsaren. Seine Bewegungen waren schwerfällig, und der ganzen Gestalt merkte man es an, daß sie des Gehens fast gänzlich entwöhnt war und meistens getragen zu werden pflegte.«

Aber nicht immer waren Faszination und kulturelle Offenheit das Ergebnis der Begegnung mit fremden Völkern. Zunehmend mischten sich rassistische Töne in die Beschreibung fremder Kulturen und Menschen. Das gilt selbst für den angesehenen Afrikaforscher Georg Schweinfurth, Begründer der Ägyptischen Geographischen Gesellschaft. Im Zuge der Erforschung des Bahr el-Ghasal-Gebiets auf seiner zweiten Afrikareise (1869/75) und angesichts des Todes seines Hundes schrieb er: »Hier in diesem Paradies aller Teufel war er das einzige lebende Wesen, das mit edlen Tugenden geziert in meiner Umgebung lebte. Treue, Dankbarkeit, Anhänglichkeit, Vergessen erhaltener Züchtigungen, wem ist solches wohl eigen vor all dem Lumpengesindel der mohammedanischen Nubier und heidnischen Neger? Erstere Räuber und Mörder, faule Tagediebe, spitzbübische Schurken; letztere um nichts besser und rein zum Totschießen! Was muß erst derjenige empfinden, welcher in diesem verfluchten Lande einen wahren Freund, einen Reisegefährten verliert, wenn schon der Verlust einer armen Hundeseele soviel über das Gemüt des Vereinsamten vermochte?« Solche Sätze sind trotz aller momentanen Niedergeschlagenheit des Reisenden bei Heinrich Barth nicht zu finden.

»Gehet hin in alle Welt ...«

Erst ein Missionar, dann ein Konsul, und dann kommt die Armee.« Diese anschauliche Formel wird dem Zulu-Häuptling Ceteswayo in den 1870er Jahren zugeschrieben. Ähnlich drückte es eine Generation später Himarua, Kapitän der Okavango in Südwestafrika, einem deutschen Pater gegenüber auf dessen Niederlassungsgesuch hin aus: »Wenn einmal die Missionare hier sind, dann kommen bald andere Deutsche, sind diese aber mal hier, dann kommen auch bald die deutschen Soldaten, und dann werde ich meine Herrschaft verlieren.« Beide Aussagen verdeutlichen die Wahrnehmung der europäischen Expansionspolitik der Neuzeit durch die kolonialeroberten Völker. In ihren Augen bestand ein enger Zusammenhang zwischen kolonialer Herrschaft, kolonialer Wirtschaft und kolonialer Mission. Eroberer und Ausbeuter auf der einen Seite und Missionare auf der anderen Seite nahmen sie als Einheit wahr – das Christentum als ideologische und rituelle Begleitseite des westlichen Imperialismus.

In der Tat begann mit dem Aufbruch der Portugiesen und Spanier im 15. Jahrhundert nicht nur die europäische Kolonialherrschaft über einen Großteil der Erde, sondern auch die »Welteroberung« durch das Christentum. Schutzbedürfnis und Expansionsinteresse, aber auch die genuin christliche Sicht, daß sich der göttliche Heilsplan im weltlichen Kolonialismus offenbare, hatten die Missionare an die Seite der Kolonialeroberer getrieben. Kolonien und Kolonialismus blieben daher bis Mitte des 20. Jahrhunderts ein von der göttlichen Vorsehung bestimmtes Hilfsmittel zur Verbreitung des »Reiches Gottes«.

Auch die deutsche Mission verdankt ihren Durchbruch und ihre gefestigte Stellung in Kirche, Staat und Gesellschaft dem kurzlebigen deutschen Kolonialabenteuer; bot der Beginn der deutschen Kolonialära 1884 doch der Mission endlich die Chance, aus ihrem »Nischendasein« herauszutreten und ihr die Anerkennung zuteil werden zu lassen, die die englische Mission seit langem genoß. Denn wie die deutschen Forschungsreisenden zunächst im Dienste der Britischen Gesellschaft zur Förderung der Entdeckung des Innern Afrikas bzw. der Royal Geographic Society gestanden hatten, begannen protestantische deutsche Missionare ihre Arbeit auf dem Schwarzen Kontinent zunächst auch in englischen Missionsgesellschaften.

Einer von ihnen war Johann Hinrich Schmelen, der im Dienst der kongregationalistischen London Missionary Society stand. Schmelen wurde 1777 als eines von zehn Kindern eines kleinen Bauern in dem Weiler Kassebruch im Kurfürstentum Hannover geboren. Als 1805 Hannover an Napoleon fiel und dem gelernten Schmied der Militärdienst drohte, ging er nach London, wo er an einer Veranstaltung eines Missionars teilnahm, der von drei »bekehrten Hottentotten« aus Südafrika begleitet wurde. In jenem Augenblick traf er die Entscheidung, Missionar zu werden.

1811 wurde Schmelen nach Südafrika gesandt. Er begann seine Tätigkeit auf einer Missionsstation im Klein-Namaland im Nordwesten Südafrikas. 1814 startete er im Auftrag der Missionsgesellschaft eine Expedition nach Norden, wobei er nicht nur eine Station in Bethanien im südlichen Südwestafrika gründete, sondern auch seine Nama-Begleiterin Zara heiratete – Ehen zwischen weißen Missionaren und farbigen Frauen waren zu jener Zeit weder selten noch anstößig.

Der Erstkontakt mit der eingeborenen Bevölkerung hatte langfristige Folgen. Denn deren Interesse lag weniger in der für sie weitgehend unverständlichen Christenlehre als in dem Nutzen, auf der Missionsstation »weiße« Kulturtechniken wie Schreiben, Lesen, Rechnen und Kap-Holländisch zu lernen, als auch an europäische Waffen zu gelangen. Der »Austausch« war zweifellos noch begrenzt, und nach Querelen mit dem »mächtigen« Missionar, die zu seiner Rückkehr in die Kap-Provinz führten, auch vorübergehend. Aber die Grundlage für die »Europäisierung« war gelegt. Dies um so mehr, als Schmelen – der die komplizierte Nama-Sprache nie vollends beherrschte – allein mit Hilfe seiner engagierten Frau die vier Evangelien in diese Sprache übersetzen konnte. Sprachdominanz war wiederum eine der Voraussetzungen europäischer Kolonialausbreitung und Landesbeherrschung. Hierzu leisteten die Missionare mit ihren Sprachkenntnissen einen wesentlichen Beitrag.

In der Tradition der von England auf den Kontinent ausstrahlenden Erweckungsbewegung, die ein koloniales, biblisch-christlich fundiertes Auserwähltheits- und Überlegenheitsgefühl kennzeichnete, standen auch die in der ersten Hälfte des 19. Jahrhunderts gegründeten großen deutschen protestantischen Missionsgesellschaften wie die Basler Mission– zwei Drittel ihrer Mitarbeiter waren Deutsche – , die Berliner, die Rheinische, die Norddeutsche und die Leipziger Mission.

Von diesen Einrichtungen ist die in Barmen gegründete und seit 1829 in Süd- und seit 1842 in Südwestafrika arbeitende Rheinische Mission ein besonders eindrucksvolles Beispiel für das zeitgenössisch vielbeschworene »Hand-in-Hand-Gehen« von Mission und Kolonisation. Da die Sendboten der Mission vor Ort angesichts der Kämpfe zwischen den verfeindeten Herero und Nama vor dem Scheitern ihrer Aufgabe standen, waren es zunächst die in Südafrika im Handel und kolonialem Besitzstand (Kap-Kolonie, Natal) vorherrschenden Engländer, die seit 1868 immer wieder von der Rheinischen Mission um Schutz angerufen wurden. Zwar ging es den Missionaren keineswegs – wie marxistische Geschichtsschreiber behauptet haben – um eine eigene politische Oberherrschaft oder »Missiokratie« über die Herero und Nama. Ausgehend von ihren europäischen Normen und Denkvorstellungen, strebten sie vielmehr nur »geordnete Verhältnisse« an, die ihnen den Aufbau von Gemeinden und, getreu ihrem europäischen Vorbild, eine enge Kooperation von (kolonialem) Staat und Kirche ermöglichten. Bei ihrer Suche nach einem »Zwingherrn« war es der Mission daher zunächst auch gleichgültig, ob England oder Deutschland diese Schutzmachtfunktion übernahm und ein weißes Herrschaftssystem etablierte.

Nach der Reichsgründung richteten sich die Blicke aber immer stärker auf das eigene Vaterland. Im Zentrum dieses Bemühens um deutschen kolonialstaatlichen Schutz stand Friedrich Fabri, der Inspektor der Mission. Ende der siebziger Jahre richtete er immer eindringlichere Schutzgesuche an das Auswärtige Amt. Zwar war es dann der Bremer Großkaufmann Adolf Lüderitz, der Bismarcks Übergang zu einer aktiven Schutzpolitik mitbeeinflußte und den ersten Schutzbrief des Deutschen Reiches für die spätere Kolonie Deutsch-Südwestafrika erhielt; aber die Missionsleitung freute sich geradezu – wie es wörtlich hieß – »von ganzem Herzen, daß das wieder geeinte und erstarkte Deutschland nun angefangen hat, seiner hervorragenden Machtstellung in Europa entsprechend, auch Anteil zu nehmen an der großen Weltherrschaft Europas«. In der Annexion erblickte man ein «Eingreifen Gottes« und in der über vierzigjährigen Geduldsarbeit rückblickend eine Vorarbeit für die deutsche Kolonisation.

Tatsächlich nahmen die Missionare nicht nur als Dolmetscher oder Vermittler indirekt an den Verhandlungen teil, sondern übten auch maßgeblichen Einfluß auf das Zustandekommen der »Schutzverträge« aus, so durch Überredung, »daß man diesen Herren (den deutschen Unterhändlern) volles Vertrauen schenken« könne, wie es in einem Missionsgutachten vom 11. Oktober 1884 hieß, oder bei den konkreten Landabtretungen, wobei sie selbst offensichtliche Übervorteilung der Einheimischen deckten. So kam beispielsweise der Vertrag vom Oktober 1885 mit Kamaherero, dem Großhäuptling der Herero, erst zustande, nachdem ein ehemaliger Herero-Missionar, Carl Hugo Hahn, seinen persönlichen Einfluß auf den Kapitän geltend gemacht und ihm »dringend« geraten hatte, den deutschen Schutz anzunehmen.

Nicht nur die Mission wies später, und zwar während der Anfeindungen im Verlaufe des Herero-Nama-Aufstands, immer wieder selbst auf die Verdienste hin, die sie sich in der Annexionsphase bei der Aufrichtung und Durchsetzung der deutschen Schutzherrschaft erworben hatte, sondern auch die Landeshauptleute von Südwestafrika betonten, daß »ohne die Pionierarbeit der Missionare ... die Besitzergreifung des Landes ein völlig illusorischer Akt auf dem Papier gewesen« wäre (von François) und daß »es im wesentlichen die Missionare waren, die durch ihr Eingreifen die Entscheidung für Deutschland herbeigeführt« und später die »nominelle Schutzherrschaft in eine tatsächliche« umgewandelt hätten (Leutwein).

Als der deutsche Kolonialstaat nach den Schutzerklärungen zunächst wenig Interesse zeigte, seine Herrschaft umfassender zu festigen, machten die Missionare für ihre infolgedessen weiterhin ungünstige Lage und ihre zunehmende Isolierung allein die deutsche Regierung verantwortlich. Sie verlangten von ihr den Einsatz stärkerer Machtmittel, ja geradezu ein »diktatorisches Vorgehen«. Als Reichskommissar Göring 1888 mit seinen wenigen Kräften in die englische Walfisch-Bucht flüchtete, hielt es Missionar Gottlieb Viehe, Präses der Herero-Mission, für das beste, wenn Südwestafrika an England zurückgegeben würde. Missionar Brincker richtete sogar, wenn auch ohne Wissen der Missionsleitung, einen Notruf an Bismarck, von dem er »eine stehende Miliz von wenigstens 400 Mann und zwei Batterien« für Südwestafrika verlangte, »damit jeder Fall von Arroganz und Verletzung der Interessen bestraft werden kann«.

Vor allem in der Disziplinierung der Großhäuptlinge Samuel Maharero und Hendrik Witbooi sah die Mission ihre einzige Chance, ihre Bewegungsfreiheit zurückzugewinnen. Insbesondere der Nama-Kapitän Hendrik Witbooi von Gibeon, der seinen Widerstand mit einer christlich verbrämten göttlichen Berufung rechtfertigte, galt den Missionaren als »Friedensstörer«, »Räuberhauptmann« und »Held aus der Zeit des Faustrechts«. Demzufolge enthoben sie den »Hochmütigen« seines kirchlichen Amtes als Ältester von Gibeon und schlossen ihn vom Abendmahl aus, und sie beschworen die deutsche Besatzungstruppe so lange, bis diese 1893 militärische Aktionen gegen Hendrik einleitete. Anschließend hob das Auswärtige Amt die »wertvollen Dienste« und »beachtenswerten Vorschläge« hervor, mit denen die Mission das Unternehmen, etwa durch Nachrichten über die Bewegungen der Witboois, gefördert hatte, was Hendrik zur definitiven Anerkennung der deutschen Alleinherrschaft zwang. Somit hatte die Mission bis 1896 in der Tat entscheidend dazu beigetragen, daß aus der losen Schutzherrschaft des Reiches ein weitgehend stabilisiertes Kolonialregime wurde und daß durch militärische Aktionen die beiden großen Volksstämme der Herero und Nama »befriedet« und ihr Eigenständigkeitsstreben unterdrückt worden war.

Die deutsche Kolonialexpansion besaß zugleich einschneidende Rückwirkungen auf das protestantische deutsche Missionswesen selbst. Denn erst der deutsche Kolonialismus machte die protestantischen Missionen, die in der ersten Hälfte des 19. Jahrhunderts in ihrem »Winkeldasein« noch als »Pietisten« und »Mucker« geschmäht wurden, in Deutschland »hoffähig«, wie es der keineswegs nur kolonialbegeisterte führende protestantische Missionswissenschaftler Gustav Warneck 1885 ausdrückte.

Neue Missionsgesellschaften, nicht zuletzt mit spezieller Ausrichtung auf die deutschen Kolonien, kamen hinzu – wie die Gesellschaft für evangelisch-lutherische Mission in Ostafrika des bayerischen Pfarrers M. Ittameier und die von dem deutschen Kolonialpionier Carl Peters mitinitiierte Evangelische Missionsgesellschaft für Deutsch-Ostafrika, die spätere Bethel-Mission. Die von der Kolonialbewegung ausgehende Förderung des Missionswesens, die mit den kolonialen Eroberungen einhergehende Sicherheit auf dem Missionsfeld sowie die Euphorie des Nationalprotestantismus im Zeichen der Reichsgründung führten schließlich zu einer engen Kooperation von protestantischer Mission und deutscher Kolonialbewegung. Für die protestantische Mission war es, wie man immer wieder betonte, zu einer selbstverständlichen »nationalen Ehrenpflicht« geworden, daß überall dort, wo deutsche Fahnen wehten, die christlichen Sendboten nachfolgten.

Noch eindeutiger tritt der direkte Zusammenhang von kolonialer Betätigung und Missionsaufschwung im Fall des deutschen katholischen Missionswesens zutage. Als die deutsche Kolonialexpansion begann, existierten in Deutschland keine katholischen Missionen, die, wie im Fall der deutschen protestantischen Missionsgesellschaften, sofort die »Versorgung« der neuen Gebiete hätten übernehmen können. Nicht nur, daß es im Zuge der 1884 noch gültigen Kulturkampfgesetze den katholischen Orden ohnehin unmöglich gewesen wäre, die vorherige Tätigkeit im alten Umfang

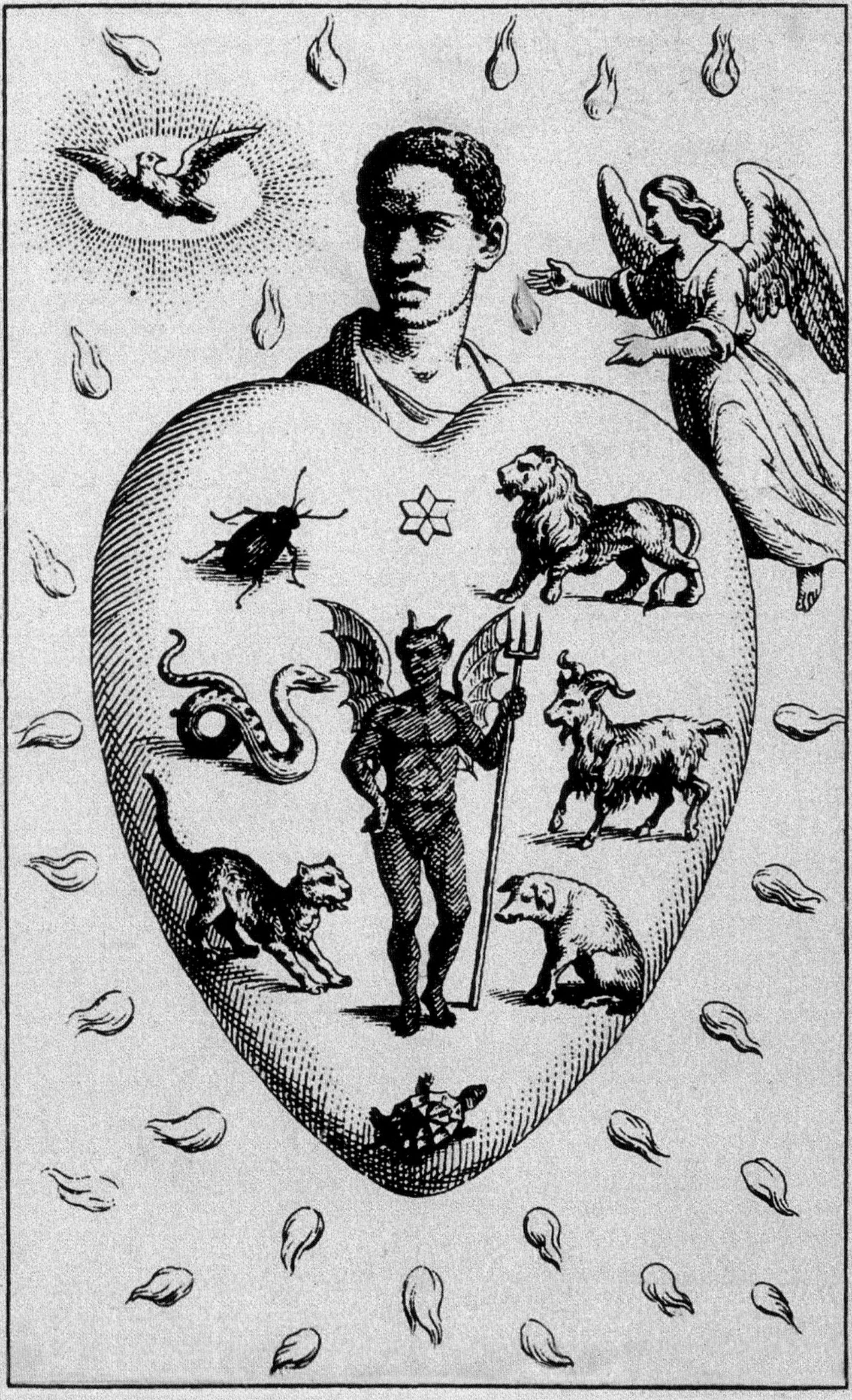

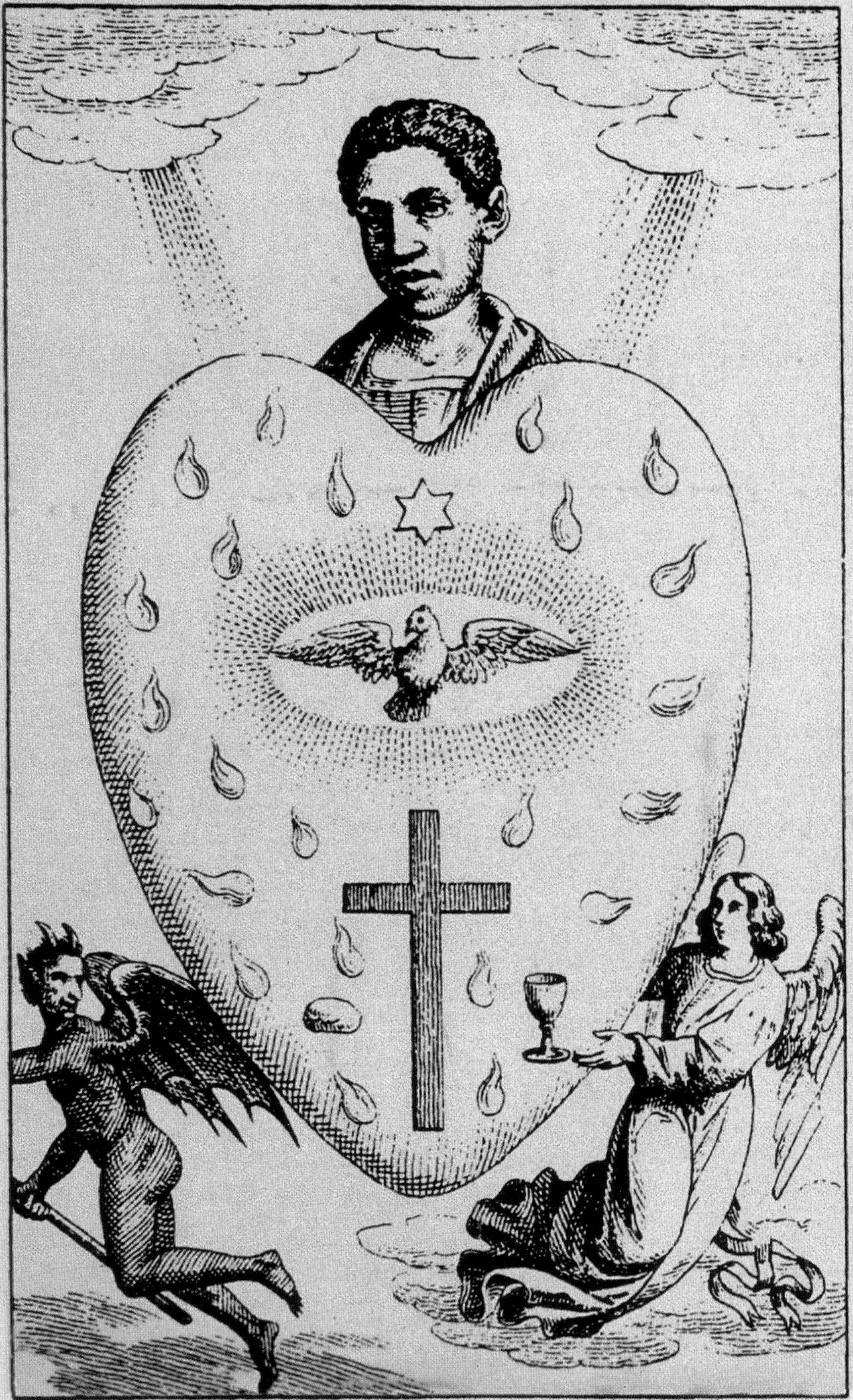

◀ Illustrationen aus dem sogenannten Herzbüchlein, der Standardlektüre pietistischer Kreise. Anhand von Bildern veranschaulicht das Büchlein den Kampf, den Gott und der Teufel um die Seele des Menschen führen.

wiederaufzunehmen, geschweige denn neue Niederlassungen zu gründen, das deutsche Missionswesen war auch organisatorisch nicht auf die »neue Aufgabe« vorbereitet. Missionsbegeisterte deutsche Katholiken konnten daher nur in französischen Einrichtungen ausgebildet werden und unterstanden nichtdeutscher Rechtsprechung. Dieser der Reichsregierung keineswegs willkommene Zustand, der schrittweise Abbau des Kulturkampfes sowie das Einschwenken der katholischen Zentrumspartei auf die kolonialpolitische Linie der Regierung schufen jedoch allmählich neue Konstellationen, die schließlich zu dem größten Aufschwung des katholischen Missionswesen in Deutschland führten.

Koloniale Querverbindungen spielten auch im katholischen Missionsbereich eine Rolle. So standen die deutschen Missionsbenediktiner, von dem Schweizer Josef Georg Amrhein begründet, anfangs in enger Kooperation mit der Deutsch-Ostafrikanischen Ge-

Unterricht in einer deutschen Missionsschule in Afrika. Nach einer Zeichnung von B. Mühlig, 1897

sellschaft. Deren Generalbevollmächtigter Carl Peters unterzeichnete am 16. April 1887 auf dem Kaiserlichen Deutschen Konsulat in Rom einen Vertrag mit dem Orden, der, wäre er realisiert worden, die Missionare zu einem willfährigen, weitgehend rechtlosen Instrument skrupelloser Kolonialausbeuter gemacht hätte. So sollte über ihren Stationen im südlichen Deutsch-Ostafrika nicht nur die Reichsflagge und die Flagge der Deutsch-Ostafrikanischen Gesellschaft wehen, sondern ihre Stationen sollten auch in das Handelsnetz der Kolonialgesellschaft integriert werden. Vor allem ging es der Gesellschaft aber um die »Erziehung zur Arbeit« durch die Mission, um die auf diese Weise disziplinierten Afrikaner im Bereich der eigenen Unternehmungen einzusetzen.

Der Weg zu rechtlicher, politischer und gesellschaftlicher Anerkennung der Katholiken im Kaiserreich führte also nicht zuletzt über den Umweg der Kolonien. Zugleich hob man immer wieder den Nutzen der Mission auch für den Staat durch die »Erziehung der Eingeborenen« und die Ergänzung des vom Staat »physisch erzwungenen« Gehorsams durch die »innere Kolonisation« hervor. Josef Schmidlin, der führende katholische Missionswissenschaftler, hat das, was man auch die »Kolonisierung der Seelen« nennen könnte, im Hinblick auf das »Bündnis« von Mission und Kolonialismus so formuliert: »Die Mission ist es, die unsere Kolonien geistig erobert und innerlich assimiliert … Durch Strafen und Gesetze kann der Staat den physischen Gehorsam erzwingen, die seelische Unterwürfigkeit der Eingeborenen bringt die Mission zustande.«

Von einer Ablehnung der deutschen Kolonialerwerbungen war daher von Anfang an nie die Rede. Im Gegenteil, der deutsche Kolonialbesitz wurde auch als Stunde der katholischen Mission erkannt. Bei Kriegsausbruch 1914 richteten sich etwa vier Fünftel der Aktivität der katholischen deutschen Missionen auf die eigenen Kolonien. Damit erwies sich die deutsche katholische Mission in hohem Maße als eine zeitliche Begleiterscheinung des deutschen Kolonialismus. »Auf den Schwingen der Kolonialbewegung« war, wie es Schmidlin 1913 freimütig eingestand, »neuer Missionssinn in die Heimat und neuer Missionserfolg in die Kolonien« eingezogen.

»Gold, Gold und wieder nur Gold«

Der 27. April 1880 – ein wichtiger Tag im Hinblick auf die koloniale Diskussion in Deutschland. Auf der Tagesordnung des Reichstags steht die sogenannte Samoa-Vorlage. Dabei geht es weder um den Erwerb einer Kolonie, geschweige denn um kolonialen Besitz, lediglich um die Sanierung eines Handelsunternehmens mit Reichsmitteln.

Allerdings war es nicht die erste koloniale Debatte in der Geschichte der deutschen Volksvertretung. Bereits am 30. November 1870 hatte sich der Reichstag des Norddeutschen Bundes mit der Eingabe Bremer Reeder auseinanderzusetzen, die im Zuge deutscher Entschädigungsforderungen von den Franzosen die Abtretung Cochinchinas mit der Hauptstadt Saigon forderten. Die Petition scheiterte jedoch schnell am einhelligen Widerstand der freihändlerisch oder antikolonial eingestellten Mehrheit der Abgeordneten, ganz abgesehen von Bismarcks eindeutig ablehnender Haltung.

1880 sah allerdings die Situation völlig anders aus. Seit den 1880er Jahren hatten sich eine unüberhörbare koloniale Agitation und eine unübersehbare Kolonialbewegung formiert. Kolonien waren keine Hirngespinste von Träumern mehr, sondern tagespolitischer Gesprächsstoff. Bismarcks ablehnende Einstellung gegenüber einem Kolonialerwerb hatte sich zwar nicht grundsätzlich geändert, aber es ging ja nicht um eine Kolonie im Fall der Samoa-Vorlage, sondern um die staatliche Unterstützung des deutschen Außenhandels in einer Region, die längst zum Zielgebiet handelspolitischer Begehrlichkeiten geworden war – die pazifische Inselwelt. Seit 1828 hatte mit der Besetzung des westlichen Neuguinea (Irian Jaya) durch die Niederländer auch die koloniale Aufteilung dieser abgelegenen Weltregion begonnen.

Seit den ausgehenden 1850er Jahren beteiligten sich hanseatische Firmen in größerem Umfang an der Handelsoffensive im Pazifik und eroberten sich dort in den folgenden zwei Jahrzehnten eine hervorragende, sogar dominierende Stellung. Das Vordringen

Plantage der Hamburger Firma Godeffroy & Sohn auf Samoa

anderer Staaten – sei es das der Engländer 1874 auf den Fidschiinseln oder das der Amerikaner 1875 auf Hawaii, vor allem jedoch der australische »Subimperialismus« – verstärkte in Berlin die Bereitschaft zur politischen Unterstützung dieses Handels, der beträchtliche Zuwachsraten verzeichnete. Dieses Interesse manifestierte sich in einer Reihe von Handelsverträgen, die deutsche Seeoffiziere zum Nutzen hanseatischer Kaufleute mit Eingeborenenhäuptlingen schlossen.

Das Zentrum der deutschen Handelsentwicklung lag in der polynesischen Inselwelt. 1877 befanden sich 87 Prozent des Exports von und 79 Prozent des Imports nach Samoa und Tonga in deutscher Hand. Im Kerngebiet Polynesiens hatte das bedeutendste Südseeunternehmen in der vorkolonialen Phase, das Hamburger Handelshaus Johann Cesar Godeffroy & Sohn, Nachfahren französischer Hugenotten, beinahe eine Monopolstellung erlangt. Seit 1856 baute die Firma von Valparaiso aus ein regelrechtes Handelsimperium in der Südsee mit Schwerpunkt in Apia auf Samoa auf. Es erstreckte sich in einem weitmaschigen Netz von den Gesellschaftsinseln über die Fidschiinseln bis zu den Karolinen- und Palauinseln und umfaßte ausgedehnte Kokosnuß- und Baumwollpflanzungen.

Über hundert größere und kleinere Segelschiffe konnte die Firma als Sammelschiffe von Tahiti bis zu den Marianen einsetzen. Einfuhrartikel waren Textilien, Eisenwaren und Waffen mit Munition; Exportwaren nach Europa waren Kokosöl, Kopra, Baumwolle, Perlmutt, Trepang und Schildpatt. Der Hauptvertreter der Firma in Polynesien, Theodor Weber, fungierte in Apia zugleich als deutscher Konsul. 1876 schloß er einen Handelsvertrag mit den Tonga-Inseln, 1879 im Verbund mit Engländern und Amerikanern mit Samoa, der die gemeinsame wirtschaftliche Erschließung der Inseln sicherte.

Im selben Jahr 1879 geriet das Haus Godeffroy jedoch aufgrund unkluger Spekulationen im Bergbau, die es mit den hohen Gewinnen aus dem Südseehandel unternommen hatte, in Zahlungsschwierigkeiten, nachdem die private Firma bereits ein Jahr zuvor in die Deutsche Handels- und Plantagengesellschaft umgewandelt worden war. Da zu einem Zeitpunkt, als sich sowohl die Handelsbeziehungen zu Samoa vertraglich gefestigt hatten, als auch die Marine in den Besitz eines Stützpunktes auf Samoa gelangt war, die Anteile der Gesellschaft in die Hände englischer Gläubiger zu gelangen drohten, war Bismarck bereit, die Firma mit einer Zinsgarantie des Reichs von 300 000 Mark zu unterstützen.

Für die Kolonialenthusiasten spielte dagegen neben der Vision eines »konsumtions- und zahlungsfähigen Marktes« im Pazifik und in Australien die »politische Ehre der deutschen Nation« die erste Rolle. Demgegenüber sahen die Anhänger des kolonialfeindlichen Wirtschaftsliberalismus in der Samoa-Vorlage nur den Auftakt für erste koloniale Experimente. Ihre Argumente brachte der nationalliberale Abgeordnete Ludwig Bamberger am 22. April 1880 im Reichstag zum Ausdruck. Er bezweifelte, daß der Handel mit den Eingeborenen, bestehend »aus Flinten, Pulver, Branntwein, Bier und etwas Kattun, der dem Kleidungsbedürfnis der Samoaner entspricht, indem sie ein Stück sich um die Lenden gürten«, einen besonders großen Gewinn abwerfen würde. Und auch das nationale Motiv sah er nur als Vorwand. Freihändlerische Linksliberale im Verein mit dem katholisch-konservativen, stärker agrarisch orientierten Zentrum sowie 144 abwesende Reichstagsabgeordnete bei Zustimmung durch die konservativen Parteien und den rechten Flügel der Nationalliberalen brachten die Vorlage am 27. April 1880 zu Fall. Die Deutsche Handels- und Plantagengesellschaft gesundete trotzdem infolge der Stützung dieses in der Substanz gesunden Handelsunternehmens durch ein Bankenkonsortium unter Führung Adolph von Hansemanns sowie Gerson von Bleichröders, Bismarcks Privatbankier.

Adolph von Hansemann, Inhaber der Berliner Disconto-Gesellschaft, einer der bedeutendsten Berliner Großbanken, gehörte ohnehin zu jenen Vertretern des Bankkapitals, die ihren Einfluß für einen Kolonialerwerb geltend zu machen suchten. Bereits im September 1880, also nur wenige Monate nach dem Scheitern der Samoa-Vorlage, richtete der Finanzmagnat eine Eingabe an das Auswärtige Amt zugunsten des Erwerbs des nordöstlichen Teils von Neuguinea durch das Reich. Unter Hinweis auf das reiche Java der Niederländer und die Gefahr britischer Dominanz in dieser Region verwies er auf die tropischen Reichtümer der Insel. Auch für möglichen Widerstand der Eingeborenen hielt er ein Mittel parat: »Gerade Deutschland mit der ihm zu Gebote stehenden militärischen Organisationskraft sollte es gelingen, bei Begründung einer Kolonie eingeborene Volksstämme mit kriegerischen Eigenschaften unter Disziplin zu bringen und aus diesen Eigenschaften für das Verteidigungssystem der Kolonie Nutzen zu ziehen.« Wiederum mit dem Bankier Gerson von Bleichröder und weiteren Großfinanziers bildete Hansemann 1882 ein Neuguinea-Konsortium, das weiterhin seine Bestrebungen auf den Erwerb des nordöstlichen Teils der zweitgrößten Insel der Welt richtete. Das kolonialpolitische Engagement seiner Agenten vor Ort schuf zugleich die Voraussetzungen für die Entstehung des späteren deutschen Schutzgebiets Deutsch-Neuguinea. Den begehrten kaiserlichen Schutzbrief erhielt die inzwischen in Neuguinea-Kompanie umbenannte Charter-Gesellschaft am 17. Mai 1885.

Auch in Afrika führten die handelspolitische Konkurrenz und der einsetzende Wettlauf um Interessenssphären und Protektorate zu einer wachsenden Unruhe unter den deutschen Afrikahändlern. Für den Erwerb der afrikanischen Kolonien (bis auf Deutsch-Ostafrika) spielten in diesem Zusammenhang zwei Kaufleute eine wichtige Rolle: der Bremer Tabakwarenhändler Adolph Lüderitz (1834–1886) und der Hamburger Reeder und Großkaufmann Adolph Woermann (1847–1911).

Lüderitz war nach längerem Aufenthalt in Amerika, wo er sich als Handelsangestellter und Rancher versucht hatte, in das väterliche Tabakgeschäft in Bremen eingetreten. Die Ehe mit einer reichen Bremerin machte ihn finanziell unabhängig. Nach dem Tod des Vaters 1878 übernahm er die Leitung der Firma, erwarb ein Landgut und führte ein Leben »halb als Tabakhändler und halb als Gutsherr«. Schließlich wandte er sich wegen des drohenden staatlichen Tabakmonopols überseeischen Unternehmungen zu und konnte bereits im Frühjahr 1882 den Hauptanteil einer Handelsniederlassung in Lagos an der Goldküste erwerben. Seine Handelsprodukte waren Gewehre und Munition, Spirituosen, Tabak und Manufakturwaren.

Im Mai 1883 schloß sein Bevollmächtigter Heinrich Vogelsang mit dem Nama-Kapitän Joseph Fredericks in Bethanien einen Vertrag, durch den die Bucht von Angra Pequena (Lüderitz-Bucht mit dem heutigen Lüderitz) samt Umgebung für 100 Pfund Sterling und 200 Gewehre an ihn abgetreten wurde. Dabei hatte Lüderitz' Unterhändler sich zunutze gemacht, daß der Nama-Kapitän nur die englische Meile (1,6 Kilometer) als Maßeinheit kannte, während man auf deutscher Seite die deutsche geographische Meile (7,4 Kilometer) zugrunde legte.

Auf diese betrügerische Weise und unter dem Schweigen des dolmetschenden Missionars erhielt der deutsche Kaufmann ein viermal so großes Gebiet, wie die Nama glaubten verkauft zu haben. Im August 1883 folgte ein weiterer Vertrag, durch den er für 500 Pfund und sechzig englische Gewehre die Küste von der Mündung des Oranjeflusses bis zum 26. Grad südlicher Breite und zwanzig Meilen landeinwärts erhielt. Nachdem er wiederholt vergeblich

Einheimische Arbeiteraufseher der Neu-Guinea Kompanie in Stephansort

bei der Reichsregierung um den Schutz seiner »Käufe« nachgesucht hatte, bedeutete die vom 24. April 1884 datierte Erklärung des Reichsschutzes über seine Erwerbungen den Beginn der deutschen Kolonialpolitik in Afrika (Deutsch-Südwestafrika).

Insgesamt erwarb Lüderitz ein Gebiet, das größer war als das Deutsche Reich, wenn auch nur mit etwa 200 000 Einwohnern. Es erstreckte sich vom portugiesischen Kunene bis zum kapholländischen Oranje mit Ausschluß der schon 1878 englisch gewordenen Walfischbai. Aus finanziellen Gründen mußte er aber bereits 1885 »seine Kolonie« für 300 000 Reichsmark in bar und 200 000 Reichsmark in Anteilscheinen an die neugegründete Deutsche Kolonialgesellschaft für Südwestafrika verkaufen. Gegen Ende Oktober 1886 ertrank der »Gründer« von Deutsch-Südwest mit einem Begleiter während einer Forschungsfahrt in der Mündung des Oranjeflusses.

Noch größeren Einfluß auf Bismarck hinsichtlich des Schutzes deutscher Kaufleute dürfte Adolph Woermann ausgeübt haben. Bereits in den 1870er Jahren hatten hanseatische Handelshäuser an der westafrikanischen Küste neben englischen Firmen eine führende Position erworben. Das Handelshaus C. Woermann, seit 1880 unter seinem Geschäftsführer Adolph Woermann, dem Prototyp des hanseatischen Kaufmanns, verfügte zwischen Liberia und Gabun über eine hervorragende Stellung. 1884 besaß die Firma in Liberia sieben, im Kamerungebiet fünf, an der Küste südlich des Kongo zwölf Faktoreien, die von eigenen Segelschiffen und Dampfern versorgt wurden.

Im Jahre 1883 führte Woermann allein für 750 000 Reichsmark Rohprodukte nach Deutschland ein. An seinen Warensendungen nach Kamerun waren in Deutschland 300 Lieferanten beteiligt. Der größte Privatreeder der Welt eröffnete 1882 auch den regelmäßigen Westafrikaverkehr, die spätere Woermannlinie, und beteiligte sich 1890 an der Gründung der Deutschen Ostafrikalinie. Mit seinen Bank- und Versicherungsgeschäften, Reederei-Unternehmungen und sonstigen Aktivitäten verschaffte er sich nicht nur eine überragende Position in der deutschen Wirtschaft, sondern auch – u. a. als nationalliberaler Abgeordneter im Reichstag – in der Politik.

Neben Woermann konnte vor allem die Firma Jantzen & Thormälen (seit 1874) ihren Geschäftsumfang beträchtlich erweitern. 1884 besaß sie Faktoreien in Kamerun und acht Filialen zwischen Batanga und Ogowe. Zusammen mit Woermann, der ein Viertel des Kamerunhandels an sich gezogen hatte, beherrschten Jantzen & Thormälen, ehemalige Woermann-Handelsagenten, den Kamerunhandel. Die Gewinne der hanseatischen Firmen waren zunächst außergewöhnlich hoch, da die gegen billige Exportwaren (Spirituosen, Waffen, Schießpulver, Salz, Tand) eingetauschten hochbegehrten kolonialen Produkte auf den europäischen Märkten teuer abgesetzt werden konnten.

Die Befürchtungen der hanseatischen Überseehändler wegen einer Bedrohung deutscher Wirtschaftsinteressen in Westafrika durch Engländer, Franzosen und Portugiesen – aber auch durch »widerspenstige« afrikanische Zwischenhändler, die die eigenen Gewinnspannen reduzierten – führten dazu, daß Woermann die Hamburger Handelskammer zu veranlassen vermochte, sich von ihrer freihändlerischen Tradition zu lösen. Seine kolonialpolitische Initiative fand ihren Niederschlag in der berühmten Denkschrift vom 6. Juli 1883. Ihre Schlußforderung richtete sich auf »die Erwerbung einer Flottenstation und eines Küstenstriches zur Gründung einer Handelskolonie«.

Als Bismarck am 19. Mai 1884 Reichskommissar Gustav Nachtigal die Weisung erteilte, neben Angra Pequena die Bucht von Guinea anzulaufen, handelte es sich nicht zuletzt um den »Schutz« jener Gebiete, die die Hamburger Handelskammer-Denkschrift vorgeschlagen hatte. Vor Ort hatten die Woermann-Agenten alle Vorbereitungen für die Vertragsabschlüsse getroffen, die Mitte Juli 1884 und danach erfolgten. Bereits zuvor hatte der Abgesandte des Reichs wegen »des nicht unbeträchtlichen deutschen Handels« an der Togoküste dort – konkret gemeint war die Hamburger Firma Wölber & Brohm – Handelsverträge geschlossen und Anfang Juli das Gebiet um Bagida und Lome unter deutschen Schutz gestellt. Zeitgenossen sprachen nicht zufällig von »Lüderitzland« und »Woermannsland« hinsichtlich der neuen Kolonien.

Nur in Deutsch-Ostafrika ging der Reichsschutz zunächst auf

Gustav Nachtigal hißt am 14. Juli 1884 die deutsche Flagge in Kamerun. Zeitgenössischer Holzstich nach einer Skizze von Mandt

den Konquistadorenzug Carl Peters' und seiner Begleiter zurück. Allerdings rückten dann auch dort Interessen des Großkapitals in den Vordergrund. Denn nachdem der Konquistador Ende Februar 1885 für seine »Erwerbungen« den Schutzbrief des Reiches erhalten und seine im März 1884 gegründete Gesellschaft für deutsche Kolonisation als offene Handelsgesellschaft in das Handelsregister hatte eintragen lassen, wurde diese schon kurz darauf als Deutsche Ostafrikanische Gesellschaft in eine Kommanditgesellschaft umgewandelt.

Der Einfluß Peters' und der anderen kleinbürgerlichen Einleger schwand, Großanleger unter Führung des Elberfelder Bankiers Carl von der Heydt bestimmten fortan die Politik der Gesellschaft. Als diese 1888 durch einen Aufstand in Ostafrika in Schwierigkeiten geriet und sich um eine Intervention des Reichs bemühte, kleidete der SPD-Abgeordnete August Bebel seine ablehnende Haltung in eine grundsätzliche Philippika gegen jede Form von Kolonialismus und erklärte 1889 im Reichstag: »Im Grunde genommen ist das Wesen aller Kolonialpolitik die Ausbeutung einer fremden Bevölkerung in der höchsten Potenz. Wo immer wir die Geschichte der Kolonialpolitik in den letzten drei Jahrhunderten aufschlagen, überall begegnen wir Gewalttätigkeiten und der Unterdrückung der betreffenden Völkerschaften, die nicht selten schließlich mit deren vollständiger Ausrottung endet. Und das treibende Motiv ist immer, Gold, Gold und wieder nur Gold zu erwerben. Und um die Ausbeutung der afrikanischen Bevölkerung im vollen Umfang und möglichst ungestört betreiben zu können, sollen aus den Taschen des Reichs, aus den Taschen der Steuerzahler Millionen verwendet werden, soll die Ostafrikanische Gesellschaft mit den Mitteln des Reichs unterstützt werden, damit ihr das Ausbeutegeschäft gesichert wird. Daß wir von unserem Standpunkt aus als Gegner jeder Unterdrückung nicht die Hand dazu bieten, werden Sie begreifen.«

Sein Einspruch nutzte nichts; die Reichsregierung hatte bereits ein Expeditionskorps unter Hermann von Wissmann nach Ostafrika geschickt.

Koloniale Mobilisierung und Erwerb der Kolonien

»Bedarf Deutschland der Kolonien?«

Im Jahr 1879 erschien eine aufsehenerregende und in hohen Auflagen verbreitete Broschüre mit der einfachen, aber offenbar den Nerv der Zeit treffenden Frage: »Bedarf Deutschland der Kolonien?« Ihr Verfasser war der Missionsleiter, Expansionspublizist und Kolonial- und Sozialpolitiker Friedrich Fabri (1824–1891). Von seinen Schriften ist im Kaiserreich wohl die stärkste kolonialpropagandistische Wirkung ausgegangen. Fabri entstammte einer fränkischen Pfarrersfamilie, wirkte zunächst als Würzburger Stadtvikar und übernahm dann eine Patronatspfarrei in der Nähe von Kissingen. 1857 wurde er zum leitenden Inspektor der Rheinischen Mission berufen. 1884 zwang ihn seine kolonialpropagandistische Betriebsamkeit zum Abschied vom Barmer Missionshaus. Der nach zeitgenössischem und heutigem Urteil gemeinhin als »Vater der deutschen Kolonialbewegung« apostrophierte Fabri widmete sich desto intensiver seiner einzigartigen Stellung im Management der organisierten Kolonialbewegung, seiner

Friedrich Fabri, der leitende Inspektor der Rheinischen Mission, sah in einer gelenkten Auswanderung die Lösung der Probleme von Bevölkerungswachstum und Verelendung in Deutschland.

Rolle als Vertrauensmann Bismarcks in kolonialen Fragen und nicht zuletzt seiner Berater- und Vermittlerfunktion zwischen Reichsregierung, kommerziellen Interessen und Missionsgesellschaften.

Als »politisch-ökonomische Betrachtung« und nicht als Missionsschrift war seine Broschüre von 1879 gedacht. Mit ihr verhalf er der Expansionsdiskussion in einer breiten Öffentlichkeit zum Durchbruch und bot in ihr ein Kompendium zugkräftiger Argumente für die anhebende Kolonialdiskussion. In Überbevölkerung, Überproduktion und Kapitalüberschuß glaubte Fabri die eigentlichen Ursachen der wirtschaftlichen und gesellschaftlichen Krisenerscheinungen des Kaiserreichs erkannt zu haben und propagierte deswegen als »allumfassende Krisentherapie« die Exportoffensive an Waren, Kapital und Menschen.

Gleichzeitig sollte die soziale Frage, die ihm seit dem Erlebnis der Revolution von 1848 drohend vor Augen stand, durch gelenkte Auswanderung der von ihr Betroffenen in Siedlungskolonien und gegebenenfalls Deportation derjenigen Kräfte der sich emanzipierenden Arbeiterschaft, die an ihren systemverändernden Absichten festhielten, nach Übersee »exportiert« werden. Schließlich hat Fabri die Kolonialpolitik noch als nationalen Integrationsfaktor in der offensiven Funktion einer deutschen »Kulturmission« definiert, die er wiederum als »Lebensfrage« sowohl für die nationale und geistige Entwicklung Deutschlands als auch in der machtpolitischen Auseinandersetzung mit konkurrierenden Nationen betrachtete.

Weder Friedrich Fabri noch seine kolonialpropagandistischen Mitstreiter – wie der Hamburger Jurist Wilhelm Hübbe-Schleiden und der weitgereiste sächsische Rittergutsbesitzer Ernst von Weber – waren allerdings ausgesprochene Wirtschaftsfachleute. Ihre Thesen entsprangen nicht der Kenntnis von Wirtschaftsabläufen oder demographischer Entwicklung, sondern waren das Ergebnis einer unmittelbar erlebten sozialökonomischen Krise, deren Ursachen allerdings weder allgemein bekannt waren noch in ihrem Verlauf hinreichend prognostiziert werden konnten. Die mit dem Anspruch auf Wissenschaftlichkeit erstellten Voraussagen erwiesen sich denn auch in der Regel als ungenau oder falsch. Entscheidender waren indessen für die Kolonialpropagandisten sowie ihre Zeitgenossen das unmittelbare Erlebnis einer krisenhaften Zeit und ihre daraus resultierenden subjektiven sozialen und politischen Ängste.

So war eine der Folgen dieser Beunruhigung, daß der alte, auf den englischen Nationalökonomen Thomas Robert Malthus zurückgehende Alptraum, wonach sich die natürliche Vermehrung des Menschen in geometrischer, die der Nahrungsmittel hingegen nur in arithmetischer Steigerung vollziehe, kollektive Ängste mit geradezu apokalyptischen Dimensionen weckte. Tatsächlich resultierte eines der wichtigsten Argumente, aus denen die deutsche Kolonialagitation der späten 1870er und frühen 1880er Jahre ihre Wirkung bezog, aus dem anhaltenden Wachstum der Bevölkerung im Gefolge der Industriellen Revolution mit ihren Verbesserungen für Gesundheit und Lebensqualität. Allein in den letzten drei Jahrzehnten des 19. Jahrhunderts wuchs die Reichsbevölkerung (ohne Elsaß-Lothringen) von 40,8 Millionen auf 56,4 Millionen an. Unter »Überproduktion« – einem zentralen Schlagwort der zeitgenössischen imperialistischen Diskussion – verstand man daher, wie beispielsweise der nationalliberale Historiker Heinrich von Treitschke, die »Überproduktion von Menschen«. Die Bevölkerungs- und Auswanderungsfrage spielte also eine zentrale Rolle in der Kolonialpropaganda und Expansionsagitation, wobei gleichzeitig die bisherige Auswanderung, die zu 95 Prozent in die Vereinigten Staaten erfolgte, als schwerwiegender Verlust nationaler Energien empfunden wurde, als ein Aderlaß, der das Reich wertvoller Substanz beraubte. Anstatt daß dieses finanzielle und nationale »Kapital« anderen Konkurrenznationen zugute käme wie vor allem den USA, sollte die Auswanderung in deutsche »Siedlungskolonien« gelenkt werden.

Neben dem Auswanderungsargument gewannen wirtschaftspolitische Argumente zunehmend Gewicht. Die Wandlung des Deutschen Reiches vom Agrar- zum Industriestaat war nämlich gleichzeitig von anhaltenden oder sich wiederholenden Krisenerscheinungen sowohl im Bereich der Landwirtschaft als auch in der Industrie begleitet. Die Zeitgenossen legten diese wachstumsbedingten Störungen sowie die gesamte Übergangssituation im Wirtschaftsleben als Überproduktions- und Absatzkrise aus, deren

Überwindung nur durch die Erschließung neuer Rohstoffquellen und Absatzmärkte möglich erschien. Dem Drängen von Landwirtschaft und Teilen der Industrie nach Schutzzöllen einerseits und der Sicherung von Absatzmärkten andererseits entsprachen daher in der kolonialen Agitation Schlagworte wie »Handels-«, »Plantagen-« und »Bergbaukolonien«.

Noch stärker bereitete indessen die im Zusammenhang mit den wirtschaftspolitischen Schwierigkeiten und dem demographischen Druck stehende soziale Frage das psychologische Klima für die Kolonialagitation. Da sich sowohl die »Peitsche« der Sozialistengesetze als auch das »Zuckerbrot« der Sozialgesetzgebung letztlich als unwirksam gegen die sich zwar wirtschaftlich verbessernde, aber gesellschaftlich nicht integrierte Arbeiterschaft erwiesen, schienen sich auch in dieser Beziehung Kolonien als Ausweg für den Export des »revolutionären Zündstoffs« (E. von Weber) anzubieten. Vorschläge und Projekte von der »organisierten« Auswanderung sozial unruhiger Elemente in abseits gelegene »Siedlungskolonien« bis zur Deportation politischer Unruhestifter in »Verbrecherkolonien« nach dem Vorbild Englands in Australien und Rußlands in Sibirien gehörten daher immer wieder zu dem Arsenal kolonialpropagandistischer Argumente.

Schließlich: Daß sich das Deutsche Reich 1870/71 endlich als macht- und wirtschaftspolitisch effizienter Nationalstaat etablierte, bedeutete die Realisierung der seit Beginn des 19. Jahrhunderts vorhandenen nationalen Identitätssehnsüchte. Erst der nationale Staat schuf die als notwendig erachteten Voraussetzungen für die Nachahmung erfolgreicher imperialistischer und kolonialisierender Nationen, wobei vor allem die neidvoll bewunderten Engländer das erstrebte Vorbild abgaben. Die kolonialagitatorischen Wendungen, Deutschland müsse sich ein »deutsches Indien« in Afrika oder ein »deutsches Hongkong« in China schaffen, weisen nicht zuletzt auf diesen Nachahmungseffekt hin.

Max Webers vielzitierte Freiburger Antrittsrede von 1895 (»Wir müssen begreifen, daß die Einigung Deutschlands ein Jugendstreich war, den die Nation auf ihre alten Tage beging und seiner Kostspieligkeit halber besser unterlassen hätte, wenn sie der Abschluß und nicht der Ausgangspunkt einer deutschen Weltmachtpolitik sein sollte«) gehört ebenso in diesen Zusammenhang wie Carl Peters' von nationalem Neid gegenüber England getragene Rückschau, er sei es leid gewesen, für den Rest seines Lebens immer nur als Kompliment zu hören: »You are exactly like an Englishman«.

In das Konkurrenzmotiv mischten sich wie bei anderen Nationen auch sozialdarwinistische Motive. Die Anschauungen vom Überleben des Stärkeren, von der Teilung der Welt in »lebende« und »sterbende«, untergehende und aufstrebende Nationen, von der Alternative Weltmacht oder Untergang, Wachsen oder Verkümmern – all diese Varianten sozialdarwinistischer Vorstellungen beherrschten den Naturwissenschaftler ebenso wie den Durchschnittsbürger. Nicht selten traten diese sozialdarwinistischen Argumente in einem sendungsideologischen oder kulturmissionarischen Gewand auf (»Am deutschen Wesen soll die Welt genesen«), wobei dem »deutschen Gedanken in der Welt« (P. Rohrbach) gegenüber der bloß formalen westlichen Zivilisationsbotschaft mehr »Geistigkeit« und »Tiefe« anhaften sollte. Jedenfalls stand es für Staatssekretär Bülow, der seit 1897 prononciert das Programm einer deutschen Weltpolitik vertrat, in Verknüpfung all dieser psychologischen Triebkräfte und nationalen Faktoren unabdingbar fest, wie er am 11. Dezember 1899 im Reichstag ausführte, daß »wenn die Engländer von einem ›Greater Britain‹ reden, wenn die Franzosen von einer ›Nouvelle France‹ sprechen, wenn die Russen sich Asien erschließen«, die Deutschen »Anspruch auf ein größeres Deutschland« hätten.

Organisierte Kolonialbewegung wider koloniale Kritiker

Die geographischen Gesellschaften, die infolge der Entdeckungs- und Forschungsreisen vor allem in das Innere Afrikas seit den 1860er Jahren entstanden waren, können als Keimzelle der Ende der 1870er Jahre entstehenden Kolonialvereine angesehen werden. Von Beginn an hat man daher in diesen

Gesellschaften, die sich neben der Förderung der Forschung schon immer mit Problemen der Auswanderung und Kolonisation beschäftigten, die »Vorarbeit« der »Pioniere der Forschung« für den deutschen Kaufmann und den deutschen Aussiedler hervorgehoben. Einer der frühesten Versuche zur Organisation der kolonialen Propaganda war dann der unter maßgeblicher Mitwirkung von Friedrich Fabri entstandene *Westdeutschen Verein für Kolonisation und Export* (1879), in dem namhafte Vertreter der rheinisch-westfälischen Großindustrie und des Großhandels vertreten waren.

In der Folgezeit schossen Vereine mit kolonialagitatorischen und kolonialpropagandistischen Zielen vor allem in den Industriezentren und Gewerbelandschaften geradezu wie Pilze aus dem Boden. Auch in Zeitschriften und Zeitungen formierte sich eine publizistische Fronde mit der Forderung nach einer offensiveren Handelspolitik. An die Spitze der kleineren und mittleren Kolonialorganisationen trat 1882 der *Deutsche Kolonialverein*. Er verstand sich in erster Linie als ein Propagandainstrument für die Belebung des kolonialen Gedankens, wenn er auch die konkrete Einrichtung von Handelsstationen als Ausgangspunkt für größere Unternehmungen ins Auge faßte.

Hingegen war die am 28. März 1884 von dem Kolonialpionier Carl Peters und seinem Fördererkreis gegründete *Gesellschaft für deutsche Kolonisation* von vornherein mit der Zielsetzung an die Öffentlichkeit getreten, sich lediglich mit »praktischer Kolonisation« zu befassen und sobald wie möglich diese Absicht in die Tat umzusetzen. Während der Kolonialverein in seiner Sozialstruktur das gehobene Besitz- und Bildungsbürgertum repräsentierte, waren in der mittelständischen Gesellschaft für deutsche Kolonisation überwiegend kleine Gewerbetreibende, Offiziere und Beamte sowie kleinere und mittlere Kaufleute vertreten. In ihrem antikapitalistischen Ressentiment suchte diese nationalistisch-rassistisch geprägte Gesellschaft, die in hartnäckiger Rivalität zum Kolonialverein stand, durch die Ausgabe von Anteilscheinen von niedrigem Wert selbst Kleininteressenten anzusprechen.

Als sich nach der kolonialeuphorischen Phase von 1884/85 eine wachsende koloniale Desillusionierung breitmachte, schmolzen

Ende 1887 die praktisch orientierte Gesellschaft für deutsche Kolonisation und der theoretisch ausgerichtete Deutsche Kolonialverein zur *Deutschen Kolonialgesellschaft* als neuem Dachverband der organisierten Kolonialbewegung zusammen (offizieller Gründungstag 1. Januar 1888). Ihr zentrales Sprachrohr war die Wochenschrift *Deutsche Kolonialzeitung*. In der Sozialstruktur des Mitgliederbestandes präsentierte sich diese koloniale »pressure group« des Zweiten Kaiserreichs als eine Organisation mit einer Spitzengruppe professioneller Überseeinteressen und einer breiten Basis im gehobenen Mittelstand. Der Schwerpunkt ihrer regionalen »Abteilungen« lag bezeichnenderweise in den Kleinstädten vornehmlich der hochindustrialisierten Gebiete und der agrarisch-industriewirtschaftlichen Mischzonen des Reichs. Die Mitgliederzahl wuchs bis zum Ersten Weltkrieg von 14 838 (Dezember 1887) auf etwas mehr als 42 000 Mitglieder an – keine sonderlich beeindruckende Zahl angesichts der über zwei Millionen Mitglieder des Flottenvereins.

Kolonial-Ehrentafel. Die deutschen Kolonialenthusiasten sahen den Großen Kurfürsten als den Ahnherrn ihrer Kolonialbestrebungen an.

Die Kolonialpropagandisten und die organisierte Kolonialbewegung suchten wiederum jene Kreise stärker für das deutsche koloniale Engagement anzusprechen, die in erster Linie als ihre materielle Stütze in Frage kamen: Überseehandel und Bankkapital. Die von den Kolonialagitatoren für den Erwerb von Kolonien vorgebrachten Argumente trafen jedoch bei den Hanseaten zumeist auf geringen Widerhall. Das Handelskapital widersetzte sich im allgemeinen einer längeren Festlegung; die spezifisch handelspolitischen Argumente der Kolonialdiskussion waren für die Kaufleute wenig einsichtig, und die politischen Auswirkungen in Übersee sprachen gegen abgegrenzte Schutzgebiete. Bis in die Mitte der achtziger Jahre blieb daher die überwiegende Mehrheit der hanseatischen Kaufleute und die mit ihnen verbundenen Bankhäuser entschiedene Anhänger des Freihandels und Gegner der Kolonien. Erst nachdem das Reich Kolonien erworben hatte und sich in der zweiten Hälfte der neunziger Jahre eine gewisse Ordnung und Sicherheit in den Kolonien abzeichnete, schwand die anfängliche Skepsis der Kaufleute.

Während sich im Überseehandel zumindest Verschiebungen in der kolonialpolitischen Haltung abzeichneten und durchaus einflußreiche Gruppen inzwischen für Kolonialerwerb eintraten, verhielt sich das Bankkapital weiterhin zurückhaltend. Die Gründe lagen zum einen in der geringen Erfahrung des Großkapitals in Deutschland mit dem Überseegeschäft. Hinzu kam, daß rasche Gewinne auf dem unsicheren Kolonialmarkt selten zu realisieren waren. Der westfälische Kohle-Industrielle Emil Kirdorf äußerte einmal, er denke überhaupt nicht daran, die deutsche Afrikapolitik auch nur mit »einer Tonne Kohle« zu unterstützen. Allenfalls waren es einzelne Vertreter dieser von Hobson, Hilferding und Lenin als treibende Kraft im imperialistischen Prozeß ausgemachten »Finanzoligarchie«, die ihren Einfluß für einen Kolonialerwerb geltend zu machen suchten. Zum anderen zeigte es sich, daß im Vergleich mit dem englischen und französischen Kapital die deutsche Kapitaldecke für die erfahrungsgemäß erheblichen Investitionen bei Überseeprojekten äußerst dünn war. Ohnehin dachten – nicht nur – die deutschen Bankiers und ihre Kunden primär in den Maßstäben des internationalen kapitalistischen Systems und hielten daher die Zusammenarbeit von Kapitalinteressen der verschiedensten Länder prinzipiell für vorteilhafter. Solange noch keine genügenden politischen Sicherheitsgarantien für jenen risikoreichen überseeischen Kapitalexport bestanden, verhielt sich das Bankkapital jedenfalls abwartend.

Kongo Lied

Kolonien hab'n wir nun:
Kongo, Niger, Kamerun,
Luzia-Bai und Pequena
Hören uns in Afrika.
König Aqua und King Bell
Sagten unlängst: »Very well«,
Schenkten für sechs Pullen Rum
Uns ihr ganzes Königtum.
Klima ist da ganz famos,
Braucht da weder Rock noch Hos',
Haar, Gesicht, die ganze Haut,
Schwarz ist alles, was man schaut.
Little Popo heißt der Ort,
Weiße, zwei, die sind schon dort,
Die dort haben Grundbesitz,
Heißen Wörmann, Lügenfritz. (...)

(Hermann Landois, Frans Essink sien Liäwen un Driewen äs aolt Mönstersk Kind, Bd. III, Leipzig 1901, S. 350 f.)

Wenn sich allerdings Großfinanziers und Industriekapitäne in der Regel keine Illusionen über die Rentabilität von Kolonien machten und immer wieder von der politischen Führung gedrängt werden mußten, sich stärker für Afrika oder die Südsee zu interessieren, haben ihre kühlen Kalkulationen sie doch nicht davon abgehalten, in nationalistischen Verbänden für eine deutsche »Großmacht-« und »Weltpolitik« einzutreten. Ihre relativ starke Beteiligung an der frühen Kolonialbewegung ist daher weder im Sinne einer Vorstellung vom allein interessengerichteten »homo oeconomicus« zu interpretieren, noch können ihre Motive von dem gemeinsamen

Bewußtsein jener Gruppen und Schichten getrennt werden, die sich selbst als die eigentliche Nation verstanden (»staatstragende Elemente«). Nur so läßt sich erklären, daß die Kolonialbewegung nicht ausgesprochen schichtenspezifisch fundiert war und daß die gesellschaftliche Breite des kolonialistischen bzw. imperialistischen Konsenses vom Aristokraten und Finanzmagnaten über den ausgesprochenen Bildungsbürger bis zum Kleinbürger reichte.

Wie stand die deutsche Bevölkerung zu dem kolonialen Engagement? Auch die Meinungen der politischen Gruppierungen gingen auseinander. Das Spektrum reichte noch bis nach der Jahrhundertwende von direkter Ablehnung über einen weithin informell-freihändlerisch bestimmten Imperialismus bis zu einem radikal-rassistischen Siedlungskolonialismus. Weitgehend war die Zustimmung zur kolonialen Expansion auch taktisch motiviert und von kompensatorischen politischen Forderungen abhängig.

Als die Kolonialpartei par excellence können die Nationalliberalen bezeichnet werden. Diese Partei des vor allem protestantisch geprägten Besitz- und Bildungsbürgertums hat am energischsten die Kolonialpolitik der 1880er Jahre unterstützt und für die Kolonialvorlagen gestimmt. Der Organisationsgrad ihrer Mitglieder in den nationalen Verbänden war dementsprechend überdurchschnittlich hoch. Darüber hinaus übernahm die Kolonialpolitik für die Partei zunehmend die Funktion einer nationalen Integrationsparole und Modernisierungsideologie, nachdem sich der deutsche Liberalismus schon immer eng mit der nationalen Idee verbunden gefühlt hatte.

Demgegenüber waren die Linksliberalen ursprünglich die eigentlichen Gegner des deutschen Kolonialismus. Unter der Führung Eugen Richters votierten sie in den achtziger und neunziger Jahren vehement gegen ein Überseeimperium, weil sie es ökonomisch für ineffektiv hielten und in einem Wettlauf um den Besitz überseeischer Territorien nur die Ursache internationaler Konflikte sahen, die sich für den Freihandel nachteilig auswirken mußten. »We want trade and not dominion« – dieser wiederholt in England und in den Vereinigten Staaten formulierte Kerngedanke des freihändlerischen Expansionismus galt auch für die deutschen Linksliberalen. Nach 1907 unterstützte jedoch die Mehrheit der Linksliberalen im Prinzip die deutsche Kolonialpolitik. Aus ihren Reihen schälte sich nur der kleine linksbürgerliche Kern der Pazifisten und Antiimperialisten heraus, der die deutsche Kolonialpolitik konsequent ablehnte.

Neben dieser kleinen Gruppe linksbürgerlicher Kolonialkritiker hielten nur die Sozialdemokraten mit einer gewissen Konsequenz an ihrer ablehnenden Haltung gegenüber der Kolonialpolitik fest, obgleich sich auch in dieser Partei im Zuge des Revisionismus seit den 1890er Jahren ein Gesinnungswandel anbahnte. Nach 1907 reichte die Bandbreite sozialdemokratischer Auffassungen von weitgehender Ablehnung über eine bedingte Billigung bis zu grundsätzlicher Bejahung der Kolonialpolitik.

Im katholischen Zentrum bestand hingegen nie eine so ausgeprägte Reserve wie bei den Sozialdemokraten gegenüber der Kolonialpolitik, trotz der vornehmlich kontinentalen Denkweise und nicht unerheblicher Bedenken wegen des Ausmaßes, der Methoden und Ziele der Kolonialpolitik. Entscheidend für eine aktive Unterstützung der kolonialen Regierungspolitik, die nur für die Zeit des »Bülow-Blocks« (1907/09) kurzfristig unterbrochen wurde, sollte freilich der Aspekt der »Missionierung der Eingeborenenbevölkerung« werden. Religiös-kulturelle und humanitäre Motive waren somit die primären Ansatzpunkte der Partei für eine koloniale Mitarbeit. Diese stand wiederum in engem Zusammenhang mit der fortschreitenden Integration des politischen Katholizismus in den imperialen Machtstaat nach dem Abbau des Kulturkampfes.

Bismarck: Vom Kolonialskeptiker zum pragmatischen Kolonialpolitiker

Die Entscheidung, daß Deutschland nach den Jahren der Kolonialabstinenz im Frühsommer 1884 in die Reihe der europäischen Kolonialmächte eintrat, geht auf Reichskanzler Otto von Bismarck zurück. Zwar haben die Propagandisten des Kolonialgedankens und eine im Wachsen begriffene, jedoch keineswegs als nationale Bewegung zu bezeichnende Kolonialbewegung den Boden bereitet und den »Impuls aus der Nation« gegeben, ohne den Bismarck es immer abgelehnt hatte, sich mit der Kolonialfrage ernstlich zu beschäftigen. Aber erst sein Entschluß leitete die Wende vom informell-indirekten Freihandelsexpansionismus seit den 1860er Jahren zum direkt-formellen Kolonialbesitz ein.

Warum ließ sich Bismarck gerade 1884 auf eine offizielle Kolonialexpansion ein, nachdem er nie einen Zweifel daran gelassen hatte, wie er über Kolonien dachte?

Schon als ihm die französische Regierung im Zuge des Krieges von 1870 wertvollen Kolonialbesitz, nämlich Cochinchina, angeboten hatte, um Elsaß-Lothringen zu retten, hatte Bismarck geantwortet: »Oh! Oh! Cochinchina! Das ist aber ein sehr fetter Brocken für uns; wir sind aber noch nicht reich genug, um uns den Luxus von Kolonien leisten zu können.« 1881 meinte er: »Solange ich Reichskanzler bin, treiben wir keine Kolonialpolitik. Wir haben eine Flotte, die nicht fahren kann ... und wir dürfen keine verwundbaren Punkte in fernen Weltteilen haben, die den Franzosen als Beute zufallen, wenn es losgeht.« Nicht anders reagierte er noch 1883, als er an Caprivi, damals Chef der Admiralität, die Frage richtete: »Ich höre, Sie sind gegen Kolonien?« und auf dessen bejahende Antwort versicherte: »Ich auch.«

Immer wieder hat man versucht, Bismarcks vermeintlichen Umschwung in seiner kolonialen Gesinnung zu deuten. Parteitaktische und gesellschaftspolitische Erklärungen – zum Abbau innenpolitischer Spannungen – wurden ebenso angeführt wie die vorgebliche Verflechtung zwischen Großkapital und Regierungsmitgliedern oder eine antienglische Stoßrichtung. Diesen primär innenpolitisch motivierten Gründen wurde immer wieder entgegengehalten, daß die entscheidenden Motive für sein politisches Handeln stets im außenpolitischen Bereich lagen. Dies traf in der Tat für seine kolonialpolitischen Aktivitäten von 1884/85 zu. In Afghanistan spitzten sich die russisch-englischen Rivalitäten gefährlich zu, und seit 1882 befand sich England zudem mit Frankreich im offenen Streit um Ägypten. Jedenfalls bildete Englands prekäre Situation in Asien, in Ägypten und im Sudan ein bequemes Druckmittel für die deutsche Kolonialpolitik. Auch in der europäischen Politik fiel das Bismarcksche Abenteuer des Kolonialimperialismus in eine Zeit relativer Ruhe. Die Kolonien konnten daher ohne größere Rückwirkungen für die deutschen außenpolitischen Beziehungen in Besitz genommen werden.

Zweifellos ist der außenpolitische Kontext, d. h. das Modell eines europäischen Gleichgewichts, wie es Bismarck in seinem berühmten »Kissinger Diktat« vom 15. Juni 1877 entworfen hatte, für den Reichskanzler stets der Bezugspunkt geblieben, der seine kolonialpolitischen Aktivitäten bestimmte. Allerdings vermag der Zeitpunkt relativer Ruhe in der europäischen Politik das aktive Moment in Bismarcks Übergang zum formellen Kolonialerwerb nicht hinreichend zu erklären. Daher muß ein weiterer Aspekt in Betracht gezogen werden: die Festigung der persönlichen Position des Reichskanzlers durch austauschbare Strategien. Warum hätte er sich nicht auch der damals beliebten Kolonialfrage bedienen sollen? Diese war demnach ein Experiment unter vielen, zu dem das momentane »Kolonialfieber« die Voraussetzungen schuf. Konkret bezog sich dieses Experiment auf die anstehenden Reichstagswahlen vom Herbst 1884, als Bismarck mit Kolonialparolen die »regierungsfreundlichen« Parteien gegenüber der bürgerlichen Linken und den Sozialdemokraten, die beide Kolonialgegner waren, zu stärken beabsichtigte. Offenherzig äußerte er sich im September 1884 gegenüber Boetticher, einem seiner engsten Mitarbeiter im Auswärtigen Amt: »Die ganze Kolonialgeschichte ist ja Schwindel, aber wir brauchen sie für die Wahlen.« Das sahen seine politischen Gegner nicht viel anders. Am 13. September schrieb Friedrich Engels an Eduard Bernstein: »Übrigens hat Bismarck mit dem Kolonialschwindel einen famosen Wahlcoup gemacht. Darauf fällt der Philister herein, ohne Gnade und massenhaft.«

In letzterem hatte sich Engels allerdings getäuscht, denn die von der Kolonialpolitik beherrschten Wahlen brachten nicht den erhofften Erfolg. Das zeitweilig zu wahltaktischen Zwecken benutzte Kolonialthema war denn auch kaum geeignet, Bismarck zu einer Fortsetzung des kolonialen Experiments, möglicherweise unter erheblichen außenpolitischen Risiken, zu veranlassen.

Nach 1885 wollte er daher auch nichts mehr mit dem »Kolonialschwindel« zu tun haben. Während des ostafrikanischen Aufstands 1888/89 und des Konflikts um Samoa, wo infolge des energischen Durchgreifens des vom »furor consularis« (Bismarck) befallenen deutschen Konsuls blutige Konflikte aufgebrochen waren, verwünschte er Samoa und Ostafrika und gedachte, die Kolonien der Admiralität zu übergeben. Nichts verdeutlicht seine Position und Politik so eindrucksvoll wie jene Szene von Anfang Dezember 1888, in der er sich mit dem Journalisten und Afrikaforscher Eugen Wolf auf einer Schlittenfahrt durch den verschneiten Sachsenwald befand. Auf die geradezu emphatischen Ausführungen seines Gasts über Deutschlands Zukunft und Möglichkeiten in Afrika und insbesondere über die Rettung eines verschollenen deutschen Staatsangehörigen – es handelte sich um den bereits erwähnten Emin Pascha, der als Gouverneur in den Dienst der ägyptischen Äquatorialprovinz getreten war – entgegnete der Reichskanzler ruhig: »Schicke ich einen preußischen Leutnant da hinein, so muß ich u. U. ihm noch mehrere nachschicken, um ihn herauszuholen. Das führt uns zu weit. Die englische Interessensphäre geht bis zu den Quellen des Nils, und das Risiko ist mir zu groß. Ihre Karte von Afrika ist ja sehr schön, aber meine Karte von Afrika liegt hier in Europa. Hier liegt Rußland, und hier liegt Frankreich, und wir sind in der Mitte; das ist meine Karte von Afrika.« Noch im Herbst 1889 trug Bismarck dem Hamburger Senat die Verwaltung der Kolonien an. Bürgermeister Versmann gegenüber bezeichnete er es als sein »Gewerbe ... Europa den Frieden zu erhalten; wenn ich das tue, bin ich bezahlt. Mit anderen Kleinigkeiten kann ich mich nicht mehr abgeben ... Kurz, das Auswärtige Amt wird die Kolonialsachen los oder es wird mich los«. Wenn der Handel kein Interesse an den Kolonien zeige, gebe man sie am besten auf, so wie es der Große Kurfürst auch getan habe.

Diese Aussage weist noch einmal auf die ursprünglich allein maßgebliche Absicht Bismarcks in bezug auf »Kolonialerwerb« hin: die Schutzgebiete – ein von Bismarck geprägter Ausdruck, um die überseeischen Territorien nicht Kolonien nennen zu müssen – möglichst weitgehend der Eigenverantwortlichkeit der kommerziellen

Überseeinteressen zu überlassen. An diesen Vorstellungen eines freihändlerischen kommerziellen Expansionismus und einer Laisser-faire-Überseepolitik hielt er bis zu seiner Entlassung im Prinzip fest. So gesehen gab es 1884/85 keinen grundlegenden Gesinnungswandel, d. h. einen Bruch mit seinen bisherigen Vorstellungen und Zielen oder gar eine plötzliche Begeisterung für Kolonien. Die finanziellen Belastungen formell-staatlicher kolonialer Gebietserwerbungen blieben Bismarck stets ebenso bewußt, wie er vor allem seine europazentrische Außenpolitik vor den Zwängen und Risiken eines kolonialpolitischen Engagements in weltpolitischem Maßstab zu bewahren suchte. Die Kolonien mußten schließlich die Mitsprachemöglichkeiten des Reichstags in der Außenpolitik erhöhen – eine Domäne, die Bismarck nicht nur aus außenpolitischen, sondern auch aus innenpolitischen Gründen für sich beanspruchte.

Die Folgen seines vorübergehenden kolonialpolitischen Engagements konnten freilich nicht mehr rückgängig gemacht werden. Sowohl aus nationalen und internationalen Prestigegründen als auch aufgrund der sich in den Kolonien entfaltenden eigengesetzlichen Schubkraft gab es für den Reichskanzler keinen Weg mehr zurück zu dem kolonialpolitischen Zustand vor 1884. Hatte zu diesem Zeitpunkt sehr wahrscheinlich noch eine realisierbare Alternative für Bismarck bestanden, auf das koloniale Abenteuer zu verzichten – nach 1884/85 war ihm kaum noch die Möglichkeit gegeben, seinen aus der Situation geborenen Schritt zu revidieren.

Die Berliner Westafrika-Konferenz 1884/85

Am 15. November 1884 wird in Berlin im Reichskanzlerpalais, dem ehemaligen Hôtel Radziwill in der Wilhelmstraße 77, eine große internationale Konferenz eröffnet. Es geht um die Lösung von Konflikten, die im Zusammenhang mit dem Wettlauf um Afrika aufgetreten sind. Anwesend sind die Vertreter von dreizehn europäischen Staaten sowie der USA und des Osmanischen Reichs. Den Vorsitz führt Otto von Bismarck. Der

Reichskanzler begnügt sich allerdings damit, nur die Eröffnungssitzung persönlich zu leiten. Deutsche Bevollmächtigte sind Staatssekretär Paul Graf von Hatzfeldt, Unterstaatssekretär Klemens August Busch und der Geheime Legationsrat Heinrich von Kusserow vom Auswärtigen Amt. Die Konferenzsprache ist Französisch. Den Konferenzsaal beherrscht eine fünf Meter hohe Wandkarte Afrikas des Geographen Richard Kiepert. Die Berliner Bevölkerung nimmt – im Zuge einer allseitig herrschenden Kolonialeuphorie – in erster Linie durch die Berliner Presse von dem Geschehen Notiz. Die Beschlüsse der Versammlung, die am 26. Februar 1885 endet, wird man in der Generalakte in 38 Artikeln festlegen.

Konkret ging es während der Berliner Westafrika-Konferenz um die unterschiedlichen Interessen der europäischen Imperialmächte im Bereich des Kongo – daher auch die gebräuchlichere Bezeichnung »Kongo-Konferenz« für diesen Kongreß. Als es am 26. Februar 1884 zu einem englisch-portugiesischen Vertrag kam, in dem England die portugiesischen Ansprüche am unteren Kongo gegen die belgischen und französischen Bestrebungen anerkannte und dafür Handelsvorteile von Portugal zugesagt bekam, stießen diese Abmachungen auf den gemeinsamen Protest Frankreichs und Deutschlands. Denn mit dem Erwerb Deutsch-Südwestafrikas sowie Togos und Kameruns pochte eine weitere europäische Macht auf ein Mitspracherecht in Afrika. In dieser Situation trat Otto von Bismarck als Vermittler auf und lud nach Absprache mit Frankreich zu einer Konferenz nach Berlin.

Mit der Erklärung der Freiheit der Schiffahrt auf den Flüssen Kongo und Niger, der Schaffung der Kongo-Freihandelszone und der Erklärung der Missionsfreiheit in ganz Afrika erinnerte das Ergebnis der Konferenz immerhin an ihre ursprüngliche Zielsetzung. Die gleichzeitige Festlegung von Kriterien für die völkerrechtliche Anerkennung von Kolonialbesitz (»effektive Besetzung«) löste jedoch einen Wettlauf um die noch nicht besetzten Gebiete sowie die definitive Abgrenzung des bisherigen Besitzstandes aus. Innerhalb weniger Jahre war Afrika bis auf Liberia und Äthiopien unter den europäischen Mächten aufgeteilt. Mehr als zehn Millionen Quadratmeilen afrikanischen Bodens und über hundert Millionen Afri-

Die Westafrika-Konferenz (»Kongo-Konferenz«) in Berlin. Originalzeichnung von A. von Rößler

kaner gelangten in etwas mehr als zwei Jahrzehnten unter europäische Herrschaft. Am 15. September 1884 verwendete die *Times* erstmals die Formulierung »Wettlauf um Afrika« (scramble for Africa) für diesen imperialistischen Vorgang.

Ohnehin war von den hehren Zielen, die die Delegierten in der Präambel der abschließenden Generalakte der Berliner Westafrika-Konferenz formuliert hatten, nämlich der Betonung des Zivilisationsauftrags und der Verbesserung der »sittlichen und materiellen Wohlfahrt der eingeborenen Völkerschaften«, nicht viel übriggeblieben. Bereits auf der Konferenz – zu der kein afrikanischer Vertreter eingeladen worden war – hatte man die Problematik der Souveränitätsrechte afrikanischer Staatswesen schlichtweg übergangen. In kolonialdiplomatischer Konvenienz legten die europäischen Mächte künftig wie mit dem Lineal gezogene Demarkationslinien in Afrika fest, wobei die Grenzen oft quer durch die Lebensräume einheimischer Ethnien verliefen.

Spezial-Nummer Kolonien

9. Jahrgang Preis 20 Pfg. Nummer

SIMPLICISSIMUS

Abonnement vierteljährlich 2 Mk. 25 Pfg.
Billige Ausgabe

Illustrierte Wochenschrift

Bayr. Post-Zeitungsliste: No. 834
Billige Ausgabe

Das Ziel der Zivilisation

(Zeichnung von Bruno Paul)

Was für die Staaten der Afrikaner galt, nämlich nur als Völkerrechtsobjekte betrachtet zu werden, galt auch für ihr Land. Nach europäischem Rechtsverständnis und in eigenartigem Widerspruch zu den ursprünglichen Verträgen wurde es als »herrenloses Land« (terra nullius) betrachtet, das nunmehr – als »Kronland« bzw. Eigentum europäischer Staaten – an Kolonialgesellschaften, Konzessionäre und Siedler vergeben werden konnte. Schrittweise erfolgte die Verdrängung der Afrikaner aus ihren Wohngebieten bis hin zu ihrer Eingrenzung in Reservate.

»Begraben wir rasch das Gold wieder, sonst bringen uns die Europäer ihre Kultur.« Titelblatt des *Simplicissimus*, Spezial-Nr. »Kolonien«

Ein »deutsches Indien« – Afrika

Das unmöglich Scheinende ist Wirklichkeit geworden. Es gibt einen deutschen überseeischen Besitz. Und wir haben dabei nicht fürlieb genommen mit den Brosamen, die von der Herren Tische fielen, nein, wir haben mitten hineingegriffen unter die begehrtesten Gerichte ihrer Tafel.« So äußerte sich ein kolonialbegeisterter Zeitgenosse kurz vor Beginn der Berliner Westafrika-Konferenz in »Kolonialpolitischen Randglossen« mit dem bezeichnenden Titel *Ein deutsches Indien und die Teilung der Welt.* Daß die ersten deutschen Kolonialgründungen nur einen Anfang darstellen konnten, damit sich Deutschland mit dem »Kronjuwel« Englands, der Verwaltungskolonie Britisch-Indien, messen konnte, war für ihn selbstverständlich. In den bereits vorhandenen Kolonien in Afrika sah er aber durchaus einen beachtlichen Gewinn.

In der Tat war Deutschland nicht einmal so schlecht bei der aufs neue in Gang geratenen Verteilung der Welt davongekommen. Nachdem Reichskanzler Otto von Bismarck seine bis dahin konsequent kolonialabstinente Haltung aufgegeben hatte, erwarb das Reich in nur einem Jahr vier Schutzgebiete in Afrika (Deutsch-Südwest, Togo, Kamerun, Deutsch-Ostafrika) sowie Gebiete in der Süd-

Lastenträger auf der Straße Kribi-Jaunde (Kamerun). Alle Güter mußten bis zum Bau der Nord- und Mittellandbahn durch Träger transportiert werden.

see (Deutsch-Neuguinea). Bis zur Jahrhundertwende kamen nur noch einige weitere Südseeinseln (u. a. Deutsch-Samoa) und das Pachtgebiet Kiautschou in China hinzu. Damit konnte sich das deutsche Kolonialreich an Größe zwar nicht mit dem Englands, Rußlands und Frankreichs messen, aber immerhin war das Deutsche Reich die viertgrößte Kolonialmacht der Welt geworden, und sein Kolonialbesitz war fast sechsmal so groß wie das Deutsche Reich selbst.

Nur noch einmal nach 1900 erfuhr dieses Kolonialreich eine territoriale Erweiterung durch einen Kolonialausgleich mit Frankreich. Neben den systematischen Anstrengungen deutscher Kaufleute, Marokko als Absatzmarkt zu gewinnen – was 1890 zum deutsch-marokkanischen Handelsvertrag führte –, betrachteten die Alldeutschen seit den neunziger Jahren vor allem das südliche und westliche Marokko als ein bevorzugtes Objekt ihrer Siedlungspropaganda. Außerdem hegten die Gebrüder Mannesmann Interessen an dem – überschätzten – Erzreichtum des Landes.

Auftrieb erhielten diese Erwartungen im Zusammenhang mit den Marokko-Krisen von 1905 und 1911, in deren Verlauf die alldeutschen Blätter in lärmenden Kampagnen für eine Aufteilung des Landes eintraten. Dabei sollte Deutschland seinen Anspruch auf Westmarokko richten. Die Konferenz von Algeciras (1906) brachte Deutschland indes ebenso eine diplomatische Niederlage wie 1911 nach der französischen Besetzung der Stadt Fez die Entsendung des Kanonenboots »Panther« (»Panthersprung nach Agadir«) ein Schlag ins Wasser war. Der koloniale Gewinn aus der Agadir-Aktion nahm sich wieder einmal eher bescheiden aus: Für die Anerkennung des französischen Protektorats über Marokko erhielt Deutschland zwar eine von der Landmasse her beachtliche Vergrößerung (Neukamerun) seiner Kolonie Kamerun (von 493 600 auf 797 400 Quadratkilometer), mußte dafür aber den sogenannten Entenschnabel an der Nordostspitze des Schutzgebietes an Frankreich abtreten.

Neben dem bestehenden Kolonialbesitz gab es im Kaiserreich weitere »Blütenträume«, die nicht reiften. Der Schwerpunkt dieser Kolonialprojekte lag eindeutig in Afrika. Besonders an dem Traum

von einem »deutschen Indien« entzündete sich die Phantasie von deutschen Kolonialenthusiasten und Kolonialpolitikern.

Vorstellungen von einem im mittleren Afrika zu schaffenden kolonialen Großreich als einem »deutschen Indien« waren bereits in der vorkolonialen Propaganda aufgetaucht. Pläne eines »Mittelafrika« finden sich ferner bei den Kolonialkonquistadoren Carl Peters und Emin Pascha, schon um auf diese Weise den englischen Bestrebungen einer Verbindung vom Kap bis Kairo einen Riegel vorzuschieben.

Lag der Schwerpunkt dieses »Mittelafrika« im Osten Afrikas mit einer später vorgesehenen Anbindung der westafrikanischen Kolonien, so hegte Adolf Lüderitz die Vision eines südafrikanischen Großreichs vom Atlantik bis zum Indischen Ozean unter Einschluß der Burenrepubliken Transvaal und Oranje-Freistaat. Auch Ernst von Weber, einer der führenden deutschen Kolonialpropagandisten, betrachtete die Buren als koloniale Verbündete und ihre Gebiete als »zum deutschen Aktionsbereich« gehörig, wie er es auf dem Allgemeinen Kongreß zur Förderung überseeischer Interessen im Jahre 1886 formulierte.

Auf dieser Linie lag auch jene berühmte Depesche Wilhelms II. vom 3. Januar 1896, in der er dem Burenpräsidenten der Südafri-

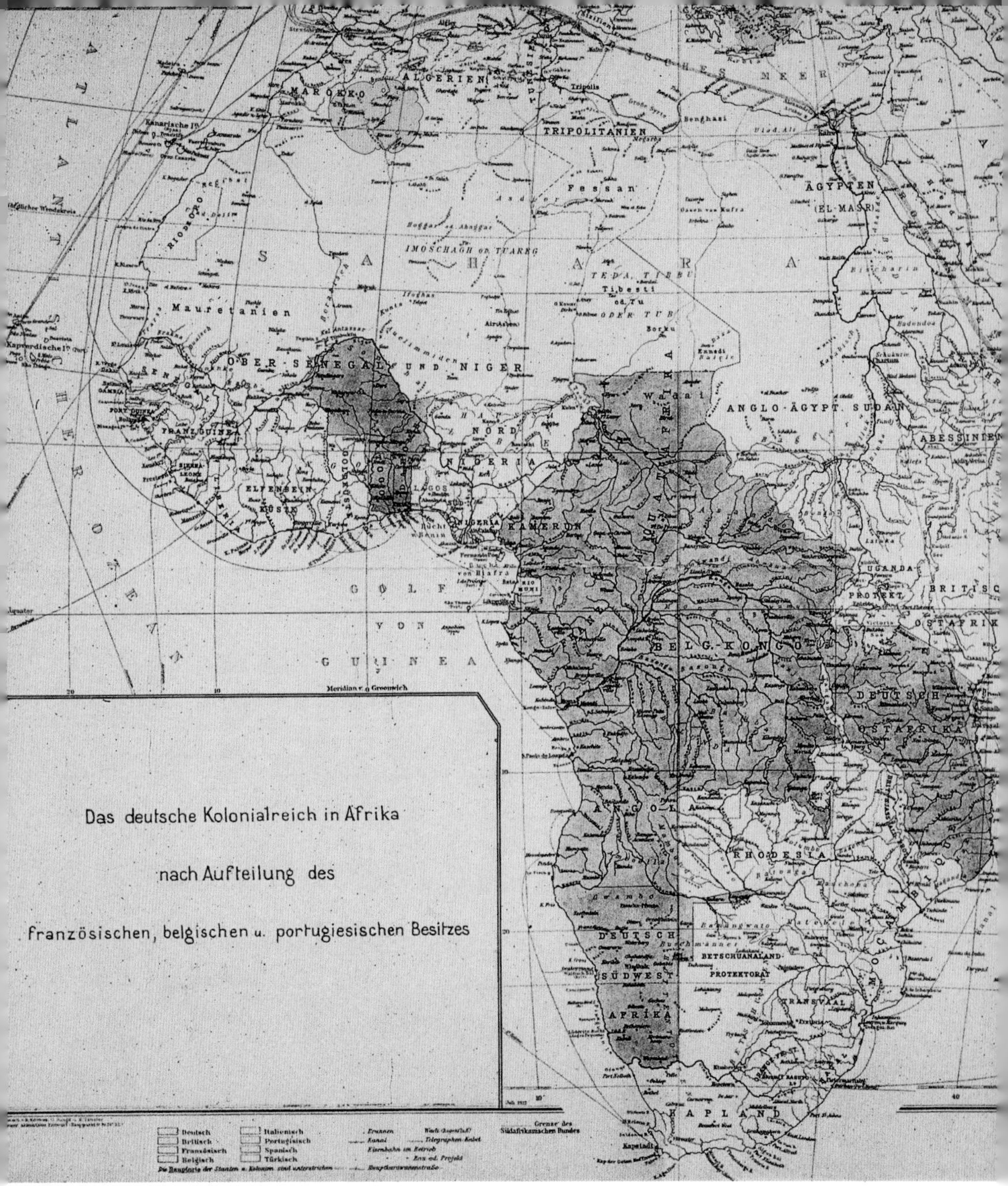

kanischen Republik (Transvaal), Paulus Krüger, zur erfolgreichen Abwehr eines englischen Kommando-Unternehmens (»Jameson Raid«) gratulierte. Die Krüger-Depesche sorgte in Großbritannien für eine starke politische Verstimmung, da Transvaal als zur vitalen Interessensphäre des Empire gehörend betrachtet wurde (Kap-Kairo-Linie). Schließlich ließ die Reichsregierung die ihrerseits bei

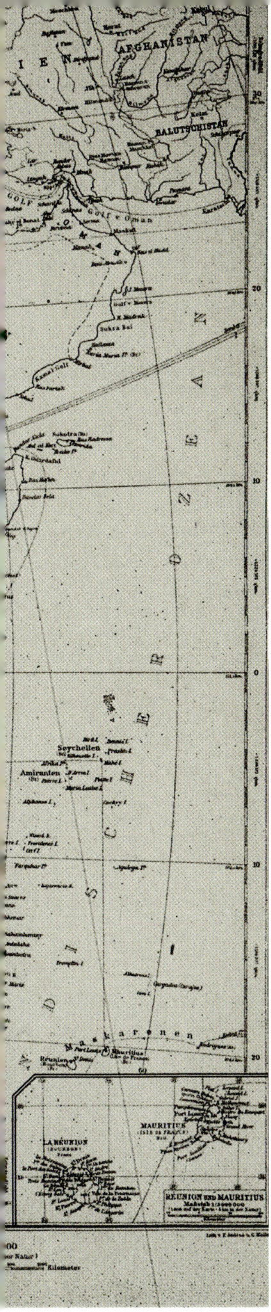

Memorandum des Kolonial-Staatssekretärs Wilhelm Solf vom 28.8.1914

Deutschland Rückhalt suchenden burischen Nationalisten zugunsten einer deutsch-britischen Verständigung fallen. Südafrika war nur noch ein Interessengebiet für eine deutsche ökonomische Betätigung, während Pläne einer territorial-kolonialen Abrundung auf die Randbereiche einer sentimentalen Sympathie für die »niederdeutschen Stammesbrüder« beschränkt blieben.

Zentraler Aspekt für den Verzicht einer Intervention in der Burenfrage war die Hoffnung auf eine Kompensation in Form einer englischen Unterstützung beim Erwerb portugiesischer Kolonien. Den tatsächlichen afrikanischen Kolonialbesitz zu erweitern, dienten ja immer wieder Pläne, anderen macht- oder wirtschaftspolitisch schwächeren Nationen ihren »Anteil an Afrika« abzukaufen. Dabei handelte es sich vor allem um Teile der portugiesischen, belgischen oder französischen afrikanischen Kolonien, die als Ergänzungsräume für das »deutsche Indien« in Afrika dienen sollten. Mit England kam es sogar zweimal (1898 und 1913) zu Verhandlungen über ein gemeinsames Vorgehen im Fall eines Verkaufs der portugiesischen Kolonien. Sie verliefen ergebnislos.

Während des Ersten Weltkriegs wurde »Mittelafrika« als koloniale Entsprechung zu dem kontinentalen Kriegsziel »Mitteleuropa« in die deutschen Kriegszielprogramme einbezogen. Vorgesehen war ein »deutsches Indien«, das die zentralafrikanischen Kolonien Frankreichs, Belgiens und Portugals einschloß. Im Dritten Reich tauchte schließlich das »Mittelafrika«-Projekt in den Planungen für das künftige Kolonialreich wieder auf, nachdem die früheren deutschen Kolonien in der Südsee und in China (Kiautschou) bereits in der Weimarer Zeit aus dem Rückgabekatalog verschwunden waren. Das geplante »Mittelafrikanische Reich«, das sich vom Atlantischen bis zum Indischen Ozean erstrecken sollte und dessen Konturen ständig erweitert oder geändert wurden, war als kolonialer Ergänzungsraum für das »Neue Europa« gedacht. Stalingrad (1942/43) beendete dann alle weiteren organisatorischen und planerischen kolonialen Aktivitäten.

Das Deutsche Reich mußte sich somit auf die Gebiete beschränken, die es in den Phasen 1884/85 und 1897/99 mit dem kolonialen »Nachschlag« von 1911 erworben hatte. Was die regionale Verteilung dieses weitgestreuten Besitzes betraf, so hing sie zum einen von dem Kolonialbesitz und den vorrangigen Interessen anderer, älterer Kolonialmächte ab, zum anderen von bereits vorhandenen deutschen Einflußzonen. Diese resultierten vor allem aus den Aktivitäten deutscher Händler und deutscher Missionare, die sich gewissermaßen als Vorläufer des Kolonialismus erwiesen.

»Plantagenkultur« und »Tropenkoller« – Kamerun und Togo

Das war einmal eine aufregende Woche. Die ganze Zeit Unterhandlungen, Bewirtungen und Demonstrierungen. Cameroons ist jetzt deutsch und wird es nun hoffentlich immer bleiben ... Den ganzen Mittwoch wurde nun noch palavert, und Schulze und ich griffen jetzt kräftig mit ein ... Sonnabend, den 12. Juli, kam nun die ›Möve‹ ganz nach oben (im Duala-Flußdelta); ein Triumph für uns Deutsche, ein Mahnzeichen für die Schwarzen, daß wir auch Kriegschiffe haben.« Diese Eintragungen im Tagebuch Eduard Woermanns zwischen dem 8. und 25. Juli 1884 verdeutlichen einige gewichtige Aspekte aus der Erwerbsphase Kameruns. Sie verweisen ausdrücklich auf den massiven Einfluß der Woermann-Agenten. Eduard Woermann, extra nach Afrika zur Vorbereitung der Annexion entsandt, war der Bruder des Firmenchefs Adolph Woermann, und Emil Schulze gehörte ebenfalls zur Firma und amtierte gleichzeitig als Konsul in Gabun. Es waren daher Woermann-Handelsagenten, die die Verträge des Reichskommissars Gustav Nachtigal und seiner Begleiter vorbereiteten und durchzusetzen halfen. Zu Hilfe bei ihren Bemühungen kamen ihnen einige Duala-»Kings«, vor allem aus dem Klan der Bell und Akwa. Sie standen in Konkurrenz zu englischorientierten Häuptlingen, aber erst die Drohgebärde des Kriegsschiffs »Möve« hatte die zögernden Häuptlinge schließlich überzeugt. Wenige Tage, bevor der englische Konsul Edward Hewitt doch noch ein das Nigerdelta und die Kamerunküste umfassendes Protektorat errichten konnte – er hieß fortan in England »the too late consul« –, übernahm das Deutsche Reich die Schutzherrschaft über das Gebiet am Kamerunfluß (14. 7. 1884).

In das öffentliche Bewußtsein in Deutschland trat Kamerun mit einem der aufsehenerregendsten Skandale der deutschen Kolonialgeschichte. Er ist verbunden mit den Namen des Stellvertretenden Gouverneurs (»Kanzler«) Heinrich Leist und des Gerichtsassessors Ernst Wehlan und hing mit jener Form von kolonialer Herrschaft zusammen, die man Assessorismus nannte. Gerade in der entstehenden kolonialen Verwaltung haben junge Beamte, also Assessoren und Subalternoffiziere, über eine beachtliche Machtfülle verfügt, die nicht selten in ausgesprochene Willkürherrschaft entartete.

In Deutschland sind die Vorgänge durch einen anonymen Tagebuchbericht bekanntgeworden. Verfasser dieser Anfang 1894 in der Neuen deutschen Rundschau erschienenen »Tagebuchblätter eines in Kamerun lebenden Deutschen« war der Kolonialarzt Dr. Wilhelm Vallentin. Über die Unterwerfung der Bakoko im Hinterland der Südküste in den Jahren 1892/93 notierte er: »Aus dem unter Führung des Assessors Wehlan unternommenen sogenannten Bakokofeldzuge erfahre ich heute wieder verschiedene Einzelheiten. Es soll wirklich grauenhaft gewesen sein. Die Gefangenen sind tagelang in der glühendsten Hitze auf dem Schiffe (›Soden‹) an die Reelings derartig festgeschnürt worden, daß in die blutrünstigen und aufgeschwollenen Glieder Würmer sich eingenistet hatten. Und diese Qual tagelang in der Tropenhitze und ohne jede Labung! Als dann die armen Gefangenen dem Verschmachten nahe waren, wurden sie einfach wie wilde Tiere niedergeschossen. Die amtlichen Berichte, die natürlich von den Führern derartiger Expeditionen aufgesetzt werden, rühmen dann einen solchen Feldzug als eine der größten Heldentaten des Jahrhunderts.« Immer wieder berichtete Vallentin von Verurteilungen zu fünfzig Hieben mit der Rhinozerospeitsche, selbst dann, wenn der Beschuldigte seine Unschuld beteuert hatte und keine Beweise für seine Tat vorlagen.

Kanzler Leist, in Abwesenheit des Gouverneurs oberster Beamter in der Kolonie, zeichnete u. a. für den Dahomey-Aufstand vom Dezember 1893 verantwortlich. Bei den Dahomey-Leuten handelte es sich um Männer und Frauen, die die kamerunische Verwaltung – dies schon ein rechtswidriger Akt – von dem Dahomey-Häuptling Behanzin im Sommer 1891 als »Sklaven« gekauft hatte. Da das Gouvernement für jeden Mann 320 und für jede Frau 280 Reichsmark bezahlt hatte, enthielt es ihnen, als »Entschädigung« für den Kaufpreis, jeden Lohn vor. Auch die Frauen erhielten keine Entlohnung und mußten auf den Regierungsplantagen hart arbeiten. Den konkreten Anlaß des Aufstandes beschrieb Vallentin wie folgt: »So hatte es diesem Herrn auch am 15. Dezember 1893 nachmittags gegen 5 Uhr gefallen, die Weiber der schwarzen Soldaten öffentlich peitschen zu lassen, weil sie ihm zu wenig gearbeitet hatten. Während die Soldaten zum Zuschauen in Reih und Glied angetreten waren, erhielten ihre Weiber jedes zehn Hiebe mit der Flußpferdpeitsche, und Herr Leist stand dabei und sah der Exekution zu. Weithin tönte das Geschrei und Geheul der Gezüchtigten. Es läßt sich denken, daß die Wut der Soldaten durch all dieses aufs Höchste gestiegen war, und der lang verhaltene Grimm darüber, daß sie keinen Lohn, sondern vom Gouverneur nur Schläge kriegten – so hatten sie sich wiederholt geäußert – kam endlich zum explosiven Ausbruch. Am Abend desselben Tages gegen sieben Uhr erbrachen sie die Munitionskammer und bemächtigten sich aller Munition sowie der vier Geschütze.«

Eine Woche hielt diese kleine Gruppe von 96 Mann das Regierungsgebäude besetzt, nachdem sie einen deutschen Regierungsrat getötet hatten. Erst nach dem Einsatz eines Kanonenboots konnte der Aufstand niedergeschlagen werden.

Als Folge der allgemeinen Empörung in Reichstag und Öffentlichkeit ordnete die Reichsregierung, um ihr angeschlagenes Prestige zu wahren, eine Untersuchung an. Der Urteilsspruch der Disziplinarkammer des Potsdamer Gerichts lautete für Leist auf eine Strafversetzung unter Belassung von 80 Prozent seiner Bezüge. Als selbst das Auswärtige Amt aufgrund dieses außerordentlich milden Urteils Berufung einlegte, wurde Leist in einem zweiten Verfahren seines Postens enthoben und aus dem Staatsdienst entlassen. Wehlan erhielt gar nur eine Geldstrafe und Strafversetzung in ein »gleiches Amt«.

Kamerun blieb vorerst eine von Skandalen und Unruhen geschüttelte Kolonie. Mit der Amtszeit von Jesco von Puttkamer (1895–1907), dem Sohn des hochkonservativen preußischen Innenministers der achtziger Jahre, hatte die systematische Ausdehnung der deutschen Herrschaft begonnen. Nach der »Befriedung« des Kameruner Hinterlands mit Hilfe der 1894 gebildeten »Schutztruppe« setzte 1895 auch die systematische Inwertsetzung durch die Kapitalgesellschaften am Kamerunberg ein. Es handelte sich um ein Terrain, das bei Kriegsausbruch 1914 das umfangreichste zusammenhängende Pflanzungsgebiet Westafrikas bildete. In ihm war gleichzeitig die zahlenmäßig größte Lohnarbeitergruppe in dieser Region Afrikas beschäftigt. Hauptprodukt war Kautschuk – Folge der steigenden Nachfrage am Weltmarkt durch den hohen Bedarf der Elektro- sowie der Fahrrad- und Automobilindustrie.

Die Kehrseite dieses Geschäfts war die völlige Enteignung der Bevölkerung in diesem Gebiet. Gouverneur v. Puttkamer, selbst Aktionär der Westafrikanischen Pflanzungsgesellschaft Victoria, die mit einer Konzession für 20 000 Hektar (1904) besten Bodens im Wohngebiet der Bakwiri die größte der Pflanzungsgesellschaften in Kamerun war, versuchte nicht einmal einen billigen Interessenausgleich zwischen Weißen und Schwarzen zu finden.

Am 15. Juni 1896 ließ er per Verordnung alles »herrenlose Land« als »Kronland« deklarieren und beschränkte den lebensnotwendigen Besitz einer afrikanischen Familie auf weniger als zwei Hektar. Hinzu kam die zwangsweise Zusammenlegung der Dörfer der Eingeborenen im Interesse einer geschlossenen Anbaufläche und rationelleren Arbeiterrekrutierung. Letztlich gaben jedoch Puttkamers private Skandalaffären und die generellen Vorwürfe gegen seine Handhabung der Verwaltung und Rechtsprechung den Ausschlag für seinen Sturz im Mai 1907.

Puttkamers Rechtsverletzungen fanden aber erst eine breite Resonanz in der deutschen Öffentlichkeit durch einen an den Reichstag gerichteten Beschwerdebrief der Duala. Er datierte vom 19. Juni 1905 und war von »King« Akwa von Bonambela und 27 weiteren Häuptlingen und Unterhäuptlingen unterzeichnet. Am 10. Februar 1906 wurde er im vollen Wortlaut in der sozialdemokratischen Presse abgedruckt. Die Anlage zu dieser Petition enthielt 24 Beschwerdepunkte, die sich u. a. gegen rechtsbeugende Handlungen des Gouverneurs oder des Gouvernements, Enteignungen und die Niederreißung von Häusern, Zwangsarbeiten ohne Vergütung, willkürliche Verhaftungen, drakonische Strafen (Anwendung der Sippenhaft und Prügelexzesse) und die entwürdigende Behandlung der »Kings« und Häuptlinge richteten. Als Fazit hieß es: »Den Herrn Gouverneur von Puttkamer, dessen Richtern, Bezirksamtmänner, kurz seine ganze Regierungsbesatzung wollen wir nicht mehr hier haben. Sämtliche jetzige Gouvernementsbeamten des Schutzgebiets ›Kamerun‹ bitten wir forträumen zu wollen, denn ihre Regierung führen sie nicht gut, sie sind nicht gerechtfertigt, ihre Art und Weise exploitieren das Land. Als Ersatz-Gouvernement bitten wir alleruntertänigst, uns Consulat anstatt Assessorismus senden zu wollen, Assessorismus wollen wir nie wieder haben, diese verderben die Regierung, und machen die redliche deutsche Macht zu einer wucherischen und gäunerischen Macht! – Also fort mit dem Assessorismus zum Ersatze: Consulat!« Mit einem »alleruntertänigsten Gruß« an »Kaiser Wilhelm von Deutschland und Kamerun etc., etc., etc.« versicherten die Duala abschließend, daß sie »deutsch seien und deutsch bleiben würden bis an das Ende der Welt«. An eine Aufkündigung der Loyalität gegenüber dem Reich dachten sie demnach nicht.

König Njoya von Bamum, ein loyaler Statthalter der deutschen Schutzherrschaft, in deutscher Phantasieuniform

Ihre Treue zum Deutschen Reich geriet erst ins Wanken, als seit 1910 konkrete Pläne entwickelt wurden, diese Ethnie gegen eine minimale Entschädigung von ihren angestammten Wohnsitzen am

linken Ufer des Kamerunflusses zu entfernen und außerhalb der Stadt wieder anzusiedeln. Auf diese Weise sollte die Vermischung von weißen und schwarzen Wohn- und Geschäftsvierteln beseitigt werden. Die Rassentrennung wurde »hygienisch« – Ansteckung der Weißen durch malariaerkrankte Duala und Undurchführbarkeit einer Chininprophylaxe – begründet. Neben rassistischen Motiven – man sprach zeitgenössisch von weißer »Verkafferung« und afrikanischer »Afterkultur« – hatte sie aber überwiegend wirtschaftliche Beweggründe: Die Verwaltung und die expandierende Industrie benötigten günstig gelegenes Bauland für eine raumintensive Infrastruktur. Zusätzlich sollten die Duala durch den Verlust der verkehrsgünstigen Uferlage noch stärker aus ihrer Rolle als Zwischenhändler gedrängt werden.

Gegen diese Enteignungspläne und -verfügungen wehrten sich die Duala-Häuptlinge durch zahlreiche Petitionen an das Gouvernement und den Reichstag, durch Kontaktaufnahme zu deutschen Oppositionskräften, durch Hilfsgesuche an die Missionen und schließlich durch passiven Widerstand. Als ihr Anführer Rudolf Duala Manga jedoch in den Verdacht des »Hochverrats« geriet, weil erbitterte Äußerungen über eine mögliche Hilfsbitte an England oder Frankreich für die Tat genommen wurden und eine tatsächliche Aufforderung zur Revolte an einen befreundeten Sultan von diesem den Deutschen angezeigt worden war, wurde der Duala-»King« in einem wegen des Kriegsausbruchs beschleunigten Verfahren zum Tode verurteilt. Am 8. August 1914 wurde er zusammen mit seinem Sekretär und Verwandten Ngoso Din hingerichtet. Seine Stammesbrüder verließen daraufhin in eiliger Flucht Duala.

Gegenüber dem von Skandalen, Mißständen, Raubbaupolitik der Konzessionsgesellschaften und ständigen Unruhen gekennzeichneten Kamerun galt das kleine Togo eher als »Musterkolonie«. Händler und Handelsinteressen waren in erster Linie für die deutsche Etablierung in Togo und Kamerun verantwortlich, wenngleich auch in Togo seit 1847 eine deutsche Mission – die Norddeutsche Missionsgesellschaft aus Bremen – unter den im Küstenbereich lebenden Ewe wirkte. Sie bereitete dem Bremer Handel den Weg, indem sie »die scheuen Bewohner der Sklavenküste zutraulich gemacht und … vor allem den Kaufleuten das eingeborene Personal gestellt und ausgebildet« hatte, wie es ihr späterer Missionsinspektor Martin Schlunk 1912 formulierte. Somit waren es weniger Missions- als Handelsinteressen, aufgrund deren Reichskommissar Nachtigal das Togo-Gebiet bei Bagida und Lome Anfang Juli 1884 unter kaiserlichen Schutz stellte. Der vor Ort mit dem König Mlapa formulierte Vertrag sicherte die kolonialen Ansprüche des Deutschen Reichs in diesem Raum gegenüber den europäischen Konkurrenten. Die Afrikaner verstanden ihn als Handels- und Schutzbündnis, keineswegs als eine Abtretung von Souveränitätsrechten. Die Einschränkungen der Vertragsfreiheit und der wirtschaftlichen Dynamik des Togo-»Königreichs« durch die Zollabmachungen bedeuteten freilich den ersten tatsächlichen Verlust souveränen staatlichen Handelns.

Daß die Togolesen, vornehmlich die im Süden vorherrschende Ethnie der Ewe, lange vor 1884 missionarischen Einflüssen und den

Kaufleute der Bremer Faktorei in Togo. Die Produktion von Landesgütern blieb weitgehend in Eingeborenenhand, die Europäer besorgten die Vermarktung.

Kontakten mit europäischen Händlern unterlagen, mag ihre Haltung mitbeeinflußt haben, dem kolonialherrschaftlichen Vordringen der Deutschen nicht in einem solchen Umfang mit Gewalt zu begegnen, wie dies in den anderen afrikanischen Kolonien geschah. Dagegen bedurfte es im Norden bei den muslimischen und paleonegritischen Völkern zahlreicher Togo-Hinterland-Expeditionen und Polizeiaktionen, um auch hier die »pax colonialis« zu sichern. Allerdings bevorzugten die deutschen Kolonialherren daraufhin in Nordtogo die weniger aufwendige Form der indirekten Herrschaft, die die einheimischen Herrscher durch großzügige Geschenke und Steuerbeteiligung in den Kolonialstaat einband. Bis zum Ende der deutschen Kolonialherrschaft durften diese Nordbezirke von Deutschen, die nicht der Kolonialverwaltung angehörten (also auch von Missionaren), nur mit besonderer Genehmigung betreten werden.

Schüler in Ho/Togo in militärischer Haltung

Der Ruf Togos als »Musterkolonie« beruhte in erster Linie auf dem Umstand, daß es als einzige Kolonie weitgehend unabhängig von Reichszuschüssen war. Haupteinnahmen waren und blieben neben den direkten Steuern die Zölle bei verhältnismäßig geringen Ausgaben für Verwaltung, Pensionen und Militäraktionen. Im übrigen hatte eine Zweckkoalition aus Händlern und Missionaren das Übergewicht der großen Pflanzungs- und Kapitalgesellschaften verhindert. Zudem sorgte eine aufgeklärte Kolonialverwaltung unter dem Gouverneur Graf Julius von Zech, einem Bayern und Katholiken, für eine weitsichtige Politik der Produktmannigfaltigkeit hinsichtlich der angebauten Kulturen. Außerdem unterstützte Zech die Bildung der Eingeborenen und die Förderung ihrer technischen Fähigkeiten (via Mission) – der Süden Togos besaß den höchsten Bildungsstand aller afrikanischen Kolonien – und rief Entwicklungsprogramme im forst- und landwirtschaftlichen Bereich ins Leben.

Auch die heutige Infrastruktur Togos mit den Hafenanlagen, ihren Eisenbahnlinien (»Kokosnuß-Linie«, »Kaffee- und Kakao-Linie«, »Baumwoll-Linie«) und den ausgebauten und teils mit Fahrradwegen versehenen Straßen stammt weitgehend aus der deutschen Kolonialzeit.

Daß es aber auch in Togo gravierende Mißstände im Hinblick auf die Eingeborenenbehandlung gab, belegt die Eingabe der Einwohner von Lome vom 12. Oktober 1913 an Kolonialstaatssekretär Wilhelm Solf, der zu diesem Zeitpunkt die Kolonie besuchte. Sie richtete sich vor allem gegen Kettenhaft und Prügelstrafe. Aber auch politische Mitspracherechte und Freihandel für die Eingeborenen gehörten zum Katalog der Forderungen. Dahinter stand eine gutsituierte Schicht von einheimischen Produzenten und Händlern, deren Führung in den Händen der Afrobrasilianer, aus Südamerika zurückgekehrter Schwarzer, lag. Deren Koprapflanzungen übertrafen mit ihrer Produktion die deutschen um das Dreifache. Zu dieser Gruppe gehörte auch Octaviano Olympio. Er hatte als erster die Bittschrift unterschrieben und war der Onkel des späteren ersten Präsidenten der Republik Togo. Hinsichtlich seines wirtschaftlichen Werts für das Deutsche Reich blieb Togo allerdings an zweitletzter Stelle – vor Neuguinea.

Trotz einiger wichtiger Unterschiede hinsichtlich des kolonialen Zugriffs, die vor allem die »Plantagenkultur« betrafen, besaßen die tropischen Pflanzungskolonien Togo und Kamerun auch einige gemeinsame Probleme. Da war zunächst die noch immer hohe Sterblichkeit der Europäer in einem Gebiet, das allgemein als »Grab des weißen Mannes« galt. Von den sechzig zwischen 1886 und 1896 nach Kamerun entsandten Missionaren starben nicht weniger als 30 Prozent an Tropenkrankheiten. Erst nach Anwendung der Chininprophylaxe nahm die hohe Sterblichkeit ab. Dennoch haben sich in Togo nie mehr als 350 Europäer aufgehalten, während man in Kamerun 1913 über 1800 Weiße zählte. Sie konzentrierten sich weitgehend auf die Küstenplätze und Wirtschaftszentren. Gouverneur von Puttkamer verlegte seinen im wilhelminischen Kolonialstil erbauten Amtssitz des besseren Klimas wegen von Duala in die »Beamtenstadt« Buea am Kamerunberg.

Ein weiteres, beide Kolonien betreffendes Problem stellte die Alkoholfrage dar. Tropisches Klima, bedrohliche Umwelt und teilweise gesellschaftliche Vereinzelung verursachten nicht nur den sprichwörtlichen Tropenkoller – mit dem man wiederum das brutale Vorgehen zu entschuldigen versuchte –, sondern führten ebenfalls zu einem hohen Alkoholkonsum. »Er ist betrunken wie ein Weißer« diente selbst Afrikanern zum Gradmesser des Rausches ihrer eigenen Leute.

Gegenüber dem selbstverschuldeten Alkoholmißbrauch der Europäer bedeutete der Alkoholismus für die Afrikaner langfristig die Zerstörung ihrer Kultur. Der deutsche Anteil an diesem Vorgang war dabei nicht gering. Alkoholimporte waren gewissermaßen der Geburtsfehler der westafrikanischen Kolonien. Der Alkoholhandel machte zu Beginn der deutschen Kolonialära nahezu vier Fünftel

Europäer und Afrikaner im Alkoholrausch. Eine damals verbreitete Postkarte

des deutschen Warenangebots aus. Seinen Höchstwert erreichte er in Kamerun 1894 mit 16 813 Hektolitern, in Togo im Jahre 1904 mit 16 229 Hektolitern, was über 25 Prozent des Gesamtimports in die Kolonie entsprach. »Das ganze Leben hier ist gewissermaßen von Branntwein durchtränkt«, schrieb damals ein Basler Missionar aus Kamerun. Die Bremer Missionare nannten Westafrika nur die »Branntweinküste«.

Es waren daher auch die beiden in den westafrikanischen Kolonien tätigen Missionsgesellschaften, die Norddeutsche und die Basler Mission, die immer wieder Petitionen in der Alkoholfrage an den Reichstag richteten. Vor allem trat der Bremer Missionsinspektor Franz Michael Zahn als engagierter Publizist und Agitationsredner hervor. Seine Auseinandersetzung mit Adolph Woermann, dem Hauptvertreter der Branntweinexporteure und Präsidenten des Westafrika-Syndikats, entwickelte sich zu einem hitzigen publizistischen Streit vor einer breiteren Öffentlichkeit.

Woermann war indes nicht bereit, wie er schon im Januar 1886 im Reichstag verkündet hatte, »aus Liebe zu den Negern, die doch noch nicht so lange unsere Brüder sind, einen großen Geschäftszweig zu unterbinden«. Der Kaufmann verteidigte den Alkoholexport als ökonomischen und politischen Wegbereiter für den gesamten deutschen Handel in Westafrika, wobei er unerwähnt ließ,

daß der Export von Spirituosen nahezu ausschließlich von Hamburg ausging (»Spiritus-Kartell«). Andererseits stand dahinter – wie immer wieder behauptet – kein Solidarkartell von Schnapshändlern und ostelbischen Junkern, gern mit dem Verweis auf Bismarcks vier Schnapsbrennereien versehen. Denn die profitbewußten Hamburger Kaufleute zogen für den Export den billigeren russischen Kartoffelspiritus dem preußischen Schnaps vor. In den Kolonien wurden die destillierten, hochprozentigen Alkoholika dann oft noch übel verschnitten, so daß der landläufige Terminus solcher Produkte als »Woermanns Negertod« nicht ganz unberechtigt war.

Nun war es allerdings nicht so – worauf die Kolonialexporteure gern hinwiesen –, daß es in den afrikanischen Gesellschaften vor den Europäern keinen Alkohol gegeben hätte. Bereits vor dem Auftauchen der Sklavenhändler und abseits der Sklavenrouten wurde auch in Afrika durch verschiedenartige Gärungsprozesse Alkohol aus Honig- und Zuckerwasser, tropischen Früchten und Palmsäften gewonnen. Darüber hinaus stellten die Afrikaner einige Biersorten her, vornehmlich aus Hirse und Mais. In beiden Fällen dürfte die Alkoholkonzentration aber allenfalls bei etwa vier Prozent gelegen haben. Überdies war der Trank dieser schwachkonzentrierten Alkoholika in den politischen, sozialen und religiös-kulturellen Lebensbereich eingebettet, d. h. Alkohol wurde bei Versammlungen und Gerichtssitzungen, aus religiös-rituellen Anlässen, bei Festlichkeiten wie Hochzeiten und Begräbnissen sowie Familienfeiern getrunken. Sowohl das stille, individuelle Trinken als auch das »heavy drinking« der Europäer waren weitgehend unbekannt. Vor allem hatte die hohe Alkoholkonzentration verheerende Folgen für die Gesundheit, zumal der physiologische Abbau durch genetische Dispositionen der Afrikaner (fehlende Leberenzyme) eingeschränkt war.

Erste Bekanntschaft mit dem Alkohol machten die Afrikaner bereits bei der Kontaktaufnahme, den Vertragsabschlüssen und den Geschenken an die Häuptlinge. So führten nicht nur die »Kolonialgründer« Lüderitz und Peters (»Wir taten dann einen Trunk guten Grogs und brachten Seine Hoheit von vornherein in die vergnüglichste Stimmung«) Alkohol mit sich, sondern auch der Reichskommissar Nachtigal bewirtete seine afrikanischen Vertragspartner mit reichlich Alkohol. Nach der Etablierung der neuen Herren dienten Alkoholika als Zahlungsmittel, Entlohnung für Trägerdienste und Teil des Lohnes (Truck-System). Zugleich förderte die zwangsläufige Alkoholsucht der Afrikaner den Ausverkauf des eigenen Landes.

Immerhin erreichten die Missionare und einige nicht am Branntweinexport teilnehmende Afrikahändler wie der Bremer Kaufmann Johann Karl Vietor – er errichtete die erste Limonadenfabrik in Togo –, daß die übliche Austeilung von Branntwein als Teil der Löhnung an die Regierungsarbeiter eingestellt wurde (1896). 1909 verbot Gouverneur Zech die Einfuhr von Alkohol in die Nordbezirke Togos. Seit dem gleichen Zeitpunkt bedurfte der gewerbsmäßige Handel und Ausschank in der gesamten Kolonie einer behördlichen Genehmigung. Als wirkungslos erwies sich dagegen die Regulierung durch die Zollpolitik, auf welche die Mission gesetzt hatte, weil die subventionistischen Exportprämien für den Spiritus – hier waren die Junker allerdings hauptbeteiligt – sofort wieder die beabsichtigte Wirkung der Zollmaßnahmen konterkarierten.

In Deutsch-Südwest stellte sich im übrigen die Situation ähnlich dar, wenngleich der Alkoholverkauf an die Afrikaner nicht das Ausmaß wie in Togo und Kamerun erreichte. Noch 1906 resultierte ein Drittel der Einnahmen der Siedlungskolonie aus den Einfuhrzöllen für Spirituosen. Eingeborene wurden indes – mit wenigen Ausnahmen – nicht mit Alkohol bezahlt, und nach 1907 konnten Afrikaner nur über Weiße an Alkoholika gelangen. Das Problem verringerte sich dadurch naturgemäß nicht. In Deutsch-Ostafrika war die Branntweinfrage wegen der islamisierten Gebiete weniger dringlich. In der Südsee galt mit dem deutsch-englischen Abkommen von 1885 ein absolutes Alkoholverkaufsverbot an die Einheimischen, das auch weitgehend durchgesetzt werden konnte. Bis heute ist der Alkoholismus ein schwerwiegendes Erbe des Kolonialzeitalters geblieben.

Der schwierige Weg zur »pax colonialis«: Deutsch-Südwest und Deutsch-Ost

Die Kolonialgeschichte Südwestafrikas begann mit einer für die hohen Erwartungen, die eine kolonialbegeisterte Öffentlichkeit in diese an Ausdehnung zweitgrößte deutsche Kolonie gesetzt hatte, deprimierenden Phase. Nachdem das Lüderitzsche Abenteuer schnell gescheitert war, wurde bald ersichtlich, daß das »Schutzgebiet« weder ein Vorfeld für ein weiteres Vordringen nach Innerafrika werden konnte, noch daß auf absehbare Zeit das Land selbst für einen gewinnbringenden Abbau von Mineralien in Frage kam. Kapitalkräftige Investoren wurden daher jahrzehntelang nicht von der Lüderitzschen Sandbüchse angezogen.

Auch die deutsche Kolonialregierung zeigte nach den Schutzverträgen zunächst wenig Interesse, ihre »Herrschaft« umfassender zu stabilisieren. Zwar hatte Lüderitz inzwischen »seine Kolonie« an die Deutsche Kolonialgesellschaft für Südwestafrika verkauft und damit Bismarcks Charter-Vorstellungen Rechnung getragen. Aber da die mit 800 000 Reichsmark Vermögen völlig unterkapitalisierte Gesellschaft wenig Interesse an der Ausübung von Hoheitsrechten mit finanziellen Risiken zeigte, traf bereits im Mai 1885 Reichskommissar Heinrich Ernst Göring – der Vater des Reichsmarschalls – lediglich mit zwei Mitarbeitern in Deutsch-Südwest ein. Der Linksliberale Eugen Richter meinte im November spöttisch im Reichstag: »Wer spricht heute noch von Angra Pequena, von Lüderitzland, von Lüderitz? Das ist ein ganz verkrachtes Geschäft, und das, was ich schon ... bemerkte, daß Angra Pequena nichts ist wie ein ödes Sandloch, das bestreitet heute niemand. Zu bedauern sind da nur die armen drei Beamten, die jetzt dort unsere Flaggenstangen auf dem öden Sandmeer bewachen müssen.« Als im Herbst 1888 wegen der Unzufriedenheit der Herero mit der Behandlung durch die Deutschen Unruhen ausbrachen, mußte Göring sogar mit den Vertretern der Kolonialgesellschaft in die englische Walfischbai flüchten.

Bismarck war über den fehlenden Unternehmungsgeist des deutschen »Kapitals« maßlos enttäuscht und spielte mit dem Gedanken, »das ganze Land zu abandonnieren«. Angesichts der zunehmenden Kritik der Kolonialchauvinisten und der Gefahr für seine innenpolitische Stellung sah er sich jedoch gezwungen, eine als Forschungsexpedition getarnte Schutztruppe – zwei Dutzend Mann unter Hauptmann Curt von François – in die »Kolonie« zu senden. Aber erst Reichskanzler Caprivi legte sich unter dem Drängen der Kolonialinteressierten endgültig auf den »Besitz« Südwestafrikas fest. Mit dem unter ihm abgeschlossenen deutsch-englischen Kolonialausgleich (Helgoland-Sansibar-Vertrag) kam noch der sogenannte Caprivi-Zipfel hinzu, der die Kolonie im äußersten Nordosten unmittelbar mit dem in seiner Verkehrsbedeutung überschätzten Sambesi verband. Der gesamte Norden der Kolonie, von der größten Ethnie des Landes, den ackerbauenden Ovambo, bewohnt, wurde zwar 1908 verwaltungsmäßig angegliedert, aber nie besetzt, so daß diese Region auch vom Herero-Nama-Aufstand unberührt blieb.

Samuel Maharero, der Oberhäuptling der Herero, in deutscher Uniform

Im Laufe des Jahres 1890 kam auch der Widerstand der Herero zum Erliegen, weniger aufgrund der deutschen Präsenz als vielmehr aus Gründen, die zum einen in der Person ihres Führers Maharero und zum anderen in der Bedrohung durch die von Süden nachdrängenden Nama ihren Ursprung hatten. Für Samuel Maharero (1854–1923), der nach dem Tod seines Vaters Kamaherero im Zuge einer Familienintrige die Herrschaft usurpiert hatte, ging es um die Festigung seiner internen Machtstellung durch Kollaboration mit den Deutschen. Mit ihrer Hilfe wollte er zugleich die Oberherrschaft über die Herero erringen, befand sich der Prozeß der Herausbildung einer Oberhäuptlingsschaft doch noch in Ansätzen. Sie erhielten durch die staatlichen Organisationsvorstellungen der Europäer weitere Konturen. Nicht zuletzt wegen des Rückhalts, den ihm die Deutschen gegenüber seinen Rivalen gaben, verhielt sich Maharero bis zum Aufstand von 1904/07 loyal den neuen Herren gegenüber, präsentierte sich gern in ihrer Uniform und beteiligte sich in nicht geringem Umfang an dem beginnenden Ausverkauf des Landes.

Vor allem akzeptierten aber die bantusprechenden Hirtenstämme der Herero die Schutzverträge, weil sie in den Deutschen wirkungsvolle Verbündete gegen die auf eine Vormachtstellung gerichteten Absichten des Nama-Großkapitäns Hendrik Witbooi von Gibeon (ca. 1830–1905) sahen. Die Nama waren ein christlich beeinflußtes, aus dem Kap-Holländischen vor dem Druck der burischen Siedler und der englischen Verwaltung eingewandertes Volk. Da das deutsche Landfriedensgebot den kriegerischen Halbnomaden, deren Beutezüge und Viehdiebstähle sich gegen die Herero richteten, die Existenzgrundlage beschnitt, kam für sie eine kampflose Aufgabe des Widerstands nicht in Frage.

Hendrik Witbooi, der bekannteste namibische Herrscher der frühen Kolonialzeit

Ihr Führer, der christlich getaufte Hendrik, betrachtete sich zudem als Führer aller Nama und rechtfertigte seine Großmachtpläne mit einer christlich verbrämten göttlichen Berufung. Als daher der kriegserfahrene Nama-Großkapitän, dessen Leute mit europäischen Schußwaffen ausgerüstet waren und den Vorteil genauer Landkenntnisse besaßen, schließlich unter dem Eindruck der deutschen Vorstöße die Initiative zu einer Beendigung der jahrzehntelangen Kriege zwischen Herero und Nama ergriff – er warnte Maharero eindringlich und weitsichtig vor den langfristigen Folgen einer Kollaboration mit den Deutschen – , wurde in Berlin nunmehr eine Herrschaftssicherung »ohne Blutvergießen« ins Auge gefaßt. Zur Lösung dieser Aufgabe wurde der Kriegsschullehrer Major Theodor Leutwein entsandt.

Das kolonialstaatliche Gewaltmonopol stand selbstverständlich auch für den neuen Landeshauptmann bzw. Gouverneur (seit 1898) nicht zur Diskussion. Dennoch setzte er nicht auf bloße Gewalt. Er suchte die Rivalitäten zwischen den Stämmen und Stammesgruppen sowohl mit militärischen als auch mit diplomatischen

Theodor Leutwein, Landeshauptmann, Gouverneur und Kommandeur der Schutztruppe in Deutsch-Südwestafrika

Mitteln zu beenden. Dabei bediente er sich jenes althergebrachten römischen Prinzips des »divide et impera«, wie er es beim Studium der englischen Kolonialgeschichte kennengelernt hatte. Als Grundzug des »Systems Leutwein« bestimmte die kalkulierte Dosierung von soviel Zwang wie nötig und soviel Verhandlungen wie möglich die Phase der deutschen Kolonialgeschichte in Südwestafrika bis zum Herero-Nama-Aufstand von 1904.

Sein gemäßigtes kolonialpolitisches Programm beruhte auf Vorstellungen, die von mittelalterlichen Vorbildern ausgingen. Sie zielten auf eine deutsche Oberherrschaft auf der Basis eines allgemeinen Landfriedens mit seiner Rechtssicherheit als Grundlage jeder modernen europäischen Privatwirtschaft. Die Häuptlinge sollten sich unter Beibehaltung, ja Stärkung ihrer internen Machtstellung an die deutsche Oberherrschaft »gewöhnen« und im Bedarfsfall »Heeresfolge« leisten. Demgemäß wurden sie im Namen des Kaisers verpflichtet, in dessen Land (!) für »Ruhe und Ordnung« zu sorgen. Dafür wurde ihnen als materieller Ausgleich für ihre politischen und gebietsmäßigen Verluste eine jährliche Rente ausgesetzt. Auf jeden Fall wollte Leutwein verhindern, daß Aufstände in Deutschland als Krieg oder gar Rassenkampf gedeutet und mit Vernichtung geahndet wurden, wie es dann 1904/05 geschah.

Der Konflikt mit Hendrik selbst war begleitet von einem Briefwechsel zwischen dem Nama-Kapitän und dem Gouverneur, in dem es um die grundsätzliche Berechtigung der deutschen Forderung nach Unterwerfung ging. Da Hendrik durch die europäischen Missionare nicht nur Bibelkenntnisse besaß, sondern auch mit christlichen Theorien legitimer Herrschaft vertraut war, suchte er in seinen Briefen – die zu den wenigen schwarzafrikanischen schriftlichen Zeugnissen im vor- und frühkolonialen Zeitalter gehören – seinen Willen zur Unabhängigkeit selbst mit europäisch-christlichen Staatsvorstellungen zu begründen.

Am 17. August 1894 schrieb er aus seinem Hauptquartier Naukluft in der Namibwüste: »Mein lieber Hochedler Herr Leutwein, Major! Sie sagen … daß es Ihnen leid tut, daß ich den Schutz des Deutschen Kaisers nicht anerkennen will und daß Sie mir dies als Schuld anrechnen und mich mit Waffengewalt strafen wollen. Dies beantworte ich so: Ich habe den Deutschen Kaiser in meinem Leben noch nicht gesehen, deshalb habe ich ihn auch noch nicht erzürnt mit Worten oder Taten. Gott, der Herr hat verschiedene Königreiche auf die Welt gesetzt, und deshalb weiß und glaube ich, daß es keine Sünde und kein Verbrechen ist, daß ich als selbständiger Häuptling meines Landes und meines Volkes bleiben will, und wenn Sie mich wegen meiner Selbständigkeit über mein Land und ohne Schuld töten wollen, so ist das auch keine Schande und kein Schade, denn dann sterbe ich ehrlich über mein Eigentum.«

Gegenüber dem kolonialen Gewaltmonopol besaßen seine Argumente keine Realisierungschance. Nur drei Tage später schrieb ihm Leutwein zurück: »Auf Deinen letzten Brief vom 17. d. M. antworte ich folgendes: Daß Du Dich dem Deutschen Reich nicht unterwerfen willst, ist keine Sünde und keine Schuld, aber es ist gefährlich für den Bestand des deutschen Schutzgebietes.« Er fügte hinzu, daß er auf eine »menschliche« Kriegführung hoffe und »daß der Kampf kurz sein werde« – was er in der Tat war. Als Hendrik nach der militärischen Niederlage seine Bereitschaft zu bedingter Unterwerfung unter die deutsche Oberherrschaft wissen ließ, entschied sich Leutwein gegen den erheblichen Widerstand aus Kolonialkreisen in Deutschland und der Siedler in Südwestafrika für eine politische Lösung des Konflikts. Hendrik Witbooi wurde nicht hingerichtet, wie es die Siedler forderten, und der Stamm wurde nicht aufgelöst. Selbst die Waffen wurden ihm belassen. An mehreren Aufständen und sogar in den militärisch entscheidenden ersten neun Monaten des Herero-Aufstands beteiligten sich die Witboois wirkungsvoll an der Machtsicherung und Machtstabilisierung der deutschen Kolonialherrschaft.

Die Wende in der zunächst von einem gewissen Gleichgewicht zwischen kolonialem Staat und einheimischen Herrschaftsstrukturen bestimmten kolonialen Situation brachte das Jahr 1897. Ursache war nicht einmal eine koloniale Machtdemonstration, sondern eine unvorhersehbare Katastrophe: die große Rinderpest, die in diesem Jahr ausbrach. Sie erfaßte den gesamten Süden Afrikas. In Südwest gelang es nur auf übersichtlichen Stationsplätzen, zwischen 50 und 80 Prozent des geimpften Viehbestands bei Ansiedlern und Herero zu retten. Vom nicht geimpften Vieh fiel nahezu 95 Prozent der Seuche zum Opfer. Begleitet wurde die Rinderpest von einer schweren Malariaepidemie in dem vor allem politisch wichtigen mittleren Hereroland. Es folgten ein Heuschreckeneinfall und eine Dürreperiode.

Es waren mithin Naturereignisse, die den Wandel von einer politisch-wirtschaftlich halbwegs ausbalancierten kolonialen Gesellschaft zu einer von Weißen dominierten Siedlergesellschaft einleiteten. Denn die Folgen dieser Katastrophen waren für die Afrikaner sowohl in ökonomischer als auch in kultureller Beziehung verheerend. In der präkolonialen Viehwirtschaft stellte das Vieh primär keinen Marktwert dar, sondern signalisierte die politische Macht und das Sozialprestige seines Besitzers. Die Zerstörung der Herden war daher für die Herero mehr als ein wirtschaftlicher Verlust, weil die Vernichtung des Viehbestands ihre politisch-kulturelle Selbstsicherheit in Mitleidenschaft zog. Hatte der Rinderreichtum bisher verhindert, daß sich die Herero zu arbeiten genötigt sahen, so suchten sie nunmehr erstmals bei Europäern um Lohnarbeit nach, abgesehen davon, daß Herero-Großleute in zunehmendem Umfang Stammesangehörige als Lohnarbeiter stellten. Gleichzeitig war das faktische Marktmonopol der Herero gebrochen, das diese, trotz der Abneigung, Vieh zu verkaufen, besessen hatten. Dies kam wiederum den weißen Farmern zugute; denn durch die Verluste der Herero und die zum Wiederaufbau der Herden selbst auferlegte Verkaufssperre stiegen die Rinderpreise auf dem südafrikanischen Absatzmarkt. Erst jetzt wurde die Rinderzucht für die Siedler profitabel. Die Zahl der Weißen stieg von 539 im Jahre 1891 auf mehr als 4500 im Jahr 1904, allerdings darunter neben Siedlern auch Regierungsbeamte, Schutztruppenmitglieder, Missionare und Händler.

Auch im Hinblick auf ihren Landbedarf kam den Siedlern die Existenzkrise der Herero zugute. Zum erstenmal gerieten die Herero in wirtschaftliche Abhängigkeit und sahen sich gezwungen, ihr von den Ahnen ererbtes und für die Nachkommen bestimmtes Land als Geschäftsobjekt zu betrachten. Eine ruinöse Landpolitik der Häuptlinge erleichterte den Erwerb von Stammesgebiet, so daß sich der Restbesitz der Afrikaner auf knappe zwei Fünftel des gesamten Bodens von Südwestafrika reduziert hatte; die anderen drei Fünftel waren »Kronland« oder an Land- und Minengesellschaften sowie an Siedler vergeben. Eine akute Landnot der Herero gab es beim Ausbruch des Aufstands allerdings noch nicht.

Für den gewaltsamen Ausbruch von 1904 wog sicherlich die zunehmende Aggression der weißen Siedler schwerer als die Landfrage. Herrschte bis zur Katastrophe von 1897 noch ein weitgehend gleichberechtigter, kaum rassistisch eingefärbter Verkehr zwischen den weißen Kolonialeroberern und den schwarzen Häuptlingsclans mit ihrer großen Verwandtschaft, so wurden Mißhandlungen, Mord und Vergewaltigungen selbst an Angehörigen von Häuptlingen nunmehr ohne sofortige Kriegserklärung hingenommen. Die Zerstörung der Häuptlingsmacht ging einher mit einer wachsenden Rechtsunsicherheit der Schwarzen insgesamt. Auf der anderen Seite stand eine wachsende rassistischen Ideologisierung der Siedler. Grobe Mißhandlungen von Eingeborenen bei gleichzeitig einseitiger Kolonialjustiz waren an der Tagesordnung.

Die zunehmende »Herrenpolitik« der weißen Siedler, ihre brutale Rücksichtslosigkeit und ihre rohen Sitten mit den ständigen Prügelexzessen waren die Hauptgründe für die große Erhebung der Herero und anschließend der Nama. Hinzu kam die Ausbeutung durch die betrügerischen Geschäftspraktiken der Händler. Sie drängten den Schwarzen Kredite auf, für die im Schuldenfall der Stamm, zumeist in Form von Landverkauf, zu haften hatte. Die Verordnung von 1903, wonach Schulden nicht mehr durch Stammes-, sondern nur noch durch Individualbesitz abgedeckt werden konnten und die Verjährungsfrist von Krediten auf ein Jahr festgesetzt wurde, hatte zunächst den gegenteiligen Effekt: Um keine Verluste zu erleiden, trieben die Händler die noch ausstehenden Schulden mit um so größerer Gewalt ein. Händlerbetrug und Rechtsunsicherheit wurden auch von einem Herero-Christen nach Beendigung der Kämpfe ungeschminkt klargestellt. Auf die Frage nach den Ursachen des Aufstands antwortete er: »Der Krieg ist von ganz kleinen Dingen gekommen und hätte nicht zu kommen brauchen. Einmal waren es die ›Stuurmann‹ (Kaufleute) mit ihrem schrecklichen Wucher und eigenmächtigen, gewaltsamen Eintreiben. Für 1 sh Schuld wollten sie nach Jahresfrist 5 sh und für 1 L (Pfund) nach 12 Monaten 5 L Zinsen haben, und wer nicht zahlen wollte oder konnte, den verfolgten und plagten sie. Dann ist es der Branntwein gewesen, der die Leute schlecht und gewissenlos gemacht hat. Wenn jemand trinkt, dann ist es ihm gleich, was er tut. Aber das schlimmste Übel ist, was viel böses Blut und Streit hervorgerufen hat, die Vergewaltigung unsrer Frauen durch Weiße.

Manche Männer sind totgeschossen worden wie Hunde, wenn sie sich weigerten, ihre Frauen und Töchter preiszugeben und drohten, sie mit der Waffe in der Hand zu verteidigen. Wären solche Dinge nicht geschehen, wäre kein Krieg gekommen, aber er ist bei solchen Vergewaltigungen ausgebrochen. Er war mit einem Male da, und da war kein Halten mehr, jeder rächte sich, und es war, als sei kein Verstand mehr unter den Massen.«

Im Gegensatz zu Südwestafrika geriet Ostafrika erst 1885 verstärkt in den Blickpunkt einer an Kolonien interessierten deutschen Öffentlichkeit und der inzwischen staatlich aktivierten deutschen Überseepolitik. Bis dahin hatten die dortigen deutschen Interessenten, die großen Hamburger Handelshäuser O'Swald & Co. und Hansing & Co. auf Sansibar, keinen Anlaß gesehen, Berlin um den Schutz des Reiches zu bitten. Konkrete territoriale Absichten waren erst das Ziel von Carl Peters und seinen Freunden, die im Auftrag der Gesellschaft für deutsche Kolonisation in einem gewagten Konquistadorenzug die Grundlage für die spätere Kolonie Deutsch-Ostafrika schufen. Nach seinen »Erwerbungen« und den anschließenden kolonialdiplomatischen Verträgen mit Engländern, Belgiern (betreffend das Grenzgebiet zum Kongo) und dem Sultan von Sansibar umfaßte die Kolonie schließlich in Gestalt eines großen Vierecks die Gebiete zwischen dem Indischen Ozean im Osten und dem Tanganjika- und Njassasee im Westen, dem Victoriasee und dem Kilimandscharo im Norden sowie dem Lauf des Rovuma im Süden.

Deutsch-Ostafrika war Deutschlands größte und in der Heimat bekannteste Kolonie – freilich nach Deutsch-Südwest zugleich die Kolonie mit den höchsten Reichszuschüssen. Auch nach dem definitiven Verlust der Kolonien in Versailles stand Ostafrika – sei es auch nur als Mandat – an erster Stelle der Forderungen der Kolonialrevisionisten.

Als Folge des wirtschaftlichen Vordringens der Deutsch-Ostafrikanischen Gesellschaft, die mit dem arabischen und arabisierten Zwischenhandel rivalisierte, aber vor allem durch das brutale Auftreten der Handelsagenten dieser Gesellschaft gegenüber der eingeborenen Bevölkerung, brach Ende 1888 ein Aufstand der Küstenbewohner aus. Die Erhebung firmierte in Deutschland unter dem Namen Araberaufstand. Unter dem Vorwand der Bekämpfung des arabischen Sklavenhandels fand Bismarck eine breite Gefolgschaft im Reichstag und in der Presse für seine Absicht, eine Expeditionstruppe zur Unterwerfung der Aufständischen nach Ostafrika zu entsenden. Sie stand unter dem Kommando des Reichskommissars Hermann von Wissmann und bildete den Kern der späteren Schutztruppe. Als Ergänzung des deutschen Freiwilligenkontingents von rund hundert Personen warb der »alte Afrikaner« in Alexandria 630 aus der türkisch-ägyptischen Armee entlassene Sudanesen an. Diese hatten an der Niederwerfung eines nationalistischen Aufstands mitgewirkt, konnten aber wegen eines großen Aufstands im Sudan nicht in ihre Heimat zurückkehren. Besonders förderlich für ihren Einsatz wirkte sich der Umstand aus, daß sie nicht nur nach dem preußischen Reglement ausgebildet waren, sondern auch ihre Offiziere (»Effendi«) und Unteroffiziere behalten konnten. Hinzu kamen etwa 40 Somali-Matrosen und 100 Ngoni-Krieger aus Mosambik. Diese Askari genannten farbigen Soldaten und Hilfskrieger wurden im Vergleich zu den afrikanischen Plantagenarbeitern gut bezahlt und erhielten nach dem Ausscheiden aus dem Dienst eine Rente, was ihre Loyalität – neben der Aussicht auf Beute – noch erhöhte.

Mit der Entsendung der Wissmann-Truppe setzte auch in diesem »Schutzgebiet« zwangsläufig der Wandel vom Schutzbriefsystem zur direkten Kolonialverwaltung ein. Mitte Februar 1891 erhielt der bisherige Gouverneur von Kamerun, Julius von Soden, als erster Gouverneur in Ostafrika seine Ernennung. Am 1. Juli 1891 organisierte sich die bisher mit Hoheitsrechten ausgestattete Deutsch-Ostafrikanische Gesellschaft, die bis zu diesem Zeitpunkt und noch lange darüber hinaus keine Gewinne ausschütten konnte, in eine reine Handelsgesellschaft um. Schon zuvor hatte mit der Niederwerfung des Aufstands der Küstenbewohner im Sommer 1889 – den Ausschlag hatten die neu eingesetzten Maschinengewehre gegeben – die effektive Besetzung des Hinterlandes und die Unterwerfung der Binnenstämme eingesetzt. Während der als Zeit ruhiger Entwicklung geltenden Jahre von 1890 bis zum Maji-Maji-

Aufstand 1905 wurden tatsächlich allein zwischen 1891 und 1897 insgesamt einundsechzig größere »Strafexpeditionen« und Unterwerfungsfeldzüge geführt.

Größte Schwierigkeiten bereiteten den Deutschen die ihrerseits expansiven Hehe, die ihr Reich auf Kosten anderer Völkerschaften erweitert hatten. Im August 1891 vernichteten sie restlos eine deutsche Expedition unter Leutnant von Zelewski. Ihr kriegserfahrener Häuptling Mkwawa vermochte zwischen 1891 und 1898 den deutschen Expeditionen in einem Kleinkrieg hinhaltenden Widerstand zu leisten, bevor er sich im Juli 1898 das Leben nahm, um nicht den Deutschen in die Hände zu fallen.

Damit war das »Kapitel« Mkwawa aber noch keineswegs abgeschlossen. Die Deutschen ließen den Schädel des Häuptlings nach dessen Freitod tagelang öffentlich ausstellen. Nach der Präpa-

Hehe-Häuptling Mkwawa mit drei seiner Frauen. Er zettelte einen Guerillakrieg gegen die deutschen Schutztruppen in Deutsch-Ostafrika an und gilt heute noch in Tansania als Nationalheld, nach dem Straßen, Plätze und Schulen benannt sind.

rierung fand er seinen Platz zunächst in den Diensträumen des Hauptmanns Tom von Prince, bevor man das »Siegeszeichen«, wie Princes Gattin Magdalena den Schädel nannte, nach Deutschland schickte. Im Versailler Vertrag, der auch die Rückgabe von Kunstwerken und Archiven regelte, wurde Deutschland verpflichtet, den »Schädel des Sultans Makaua« der britischen Regierung zu übergeben. Er war indes unauffindbar. 1957 entdeckte der britische Gouverneur Tanganjikas, Sir Edward Twining, den Kopf des längst zum Volkshelden gewordenen Mkwawa in Bremen und brachte ihn nach Afrika zurück.

Ursache der zahlreichen Aufstände waren die unentgeltlichen Fronarbeiten der Eingeborenen, die brutale Härte der afrikanischen Söldner, die Auswirkungen der seit 1900 in Bargeld zu zahlenden Hüttensteuer auf das wirtschaftliche Leben der Bergbewohner (»Manche verkauften ihr Kleinvieh für einen Spottpreis vor allem an Inder und Beludschen, die aus dem englischen Gebiet kamen und große Mengen von Ziegen und Schafen fortführten«) sowie die zwangsweise Zusammenlegung der einheimischen Siedlungen im Interesse der Plantagenbesitzer. Die zunehmende weiße Besiedlung und die betrügerischen Lohnpraktiken europäischer Wirtschaftsunternehmen verschärften die Situation. Die Kilimandscharo-Straußenzuchtgesellschaft, mit 1600 Hektar die größte Landbesitzerin am Berg, schuldete 1905 ihren schwarzen Arbeitskräften allein 9000 Rupien an Löhnen. Dennoch blieb es während des Maji-Maji-Aufstands am Kilimandscharo wie im gesamten Norden ruhig – wohl auch eine Folge der im vorangegangenen Widerstand erlittenen Niederlagen.

Jeweils nach der »Befriedung« einzelner Gebiete wurden kollaborationsbereite Herrscher bestätigt oder neu eingesetzt. In der kolonialen Landesverwaltung wurden sie zum Ortsvorsteher (Jumbe) ernannt, während als Chefs mehrerer Orte (Akiden) zumeist ortsfremde Araber oder Suaheli – aufgrund ihres gehobenen Bildungsstands und zur Verhinderung von Fraternisierungsversuchen – eingesetzt wurden. Im Hinterland bedienten sich die Bezirksämter weiterhin kollaborationsbereiter Häuptlinge, deren Autorität durch äußere Zeichen wie Flaggen, Häuptlingsstäbe oder rote Mützen gefestigt wurde und die für die Erfüllung ihrer Pflichten am Steuerbetrag – zwischen vier und zehn Prozent – beteiligt wurden. In den dichtbesiedelten, zentralregierten Hima-Staaten Ruanda und Urundi sowie im Gebiet westlich des Victoriasees blieben hingegen eigenstaatliche Organisationen weitgehend erhalten und wurden sogenannte Residenturen eingerichtet. In diesen entlegenen und als noch nicht reif zur Ausbeutung angesehenen Gebieten bevorzugte man, wie im Norden Togos und Kameruns, die konservativ-stabilisierenden Methoden »indirekter« Herrschaft. So bestand in Ruanda das politisch-gesellschaftliche Defensivbündnis zwischen dem König (»mwami«) mit seiner zentralen und sakral gefestigten Königsgewalt und den deutschen Kolonialherren noch 1902 im Hinblick auf die deutsche Seite aus dem Residenten, zwei Offizieren und 25 Askari. Steuern wurden in Ruanda und Urundi erst 1912/13 eingeführt.

Der deutsche Resident in Ruanda, der Psychiater, Arzt und Forschungsreisende Dr. Richard Kandt, Sohn einer wohlhabenden jüdischen Kaufmannsfamilie (Kantorowicz, seit 1894 Kandt) und 1893 zum Protestantismus übergetreten, beschäftigte sich denn auch mehr mit seinen bahnbrechenden Forschungen zur vorkolonialen Geschichte des Hima-Königreichs *(Caput Nili. Eine empfindsame Reise zu den Quellen des Nils)* als mit kriegerischen Angelegenheiten.

Mit der Erschließung der Kolonie verschärfte sich auch in Deutsch-Ostafrika die Arbeiterfrage. Bis 1905 existierte keine rechtlich fixierte Grundlage für eine zwangsweise Arbeiterrekrutierung. Da die Hüttensteuer (seit 1897) nicht mehr ausreichte, bestimmte Gouverneur von Götzen – vor die Alternative der Aufgabe der gerade eingeführten Baumwollkultur (mit ihren notwendigen Arbeitskräften) oder einer Erhöhung des Arbeitszwangs gestellt –, daß jeder erwachsene arbeitsfähige Mann im Binnenland eine Kopfsteuer von drei Rupien zu entrichten hatte. Das bedeutete eine Erhöhung der Steuer um das Vierfache, da bis dahin nur jede Hütte (ca. vier steuerpflichtige Personen) drei Rupien zahlte. Durch eine gleichzeitige besondere »Verordnung, betreffend die Heranziehung der Eingeborenen zu öffentlichen Arbeiten«, wurde den arbeitsfähigen Männern nicht nur Reinigen, Unterhalt und der Bau von öffentlichen Wegen zur unentgeltlichen Pflicht gemacht, sondern solche Personen, die ihre Kopfsteuer nicht bezahlen konnten, hatten unter Aufsicht Tributarbeiten zu leisten. Diese Tributarbeiten wurden teilweise an Plantagenbesitzer weiterverkauft. In der rücksichtslosen Eintreibung der Steuern, nicht zuletzt durch die verhaßten ortsfremden Akiden oder Askari, haben zeitgenössische Beobachter auch die Hauptursache für den Ausbruch des Maji-Maji-Aufstands gesehen, der mit dem Überfall auf das Haus eines Akiden begann.

Die Situation spitzte sich zu mit der Einrichtung sogenannter Dorfschamben zum gemeinsamen Anbau von Baumwolle in dafür geeigneten Dörfern. Frauen und Männer, Freie und Sklaven, hatten in gemeinsamer Arbeit eine bestimmte Fläche mit Baumwolle zu bebauen, wofür sie nur geringfügig entlohnt wurden. Schwerwiegender war jedoch, daß die Afrikaner auf ihren Verdienst so lange warten sollten, bis die Baumwolle in Hamburg verkauft und der Erlös in die Kolonie transferiert war. Nicht zufällig brach die Erhebung in einem Gebiet aus, das unter diesem Zwangsanbau schwer gelitten hatte und in dem die Selbstversorgung aufs äußerste gefährdet war.

Weitere Vorschriften vervollständigten das System totaler Bevormundung. Die Jagd- und Waldschutzverordnung vom Juni 1903 verbot die Elefantenjagd und die traditionelle Netzjagd. Eine Pombesteuer sollte den Konsum des »Afrikanerbiers« eindämmen. In einer Antwort auf die geheime Umfrage zu den Ursachen des Aufstands, die der oberste Marineoffizier bei allen im Aufstandsgebiet der Kolonie eingesetzten Marineeinheiten angeordnet hatte, wurde gerade auf diese administrativen Eingriffe in das Leben der Afrikaner aufmerksam gemacht: »Der Neger muß Steuern zahlen, muß bestimmte Bäume pflanzen, einige Arten seiner Ngoma (Tanz) sind ihm verboten, der Ort, wo er seine Hütte bauen soll, wird ihm zugewiesen, die Jagd ist ihm eingeschränkt, er muß produzieren, muß auf der Dorfschamba arbeiten und sieht sich um einen Teil des Lohnes, der zum Teil erst nach vielen Monaten, d. h. nach der Fassungskraft des Negers vorläufig gar nicht, gezahlt wird, von Jumben betrogen, seine Pombefeste werden ihm eingeschränkt, die Arbeitspombe (als Deputat) wird ihm unterdrückt.«

Die allgemeine Unterdrückung der einheimischen Bevölkerung durch die Kolonialherren führte schließlich zum Maji-Maji-Aufstand. Er stellt sich somit als Resultat einer Summe von Einzelerscheinungen dar: Hütten- und Kopfsteuer, Zwangsarbeit, Lohnbetrug, Straßenbau, Trägerdienste, Pombesteuer, die zahllosen Bestimmungen für Wasser, Wald und Wild und das Verhalten der ortsfremden Akiden und Askaris. Ergänzen muß man noch den Schulzwang, der von den Afrikanern als ein Mittel zur Entfremdung ihrer Kinder von den tradierten Denk- und Glaubensinhalten empfunden und als Entzug ihrer Arbeitskraft betrachtet wurde, sowie die unkorrekten Methoden der indischen Händler.

Der Aufstand war darum nicht nur ein antikolonialer Befreiungsversuch, sondern ihm hafteten auch Züge eines sozialrevolutionären Potestes an. Daß er auf den Süden begrenzt blieb, hing in erster Linie mit dem Umstand zusammen, daß dieses Gebiet von der deutschen Kolonisation vor der Jahrhundertwende nur regional berührt worden war, so daß das nachgeholte zügige Vordringen des Kolonialstaates noch vielfach Reaktionen primären Widerstands bewirkte. Im nachhinein ist er von den späteren Trägern der Dekolonisation und Emanzipation, den neuen Eliten, hingegen als Geburtsstunde des »nationalen Staates« gedeutet worden.

»Wem gehört Hereroland?« – Der Herero-Nama-Aufstand

Um halb vier nachmittags am 14. Januar 1904 – Else Sonnenberg hatte soeben die Brötchen für den Kaffeetisch in den Ofen geschoben – stand plötzlich »der alte Götzenpriester« Perenna mit zwei weiteren Herero, ihren Dienern Ludwig und Judas, vor der Tür. »Wo ist der Herr?« Sie blickte kaum auf: »Er schläft.« Die drei drangen ins Schlafzimmer ein. »Was fällt euch ein, kommt sofort zurück!« rief sie noch, da stürzte sich Perenna auf sie, hielt sie fest, während er die Gewehre von der Wand riß, dann hörte sie drei furchtbare Schläge. Mit entstellten Zügen und einem

Das Ehepaar Gustav und Else Sonnenberg um 1903

schweren Steinhammer in der Hand stürzte Ludwig aus dem Schlafzimmer. »Der Weiße ist tot«, schrie er.

So beschreibt Else Sonnenberg in ihrem Tagebuch *Wie es am Waterberg zuging* die Ermordung ihres Mannes. Gustav Sonnenberg, siebenundzwanzig Jahre alt, Farmer und Händler am Waterberg, lag erschlagen auf dem Bett, »ein schmaler Blutstrom rann die Backe herab auf das weiße Kissen«. Scharen von Männern drangen in das Haus, stürzten sich auf Kisten und Koffer, rissen Wäsche und Kleider an sich, schlugen drohend mit ihren Kirris, den Kriegskeulen, nach ihr, zertrümmerten das Fenster. Draußen hörte sie die Kinderschwester schreien, das Baby an sich pressend. Ihr kleiner Werner war noch keine drei Monate alt. »Laut und grell schrie sie meinen Namen. In furchtbarer Angst um das Kind stürzte ich aus dem Fenster. Wie sie tobten. Es klang wie das Geheul wilder Tiere. Können Menschen so furchtbar schreien?«

123 Weiße wurden in diesen ersten Tagen des Aufstands ermordet. Wie ein Blitz aus heiterem Himmel hätte die blutige Erhebung im Januar 1904 sie alle überrascht, wird es später heißen. »Waren wir alle mit Blindheit geschlagen?« fragte Else Sonnenberg in ihrem Bericht über den Herero-Aufstand, geschrieben gleich nach ihrer geglückten Flucht und ihrer Rückkehr nach Deutschland.

Doch es hatte Warnzeichen gegeben. Conrad Rust, Farmer auf Monte Christo, der mit seiner Familie nach Windhuk flüchten konnte, wurde am 21. Januar vom Garnisonkommandanten Hauptmann von François zur Feste befohlen. »Als im staatlichen Interesse liegend« bekam er den Auftrag, die Geschichte des Herero-Aufstands niederzuschreiben. Dabei wurde ihm Akteneinsicht erlaubt. Bereits im Dezember 1904 veröffentlichte er das dreibändige Werk. Einseitig im Interesse der Siedler verfaßt, gibt das aktuell zusammengetragene Material doch eine chronologische Zusammenfassung der Ereignisse aus der Sicht der betroffenen Deutschen und ist insofern wie die Tagebücher ein wertvolles authentisches Quellenmaterial. Propagandistisch zweckgefärbt und – wie alle Darstellungen aus der Zeit – in der typischen Kolonialzeitsprache verfaßt, wurde der Bericht vom Herausgeber kostenlos an alle Reichstagsangehörigen verteilt. So sollte Stimmung gemacht werden für die Entschädigungsklagen der Siedler gegen das Deutsche Reich, das sie nicht vor der Vernichtung ihrer Existenz bewahrt hatte.

Daß schon lange Unruhe unter der schwarzen Bevölkerung geherrscht hatte, darüber bestand für Rust kein Zweifel, nur über den Zeitpunkt des Ausbruchs war man sich unsicher. Schon im November hatte man ihm für Reitpferde und Sättel verdächtig hohe Summen geboten. Für Gewehre waren die Einheimischen bereit, jeden Schuldschein zu unterschreiben. Verschiedene Farmer sprachen bei ihren Weihnachtseinkäufen in Windhuk davon, daß sie der Überzeugung seien, die Herero rüsteten zum »orlog« (Kampf). Da

Die technisch überlegene Schutztruppe hat bei Okahandja Stellung bezogen. Maschinengewehre, Heliographie und Funktelegraphie machten die besseren Geländekenntnisse der Einheimischen wett.

die Verbreitung derartiger Gerüchte schwer bestraft wurde, meldete es keiner dem Bezirksamt. Die erste sichere Meldung kam von Missionar Eich vom Waterberg. Er schrieb Zürn, dem Distriktchef von Okahandja, von dem seit Wochen und besonders in den letzten Tagen zunehmend auffälligen Verhalten der Herero. »Um jeden Preis« kauften sie alles mögliche, auf Kredit, bei seinem Nachbarn, dem Händler Sonnenberg, der seinen Laden fast leergeräumt vor dem Andrang schließen mußte. Hinzu kamen beunruhigende Nachrichten über Herero-Züge in großer Stärke.

Oberleutnant Zürn ruft um ein Uhr in der Nacht vom 10. zum 11. Januar in Windhuk an. Postdirektor Bischof persönlich eilt zum Telefon. Zürn meldet, daß größere bewaffnete Herero-Haufen von Norden her im Anmarsch auf ihre Hochburg Okahandja seien. Da Gouverneur Leutwein sich im Süden der Kolonie zur Bekämpfung lokaler Unruhen befindet, erreicht die Meldung den stellvertretenden Gouverneur Richter, der sie um 7.30 Uhr dem Bezirksamtmann Duft weitergibt. Der macht sich sofort per Bahn mit 18 Soldaten auf den Weg nach Okahandja. Er will von Samuel Maharero, dem Oberhäuptling der Herero, erfahren, was die Gerüchte zu bedeuten hätten.

Um 2.30 Uhr nachmittags trifft der Trupp ein. Die ersten von Zürn alarmierten Siedler haben sich in heller Aufregung in die Feste geflüchtet. Samuel hat den Ort verlassen. »Dies war höchst verdächtig«, schreibt Rust. Duft und Zürn machen sich auf den Weg zur Eingeborenenwerft, treffen auf den Kapitän Quanjo. »Der schlaue, mißtrauische Schwarze erschien aber erst, nachdem er sich durch Boten überzeugt hatte, daß die Regierungsvertreter weder bewaffnet noch unter militärischer Bedeckung kamen ... Die Besprechungen fanden stehend statt. In glaubwürdiger Weise gab Quanjo an, Samuel sei außerhalb Okahandja mit dem Einziehen von Außenständen beschäftigt, er würde aber bald zurückerwartet. Die große Menge Herero sei vom Norden her nach Okahandja gekommen, um Kapitänsstreitigkeiten und Erbschaftsangelegenheiten zu erledigen. Das Mitbringen von Waffen entspreche einer alten Sitte und sei kein Grund zu Gegenmaßnahmen. Er erinnerte an die zwischen den Herero und der deutschen Regierung geschlossenen Schutzverträge, die ja völlige Sicherheit verbürgten.«

Die Regierungsvertreter und die weiße Bevölkerung halten die Angaben für erlogen. Die Stimmung wird immer erregter, die Lage explosiv. Nach dem Aufstand wird man darüber diskutieren, ob er nicht überhaupt auf einer Reihe von Mißverständnissen beruhte, an denen nicht zuletzt Zürn beteiligt war. Zürn und Duft beantragen in Windhuk ein schweres Maschinengewehr; das in Kapstadt liegende deutsche Kriegsschiff »Habicht« wird nach Swakopmund beordert, man telegrafiert nach Berlin. Erst am 12. Januar bricht die Nachrichtenverbindung abrupt ab. Eine unter Feldwebel Kühnel am 11. Januar abgesandte, vier Mann starke Patrouille mit der Aufforderung an alle Deutschen, sich in die Feste zu flüchten, kommt nicht zurück. Später stellt sich heraus, daß sie mit großer Übermacht angegriffen und niedergeschlagen worden ist. Am nächsten Morgen, wieder auf dem Weg zu Samuels Werft, bemerkt Duft starke Einheiten bewaffneter Herero, die von Samuels Werft aus zu den deutschen Häusern drängen. Händler Diekmann und seine Frau werden die ersten Mordopfer sein, erschossen von hinten. Gleichzeitig verlassen die Frauen ihre »Pontoks« (Hütten), ein Zeichen, daß Ungewöhnliches vorgeht.

Um 7.45 Uhr fällt in Okahandja der erste Schuß. Der Krieg hat begonnen, der erste in den deutschen Kolonien und der erste des wilhelminischen Deutschen Reichs. An seinem Ende wird nach Schätzungen mindestens die Hälfte des Herero-Volks umgekommen sein. Wie im nachfolgenden Maji-Maji-Aufstand in Deutsch-Ostafrika sind die meisten an den Folgen des Krieges gestorben: verhungert, verdurstet, entkräftet.

Okahandja ist eingeschlossen. Per Heliograf wird Gouverneur Leutwein informiert. Dieser benachrichtigt den ebenfalls im Süden operierenden Hauptmann Franke, der durch den folgenden Handstreich zum berühmtesten Kriegshelden von Deutsch-Südwest werden soll.

Schutztruppenoffizier Victor Franke hält in seinem Tagebuch fest:

»13. Januar. Nachrichten kommen, daß die Herero Okahandja und Windhuk bedrohen.

14. Januar. Reite zur Heliografenstation und bekomme die Nachricht: ›Okahandja schwer bedroht.‹ Frage daher beim Oberst

(Leutwein) an, ob ich weitermarschieren oder Okahandja Hilfe bringen soll.«

Leutwein befiehlt Hauptmann Franke die sofortige Rückkehr. In einem viertägigen Gewaltritt, der Franke und seine zweite Feldkompanie legendär machen wird, erreichen sie unter strömendem Regen Windhuk. Die gesamte Schutztruppe besteht zu diesem Zeitpunkt aus 796 Offizieren und Mannschaften. Alle Reservisten werden eingezogen.

»19. Januar. In Windhuk sieht es wüst aus. Jeder Krüppel hat Uniform an.«

Gleich am nächsten Tag zieht er mit 150 Mann und 2 Geschützen Richtung Okahandja.

»21. Januar. Wir finden die Station Brakwater demoliert; die Bahn ist in auffallend sachgemäßer Weise an verschiedenen Stellen unterbrochen.

22. Januar. Durch das gefährliche Defilee bei Otjihavera kommen wir unbelästigt hindurch. Die Kerls sind eben doch nur ›Eingeborene‹. Lasse die Station Teufelsbach durchsuchen. Auch hier ist alles verwüstet. Das Telefon ist total zertrümmert, sogar die Isolatoren. Jetzt rächt es sich, daß dieser törichte Nenning seine besten

Hauptmann Victor Franke, der »Held« des Herero-Kriegs

Eingeborenen weggejagt hat. Die Kerls wenden die erworbenen Kenntnisse gegen uns an.«

Nach schweren Kämpfen und wolkenbruchartigem Regen erreichen sie das belagerte Okahandja, zu dem Franke sich mit zwei Zügen durchschlägt. 8000 Herero-Krieger mit 6000 Gewehren befinden sich jetzt im Aufstand.

»27. Januar (Kaisers Geburtstag) ... gelange ungetroffen an die Feste, wo mich von Zülow empfängt. Auch der dicke Duft und die kleine Giftkröte, der Zürn, sind unversehrt.«

Das heftige Gefecht am anderen Tag am »Kaiser-Wilhelm-Berg«, wo sich die Herero verschanzt haben, und die Einnahme der Bergfestung »von wahrhaft grausiger Stärke« werden Franke endgültig zum Kolonialhelden machen. Der blutige Kampf tobt den ganzen Tag. »Was in den Weg kommt, wird niedergeschossen.« Dann geht es zurück zum Lager. »War erschöpft bis ins Mark, da half mein Zaubermittel! Als Sieger zogen wir zwei Stunden später in Okahandja ein.«

Das »Zaubermittel« ist Morphium. Der Held, der für seine Taten vom Kaiser persönlich den Orden »Pour le Mérite« überreicht bekommen wird, war nicht nur – wie viele Schutztruppenoffiziere – alkohol-, sondern auch morphiumsüchtig. Zudem hatte er noch Kinder von seinen schwarzen Konkubinen, was auch nicht gerade zum offiziellen Bild eines deutschen Kolonialhelden paßte.

Die Entsetzung der belagerten Orte kommt für Sonnenberg zu spät. Farmer Conrad Rust: Als »Kapitän Quanjo sich auf die Schutzverträge berief, mit denen er die Weißen zu beruhigen versuchte, lag nördlich von Okahandja schon mancher Weiße, meuchlings überfallen, blutend am Boden«. Dann folgt eine Aufzählung von Berichten voller Greueltaten und Morde, die sich zum Teil im nachhinein als unwahr herausstellen. Auch die Frage, ob die Herero weiße Frauen vergewaltigten, bewegt ihn und die Bevölkerung stark. Er wendet sich scharf gegen das Telegramm Leutweins – »Gerechtigkeit gebietet, zu konstatieren, daß sämtliche weiße Frauen von christlichen Herero gerettet wurden« – an den Reichstag in Berlin. Statt dessen macht er eindeutige Bemerkungen mit den Namen der betroffenen Frauen. Tatsächlich aber haben die Frauen tapfer an der Seite ihrer Männer gekämpft, »Pistole umgeschnallt, Baby auf dem Rücken«, so wie sie ihren Männern erwartungsvoll nach Südwest gefolgt waren.

Else Sonnenberg war 1903 nach Afrika gereist, nachdem sie zuvor ihren Gustav, Gastwirtssohn aus dem Nachbardorf, geheiratet hatte. In Wendeburg bei Braunschweig war sie aufgewachsen, dorthin kehrte sie nach ihrer Flucht zurück. Schon als Kind hatte sie von den fernen Ländern geträumt, wenn sie im Kolonialwarenladen ihres Vaters Kakao, Kaffee und Palmoliveseife in Händen hielt. Als sie am 5. März mit der »Adolph Woermann« aus Hamburg kommend in Swakopmund landete, sah sie zum erstenmal ihr »zukünftiges Heimatland«, das eigentlich ihre Sehnsucht nach »einem Platz an der Sonne« erfüllen sollte: ein »trostloser Anblick ... nichts als Sand und wieder Sand«. Die Verlockungen der Fremde wurden beim ersten Anblick entzaubert. Nichts von sinnlich blühender Exotik, von Palmen und Romantik, wie es auf den Werbetafeln der Kolonialwaren doch so schön gezeichnet war. Neblig feucht an der Küste, Swakopmund eine Ansammlung von Bretterbuden, im Innern trocken, sandig, ein paar Dornbüsche.

In dieser Einöde baute sie mit ihrem Mann am Waterberg ein Heim auf. Alles war ordentlich deutsch mit Gardinen und Spitzendeckchen. An den Wänden hingen die Bilder ihrer Lieben. Es gab Berliner Pfannkuchen und Knorrs Erbswurst. Nur Brotbacken im Termitenhaufen, das mußte sie noch lernen.

Als im Oktober der kleine Werner geboren wurde, schien ihr Glück vollkommen. Auch mit den Einheimischen kam sie gut aus: »Während ich unter den Herero lebte, hatte ich keine schlechte Meinung von ihnen in Betracht dessen, daß sie doch ein unkultivierter Negerstamm waren«, schrieb sie ganz befangen in der kolonialen Gedankenwelt der Heimat. »In Deutschland hatte ich sie mir viel roher und zügelloser, besonders auch Weißen gegenüber, gedacht.« Auffällig waren zwar die großen Versammlungen am Waterberg, aber »ab und zu sickerte auch etwas von Erbitterung durch. Einige Leute der Werft beklagten sich, daß man ihnen das Land wegnehme, daß alle Plätze Eigentum der Weißen würden, und daß man sie ohne ihre Zustimmung verkaufe.« Sie erfuhr auch von der Angst der

Herero, daß die Händler ihnen jetzt alles fortnehmen würden, da gemäß einem neuen Gesetz Zahlungsverbindlichkeiten nach einem Jahr verfielen. Und sie kritisierte sowohl die körperlichen Übergriffe der Weißen, die sie erlebte, als auch ihr Verhalten beim Eintreiben der Schulden: »Ich erinnere mich, daß ein Händler kam, welcher von einem Herero 5 Mark zu fordern hatte. Der Herero bat seinen Gläubiger, ein bis zwei Tage zu warten, damit er sein Vieh holen lassen könne vom Viehposten. Für das Warten berechnete ihm aber der Händler 100 Mark.« Doch sie zog das Fazit: »Immerhin glaube ich nicht, daß all diese kleinen Vorkommnisse genügend Grund abgegeben haben zu dem furchtbaren Aufstand der Schwarzen, der sicherlich damals am Waterberg beraten wurde.«

Else Sonnenberg gelang mit Hilfe ihres treuen Herero-Mädchens mit ihrem kleinen Werner und Schwester Marianne die Flucht zu Missionar Eich und seiner Frau. Dreizehn Weiße, darunter die Besatzung der Schutztruppenstation unter Sergeant Rademacher, wurden an diesem Tag am Waterberg ermordet. Sechs Wochen verließ sie das Missionshaus voller Flüchtlinge nicht. Dann endlich durften sie sich dem Herero-Tross von Kapitän David anschließen. Weitere sechs Wochen waren sie unterwegs in der Steppe, von Wasserloch zu Wasserloch ziehend, krank, voller Verzweiflung, »halb tot vor Angst und Aufregung«. Oberhäuptling Samuel Maharero rettete sie »in größter Not« schließlich persönlich vor seinen eigenen Leuten.

Am 9. April, knapp drei Monate nach dem Überfall, erreichte Eich mit seinen Schutzbefohlenen die rettende Stadt. In Okahandja hatte man sie schon für tot erklärt.

Else Sonnenberg kehrte nach Deutschland zurück und betrat nie wieder afrikanischen Boden. Doch sie dachte »voller Dankbarkeit« an ihre »Heimat« Afrika zurück, an die schöne Zeit vor dem Aufstand, an die Missionarsfamilie, aber auch an die Herero, die ihr halfen. »Und manchmal, wenn ich am Sonntag hinaufsteige auf die Berge hier, die einen weiten Blick in die Ebene öffnen und die Glocken heraufklingen, gedenke ich des Waterbergs und des Glöckleins der schlichten Kirche unter dem Missionsgarten: dann steigen die alten Bilder herauf, der alte Schmerz beginnt zu brennen, und ich fühle, wie unendlich viel ich verloren habe.« So endet ihr Bericht – ein typisches Stück der boomenden Kolonialliteratur, die für entsprechende Stimmung im Reich sorgte. Bis ins hohe Alter hielt sie Vorträge über ihre Erlebnisse. Ihren Sohn Werner schickte sie auf die Kolonialschule für Jungen in Witzenhausen.

Wieso wurde die deutsche Kolonialmacht so unvorbereitet von dem Herero-Aufstand überrascht? Verließ man sich zu sehr auf das Verhandlungsgeschick Leutweins, der sich mit den Kapitänen gut stand und Briefwechsel mit ihnen pflegte? Vielleicht mag das Gerücht eine Rolle gespielt haben, Leutwein sei im Süden gefallen. Gleichzeitig wurde die Übersiedlung in die ersten Reservate vorbereitet. Es war die Aufgabe des Distriktchefs von Okahandja, die genauen Grenzen der Reservate von Okahandja und Waterberg festzulegen. Zürn, Oberleutnant der Reserve, »die kleine Giftkröte«, war noch keine dreißig, erst zwei Jahre im Dienst und ehrgeizig. Da die Herero strikt gegen diese engen Grenzen waren, machte er es sich einfach, um Erfolge vorweisen zu können: Er fälschte die Unterschriften der Häuptlinge auf dem Vertrag zur Festlegung des Waterbergreservats. Er machte Kreuze an den entsprechenden Stellen und schrieb darunter »Unterschrift des Kapitein David in Waterberg« – wobei David durchaus selber schreiben konnte. Im Evangelischen Missionsarchiv Wuppertal liegt ein Brief des Missionars Carl Wandres vom 29. Juni 1904 an die Direktion der Rheinischen Mission: »Zürns Feigheit ... hatte ihren Grund in seinem schlechten Gewissen. Er hat die Okahandjaer, besonders Samuel, sehr schroff behandelt. Herr Gathemann hier kann es bezeugen, daß er Samuel in seiner Gegenwart mit den Worten angeschnauzt hat: ›Halte das Maul, du Schwein!‹ Eines Tages sagte Zürn in Gegenwart Br. Meiers zu Br. Diehl: ›Wenn ein Eingeborener kommt und klagt, dann haue ich ihm ein paar hinter die Ohren.‹«

Zürn kann an friedlichen Verhandlungen nach der Art Leutweins nicht gelegen gewesen sein. Die meisten Militärs dachten wie er, auch die deutschen Siedler, die Leutwein ein zu schwaches Vorgehen gegen die »Neger« vorwarfen. Leutwein wehrte sich im Vorwort zum Bericht des Farmers Conrad Rust: »... steht der Herr Verfasser bedauerlicherweise auf dem Standpunkt fast aller unserer Ansiedler, nämlich, daß die Regierung verpflichtet sei, mit dem Gelde des deutschen Steuerzahlers, wenn es sich um Zuwendungen an die Ansiedler handelt, so liberal wie möglich zu verfahren«, schreibt er in Hinblick auf die Entschädigungsforderungen. Seine Aufgabe sei es gewesen, zwischen den Ansprüchen der schwarzen und der Ansiedlerbevölkerung zu vermitteln. Typisch für die Ansiedler jedoch sei ihre Forderung, die Regierung solle »mit den Herero stets wie mit einer unterworfenen Völkerschaft verfahren ... Daß ich zu Beginn des Herero-Krieges die für meine schwere Aufgabe erforderliche Freudigkeit nicht besessen habe, ist richtig. Aber daran war ausschließlich und allein das Auftreten unserer Ansiedler sowohl im Schutzgebiet, wie in der Heimat, schuld.« Auch in Berlin warf man ihm Schwäche vor. Der Kaiser persönlich ersetzte schließlich die Taube Leutwein durch den Falken General von Trotha.

Gouverneur Leutwein gab man die Schuld am Aufstand und an den mangelnden Erfolgen bei der Niederschlagung. Im Reich wurde gemeldet, daß sich die Klagen im Schutzgebiet mehrten »über die allzu weit getriebene Milde des Gouverneurs gegen die Farbigen«, wie die *Braunschweiger Landeszeitung* in Sonnenbergs Heimat schrieb, genau an dem Tag, als Else vor dem Abzug des Trecks ein einziges Mal das Grab ihres Mannes sehen durfte. Und weiter: Durch seine »übel angebrachte Schonung« habe er die Schwarzen zum Aufstand verleitet.

Leutwein setzte immer noch auf einen Verhandlungsfrieden. In einem Brief bittet er Samuel Maharero, die Gründe für den Aufstand darzustellen, den Samuel in einem Schreiben vom 6. März beantwortet. Die Öffentlichkeit reagierte empört auf diese Korrespondenz. Damit solle jetzt Schluß sein. Die Stimmung war aggressiv und aufgeheizt. Leutwein wurde befohlen, von jeden Verhandlungen mit dem Gegner abzusehen. Für den neuen Oberbefehlshaber der Schutztruppe galt nur noch die Sprache der Waffen. Generalleutnant Lothar von Trotha hatte sich in der Kolonialkriegsführung schon »bewährt«: in Ostafrika bei der brutalen Niederschlagung der Hehe und in China beim Boxeraufstand. Hauptmann Franke schrieb in sein Tagebuch: »Soll doch dieser Trotha ein elender Thea-

Überlebende Herero, die von der deutschen Schutztruppe nach der Schlacht am Waterberg in die Omaheke-Wüste gejagt worden sind

ter-General sein, der sich betrinkt und in der Trunksucht üble Sachen macht.« Wissmann, der ihn aus Ostafrika kannte, äußerte über Trotha: »ein schlechter Führer, ein schlechter Afrikaner und ein schlechter Mensch«.

Trotha plante eine Einkesselung der Herero wie aus einem europäischen Kriegslehrbuch. Genau davor warnte einer seiner Stabsoffiziere, Hauptmann Paul von Lettow-Vorbeck, der spätere Held von Deutsch-Ostafrika. Er konnte sich mit seiner Meinung nicht durchsetzen.

Die Herero hatten sich mit Frau, Kind und Vieh am Waterbergmassiv versammelt – schätzungsweise um die 35 000 Menschen und 10 000 Stück Vieh. Rund 1500 Schutztruppler mit 30 Geschützen und 12 Maschinengewehren standen auf deutscher Seite, dazu die Funken- und Heliografenabteilung, die sich vor Schlachtbeginn auf den Höhen des Plateaus festsetzten, von oben alle Bewegungen beobachteten und an die einzelnen Truppenteile weitergeben konnten.

Am 11. August kam es zu einer der größten Schlachten auf afrikanischem Boden. Die »alten Afrikaner« wie Hauptmann Franke waren mit der neuen säbelrasselnden Kriegsführung nicht einverstanden: »Im Lager wird eine Herero-Frau mit Kind erschossen, erstere brauchte zwei Schuß, letzteres einen. Gemeine Bande!«

Doch Trotha wußte, was er wollte. Hier ging es nicht um eine Entscheidungsschlacht gegen einen Kriegsgegner, sondern um die angestrebte Vernichtung eines ganzen Volkes, das jeden Handbreit Boden verzweifelt und tapfer verteidigte. Schon die bisherigen Kämpfe hatten gezeigt, daß die Deutschen die Herero bei weitem unterschätzt hatten. Ein ganzes Volk kämpfte um sein Land, um sein Vieh, um sein Überleben. Hinter den Kampflinien standen die Herero-Frauen, feuerten ihre Männer an und skandierten immer und immer wieder: »Wem gehört Hereroland? Uns gehört Hereroland.«

Franke gibt in seinem Tagebuch die Stimmung der afrikaerfahrenen Schutztruppler wieder, die das Land kennen und lieben, in dem sie seit langer Zeit leben. Viele von ihnen wollten nach ihrer Dienstzeit dort bleiben und sich eine Existenz aufbauen. »Ich habe das Gefühl, daß irgendein Fremdkörper eingedrungen ist in unser altes, liebes Südwest ... Meine Verachtung für diesen edlen General wächst von Tag zu Tag«, und er beschwert sich über Trothas »lügnerische Meldung von einem herrlichen Siege« an den Kaiser. »Arme Kolonie, diese ganze militärische Unternehmung ist eine Farce schlimmster Art ... Hier handelt es sich um eine verpfuschte Sache. Ich kann und will damit nichts mehr zu tun haben ... Die beabsichtigte Art der Verfolgung erscheint mir völlig aussichtslos.«

Die Herero haben sich der deutschen Einkesselung durch Flucht in die wasserlose Omaheke-Wüste entzogen. Die Schlacht selber hat 26 deutsche Soldaten und – vermutlich – 150 Herero das Leben gekostet.

Doch was nun folgt, ist eines der dunkelsten Kapitel deutscher Kolonialgeschichte. Es gab keine Verhandlungen mit dem besiegten Gegner. Hier ging es »nicht nur um ein Brechen der militärischen Widerstandskraft, sondern um den Massenmord an Männern, Frauen und Kindern, Kriegern und Nicht-Kriegern, Alten und Jungen« (Jürgen Zimmerer).

Man verzettelte sich in Verfolgungskämpfen, drängte den Gegner in die Wüste ab, wo die Deutschen die Wasserlöcher besetzt hielten, und überließ das Volk seinem Schicksal, dem Verdursten: »Wenn es mir nicht gelang, sie durch Geschütze zu schlagen, so muß es auf diese Weise geschehen.« Dann erließ Trotha am 2. Oktober 1904 seinen berüchtigten – und in der Genoziddebatte immer wieder zitierten – Schießbefehl:

> »Ich der große General der Deutschen Soldaten sende diesen Brief an das Volk der Herero. Die Herero sind nicht mehr deutsche Untertanen. Sie haben gemordet und gestohlen, haben verwundeten Soldaten Ohren und Nasen und andere Körperteile abgeschnitten und wollen jetzt aus Feigheit nicht mehr kämpfen. Ich sage dem Volk: Jeder, der einen der Kapitäne an eine meiner Stationen als Gefangenen abliefert, erhält 1000 Mark; wer Samuel Maharero bringt, erhält 5000 Mark. Das Volk der Herero muß jedoch das Land verlassen. Wenn das Volk dies nicht tut, so werde ich es mit dem ›Groot Rohr‹ (Geschütz, Kanone) dazu zwingen.
> Innerhalb der deutschen Grenze wird jeder Herero mit oder ohne Gewehr, mit oder ohne Vieh erschossen, ich nehme keine Weiber und keine Kinder mehr auf, treibe sie zu ihrem Volke zurück oder lasse auch auf sie schießen.
> Dies sind meine Worte an das Volk der Herero.
> Der große General des mächtigen Deutschen Kaisers.«

Dieser Erlaß wurde den Truppen beim Appell mitgeteilt mit dem Zusatz, »daß das Schießen auf Weiber und Kinder so zu verstehen ist, daß über sie hinweggeschossen wird«. Sein Befehl solle nicht zu »Grausamkeiten gegen Frauen und Kinder ausarten«, denn »die Truppe wird sich des guten Rufes der deutschen Soldaten bewußt bleiben«. Menschenverachtender Zynismus oder – noch schlimmer –meinte und glaubte der General, was er über den guten Ruf, die Ehre, den Stolz auf Kaiser und Vaterland sagte?

Grauenhafte Szenen des Leids müssen sich im Sandfeld abgespielt haben. Ein Todesmarsch. Ein unvorstellbares Martyrium eines ganzen Volkes – und die Kolonialtruppen wußten es, stießen sie doch bei der Verfolgung auf die verdursteten, verhungerten Menschen und Tiere. Zwei Drittel der Flüchtigen dürften dabei umgekommen sein. »Wenn sie an einen Sandbrunnen kamen, und es gab Wasser, dann tranken die Krieger. Die Frauen tranken nicht, damit die Krieger Kraft hätten zu kämpfen. Und wenn sie Hunger hatten, sagten die Männer zu den Frauen: Das Kind kann ruhig sterben. Ich muß aus deiner Brust die Milch saugen, denn ich kann nicht anders, damit ich kämpfen kann.« (Alex Kamputu).

Einer Gruppe von Flüchtlingen, darunter Samuel Maharero, gelang es, sich Richtung Südosten in das britische Mandatsgebiet Betschuanaland durchzuschlagen. In einem Brief an den Magistrat bat er Königin Victoria um Hilfe und ersuchte um Asyl, das ihm das Colonial Office in London gewährte. Samuel wurde aber jede Häuptlingsautorität auch seinen eigenen Leuten gegenüber aberkannt. 1923 starb er im Exil. Sein Sohn erhielt mit 49 Gefährten für drei Monate ein Visum, um Samuel neben seinem Vater und Großvater in ihrem alten Zentrum Okahandja beizusetzen. Seine Beerdigung wurde zum Symbol der Herero, die sich im August 1923 nach fast zwanzig Jahren zum erstenmal wieder selbstbewußt als eine politische Gemeinschaft zeigten. Der »Herero-Tag« wird seitdem bis heute mit Abordnungen aus dem ganzen Land feierlich begangen.

Über den Vernichtungsfeldzug Trothas waren nicht nur in Deutsch-Südwest selbst viele entsetzt wie der Schutztruppenmajor Ludwig von Estorff: »Es war eine ebenso törichte wie grausame Politik, das Volk so zu zertrümmern.« Im Reichstag rief der SPD-Abgeordnete August Bebel aus: »Einen solchen Krieg wie Herr von Trotha kann jeder Metzgerknecht führen.« Und Karl Liebknecht empörte sich ironisch: »Vor Deutsch-Südwestafrika erbleichen selbst die Sterne eines Cortez, selbst eines Pizzaro.« Anfang Dezember 1904 ordnete der Kaiser die Rücknahme des Vernichtungsbefehls an. Die internationale Presse stellte Trotha zunehmend als kolonialen Buhmann dar.

Im Oktober 1904, als ihre alten Feinde, die Herero, als Machtfaktor aufgehört hatten zu existieren, erhoben sich im Süden der Kolonie die bisher deutschfreundlichen Nama-Völker. Wahrscheinlich war ihr Aufstand eine Folge der Kriegshysterie der Deut-

◀ Morenga (Mitte, sitzend) mit Guerilleros. Im Juli 1904 eröffnete er als erster Nama-Führer den Kampf gegen die deutschen Kolonialherren.

schen, die gedroht hatten, mit allen Schwarzen wie mit den Herero zu verfahren. Mit einer förmlichen Kriegserklärung kündigten sie ihre Bündnistreue auf. Unter Führung von Hendrik Witbooi und Jacob Morenga begann ein zweijähriger für beide Seiten verlustreicher Guerillakrieg. Am 25. Oktober 1905 fiel Hendrik Witbooi. Bis heute wallfahrten Nama zu seinem Grab bei Vaalgras.

Für die Gefangenen wurden Konzentrationslager eingerichtet, Herero und Nama unter unmenschlichen Bedingungen zusammengepfercht. 50 Prozent der Gefangenen sollen umgekommen sein. Die Lager dienten zur »Konzentrierung« der Herero und Nama, aber auch als Arbeitslager. Das größte wurde auf der nebligfeuchten Haifischinsel in der Lüderitzbucht eingerichtet. Die Menschen kampierten auf dem bloßen Fels, wurden unzureichend ernährt, waren teilweise nur mit einem Sack bekleidet, in den man Löcher für die Arme geschnitten hatte, und durch hohe Stacheldrahtzäune von der Außenwelt abgetrennt. Ihre Lage besserte sich erst, als Ludwig von Estorff zum Kommandeur der Schutztruppe ernannt wurde und das Lager auf das Festland verlegte. Für »solche Henkersdienste« wollte er keine Verantwortung übernehmen.

Das Ergebnis der Vernichtungsstrategie Trothas sowie der anschließenden grausamen Kriegsgefangenenbehandlung war, daß von ursprünglich geschätzten 60- bis 80 000 Herero nach der Volkszählung von 1911 nur noch 15 130 lebten, wobei nicht festzustellen war, wie viele ins Ausland hatten flüchten können. Von den Nama kam knapp die Hälfte des vor dem Krieg 20 000 Einwohner zählenden Volkes um.

An deutschen Kolonialtruppen wurden insgesamt 14 000 Mann nach Südwest verschifft, 1500 fanden den Tod. Rund 585 Millionen Mark kostete die Niederschlagung der Erhebungen.

Auch auf Druck des linken Flügels im Reichstag wurde Trotha im November 1905 abberufen. In den sechzehn Monaten seines Wirkens hat »der große General« das Bild des häßlichen Kolonialdeutschen geprägt, das bis heute nachwirkt.

Der Herero-Krieg ist in Namibia ein Trauma geblieben. Jedes Jahr finden im August am Waterberg Gedenkfeiern statt. Die Herero People's Reparations Corporation hat in den USA eine Sammel-

klage gegen die Deutsche Bank als ehemaligen Finanzier etlicher Kolonialunternehmungen und die Deutschen Afrika-Linien Hamburg (als Nachfolger der Woermann-Linie) wegen des Transports von Schutztruppen angestrengt. Nach dem Vorbild der Entschädigung für NS-Zwangsarbeiter werden zwei Milliarden US-Dollar als Wiedergutmachung gefordert.

Im Herero-Krieg 1904 half Witbooi den Deutschen mit Spähern und Fährtenlesern. Ein paar Monate später erklärte er ihnen den Krieg.

Vor allem 2004, zum hundertsten Gedenktag des Herero-Aufstands, gab es eine Flut von Veröffentlichungen, in denen Historiker ihre unterschiedlichen Einschätzungen vehement vertreten haben: Wie kam es zu dem Aufstand? War er keineswegs eine geplante Erhebung gegen den Kolonialstaat? Gab es eine hysterische Überreaktion der Deutschen? Haben die heutigen deutschen Ansiedler mit ihrer Meinung recht, es habe immer in der Weltgeschichte Kolonien gegeben, und die Stärkeren hätten von jeher die schwächeren Völker verdrängt, so wie ja auch die Herero nicht die ersten im Land waren, sondern die Völker davor verdrängt bzw. vernichtet haben? War es wirklich ein typisch deutscher Vernichtungsfeldzug? Wie sah es in den Kolonien der anderen europäischen Mächte aus?

Vor allem eine Frage wird nicht nur in der Literatur heftigst diskutiert: War der Herero-Krieg ein Völkermord, der Auschwitz vorwegnahm, wie einige Historiker vor allem in jüngerer Zeit postulieren? Doch unabhängig vom Streit der Historiker – ein Verbrechen war es allemal.

»Maji, Maji, Tod den Deutschen!«: Ein Zauberwasser gegen Gewehrkugeln

Die von der Herero-Führung angeordnete Schonung von Missionaren, Frauen und Engländern galt nicht in dem folgenden blutigen und vermutlich noch weitaus mehr Opfer fordernden Aufstand in Deutsch-Ostafrika. Durch die deutsche Politik der verbrannten Erde starben mehr Menschen in der Folge des Krieges an Hunger und Krankheit als während des Aufstands selbst. Die Zahlen schwanken zwischen 75 000 und 300 000 Opfern, davon 23 Weiße und 345 Farbige auf deutscher Seite. Und doch ist die als Maji-Maji-Aufstand in die Geschichte eingegangene Befreiungsbewegung von 1905/07 weniger bekannt als der Herero-Krieg im heutigen Namibia. Eine Folge der – auch aufgrund des Genozidbefehls von Trothas – weitaus publikumswirksamer vorgetragenen Entschädigungsansprüche der Herero. Zudem gab es im Unterschied zu Südwest nur wenige Weiße unter den Opfern. Die Heimat war kaum berührt vom Tod schwarzer Untertanen.

Der Aufstand hatte mit Magie und Zauberei, Mythen und Heilslehre, Geheimbünden und Flüsterpropaganda zu tun und traf deswegen das Regime ohne Vorwarnung. Militärisch unvorbereitet stand Gouverneur Graf von Götzen mit rund 200 Deutschen, 1701 Askari der Schutztruppe und 659 farbigen Polizisten Zigtausenden von Aufständischen gegenüber. Es mußte, wie er schreibt, »eine Million Quadratkilometer Land ... gegen die völlig unberechenbaren Launen von sieben Millionen halbwilden Negern« gesichert werden. Und er fährt fort, daß »der Sparsamkeitsdrang des Mutterlandes den Gouverneur von Deutsch-Ostafrika vor eine in gewissen Fällen unlösbare Aufgabe« stellte.

Götzen, der gut zehn Jahre zuvor Afrika von Ost nach West, von der »Deutsch-Ostafrikanischen Küste bis zur Kongomündung«, durchquert hatte, war eher ein Entdecker als ein Eroberer. Seine Beschreibung der »Negerrevolte« zeigt, wie sehr das Gouvernement in der größten deutschen Kolonie – fast doppelt so groß wie das Deutsche Reich – gefährdet war. Daß es schließlich gelang, den Aufstand niederzuschlagen, lag an der deutschen überlegenen Technik, an

Der Forschungsreisende und Gouverneur Gustav Adolf Graf von Götzen während einer Reise im Hinterland

der Nachrichtenübermittlung durch Heliografen und Telegrafenstationen und an den Wunderwaffen der Jahrhundertwende, den Maschinengewehren. Mit ihnen hielten die Kolonialtruppen erbarmungslos in die dicht gedrängten Reihen der anstürmenden Feinde. Tausende wurden »dahingemäht«. Dabei tat sich ein Hauptmann besonders hervor. Mit vier Europäern und sechzig Askari wehrte er mit zwei Maschinengewehren einen Angriff von 15 000 Aufständischen ab: Theodor von Hassel, der Vater des 1913 in Deutsch-Ostafrika geborenen Kai-Uwe von Hassel, später u. a. Verteidigungsminister der Bundesrepublik Deutschland.

Die Mischung aus religiös und antikolonialistisch motiviertem bewaffneten Widerstand machte die Erhebung so gefährlich. Zum erstenmal schlossen sich verfeindete Völker gegen den gemeinsamen Feind, das Kolonialregime, zusammen.

Der Aufstand begann im Süden der Kolonie. Die Stämme im Norden, dort wo die Deutschen stärker vertreten waren, wie im Kilimandscharo-Gebiet oder an der Küste, hielten sich zurück, hatten sie doch in den Jahren zuvor deren waffentechnische Überlegenheit zu spüren bekommen. Da Berlin nur nach langen Diskussionen im Reichstag Zuschüsse zu den Kolonien gab, strebte man die Entwicklung einer eigenständigen Wirtschaftskraft an. Die Kolonie sollte sich mittelfristig selbst tragen. Das bedeutete die Erziehung der Eingeborenen zu deutscher Disziplin für Arbeiten, die ihnen nicht einleuchteten wie der Bau von Schulen, Eisenbahnen und Häfen. Zur Arbeit in riesigen Plantagen für Exportkulturen, deren Monokultur den Boden zerstörte. Zur Fremdarbeit, die von den verhaßten volksfremden, von der Kolonialverwaltung bezahlten Akiden beaufsichtigt wurde, die jedes Versäumnis gnadenlos mit Prügeln oder Verbrennen der Eingeborenenhütten ahndeten. Zur Lohnzwangsarbeit, um auferlegte Steuern im Dienste eines zivilisatorischen Fortschritts bezahlen zu können, den sie sich nicht vorstellen konnten und der über Jahrhunderte gewachsene Traditionen zerstörte, während ihre eigenen Felder zu Brachland wurden. Zu einem Gesellschafts- und Wertesystem, das ihre sittlichen und religiösen Strukturen negierte, das Häuptlinge zu in ihren Augen erniedrigender Arbeit zwang, geheiligte Kultstätten zerstörte und ihre

Ahnenverehrung mißachtete. Und während sie verpflichtet wurden, Missionshäuser zu bauen, wurden ihre heiligen Haine gerodet, die Felsen, in denen ihre Götter wohnten, gesprengt und die Bäume, in denen die Seelen ihrer Verstorbenen versammelt waren, gefällt. Wozu? Um schreiben und lesen, die deutsche Sprache, deutsche Lieder und die christlichen Gebote zu lernen wie »du sollst nicht töten«, an die sich die weißen Eroberer nicht hielten.

Es begann scheinbar harmlos. Wie Götzen in seinen Erinnerungen schildert, fielen in den ersten Monaten des Jahres 1905 im Hinterland des Küstenortes Kilwa große Trupps von jeweils über 300 Erwachsenen auf, die zu einem Medizinmann namens Kinjikitile pilgerten. Er bezeichnete sich selbst als ein Bokero, ein Vermittler zwischen den Menschen und einem Geist, der in Gestalt einer Schlange in den Pangini-Schnellen des Rufijiflusses wohne und der ihm eine »dawa«, eine Zaubermedizin gegeben habe. Dieser magische Trank, genannt Maji, das Kisuaheli-Wort für Wasser, verlieh Kraft und machte unverwundbar.

Die gemeldeten Pilgerzüge schienen dem Gouvernement ungefährlich, sollte die »dawa« doch vor allem Hungersnot und Seuchen fernhalten und die Felder vor den Verwüstungen durch Wildschweine schützen. Kein Grund, etwas gegen diesen Aberglauben zu unternehmen. Aber die Medizin sollte schließlich auch bewirken, »daß die Geschosse des Gegners von den Zielen wie Regentropfen von gefetteten Leibern abfielen«. Doch noch bis Mitte Juli 1905 bemerkten weder die Behörden noch die Missionare, die Händler oder die weißen Siedler, auch nicht die einheimischen Askari, irgendwelche verdächtigen Anzeichen des bevorstehenden Sturms. Man wähnte sich in völliger Sicherheit. Der Blitz aus heiterem Himmel erinnert an die Geschehnisse im Januar 1904 in Südwest. Der Gouverneur wird noch Jahre später die gelungene vollendete Täuschung und Geheimhaltung des Plans bewundern. »Aus der vorzüglichen Wahrung des Geheimnisses läßt sich nur schließen, daß die Zahl der Eingeweihten sehr gering gewesen ist.« Häuptlinge und Zauberer bereiteten stammesübergreifend den Aufstand vor, ohne daß die Bevölkerung eingeweiht war.

Die Wallfahrten zu dem geheimnisvollen Zauberer Kinjikitile in den Matumbibergen verstärkten sich noch im Sommer, nach der Regenzeit. Seinen Anhängern versprach er, daß die neue Medizin auch gegen Schwarze Magie wirke, und prophezeite die Rückkehr aller toten Ahnen. Diese »dawa« mußte unglaublich stark sein. Und die Heilslehre ging noch weiter: Sie würde die Kraft verleihen, sich vom Besatzerjoch zu befreien. Von Dorf zu Dorf, von Stamm zu Stamm erfaßte die Mischung aus Ideologie, Freiheitsdrang, Religion und Selbstüberschätzung in einem Begeisterungstaumel die Völkerschaften. Maji, bestehend aus Wasser, Mais und Sorghumkörnern, einer Hirseart, wurde in immer größeren Kübeln angesetzt. Man konnte es trinken oder sich damit übergießen. Für unterwegs nahm man es in kleinen Bambusbüchsen mit. In das Gewehrpulver gemischt, würde es Treffsicherheit verleihen. Götzen: »Wie richtig die Urheber des Aufstands die abergläubische Denkungsweise ihrer Volksgenossen einzuschätzen wußten, geht aus der raschen Ausbreitung der Bewegung und aus der erstaunlichen Wirkung der Zauberei hervor. Der Glaube an die Wunderkraft des Zauberwassers trug den Geist des Aufruhrs in wenigen Wochen über den ganzen Süden der Kolonie.« Maji, Maji, Tod den Deutschen, sollte ihr Kriegsgeschrei werden. Und wenn ihre Kampfeskraft erlahmte, würden sie sich das Wunderwasser übergießen.

Am 13. Juli 1905 wurden die Behörden schließlich aufmerksam: Im Hauptküstenort Kilwa ging ein Schreiben eines Akiden aus den Matumbibergen ein, der sich über einen Zauberer beschwerte, der die Menschen aufhetzte. Kurz danach kam ein zweiter Brief, in dem er von Ausschreitungen und Belagerung seines Hauses berichtete und dringend um Hilfe bat. Inzwischen hatten die Aufständischen die Telegrafenlinie gekappt, die Verbindung nach Daressalam war gestört.

Ein kleiner Hilfstrupp wird in die Matumbiberge entsandt. Der Akide flüchtet noch vor dem Eintreffen, sein Hof und die Baumwollfelder werden zerstört. Er hat den in der Nähe wohnenden deutschen Ansiedler Hopfer gewarnt, der sich weigert, seine Plantage zu verlassen. Er wird das erste weiße Opfer des Aufstands. Man findet seine Leiche, den Schädel von einem Axthieb gespalten.

Am 1. August ist die Telegrafenleitung wieder repariert. Beim Gouvernement sammeln sich die Alarmdepeschen und Hiobsbotschaften. Der für den Bezirk des Zauberers Kinjiktikile zuständige Amtssekretär Stollowski ahnt die Hintergründe des Putsches: Er läßt den Medizinmann verhaften. Bereits am Nachmittag des 4. August wird er von dem Kriegsgericht unter Leitung des Hauptmanns Merker des Aufruhrs bzw. der Verleitung zum Aufruhr für schuldig befunden; das Urteil – Tod durch den Strang – wird am nächsten Tag vollstreckt.

Der Zauberer zeigt auch kurz vor der Exekution keine Angst, behauptet triumphierend, seine Hinrichtung werde auch nichts mehr nützen, »denn meine ›dawa‹ hat schon bis nach Kilosa und Mahenge ihre Wirkung getan«. Wenn das stimmte, Hunderte von Kilometern vom Ausgangspunkt der Rebellion entfernt, dann war ein großflächiger Aufstand nicht mehr zu verhindern.

Merker schickt die Botschaft sofort nach Daressalam. Götzen versteht es als erstes Anzeichen dafür, daß »die Bewegung im Begriff stand, den Charakter eines zwar organisierten, aber doch lokal beschränkten Aufstands einiger halbwilder Völkerschaften zu verlieren und sich zu einer Art nationalen Kampfes gegen die Fremdherrschaft auszuwachsen«.

Jedes Dorf von Eingeborenen, die sich nicht am Aufstand beteiligen wollen, wird geplündert und angesteckt. Der gesamte Süden des Landes droht sich zu erheben. Ein weiterer schwerer Schlag für die Schutzgebiete nach den blutigen – und für das Deutsche Reich kostspieligen – Unruhen des Herero- und Nama-Krieges. Die kolonialfeindlichen Kräfte in Berlin triumphieren, können aber die Rekrutierungsmaßnahmen nicht verhindern. Der Reichstag hat Sommerferien, und die Verstärkung der Schutztruppe ist finanziell nicht so aufwendig, da man im Gegensatz zu Südwest afrikanische Soldaten, die Askari, anwerben kann.

Der Aufstand brennt jetzt an jeder Ecke lichterloh. Bewaffnete Überfälle in großen Haufen – allein in den Matumbibergen sollen die Rebellen achttausend Gewehre gehabt haben – wechseln mit dem Guerillakrieg kleiner Banden im unwegsamen Gelände ab. Der fanatische Glaube, daß Maji stärker sei als die Gewehrkugeln der

Gefangene Wangoni-Häuptlinge vor ihrer Hinrichtung in Songea

Deutschen, trägt die Erhebung und führt zu grausamen Exzessen auch Frauen, Kindern und Missionaren gegenüber.

Am 18. September stößt die Kompanie des Oberleutnants von Grawert in der Nähe einer Wasserstelle auf Überreste von Zelten und ein zerrissenes Gebetbuch mit Blutlachen. Nicht weit davon schließlich auf vier zertrümmerte Schädel, andere menschliche Gebeine und eine noch gut lesbare Visitenkarte: Bischof Cassian Spiss, Benediktiner-Mission, Daressalam. Noch am 3. August war der aus St. Jakob am Arlberg stammende Missionsbischof, Vorsteher der Benediktiner für den Süden Deutsch-Ostafrikas, trotz dringender Warnungen mit zwei Nonnen und Mönchen zu einer Visitationsreise aufgebrochen. Er unterschätzte aber die Einmütigkeit und Angriffslust der Eingeborenen und vertraute auf seinen Gott. Als der Bischof die Gefahr erkannte, war es schon zu spät. Die Träger flüchteten mit zehn der zwölf Karabiner. Die Ordensleute beschlossen, so schnell wie möglich zur Küste zurückzukehren. Noch vor der

Morgendämmerung des 14. August hielt Spiss die heilige Messe und erteilte die Generalabsolution. Sie kamen nicht weit. Beim Angriff der Wadonde-Krieger wurde Cassian Spiss von Speeren und Pfeilen durchbohrt; seine Getreuen, auch die beiden Schwestern, wurden niedergemetzelt.

In den Unterlagen des ehemaligen Reichskolonialamts sind die Berichte erhalten, die von unsäglichen Greueltaten berichten wie denen an Schwester Walburga von der Missionsstation Njangao, die man mit abgezogener Kopfhaut fand.

Im Oktober 1905 erreichte der Aufstand die größte Ausdehnung: ein Drittel der gesamten Kolonie stand in Aufruhr. Da griff die deutsche Kriegführung zur Politik der verbrannten Erde. Dörfer, Brunnen und Felder wurden zerstört, das Vieh weggeführt. Hunger statt militärischer Aktionen brachte den Erfolg. Die Vernichtung der Pflanzungen und das Abbrennen der Ortschaften wertete der Gouverneur als unvermeidlich, aber immerhin auch als traurig, »wenn man be-

Der apostolische Vikar Cassian Spiss (vorne in der Mitte) wurde während des Maji-Maji-Aufstands ermordet.

denkt, daß diese Wunden nicht Feindesland, sondern der eigenen, vielen schon zur Heimat gewordenen Erde geschlagen werden«.

In Kalebassen wurde das heilige Wasser von Dorf zu Dorf getragen und die Massen ideologisch aufgeputscht. Doch das einigende religiöse Band, der Maji-Kult, und der Glaube an die Unverwundbarkeit verloren ihre Wirkung unter dem Feuer der Maschinengewehre. Die Einzelinteressen der Stämme und Sultane spalteten die einheimischen Völker. Die ursprünglich beabsichtigte Einheitsfront aller Afrikaner gegen die weiße Kolonialmacht blieb eine Vision. Und doch sollte Julius Nyerere, der erste Präsident Tansanias, am 20.Dezember 1956 vor der UNO in New York an den Maji-Maji-Aufstand erinnern als stammesübergreifende Erhebung der Afrikaner gegen die Weißen, als frühes nationales Bindeglied verfeindeter Völker in dem Bemühen, gemeinsam die fremde Herrschaft abzuschütteln.

Mitte März 1906 war der Aufstand unter Kontrolle. Die letzten vereinzelten Scharmützel zogen sich bis zum Januar 1907 hin. Die Deutschen waren noch einmal davongekommen. Aber Berlin war klargeworden, daß nach den beiden großen verheerenden Aufständen mit Hunderttausenden von Toten die deutsche Kolonialpolitik entscheidend geändert werden mußte. Den Verantwortlichen begann bewußt zu werden, daß auch »Neger« Menschen waren, und nicht nur Spielmaterial für ihr europäisches Überlegenheitsgefühl als Kulturbringer und für technischen Fortschrittsglauben.

Mit der Ernennung von Bernhard Dernburg 1907 zum Staatssekretär im Reichskolonialamt wurde eine neue Epoche im Verhältnis zwischen Kolonisatoren und Kolonisierten eingeleitet. In Berlin war ein kolonialpolitischer Lernprozeß in Gang gesetzt worden. Es kündigten sich ein radikaler Kurswechsel und die Aussöhnung mit den Afrikanern an. Die Kolonialeuphorie war der Ernüchterung gewichen. Man hatte begriffen, daß Handelskolonien wie Togo, die verhältnismäßig ruhig blieben, anders zu behandeln seien als Pflanzungskolonien, die ohne eine große Anzahl an – relativ gut behandelten – Arbeitskräften nicht gedeihen konnten. Ostafrika sollte ein entwickeltes »Negerland unter deutscher Flagge« werden. Reformen, die u. a. Zwangsarbeit und Prügelstrafe betrafen, wurden vorangetrieben. Aber es mußten viele Jahrzehnte vergehen, bis man es so präzise zum Ausdruck brachte wie der Schriftsteller Uwe Timm, der 1968 beim erneuten Sturz des Wissmann-Denkmals vor der Hamburger Universität dabei war: »So wird für den Kolonisator jede andere Lebensform zum schlechthin Anderen, Fremden, Primitiven, ohne daß er überhaupt in der Lage wäre, diese andere Kultur in ihrer Eigenart als reich und kompliziert zu verstehen.« Und weiter heißt es: »Diese andere, notwendig unverstandene Lebensform ist ihm möglicherweise so vernichtenswert, weil darin seine eigenen hochgeschätzten Tugenden als Untugenden zurückgespiegelt werden ... Er bezahlte Fleiß mit Muße, Tapferkeit mit Lebensfreude, Disziplin mit Spontaneität und die vielgepriesene Ordnungsliebe mit Phantasie.«

Die Kolonialkriege – geplante Völkermorde?

Abgesehen vom Zeitalter totalitärer Ideologien im 20. Jahrhundert hat vielleicht keine andere weltgeschichtliche Epoche so sehr den Vorwurf des fortgesetzten »Völkermords« auf sich gezogen wie der moderne Kolonialismus. Der gesamte europäische Expansionismus gleicht einer Serie von barbarischen Exzessen, so daß er geradezu als Beispiel für eine Geschichte und Typologie des Genozids und Ethnozids zu stehen scheint.

Durch die Abwertung der Kolonialisierten erfolgte die Selbsterhöhung der Kolonialherren. Entweder gaben die fremden Völker ihre Kultur auf und versuchten, sich den Kolonialeroberern anzupassen, oder sie entschieden sich für den bewaffneten Widerstand. Auf letzteren stand Erschießen oder Erhängen, jedenfalls für die Anführer. Mit der größten Selbstverständlichkeit wurde im Namen der abendländischen Kultur unterdrückt, gequält und getötet.

In der kurzen Geschichte des deutschen Kolonialreichs hat es mehrere Aufstände in fast allen Kolonien gegeben. Die Zahl der Opfer ist umstritten. In den Kolonialkriegen waren die Grenzen des kolonialen Freiraums sehr weit gezogen, und oft dauerte es sehr lange, bis die Regierung in Berlin sich gegen allzu eigenmächtige Kolonialoffiziere oder Kolonialbeamte vor Ort durchsetzen konnte.

Man hat oft die These vertreten, daß im Krieg gegen die aufständischen Herero und Nama zum erstenmal die »Methoden des Genozids« angewandt worden seien. Die Zahlen sprechen nach heutigem Verständnis dafür. Daß beinahe die Hälfte der Verluste auf die Behandlung in den Gefangenenlagern, die Deportationen und die dem Aufstand folgenden Hungerkatastrophen zurückzuführen sind, erhärtet eher die Behauptung des Genozids. Allerdings sind die Zahlen der Bevölkerungsdichte der Herero und Nama vor dem Aufstand nicht gesichert. Für den Vorwurf des Völkermords muß man indessen auch andere Faktoren in Betracht ziehen.

Vor der Schlacht am Waterberg (11. August 1904) waren Aufnahmelager für 8000 Gefangene vorbereitet worden. Das entsprach der Strategie des verantwortlichen Gouverneurs Leutwein, den Aufständischen die Aussichtslosigkeit von Widerstand durch die Kesselschlacht vor Augen zu führen und sie zur Aufgabe zu zwingen. An Vernichtung war nicht gedacht. Leutweins Vorbereitung dieser Entscheidungsschlacht zielte nicht auf die physische Vernichtung des Feindes, sondern nur auf das Ende seiner organisierten Kampffähigkeit.

Nicht beteiligt am Aufstand war die größte Ethnie des Landes: die von der deutschen Kolonialausbreitung noch weitgehend unberührten Ovambo im Norden. Die Nama griffen erst im Oktober 1904 in die Kämpfe ein, wahrscheinlich als Folge der Kriegshysterie der Deutschen, die gedroht hatten, mit allen Schwarzen wie mit den Herero zu verfahren und alle Stämme zu entwaffnen und aufzulösen. Zudem war die Position der Aufständischen dadurch geschwächt, daß sie weder systematisch vorgingen noch das Überraschungsmoment konsequent ausnutzten, sondern ihre Kräfte bei der Zerstörung von Farmen und Vieh zersplitterten.

Mit einigen Legenden über die Kriegführung der Herero muß man allerdings aufräumen. Sie waren keine »wilden Horden«, nur mit Speeren, Knüppeln usw. ausgerüstet, sondern sie bildeten disziplinierte, taktisch klug geführte Kampfverbände, die zum größten

Teil über Feuerwaffen verfügten. Andererseits hatte sich nachweislich bereits unter dem wegen seiner vermeintlichen Schwäche abgelösten Leutwein die Waagschale zugunsten der Deutschen geneigt. Allem Anschein nach gedachte Leutwein ähnlich vorzugehen wie in den vorangegangenen Auseinandersetzungen mit den Afrikanern, und auch Maharero setzte wohl letztlich auf den kolonialen Ausgleich und einen Verhandlungsfrieden.

Genau diese Chance gewährte der neuernannte Gouverneur und Oberkommandierende der Schutztruppe, General Lothar von Trotha, den Herero nicht, nachdem er während seiner Anreise an Bord der »Eleonore Woermann« den Kriegszustand über Deutsch-Südwest verhängt hatte. In Kolonialkriegen in Deutsch-Ostafrika und in China »erprobt« und von Kaiser und Generalstab gedeckt, strebte Trotha die völlige Vernichtung des Gegners an. Anfangs beabsichtigte der General zwar nur die militärische Zerschlagung des Gegners – er wollte den Herero quasi ein militärisches »Sedan« bereiten. Spätestens nach der Schlacht am Waterberg – die alles andere als einen Triumph für die deutsche Kriegführung darstellte, da der Durchbruch der Herero nicht verhindert werden konnte – war aber die Verfolgung des angeschlagenen Gegners und seine restlose Vernichtung Trothas strategisches Ziel. Sein berüchtigter »Schießbefehl« vom 2. Oktober 1904 – kaum anders denn als Genozidbefehl zu definieren – hinderte die Herero daran, über ihre Unterwerfung zu verhandeln. In seinen Tagebuchaufzeichnungen hat Trotha ungeschminkt seine Absicht bekundet, »daß die Nation (der Herero) als solche vernichtet werden muß, oder wenn dieses durch taktische Schläge nicht möglich sei, operativ und durch weitere Detailbehandlung aus dem Land verwiesen wird.« Er bekannte, daß er für diese Vernichtungspolitik allein verantwortlich war und daß sich seine Ansichten »gänzlich« von denen Leutweins und »auch einiger alter Afrikaner« unterschieden.

Am 8. Dezember 1904 wurde allerdings der Vernichtungsbefehl vom Kaiser – nach einigem Zögern – aufgehoben. Das gleiche geschah kurz darauf mit dem sog. Ketten-Befehl Trothas. Demnach sollten Gefangene ihre Arbeit an der Kette leisten oder mit Ketten zusammengebunden werden. Reichskanzler Bülow bezeichnete

Trothas Vernichtungspolitik als »unchristlich«, wirtschaftlich sinnlos und schädlich für das deutsche Ansehen unter den zivilisierten Nationen und hob den Befehl auf. General von Trotha wurde abgelöst und durch einen Zivilgouverneur ersetzt, der den Herero bei Niederlegung der Waffen eine faire Behandlung zusicherte. Die »guten Dienste« der Mission mußten angenommen werden.

Die Handlungsweise der verantwortlichen Regierung in Berlin wies also keineswegs auf die Absicht hin, die Herero zu »vernichten«. Auch herrschte in Deutschland nach dem Ausbruch des Aufstands zunächst der Eindruck von Notwehr und Schutz (»Mordbuben«), so daß selbst die kolonialkritischen Sozialdemokraten die Mittel für die Truppenverstärkungen nicht ablehnten. Als dann die Hintergründe des Aufstands und vor allem die Kriegführung Trothas bekannt wurden, schlug die Stimmung um. Es kam zur Auflösung des Reichstags und zu Neuwahlen, die unter dem bezeichnenden Namen »Hottentottenwahlen« firmierten. Mit der Politisierung der Kolonialkrise traten die Afrikaner erstmals als »mithandelnde Subjekte« (W. Reinhard) in die deutsche Innenpolitik.

Gleichzeitig erfolgte eine Reformierung des Kolonialwesens und eine Korrektur der bisherigen deutschen Kolonialpolitik und Kolonialwirtschaft. Diese Reformphase ist eng verbunden mit dem Namen des linksliberalen Bankiers Bernhard Dernburg, der an die Spitze des neugeschaffenen Kolonialstaatssekretariats trat. Dernburgs Programm einer kolonialpolitischen und kolonialwirtschaftlichen Neuorientierung zielte nunmehr auf eine rationalere Kolonialpoli-

tik ab. Reformen in der kolonialen Verwaltung in Richtung einer autonomeren und selbstbewußteren Administration, staatliche Entwicklungsprogramme für die Kolonialwirtschaft und Anreize für den überseeischen Kapitalexport sollten zum Gedeihen der Kolonien beitragen. Aber auch dem Schutz der einheimischen Bevölkerung kam in seinem Reformprogramm eine zentrale Bedeutung zu, freilich unter dem Primat wirtschaftlicher Prosperität der Kolo-

Gefangene Herero werden im Missionslager in Swakopmund versorgt.

nien und damit politisch-ökonomischen Überlegungen der Kolonialmacht.

Wenn auch mit Dernburgs kolonialpolitischem und kolonialwirtschaftlichem Reformkurs eine konsequentere Gesetzgebung in Kraft trat, die einen wirksameren Arbeiterschutz zusicherte und vielen Auswüchsen des Kolonialsystems die Spitze nahm, änderte sich in der kolonialen Wirklichkeit zunächst nur verhältnismäßig wenig. Das gilt insbesondere für die Siedlerkolonie Deutsch-Südwest. Ohnehin war in der Kolonialgeschichte das Gewaltpotential in Siedlergesellschaften besonders hoch. Siedlungskolonien hielten für die kolonialeroberten Völker zumeist nur drei »Lösungen« bereit: Verdrängung, Vernichtung oder die Alternative Reservat bzw. Arbeitskraft im Dienste des Kolonialherren.

Mit der Niederschlagung des Aufstands und der totalen Pazifizierung der Kolonie schieden die Stammesverbände als politischer Machtfaktor aus, so daß sich mit Ausnahme des Ovambolandes und des Caprivi-Zipfels sowie des Landes der – nicht am Aufstand beteiligten – Rehobother Bastards und Berseba-Nama ganz Südwestafrika unter deutscher Herrschaft befand. Das gesamte Stammesvermögen und das Land wurden von der Kolonialregierung konfisziert und die Stammesorganisation bis auf wenige Reste aufgelöst. Arbeitszwang, Dienstbuch und Paßpflicht unterwarfen den Eingeborenen einem System gesetzlicher Überwachungs- und Kontrollmaßnahmen und degradierten ihn zum besitzlosen Lohnarbeiter, während die Herrschaft der Weißen Wirklichkeit geworden war.

Schließlich wurden auf dem Verordnungsweg auch die sogenannten Rassenmischehen verboten. Selbst alle vor dem Verbot von 1905 geschlossenen Mischehen wurden vom Windhuker Obergericht in einem rechtswidrigen Akt für ungültig erklärt. Marxistische Historiker und selbst heutige Interpreten haben in den kolonialen Mischehenverboten von 1905 (und 1912 für Samoa) Vorläufer der NS-Rassengesetze gesehen. Ein Rassenmischehengesetz wurde jedoch im Kaiserreich nie verabschiedet, sondern sogar abgelehnt. Die deutschen kolonialpolitischen Maßnahmen besaßen im übrigen Vorbilder in den Kolonial- und Apartheidsbestimmungen anderer Kolonialmächte. Schließlich unterschieden sich die rassistischen Feindbilder in Kaiserreich und Drittem Reich auch rechtsformal und rechtswirklich.

Ausgehend von dem Herrschaftsanspruch des weißen »Herrenvolkes«, beabsichtigte man, in dem projektierten Kolonialimperium der Nationalsozialisten eine Politik der strikten »Segregation« und »Rassenhygiene« zu betreiben. Ihr zufolge sollte der Kontakt zwischen Europäern und Schwarzen auf ein Minimum reduziert und die schwarze Bevölkerung »arteigen«, d. h. auf einer primitiven Stufe, erhalten werden. Von diesen rassistischen Voraussetzungen ausgehend, entwarf das Kolonialpolitische Amt in Zusammenarbeit mit dem Reichsjustizministerium und anderen Behörden ein Reichskolonialgesetz sowie – in Anlehnung an die Nürnberger Rassengesetze von 1935 – ein Kolonialblutschutzgesetz. Verbindungen von Weißen und Schwarzen sollten für erstere mit hohen Gefängnis- und Geldstrafen, für letztere mit der Todesstrafe geahndet werden. Rassengesetzgebung und eine staatlich gelenkte »koloniale Wirtschaft« bildeten mithin die Basis der nationalsozialistischen Kolonialideologie und der geplanten Kolonialherrschaft. Eine deutsche Massenansiedlung in Afrika lag wegen der Gefahr eines »weißen Proletariats« nicht im Interesse des NS-Staates. Auch die Bestimmung, daß jede Bildung und Missionierung (»Kulturmission«) ausgeschlossen sein sollten, zeigt den qualitativen Unterschied zum Kaiserreich. Einen direkten Weg von Windhuk nach Nürnberg gibt es nicht.

Südseemythos und europäische Zivilisationsstrategien – Deutsch-Neuguinea und Deutsch-Samoa

Händler und Missionare

Als der Spanier Vasco Núñez de Balboa nach einer abenteuerlichen Überquerung des mittelamerikanischen Festlandes 1513 als erster Europäer das vor ihm liegende »Südmeer« erreicht hatte, eröffnete er die Entdeckung und Erschließung einer Inselwelt, die nahezu die halbe Erdkugel umschließt. Andere Nationen sollten nach dem spanischen Entdeckungsjahrhundert folgen: Niederländer, Engländer, Franzosen, Russen und schließlich auch Deutsche. Die Motive entsprachen weitgehend den bekannten Zielsetzungen europäischer Ausbreitung: Ausweitung des Asienhandels, Suche nach Gold, Silber und Diamanten, aber auch nach dem irdischen Paradies; Missionseifer und zivilisatorisches Sendungsbewußtsein, Ausdehnung politischer und ökonomischer Einflußsphären, aber auch Abenteuerlust und wissenschaftlicher Erkenntnisdrang.

Für das danach entstehende romantische Südseebild mit friedlich-unschuldigen, in einer bukolischen Landschaftsidylle lebenden

Deutsche Matrosen und Samoanerinnen

Menschen sorgten im 18. Jahrhundert vor allem die Entdeckungsfahrten der großen Weltreisenden Louis Antoine de Bougainville und James Cook. Gleichzeitig begann mit dem weitgehenden Ende der kartographischen Erschließung die nur achtundsiebzig Jahre andauernde koloniale Aufteilung: 1828 besetzten die Niederländer das westliche Neuguinea, und 1906 errichteten die Engländer und Franzosen ein Kondominium über die Neuen Hebriden. Mit dieser Übereinkunft war der gesamte pazifische Raum kolonial verteilt. Und die Deutschen waren alles in allem nicht einmal zu kurz gekommen.

Erstmals war die Südsee im Zusammenhang mit den genannten Entdeckungsfahrten Bougainvilles und Cooks in Deutschland in das öffentliche Bewußtsein getreten. Maßgeblichen Anteil hatte die Reisebeschreibung Georg Forsters, der den Engländer James Cook auf seiner zweiten Reise (1772/75) begleitet und darüber einen höchst einflußreichen Bericht *Eine Reise um die Welt* verfaßt hatte. Wenn auch Forsters Darstellung zum Tahiti-Mythos beitrug (»Nach allem, was wir auf dieser Insel gesehen und erfahren, dünkte sie uns, im Ganzen genommen, eine der glücklichsten Winkel der Erde«), verlieh er jener als Paradies erlebten und gerühmten Welt doch wesentlich realistischere Konturen. Dennoch führte das um die Wende zum 19. Jahrhundert ausbrechende »Tahiti-Fieber« zu phantastischen Projekten wie der »Poeteninsel« um Mitglieder des »Hainbundes«, eines Göttinger Dichterkreises, und »fluchtutopischen« Plänen wie jenem der Tübinger Geheimen Gesellschaft von 1808. Letztere umfaßte vierzehn Studenten, die auf Tahiti ein staatsfrei-demokratisches Gemeinwesen errichten wollten. Nach einer Denunziation durch ein Mitglied mußten sie ihre Pläne freilich durch die vergitterten Fenster des Studentenkarzers weiterverfolgen. Ansonsten diente die Südsee eher als Vorlage für Romane wie denjenigen der Weltreisenden Adalbert von Chamisso und Friedrich Gerstäcker denn als Zielgebiet von auswanderungswilligen Deutschen.

Seit der Jahrhundertmitte geriet dann aber auch die pazifische Inselwelt in das Blickfeld deutscher Handelsfirmen, allen voran – wie bereits dargelegt – des Hamburger Handelshauses Johann Cesar

Godeffroy & Sohn. Erstes konkretes Kolonialobjekt wurde jedoch Neuguinea, die größte melanesische Insel. Nach ihrer Entdeckung im Jahre 1526 war sie weitgehend in Vergessenheit geraten; erst in der zweiten Hälfte des 19. Jahrhunderts wurde sie wieder Anziehungspunkt für europäische Händler. Das von dem Bankier Adolph von Hansemann und weiteren Großfinanziers 1882 gebildete Neuguinea-Konsortium richtete seine Bestrebungen auf den Erwerb des nordöstlichen Teils der Insel, nachdem die kolonialen Ansprüche der Australier auf den Südteil der Insel als vorrangig anerkannt worden waren und der Westteil ohnehin zu Holländisch-Indien (Indonesien) gehörte. Im Herbst 1884 schloß Otto Finsch, der Forschungsagent des Neuguinea-Konsortiums, mehrere Erwerbsverträge in diesem Bereich ab. Durch sie sicherte sich die Berliner Gesellschaft ein Gebiet von mehr als 200 000 Quadratkilometern.

Nachdem diese Erwerbungen den gleichen kaiserlichen Schutz wie die afrikanischen Investitionen der Hansestädte zugesichert bekommen hatten, erhielt auch der deutsche Generalkonsul in Sydney, Gustav von Oertzen, den Befehl, an der Nordküste von Neuguinea und über dem Archipel von Neu-Britannien die deutsche Flagge zu hissen. Im November und Dezember 1884 zogen Finsch und deutsche Schiffskapitäne an verschiedenen Stellen Nordost-Neuguineas, auf Neu-Britannien und auf umliegenden Inseln die deutsche Fahne auf. Ohne Schwierigkeiten gelangten schließlich im November die »unbestritten herrenlosen« mikronesischen Marshall-, Providence- und Browninseln in die deutsche Schutzsphäre. Am 6. April 1886 grenzten schließlich England und Deutschland ihre beiderseitigen Interessensphären endgültig ab. Neben dem anerkannten Besitz von Nordost-Neuguinea (Kaiser-Wilhelmsland) und dem Archipel von Neu-Britannien, seit dem 19. Mai 1885 offiziell »Bismarck-Archipel« mit den Inseln Neu-Mecklenburg, Neu-Lauenburg und Neu-Pommern, verblieben die westlichen Salomonen mit den Eilanden von Buka, Bougainville, Choiseul und Isabella in deutschem Besitz. Die bis heute gültige Bezeichnung Bismarck-Archipel geht auf einen Vorschlag v. Oertzens zurück.

Im Zusammenhang mit den Südsee-Erwerbungen von 1884/85 waren auch die Karolinen in den Blickpunkt der deutschen Kolonialpolitik geraten. Nachdem das Berliner Auswärtige Amt schon Mitte der 1870er Jahre im Verein mit dem Foreign Office exklusive spanische Zollrechte auf der Inselgruppe mit Erfolg zurückgewiesen hatte, bat genau zehn Jahre später (Januar 1885) die Firma Robertson & Hernsheim, die inzwischen ein Handelsmonopol auf den Karolinen besaß, wegen der englisch-australischen Konkurrenz um eine Ausdehnung des Reichsschutzes auf diese Gebiete.

Da die Karolinen in den erwähnten deutsch-britischen Verhandlungen zur deutschen Interessensphäre geschlagen wurden und Spanien bis dahin kein sonderliches Interesse an den von ihm entdeckten Inseln (»Carolinas« genannt nach Karl II. von Spanien) gezeigt hatte, hatte Bismarck keine Bedenken, die deutsche Flagge durch das Kriegsschiff »Iltis« auf den Palau- und Karolineninseln hissen zu lassen. Als jedoch die Karolinenfrage von einer nationalistischen Öffentlichkeit in Spanien hochgespielt wurde und die politischen und für Deutschland höchst vorteilhaften wirtschaftlichen deutsch-spanischen Beziehungen ernstlich gefährdete, war Bismarck der Meinung, daß die Karolinenangelegenheit keine Kolonialfrage mehr sei, sondern eine politische Angelegenheit. Geschickt lancierte er das von Papst Leo XIII. ausgesprochene Karolinenurteil vom 22. Oktober 1885, das den Deutschen volle Handels- und Niederlassungsfreiheit auf den Karolinen sowie das Recht zur Errichtung einer Kohlenbunkerstation sicherte. Erst nach dem spanisch-amerikanischen Krieg von 1898 konnte das Reich die Karolinen-, zusammen mit den Marianen- und Palauinseln, für 25 Millionen Peseten 1899 vom Verlierer Spanien erwerben.

Im selben Jahr kam es auch zu einer Entscheidung über Samoa. Zuvor war das Geschehen auf dieser Inselgruppe von rivalisierenden amerikanischen, englischen und deutschen Interessen be-

Der »Karolinen-Schiedsspruch« des Papstes in der Karikatur

stimmt gewesen. 1889 ging es zunächst in eine von diesen drei Mächten gemeinsam ausgeübte Regierungsgewalt bei Wahrung der Fiktion einer autonomen samoanischen Königsgewalt über. Dieses Tridominium funktionierte mehr schlecht als recht bis 1899, um dann in einer deutsch-amerikanischen Interessenteilung zu enden. Während die Engländer zum Ausgleich für die Aufgabe ihrer Rechte – unter dem Druck des Burenkrieges – den größten Teil der Salomoninseln (mit Ausnahme von Bougainville und Buka) und die Tongainseln erhielten, teilten Amerika und Deutschland Samoa untereinander, wobei das Reich mit Upolu und Savaii den größeren Anteil in Besitz nehmen konnte

Neben den Händlern waren es die Missionare verschiedener Glaubensrichtungen, die die deutschen Kolonialeroberer in ihren neuerworbenen Gebieten vorfanden und die ihnen wertvolle Dienste beim Kontakt mit der Bevölkerung und der Bewältigung infrastruktureller und verwaltungstechnischer Maßnahmen leisteten.

Unter den Missionen befanden sich aber so gut wie keine deutschen Gesellschaften. Während sich die Kolonialregierung auf Samoa daher mit den vorherrschenden englischen Missionen mehr oder weniger abfinden mußte, gelang es ihr im Zuge der kolonialpolitischen Aufteilung, sich zumindest mit den französischen Maristen zu beiderseitigem Nutzen zu arrangieren: Beabsichtigten die Katholiken der protestantischen Konkurrenz mit Hilfe des deutschen Kolonialarms zu begegnen, so sahen die Deutschen in der Nationalisierung einer universal-katholischen Mission einen Hebel für ihre langfristig intendierten Germanisierungsabsichten.

Eine zeitgenössische Vision: Das Dorf Pukapuka in heidnischer und in christlicher Zeit

Am 2. April 1900 erteilte der preußische Kultusminister der Societas Mariae die Erlaubnis zur Errichtung eines Mutterhauses in Deutschland (Meppen) zum Zweck der »Erziehung und Ausbildung von deutschen Missionaren für Samoa und die deutschen Salomonsinseln«. Auf dem kolonialen Umweg war die katholische Mission ins Reich gelangt.

Gelang es dem abendländischen Christentum bereits in der ersten Hälfte des 19. Jahrhunderts in Polynesien Fuß zu fassen und – im Sinne einer lange Zeit herrschenden triumphalistischen Missionsgeschichtsschreibung – mit riesigen Bekehrungszahlen aufzuwarten, so lagen die Inseln Melanesiens und Mikronesiens noch bis weit in die zweite Hälfte des 19. Jahrhunderts hinein im Windschatten missionsstrategischer Entwürfe und Erfolge. Die ersten Missionsversuche der Spanier waren längst in Vergessenheit geraten. Neuere Vorstöße einzelner Missionare oder Missionsgruppen scheiterten zumeist tragisch. In kaum einem anderen Gebiet hatten die Missionare einen so hohen Blutzoll zu zahlen. Als Ursache lassen sich eine ganze Reihe von Gründen aufzählen: die Zersplitterung der Inselwelt, das für Europäer höchst unverträgliche Klima mit dem ständig gegenwärtigen Malariafieber, das undurchdringliche Hinterland, verheerende Taifune, Kannibalismus und Kopfjagd sowie die verschiedensten Sprach- und Kulturgruppen.

So konnten die Missionare nur langsam vordringen, stets begleitet von zum Teil langjährigen Rückschlägen. In Melanesien blieb das geistige und soziale Leben auf die überschaubare Welt der lokalen Siedlungsgemeinschaft beschränkt. Die Big Men waren keine Häuptlinge im üblichen Sinne, sondern verfügten nur durch Kriegsruhm oder wirtschaftlichen Erfolg über einen persönlichen, nicht vererbbaren Rang. Da also Massenbekehrungen durch die Autorität eines christlich gewordenen »Häuptlings« nicht in Betracht kamen, mußten sich die Missionare anderer Methoden bedienen.

Ansatz für den Kulturkontakt boten in erster Linie europäische Waren. Äxte, Messer, Streichhölzer, Decken, Kleidungsstücke, Schmuck, Pfeifen und Tabak sowie andere Produkte des Westens erlaubten die Aufnahme von Beziehungen und den Erwerb von Land. Von der weiteren Versorgung mit materiellen Gütern hing es dann zumeist ab, ob sich die Missionare auf Dauer etablieren konnten. Später kamen ihnen ihre medizinischen Fähigkeiten und der Schutz zugute, den sie aufgrund ihrer materiellen Ausrüstung ihren Gastgebern gegen die gleich hinter den eigenen Siedlungsgrenzen wohnenden Feinde bieten konnten. Auch die Bewohner Mikronesiens und Melanesiens akzeptierten die Missionare nicht in erster Linie aufgrund dessen, was sie predigten, sondern aufgrund dessen, was sie mitbrachten.

Das galt auch für die bayerisch-lutherische Neuendettelsauer Missionsgesellschaft. Sie folgte 1886 als erste dem Ruf der Kolonialregierung nach einer protestantischen Kolonialmission. Die Begeisterung für die deutschen Kolonien selbst in der bayerischen Pfarrerschaft, ihre daraus resultierende Spendenfreudigkeit, die bereits in kürzester Zeit die Eingänge für die bis dahin betriebene Auswanderermission in Australien um das Fünffache übertraf, und das Drängen des Missionars Johann Flierl, der in seinem Missionsgebiet Australien kein Vorankommen sah und der sich als »Schuldner der frisch annektierten Papua auf Neuguinea« sah, bereiteten den »Sprung nach Neuguinea« vor.

Die Mission arbeitete mit Schwerpunkt im Bereich des Huon-Golfes zwischen Sio und der Grenze zum australischen Papua und konnte schließlich ihren Einflußbereich weiter in das Hinterland ausdehnen als die Neuguinea-Kompanie. Dennoch dauerte es bis zur Jahrhundertwende, bis die Neuendettelsauer erste Bekehrungen zu verzeichnen hatten, wohl auch, weil den Papuas die komplizierte Spiritualität der lutherischen Theologie naturgemäß fernlag. Die offenbar über besondere Fähigkeiten und Mittel verfügenden Missionare hatten sie zwar inzwischen akzeptiert, ansonsten meinten sie jedoch: »Gottes Wort ist für euch Weiße; wir sind Tami (Insel im Huon-Golf), wir haben unsere Sitten.«

Gegenüber den teilweise erfolgreichen Neuendettelsauern erlebten die Sendboten der Rheinischen Missionsgesellschaft, die nach 1887 nach Neuguinea kamen und die an der Madang- und Raiküste in der Astrolabe-Bai arbeiteten, einen totalen Mißerfolg. Zum Verhängnis wurde ihnen vor allem die Nähe zu den Pflanzungen und Siedlungen der anderen Weißen, d. h. zur Neuguinea-

Kompanie. Mit ihrer hemmungslosen Landpolitik und ihren brutalen Rekrutierungsmethoden schuf die Pflanzungsgesellschaft nur wenig günstige Voraussetzungen für die Bekehrungsarbeit. Auf der anderen Seite brachte sich die Mission durch ihre enge Zusammenarbeit mit dem Kolonialregime selbst in Mißkredit, indem sie sich zum Anwalt eines harten Zivilisationskurses machte und als verlängerter Arm der Neuguinea-Kompanie mißbrauchen ließ. Da sie zudem über keine größeren Ländereien verfügte, konnte sie sich auch keine materielle Basis für eine gewisse Selbständigkeit schaffen. Schließlich war gerade die Rheinische Missionsgesellschaft in größerem Umfang von Schicksalsschlägen wie Tropenkrankheiten und Epidemien betroffen. Von dreiundfünfzig Männern und Frauen waren sechzehn bis 1913 gestorben, und achtzehn hatten aufgegeben. Die Mission bewertete ihren Erfolg 1910, nach der Aufgabe ihrer Hauptstation Siar, »gleich null«.

Wesentlich erfolgreicher agierten dagegen die 1896 ebenfalls als Kolonialmission ins Land gekommenen Steyler Missionare. Ihr Arbeitsbereich lag anfangs zwischen Alexishafen und Aitape an der sog. Aitape-Küste im Norden Neuguineas. Die Mission gehörte bald zu den größten Land- und damit Plantagenbesitzern der Kolonie. Hinzu kamen Sägewerke, Schreinereien, Schmieden, Werften, Tierfarmen und andere landwirtschaftliche Einrichtungen, bewirtschaftet von 600 bis 700 festangestellten Arbeitern. Da die Katholiken im allgemeinen weniger streng als die protestantischen Pietisten vorgingen, stiegen auch die Taufzahlen schneller an (1914 über 3600 Konvertiten, während die Rheinische Mission 1911 89 Bekehrte zählte).

Die größte und bedeutendste Mission war indes die katholische Herz-Jesu-Mission. Sie verfügte 1912 auf Neupommern und im übrigen Archipel über ein Gesamtareal von 3463 Hektar Land, davon 1163 Hektar zumeist mit Kokospalmen bebaut, das sie mit über 500 farbigen Arbeitern bewirtschaftete. 1896 baute die Mission die erste Straße von ihrem Zentrum Vunapope (»Papst-Dorf«) in der Nähe des Regierungssitzes Herbertshöhe ins Hinterland und öffnete durch die von ihr in diesem Bereich ausgeübte Kontrolle gleichzeitig der Kolonialverwaltung den Zugang sowie die Sicherung des Handelsverkehrs. 1889 war das Tätigkeitsfeld dieser »französischen« Mission zum Apostolischen Vikariat New Britain erhoben worden, und seit 1896 kam sie ebenfalls über den kolonialen Umweg nach Deutschland (Hiltruper Missionare). Anfang des 20. Jahrhunderts sollte sie jedoch einen empfindlichen Rückschlag erleben.

Der Mord an zehn Hiltruper Missionaren auf Neu-Pommern (Papua-Neuguinea)

Der 13. August 1904 ist wie meistens ein feuchtheißer Tag in dem Christendorf St. Paul, der Station am Fuß der Bainingberge auf der Gazelle-Halbinsel von Neu-Pommern. Zu den unerträglichen Temperaturen sind in den vorangehenden Tagen eigenartige Gerüchte über Vorgänge bei den einheimischen Baining hinzugekommen. Der Missionsleiter warnt vorsichtshalber eine anreisende junge Schwester, vorerst nicht nach St. Paul zu kommen. Was dann aber an jenem 13. August geschieht, übertrifft alle Befürchtungen. Früher als sonst, schon gegen acht Uhr morgens, kehrt To Maria, der Schießjunge Pater Raschers, aus dem Busch zurück und meldet, daß er keine Tauben getroffen habe. Dann richtet er das Gewehr auf den fieberkrank im Bett Liegenden und tötete ihn durch einen Schuß in die Brust. Missionsschwester Anna ist das zweite Opfer. Nachdem es ihr vorübergehend gelungen war, sich in einem Seitenzimmer einzuschließen und unter den Tisch zu flüchten, erhält sie einen Kugelschuß in die Stirn. Schwester Angela wird mit einer Axt niedergestreckt. Man findet sie in ihrem Blut am Fuß des Altars neben den ausgeschütteten Hostien. Auch gegen die verbliebenen sieben Missionsangehörigen gehen die Baining bei ihrer Tat mit ungeheurer Brutalität vor, indem sie die christlichen Sendboten ohne Vorwarnung mit Schrotflinten erschießen oder mit Äxten und Messern niedermachen. Bis heute markieren kleine Steinhügel die Tatorte.

Mit den Morden nach einer zwanzigjährigen Etablierung der Mission und der Einrichtung einer deutschen Verwaltung nach fast ebenso vielen Jahren stellen sich eine Reihe von Fragen: Ist der Mord auf die Radikalität des missionarischen Zugriffs zurückzuführen? Welche Rolle spielt die koloniale Situation? Haben christliche Sozialutopien und die Experimente der Christendörfer hier versagt?

Die letzte Frage führt unmittelbar in die Vorgeschichte des Mordes. Denn zur Schaffung eines christlichen Milieus in einer »heidnisch-feindlichen« Umwelt verfolgte der französische Bischof Louis Couppé, ein energischer, ja autokratischer Missionsleiter, ein höchst eigenwilliges Programm zur Bekehrung der Eingeborenen. Es beruhte auf seiner allmählich gewonnenen Überzeugung, daß es fast aussichtslos schien, die kannibalistischen Eingeborenen in einer auch nur halbwegs absehbaren Zeit zu christianisieren. Er wollte daher – wie er einmal schrieb – »diese menschenfressenden und niedrigstehenden Völker in ein vollständig neues Volk« umwandeln. Dieses neue Volk sollte aus den von der Mission aufgezogenen einheimischen Kindern hervorgehen. Wie ein Sauerteig sollten die neuen, jungen Christen die alte Gesellschaft christlich durchwirken. Traditionelle Lebensweise und geistiger Habitus der einheimischen Bevölkerung sollten also bis in die Wurzeln hinein ausgelöscht werden.

Für diesen Prozeß rechnete Couppé mit einer Dauer von etwa zwanzig Jahren. Die Kinder, die der Bischof gegen Muschelgeld (»tambu«) loskaufte und adoptierte, erwarb er zum Großteil von den benachbarten Tolai, die diese wiederum den von ihnen versklavten Ethnien der Taulil und Baining weggenommen hatten. Aber auch von entfernteren Inseln holte die Mission auf eigenen Schiffen und Booten oder durch Agenten Kinder. Dabei kam es Couppé darauf an, daß diese noch so jung waren, daß der Gedanke an Flucht und Rückkehr zu den Eltern erst gar nicht aufkam.

Aber auch das Heiratssystem der Einheimischen machte er sich insofern zunutze, als er Mädchen im Kindesalter mit überhöhten Brautpreisen aufkaufte. Jungen Männern machte er zudem den Vorschlag, gegen das Versprechen der Zahlung eines halben Brautpreises die Einwilligung zur Erziehung der künftigen Braut in einer Missionsanstalt zu geben, oft mit dem Effekt, daß diese Männer auch eine Missionsschule besuchten. Ebenfalls adoptierte der Bischof Waisenkinder, deren Eltern in den ständigen Kriegen und Stammesfehden umgekommen waren. Für ein von der Kolonialverwaltung befreites Sklavenkind zahlte die Mission 30 Reichsmark.

Hinsichtlich der Entwicklung und Ausbildung der Kinder sah Couppés Konzept drei Stufen vor: Waisenhaus, Jugendheim und schließlich Christendörfer. Nach der Grundschule sollten die Mädchen und Jungen in Hauswirtschaft, handwerklichen Berufen, Landwirtschaft und Viehzucht sowie als Katecheten und Lehrer ausgebildet werden. Bei Volljährigkeit beabsichtigte der Bischof die christlich erzogenen Jungen und Mädchen miteinander zu verheiraten und in ihrem Ursprungsland, jedoch in abseits des verderblichen Einflusses der »heidnischen« Erwachsenen gelegenen Christendörfern anzusiedeln. Jedes Paar sollte auf dem von der Mission erworbenen Areal kostenlos Land zur eigenen Ernährung, aber auch zur Produktion für den Export und damit zum Gelderwerb erhalten.

Auf diese Weise glaubte Couppé sowohl den Einheimischen helfen als auch dem deutschen Kolonialexport dienen zu können. 1898 hatte Couppé sich daran gemacht, auf dem Weg zur Schaffung eines »christlichen Volkes« das Christendorf St. Paul in der Nähe von Vunamarita (»Mariendorf«) am Weber-Hafen mit freigekauften und christlich erzogenen ehemaligen Bainingsklaven zu gründen. Eine Stationsordnung regelte das Zusammenleben der Missionsangehörigen untereinander, einschließlich der Verpflichtungen der auf Stationsland wohnenden Eingeborenen gegenüber der Mission. Ohnehin behielten die Missionare und die inzwischen hinzugekommenen Schwestern nicht nur die alleinige Verfügungsgewalt über die Plantagen, sondern sie führten auch ein strenges sittliches Regiment innerhalb des Dorfes.

Eine Folge dieser harschen Erziehungsmaßnahmen war die eingangs geschilderte Ermordung von fünf Missionaren und fünf Missionsschwestern am 13. August 1904 durch eine Gruppe von Baining unter Anführung des To Maria. Dieser To Maria, verheirateter

Hausjunge des Stationsleiters Pater Matthäus Rascher, hatte zuvor aufgrund eines »ehebrecherischen» Verhältnisses zu dem Bainingmädchen Savanut schwere Züchtigungen durch den autoritären Pater erfahren; das gleiche war seiner Geliebten durch eine der Missionsschwestern widerfahren. Auch ein deutscher Schiffskapitän machte die mangelnde Entlohnung und Versorgung der Eingeborenen sowie die Art der Missionsherrschaft in dem Christendorf als Ursache für die Mordaktion verantwortlich. Zwar strengte die Mission gegen ihn eine Beleidigungsklage an, er obsiegte aber aufgrund des Beweismaterials. Die Gründe für die Morde schienen also auf der Hand zu liegen: die rigide, vor schweren körperlichen Strafen nicht zurückschreckende, auf planmäßige Lebens- und Arbeitsweise gerichtete Zivilisationsstrategie der Mission.

Die Ursachen lagen aber tiefer. Zunächst einmal stand schon die wirklichkeitsferne Konzeption isolierter Christendörfer in einer offenen Kolonialgesellschaft auf schwankenden Füßen. Die Eingeborenen sahen nicht ein, warum sie nicht mehr ihre traditionelle Lebensweise des Umherstreifens aufrechterhalten sollten. Mehrfach mußte To Maria, der mit seiner Geliebten nach Bainingart in den Urwald ausgerückt war, von Pater Rascher und seinen Leuten zurückgeholt werden, wobei er gefesselt und geschlagen wurde. Da es außerdem nicht genug christliche Mädchen für die heiratsfähigen ehemaligen Sklaven gab und Ehen mit »heidnischen« Bainingmädchen zugelassen werden mußten, konnte die angestrebte keimfreie Christendorf-Atmosphäre ohnehin nicht verwirklicht werden. Schließlich verlor das Modell der Christendörfer auch bei den Einheimischen an Attraktivität, als mangelnde Entlohnung, schlechte Bekleidung und fehlende Versorgung für Mißmut und Unzufriedenheit sorgten. Außerdem ignorierten die Schwestern das heiratsfähige Alter der Bainingmädchen, um möglichst lange billige Arbeitskräfte zu besitzen.

Die Methode des Christendorf-Modells war aber vielleicht nicht einmal der entscheidende Grund für das Scheitern und die Morde von 1904. Denn es war zweifellos der größte Irrtum der Missionare, daß sie glaubten, mit dem straffen Erziehungsprogramm und der sterilen Christendorf-Atmosphäre bereits das religiöse Weltbild der Einheimischen verändert zu haben. Denn der allgegenwärtige Geister- und Ahnenglaube in Melanesien, der bis heute in der rituellen Form der Tag- und Nachttänze den Höhepunkt im religiös-kulturellen Leben auch der Baining bildet, war keineswegs »ausgerottet«.

Sein zentraler Mythos geht von einem wechselseitigen, unauflösbaren Abhängigkeitsverhältnis des einzelnen von seinem nächsten verstorbenen Angehörigen (meistens dem Vater oder Großvater) aus. Dieser ist sein Beschützer in allen irdischen Dingen, von der Bewahrung der Gesundheit über das Gedeihen der Nahrung bis hin zum Schutz im Kampf gegen Feinde. Vergeht sich der Baining gegen diesen Beschützer oder verleugnet er ihn gar, wird der Beschützer zum Rächer. Die Ahnengeister sind demnach die »Beschützer-Rächer«, denen auch die Tages- und Nachttänze in dieser Doppelfunktion gelten.

In dieser Unkenntnis hatte Pater Rascher das erste Gebot für die Baining in der folgenden Weise umformuliert: »Ich bin der Herr, Dein Gott, Du sollst keinen Totenkult treiben!« Damit hatte er jedoch –sicherlich noch bewußt, ohne freilich die Folgen erkennen zu können – zutiefst in das religiös bestimmte Denken der Baining eingegriffen. Die rigorose Ausmerzung des Totenkultes bedeutete deshalb die totale und unwiderrufliche Verleugnung ihrer persönlichen Identität. Die »Rache« versöhnte sie jedoch mit den nächsten Verstorbenen. Für die Baining war es offenbar wichtiger, daß das Abhängigkeitsverhältnis zu den benachbarten, dominanten Tolai sie nicht daran hinderte, weiterhin nach ihren Vorstellungen und Gewohnheiten zu leben (wie etwa als Baining-Großer mit mehreren Frauen), während die Mission ihr Leben radikal veränderte.

Mit seiner sorgfältig unter Beachtung der traditionellen Kultpraktiken vorbereiteten Tat wollte To Maria offensichtlich demonstrieren, daß er noch nach alter Bainingart handeln konnte. Ein persönlich-familiäres Motiv mag verschärfend hinzugekommen sein. In einer Nebenstation von St. Paul hatte der Adoptivvater von To Maria Land an die Missionare verkauft, aber wohl mit deren baldigem Abziehen gerechnet. Diese hatten jedoch sogar ein Gottesgebäude auf seinem ehemaligen Besitz errichtet. Da die Kirche in St. Paul zwei Tage nach dem Massaker eingeweiht werden sollte, mußte er sich wohl darauf einstellen, daß die Missionare blieben.

Bluträcher vor einem im Dorf angebrachten Pfahl, der mit Köpfen und Knochen erlegter Feinde geziert ist

Das war für den Big Man, der auch in dem von der Mission angeprangerten Sklavengeschäft tätig war, Grund genug, um gegen die Mission loszuschlagen.

Schließlich sollte bei der Frage nach den Hintergründen des Mordes noch ein letzter, aber keineswegs unwichtiger Aspekt berücksichtigt werden: das Abhängigkeitsverhältnis der Baining von den Tolai. Denn die religiösen Motive wurden zusätzlich verschärft durch die besonderen »politischen« Beziehungen zwischen den Tolai und Baining, die durch ein Hörigkeitsverhältnis der letzteren gegenüber ersteren bestimmt waren. Bei ihrer Einwanderung hatten die melanesischen Tolai (»Uferleute«) die im Landesinnern wohnenden Baining unterjocht und in Abhängigkeit gebracht. Diese Baining-Hörigen schufen für die Tolai die Verbindung zu den noch weiter landeinwärts wohnenden Baininggruppen, die in regelmäßigen Sklavenzügen und zur Versorgung mit Menschenfleisch aufgesucht wurden. Dabei stellten die Baining nicht nur die Hilfstruppen, sondern verdienten an diesen Sklavenjagden auch mit. Obwohl es ein Hauptanliegen der Mission war, die Kämpfe zwischen Tolai und Baining und damit die Sklaverei zu beenden, ging die Menschenjagd doch weiter, und auch das Abhängigkeitsverhältnis der Baining bestand unterschwellig offenbar fort. Das »To« des Mörders To Maria – einem 1891 von der Mission freigekauften Sklaven der Tolai – verweist ja auch auf die typische Namensvorsilbe der To-lai. In diesem weiterhin bestehenden Abhängigkeitsverhältnis sind sehr wahrscheinlich die Voraussetzungen für die Ermordung der zehn Missionsangehörigen zu suchen. Denn es spricht einiges dafür, daß die eigentlichen Hintermänner der unter Führung von To Maria begangenen Tat Tolai waren. Durch den Wirtschaftsboom, d. h. durch den rapiden Bedarf an Kopra in der europäischen Industrie, hatten die Tolai ihre Kokospalmenplantagen ausgeweitet. Vermehrter Kokospalmenanbau hieß jedoch nicht nur mehr »tambu« (als Zahlungsmittel der Europäer), dessen Besitz wiederum über die Qualität des Lebens nach dem Tod entschied, sondern erforderte auch mehr Bainingsklaven zur Bewirtschaftung der Plantagen. Das bedingte eine Fortführung der Sklavenjagd, aber ohne Kannibalismus, weil man die Menschen ja brauchte.

Da die Mission der Hauptgegner der Sklavenzüge war und zudem auch noch die Kolonialregierung zu deren Bekämpfung drängte, war sie, personifiziert in Rascher, dem ständigen Dolmetscher bei den Antisklavereizügen, der Hauptfeind der Tolai und der von ihnen abhängigen Baining. Offenbar gelang es jenen, auch die Beziehung zu den christlichen Baining im Christendorf St. Paul wiederherzustellen. Es scheint sogar, daß die Tolai ihre Strategie soweit perfektionierten, daß sie in den anschließenden Strafexpeditionen der Polizeitruppe fast alle mitwissenden Baining töten lassen konnten und auch noch das Kopfgeld kassierten. Die Mörder wurden von der Kolonialregierung hingerichtet. Das Experiment des Christendorfes war gescheitert.

Dem Ansehen der Baining hat der »Mord« an den Missionaren allerdings auf Dauer geschadet. Der Durchbruch der Mission gelang im übrigen erst nach dem Zweiten Weltkrieg, und noch lange mußten sich die Missionare mit Ahnenkult, Vielweiberei, Zauberei, Kannibalismus und Stammesfehden auseinandersetzen. Aber auch dort, wo sich das Christentum durchgesetzt hatte, sind die alten Vorstellungen und Lebensweisen nicht ganz verschwunden. Nicht nur, daß sich die Mission inzwischen in vorsichtigerer Weise an Sitten und Gebräuche der Einheimischen angepaßt hat (oder sie zumindest toleriert), sie hat auch einheimische Traditionen in den Ritus des Gottesdienstes und in andere Kulthandlungen eingefügt. Ohnehin beruht das christliche Engagement heute weitgehend auf dem sozialen Apostolat und der Bildungsarbeit. Die Sozialutopie einer christlich-abendländisch dominierten Gesellschaft gehört dem kolonialen Zeitalter an.

Südseeparadies und der Einbruch der »neuen Zeit«

In seinen 1937 veröffentlichten Memoiren erinnerte sich der ehemalige Kolonialbeamte und langjährige Gouverneur von Deutsch-Neuguinea, Albert Hahl, an ein Gespräch mit einem einheimischen Häuptling. Auf Hahls eindringliches Plädoyer für die

Abschaffung des Kannibalismus antwortete ihm der Papua: »Deine Worte mögen für den Weißen passen, das geht mich nichts an. Aber wir wollen den Feind erschlagen und verzehren, das ist unsere Art, bei dieser will ich bleiben.

Hahl fährt fort: »Ich habe diese Worte wohl im Gedächtnis bewahrt als Mahnung zur Vorsicht.« Das Baining-Massaker auf Neu-Pommern stand zweifellos noch in der Tradition überkommener Fehden und Überfälle auf Fremde, um sie zu erschlagen und zu verzehren. Gleichzeitig symbolisiert es das letzte Aufbäumen einer vorkolonialen Gesellschaft im Übergang zur »pax colonialis«. Zwar ist es auch in der deutschen Südsee in Einzelfällen zu gewalttätigen Protesten gekommen, wobei Landverkauf, Steuererhebung und der zwangsweise Einzug zum Straßenbau die Hauptursachen waren. Die einzige größere Erhebung, der Aufstand auf der Karolineninsel Ponape 1910, geht allerdings auf einen aus Deutsch-Ostafrika versetzten Bezirksamtmann zurück, der die einheimische Bevölkerung mit den dort üblichen Prügelstrafen zum Wegebau anhalten wollte. In den meisten Fällen genügte bereits eine Demonstration der Stärke, wie es das Auftauchen eines Kanonenbootes darstellte. Davon abgesehen hat die Bevölkerung der deutschen pazifischen Kolonien jedoch im allgemeinen die Gegenwart der Weißen akzeptiert und sich auf deren Forderungen flexibel eingestellt, zumal Siedler nur in geringer Zahl nach Neuguinea und Samoa kamen.

Auch diese Tatsache mag den romantisierenden Vorschlag des Leiters des Stuttgarter Museums für Länder- und Völkerkunde, August Friedrich Krämer, mitveranlaßt haben, das mikronesische Palau unter Naturschutz zu stellen und in ein »lebendes« Völkerkundemuseum zu verwandeln. Vor allem aber dürfte die behutsamere »Eingeborenenpolitik« der Gouverneure Wilhelm Solf und Albert Hahl dazu beigetragen haben, derartige gewaltsame Erhebungen zu verhindern, wie sie aus dem deutschen Regiment in den afrikanischen Kolonien resultierten.

Solf und Hahl gehören nicht zufällig zu den dienstältesten Gouverneuren (beide zwölf Jahre Amtszeit) der deutschen Kolonialgeschichte. Beide waren überdies keine Berufsmilitärs, Hahl nicht einmal Preuße, und beide verfügten – im Kolonialdienst eher die Ausnahme – über eine vorzügliche Ausbildung. Solf hinderte nicht einmal nationaler Stolz daran, durch Besuchsreisen in englischen Kolonien verwaltungstechnische Erfahrungen zu sammeln.

Als Sohn eines Berliner Großindustriellen hatte Wilhelm Solf (1862–1936) Philologie und Sanskrit studiert und nach der Promotion in Geisteswissenschaften und einer vorübergehenden Tätigkeit im Auswärtigen Amt noch ein Jurastudium aufgenommen. Seine Karriere begann in der Kolonialabteilung des Auswärtigen Amtes. 1898 Bezirksrichter in Deutsch-Ostafrika und 1899 Präsident des Munizipalrats in Apia auf Samoa, wurde er nach seinen dortigen Gouverneursjahren Staatssekretär des Reichskolonialamtes, 1918 des Auswärtigen Amtes. Von 1920 bis 1928 amtierte er als Botschafter in Tokio. Als er dort im Jahre 1923 knapp einer Erdbebenkatastrophe in Yokohama entkommen war, erhielt er folgende Botschaft des samoanischen Volkes: »Doktor Solf möge bald wieder als Gouverneur nach Apia kommen.« Der um seine Witwe Hanna gebildete »Solf-Kreis« half politisch und rassisch Verfolgten des Nationalsozialismus bei der Flucht ins Ausland.

Solf war zwar durchaus von der kulturellen Mission der fortgeschrittenen Staaten Europas überzeugt, aber seine Idee einer Art »Treuhandschaft für die eingeborenen Völker« hatte nur wenig mit dem Rassendünkel südwestafrikanischer Siedler oder der Alldeutschen zu tun. Vielmehr sollten die Eingeborenen nicht durch das fremde Regiment vernichtet werden, sondern unter ihm prosperieren. Auch sollte ihre kulturelle Identität weitgehend geschützt werden.

Diese Ansicht formulierte er eindrucksvoll am 6. März 1913 im Reichstag: »Kolonisieren ist Missionieren und zwar Missionieren in dem hohen Sinne der Erziehung zur Kultur. Aber nicht zur europäischen Kultur, sondern zu einer Kultur, die im Boden und in der Heimat der Eingeborenen Wurzel fassen kann und ihrem geistigen und seelischen Zuschnitt angepaßt ist.« Die deutsche Herrschaft versuchte er möglichst gewaltlos durchzusetzen. Die hervorstechendsten Merkmale seiner Gouverneurstätigkeit waren Geduld und Flexibilität (»Alle Radikalmittel sind von Übel, Zeit und Güte und Gerechtigkeit sind die besten Mittel in Samoa«). Die Errichtung einer deutschen Militärstation in Samoa lehnte er stets ab. Die Polizeitruppe auf Deutsch-Samoa verfügte denn auch lediglich über achtzehn eingeborene Polizisten (»leoleos«) und eine dreißigköpfige bewaffnete einheimische Eingreiftruppe.

Das hieß freilich nicht, daß Solf gewillt war, die traditionellen Herrschaftsinstrumente Samoas, die gleichfalls für die ständigen Konflikte in der samoanischen Gesellschaft verantwortlich waren, wieder zu restaurieren. Nach der Abgabe aller Feuerwaffen waren die Abschaffung des samoanischen Königtums und die Brechung der Macht der »Adelsparlamente« auf den Inseln Upolu und Savaii für ihn selbstverständlich. Die von ihm geschaffene Eingeborenen-Selbstverwaltung war nur noch ein Rudiment der bisherigen politischen Selbstverantwortlichkeit der Samoaner. Der deutsche Kaiser wurde gleichsam zum neuen Oberhaupt Samoas (Tupu Sili), der Gouverneur sein Vertreter, und Mata'afa Josefo aus der Königsfamilie Tupua, seit Ende der neunziger Jahre Führer der »deutschen« Partei, fungierte als verlängerter Arm der Verwaltung in samoanischen Angelegenheiten. Er erhielt den Titel eines Alii Sili (»Hoher Herr«) und bekam als »Beamter« der Kolonialregierung ein Gehalt von 3000 Reichsmark jährlich. Als Zeichen seiner Würde überreichte ihm Solf einen vom Kaiser verliehenen, in Deutschland angefertigten Fliegenwedel. Mit seinem Tod 1912 ist sein allenfalls dekoratives Amt ohne viel Aufhebens verschwunden. Ohnehin hatten die Samoaner die neuen Oberherren längst in ihr politisches Weltbild integriert. Ihre administrativen Eingriffe ließen langfristig – eigentlich bis heute – die oligarchische samoanische Gesellschaft weitgehend unangetastet.

In Solfs kulturpolitischem Denkmodell fanden auch die Missionare ihren Platz. Er bejahte ihren Auftrag, den weniger entwickelten Völkern das »Licht der Kultur« zu bringen, und er sah in ihrer kulturerzieherischen Tätigkeit eine wertvolle Stütze des Kolonialstaates. Aber er bezeichnete es als »einseitig und ... einen verhängnisvollen Irrtum«, wie er in seiner berühmten Dezennium-Denkschrift von 1907 ausführte, wenn der Kolonialstaat diese Aufgabe der kulturellen Vermittlung und Erziehung den Missionaren allein überlassen würde. Die religiöse Unterweisung war für ihn nur ein Aspekt der »Kulturmission« des weißen Mannes, und die Absicht, eine Kultur allein auf die Basis der Religion zu stellen, nannte er »das Unterfangen von Schwärmern und Eiferern«. Nur in der Gemeinschaft von Missionar, Arzt und Handwerker sah er die ideale Verbindung für eine westliche Kulturmission. »Einige gute Bücher religiösen und belehrenden Inhalts, ein Bündel Handwerkszeug und eine Kiste mit Seife und Medikamenten ist eine bessere Ausrüstung als Schiffsladungen von Bibeln und Traktaten«, hieß es weiter in dem Memorandum.

So sollte auch die von ihm geplante konfessionslose Regierungsschule nicht in erster Linie der Anpassung an einen deutschen Lebensstil dienen, sondern allgemeine nützliche Kenntnisse und Fähigkeiten vermitteln. Junge Samoaner, vornehmlich Häuptlingssöhne, sollten in dieser Schule u. a. die deutsche Sprache, Landwirtschaft und verschiedene Handwerke erlernen. Der Lehrkörper sollte paritätisch besetzt sein.

Alii Sili (»Hoher Herr«) Mata'afa Josefo mit dem vom Kaiser verliehenen Fliegenwedel

Diese Absicht des Gouverneurs stieß jedoch auf den entschiedenen Widerstand der katholischen Mission, deren Bischof Jean-Pierre Broyer davon ausging, daß katholische Schüler nur eine katholische Schule besuchen sollten und durften. Die Folge war ein mehrjähriger »Kulturkampf« auf Samoa, der sich im weiteren Sinne in den europäischen Konflikt zwischen Staat und Kirche einordnete. Er demonstriert noch einmal die unterschiedlichen Zivilisationsstrategien von christlicher Mission und kolonialem Staat, so wie Solf ihn definierte.

Denn während es Solf um eine möglichst weitgehende Schonung und Duldung der indigenen Kultur- und Wertbegriffe ging, war für die Missionare der hochimperialistischen Phase die Unterlegenheit der eingeborenen Kulturen und die moralische Minderwertigkeit der unterentwickelten Völker zu einem Grundsatz ihrer kolonialen Ideologie geworden. An der Ersetzung der indigenen Normen und Wertvorstellungen durch die christlich-abendländische Kultur hat daher für sie so gut wie kein Zweifel bestanden. Aus einem im Vergleich zu Solfs Anschauungen weniger tolerant aufgefaßten Kulturauftrag des weißen Mannes und der Bedrohung der macht- und kulturpolitischen Position der Kirche nunmehr auch in Übersee – Broyer standen in dem gesamten Konflikt stets die französischen Verhältnisse (1905 Trennung von Staat und Kirche) drohend vor Augen –

Ein farbiger Ortsvorsteher (»Luluai«) aus Matupi mit seiner Familie

resultierte daher vor allem die Schärfe des Vorgehens der katholischen Mission. Diese gipfelte in der Vertretung eines Alleinanspruchs hinsichtlich der Kulturausbreitung, namentlich in bezug auf die Schule.

Am Ende stand ein Kompromiß, mit dem beide Seiten leben konnten: Eine der katholischen Missionsschulen auf Samoa wurde nunmehr als Regierungsschule für Katholiken bestimmt und als solche vom Kolonialstaat finanziell unterstützt. Für dieses Entgegenkommen sollte die Mission neue deutsche Schulen errichten – eine Verpflichtung, der sie schon deshalb bereitwillig nachkam, weil diese Schulen die katholische Position stärkten. Die Regierungsschule blieb zwar offiziell als Simultanschule erhalten, fand jedoch – da sich weder katholische noch protestantische Geistliche am Unterricht beteiligten – nicht die von Solf erhoffte Wirksamkeit. Dennoch waren die Auswirkungen des Bildungssystems beachtlich. Mit 29,4 Prozent war die Scholarisationsquote die bei weitem höchste aller deutschen Kolonien. Gleichzeitig haben die Samoaner auch im religiösen Bereich ihre Identität bewahrt und selbst das abendländisch geprägte Christentum zu »samoanisieren« gewußt.

Nicht auf ähnlich friedliche Weise wie in Samoa, aber zumindest um eine möglichst gewaltlose Konfliktregelung bemüht, verlief die Amtsführung Hahls in Deutsch-Neuguinea. Der in Niederbayern geborene Jurist Albert Hahl (1868–1945) hatte bereits von 1896 bis 1898 als kaiserlicher Richter im Bismarck-Archipel und als Vize-Gouverneur auf Ponape (Karolinen) amtiert, bevor er am 20. November 1902 zum Gouverneur von Deutsch-Neuguinea ernannt wurde.

Nachdem der neue Gouverneur Vorkehrungen zum Schutz der indigenen Landrechte getroffen hatte, war die erste und bekannteste seiner Maßregeln im Zusammenhang mit dem Verwaltungsaufbau die Ernennung von »farbigen Ortsvorstehern«, sogenannten Luluais. Sie hatten für Ruhe und Ordnung in ihren Dörfern zu sorgen. Darüber hinaus waren sie für die wichtigsten Verwaltungsaufgaben und für kleinere Rechtsstreitigkeiten zuständig, die sie in Übereinstimmung mit den traditionellen Gebräuchen zu regeln hatten, während Landfragen und Ehesachen den »Gerichtstagen« Hahls auf seinen Zügen durch den Urwald vorbehalten blieben.

Das System eingeborener Mitverwaltung durch die Luluais erwies sich als gleicherweise effektiv für die innere Stabilisierung der Kolonie und die Erschließung des Hinterlandes. Als direkte Mandatsträger der Regierung dienten sie gleichzeitig der Paralysierung des Einflusses der traditionellen Big Men und der Integration der einheimischen Bevölkerung in das koloniale Wirtschaftssystem. Um ihren möglichen Unzulänglichkeiten zu begegnen, gab ihnen Hahl später Assistenten bei, gewöhnlich aus dem Polizeidienst in ihre Dörfer zurückkehrende Söldner. Sie wurden unter dem Namen »Tultuls« bekannt. Hinzu kam der Ausbau der medizinischen Versorgung sowohl durch europäische Ärzte als auch durch einheimische Medizinalassistenten (»Heiltultuls«) und die Schaffung eines Schulsystems.

Gerade was diesen »Modernisierungsbereich« betraf, kam den Absichten der Kolonialverwaltung die Aufnahmebereitschaft der Einwohner, die sich als ausgesprochen wiß- und lernbegierig zeigten, auf halbem Wege entgegen. Auf Truk (Ost-Karolinen) stellten 1911 einheimische Abgesandte Hahl geradezu ultimativ die Forderung: »Schule, Arzt, Lohnerhöhung«. Schließlich ergriff der Gouverneur Maßnahmen, die die Einheimischen enger in das wachsende Wirtschaftssystem der Kolonie integrieren sollten. Er ermutigte sie zum Anbau von »cash crops«, Produkten für den Markt, mit zunehmendem Erfolg. 1914 stammte fast die Hälfte des vorherrschenden Kopra-Exports der Kolonie aus einheimischer Produktion.

Hahls Eintreten für die Belange der eingeborenen Bevölkerung resultierte zwar vor allem aus der ökonomisch-motivierten Erkenntnis, daß – sollte das koloniale Engagement Deutschlands in diesem entlegenen Gebiet nicht ein nutzloses Unterfangen bleiben – der Eingeborene als Produzent und Arbeiter von Anfang an für den materiellen Fortschritt der Kolonie unverzichtbar war. Es entsprang aber sicherlich auch einem aufrichtigen Interesse für die Ureinwohner, wobei er sich immer bewußt blieb, daß deren Integration in eine koloniale Gesellschaft nur in einem langfristigen Prozeß des sozialen, wirtschaftlichen und vor allem religiös-kulturellen Wandels geschehen konnte.

Queen Emmas Salon auf Neu-Pommern und August Engelhardts »Sonnenorden« auf Kabakon

Samoa gilt mit Recht als eines der schönsten Länder der Welt. Das jedoch ist zweifellos, daß es die schönste unserer Kolonien ist. Aber nicht nur die schönste, sondern auch die verhältnismäßig bei weitem zukunftsreichste?« Derjenige, der 1901 dies schrieb, war Richard Deeken, Reserveleutnant, Kakao-Pflanzer, Gründer des Pflanzervereins und der Deutschen Samoa-Gesellschaft sowie Autor zahlreicher Bücher über das »Südseeparadies« Samoa. Das Fragezeichen hatte der Alldeutsche und Siedler-Propagandist hinzugefügt, weil er keineswegs mit dem eingeborenenfreundlichen und auf europäisch-samoanische Handelskooperation ausgerichteten Kurs von Solf einverstanden war. Seine bis zu persönlichen Beleidigungen reichenden Angriffe auf den Gouverneur mußte er schließlich mit einer viermonatigen Haftstrafe verbüßen. Was seine Bemerkungen zu Samoa und den deutschen Südseekolonien anbetraf, deckte sich seine enthusiastische Begeisterung allerdings mit dem vorherrschenden deutschen Südseebild.

Die koloniale Gesellschaft der deutschen Südsee war – modern ausgedrückt – eine ausgesprochene Freizeitgesellschaft. Die Siesta in der mittäglichen Hitze gehörte ebenso wie das Wannenbad am Spätnachmittag und die abendliche Runde auf der Veranda oder im Club zum Tagesablauf. Jeden Samstag ließ Gouverneur Solf die Kanone abschießen – das müsse genügen, meinte er gegenüber seinem amerikanischen Kollegen auf dem benachbarten Pago Pago, der angesichts der nahen Datumsgrenze eine geregelte Zeiteinteilung mit den Deutschen vereinbaren wollte. Ohnehin verfügten alle Geschütze auf Samoa und Neuguinea nur über Salutmunition.

Die geruhsamere Lebensart hing natürlich in erster Linie mit dem feuchtheißen Tropenklima und den allgegenwärtigen Tropenkrankheiten zusammen. Trotz Chininprophylaxe war die Sterblichkeit weiterhin extrem hoch. In Kaiser-Wilhelmsland und auf dem Bismarck-Archipel fand über ein Drittel aller Europäer oft in jungen Jahren den Tod.

Eine der Schutzmaßnahmen war ein ausgesprochen ökologischer Hausbau, der u. a. auf Empfehlungen des berühmten Bakteriologen Robert Koch zurückging, aber auch Erfahrungen der Einheimischen berücksichtigte. Die Bungalows standen auf imprägnierten Pfeilern. Eine umlaufende Veranda und Jalousinen-Fenster mit Mückenschutz sorgten für eine angenehme und insektenabweisende Windzirkulation. Als im Jahre 1994 die Vulkane »Große Mutter« und »Kleine Mutter« auf der Gazelle-Halbinsel ausbrachen und den ehemaligen letzten deutschen Regierungssitz Rabaul nahezu vollständig zerstörten, legte die Regierung von Papua-Neuguinea für die nach Kokopo verlegte Provinzhauptstadt die alten Pläne der deutschen Kolonialarchitekten zugrunde.

Nun bildeten die wenigen Weißen in der Südsee ohnehin nur eine sehr kleine koloniale Oberschicht. In Deutsch-Neuguinea lebten nicht mehr als ungefähr 1000 Europäer, auf Deutsch-Samoa etwa 400. Es handelte sich fast ausschließlich um Verwaltungsbeamte, Händler, Pflanzer und Missionare. Der Handel stand im Vordergrund der wirtschaftlichen Aktivitäten, wenngleich er nur 0,06 Prozent des deutschen Gesamtaußenhandels ausmachte. Als Handelskolonien waren die Südseebesitzungen weniger den für Siedlerkolonien charakteristischen Konflikten ausgesetzt: Verdrängung, Vernichtung oder Versklavung bzw. Degradierung der einheimischen Bevölkerung zu »Muskelarbeitern«. Die Südsee war jedoch nicht ganz von diesen Übeln verschont geblieben. Große menschliche Probleme schuf das »blackbirding«, die gewaltsame Verschleppung von einheimischen Arbeitskräften auf die großen Pflanzungen der Europäer. Das galt vor allem für die Neuguinea-Kompanie und die Deutsche Handels- und Plantagengesellschaft auf Samoa, die im Bismarck-Archipel Plantagenarbeiter anwerben durfte. Im Hauptrekrutierungsgebiet Neu-Mecklenburg hatten zum Beispiel 1914 etwa 70 Prozent der erwachsenen männlichen Bevölkerung gelegentlich auf europäischen Plantagen gearbeitet, etwa ein Fünftel war nicht zurückgekehrt. Hier waren selbst Hahls Interventionen in Berlin vergeblich. Für Samoa kam der Streit um die Einfuhr von chinesischen Kulis hinzu, die eine besonders schlechte Behandlung erfuhren. Allerdings vermochten auch die bis 1914 nach Samoa verbrachten rund 2200 Chinesen das Arbeiterproblem nicht zu lösen. Die Arbeiterrekrutierung und Behandlung der Eingeborenen und Fremdarbeiter auf den Pflanzungen gehört zweifellos – wie auch der Südseeexperte Hermann Hiery festgestellt hat – zu den dunkelsten Kapiteln der deutschen Geschichte in der Südsee.

Eine größere Zahl von Siedlern, für die sich siedlungspolitisch orientierte Kolonialpolitiker in Deutschland und entsprechende Propagandisten in Samoa unter Führung Richard Deekens einsetzten, hätte die Situation aber nur verschärft und die ökonomisch einigermaßen auf eigenen Füßen stehende Bevölkerung existentiell bedroht. Solf wies Deekens abstruse Pläne zur Ausgestaltung Samoas in eine deutsche Siedlungskolonie scharf zurück. Vorübergehend vermochte der betriebsame Alldeutsche, u. a. durch Broschüren, die mit aufreizenden Bildern von Samoanerinnen ausgestattet waren, ein wahres »Kakao-Fieber« zu erzeugen. Solf blieb indes konsequent, da er sich der Abhängigkeit der europäischen Wirtschaft von der einheimischen Produktion und Konsumtion bewußt war. Deekens Aktivitäten hielt er für eine »ungeschickte und lärmende Deutschhuberei«.

In Deutsch-Neuguinea suchte Gouverneur Hahl zwar kleinere Siedler zur Ausbalancierung des Einflusses der größeren Gesellschaften und zur Stärkung des Deutschtums in der Kolonie zu gewinnen. Neben der Entfernung der Kolonie und dem Klima erwiesen sich aber das von den Landgesetzen geforderte Anfangskapital von 20 000 Reichsmark pro 100 Hektar sowie die Erwartung, daß mit der Erschließung sofort begonnen werden und nach fünfzehn Jahren drei Viertel des Landes bebaut sein mußten, als nahezu unüberwindbares Hindernis.

Von einer wirklichen administrativen Kontrolle des Schutzgebietes konnte im übrigen keine Rede sein. Trotz einer Serie von geographischen, anthropologischen und ethnologischen Expeditionen nach 1907, ausgerüstet von deutschen Museen und kolonialen und wissenschaftlichen Gesellschaften, die das steigende Interesse des

Mutterlandes an der bis dahin stiefmütterlich behandelten Kolonie dokumentierten, standen die größten Teile des Neuguinea-Festlandes und des Bismarck-Archipels allenfalls unter nomineller Kontrolle. Die meisten Bewohner dieses weitläufigen Imperiums zahlten nicht einmal eine Kopfsteuer.

Es war daher auch folgerecht, daß sich das kolonialgesellschaftliche Leben von Deutsch-Samoa auf die Hauptstadt Apia und in Deutsch-Neuguinea auf Herbertshöhe und seit 1910 auf Rabaul konzentrierte.

Gesellschaftlicher Mittelpunkt dieser abgeschiedenen und in sich geschlossenen Welt war eine Frau, zudem noch aus einer Mischehe hervorgegangen: Emma Forsayth. Sie entstammte der Verbindung eines amerikanischen Pflanzers mit einer Samoanerin und war in ihrem Leben – nach europäischen Definitionen – »legal« mit insgesamt vier weißen Männern verheiratet. Der letzte in dieser Reihe ohne die einheimischen Liebhaber war der deutsche Pflanzer Paul Kolbe, dem sie dann bis zu dessen Tod verbunden blieb.

Queen Emma, wie sie genannt wurde und unter diesem Attribut bis heute im Südseeraum ein legendäres Nachleben führt, hatte eines der größten Pflanzungsimperien in der Südsee geerbt und erworben. Auf deutschem Kolonialgebiet gehörten ihr Besitzungen an der Blanche-Bai und im Bismarck-Archipel. Ihr eigenes weitläufiges Domizil lag in unmittelbarer Nähe des Amtssitzes in Herbertshöhe (nach Bismarcks Sohn Herbert benannt), wo sie im Kreis ihrer zahlreichen Mischlingskinder Hof hielt. Als Präsidentin des europäischen Tennisclubs verfügte sie ohnehin über die Entreebillets für den Zugang zur etablierten Kolonialgesellschaft. Keine Offizierscrew, die auf Flottenbesuchen nicht Queen Emma ihre Aufwartung gemacht hätte. Am Wochenende versammelte sich der Kreis der Ausgewählten an ihrem Swimmingpool auf der nahe gelegenen Insel Mioko.

Queen Emma war die sinnliche Verkörperung des recht freien Sexuallebens in der Südsee und der wenig inkriminierten Vermischung der Europäer mit einheimischen Frauen. Immerhin gab es aber auch den Fall des Palauer Stationsleiters Wilhelm Winkler, der

die Einheimische Ngeribongel in der katholischen Kirche heiratete und mit ihr 1915 nach Deutschland zurückkehrte, wo seine Frau 1973 starb. Die meisten Europäer lebten indessen in wilder Ehe mit einheimischen Frauen –»fa'a samoa«, auf samoanische Weise, wie man diese Beziehungen auf Deutsch-Samoa nannte. Nach einer amtlichen Zählung von 1913 gab es aber in Samoa auch sechsundsiebzig Europäer, die offiziell mit Samoanerinnen verheiratet waren. Die Zahl der Mischlinge war zum gleichen Zeitpunkt bereits doppelt so hoch wie diejenige der Europäer (1025 zu 544). In Mikronesien bestanden zu dieser Zeit siebzehn sanktionierte Ehen mit Einheimischen, in Melanesien sogar die Verbindung einer europäischen Frau mit einem einheimischen Mann. Selbst Gouverneur Hahl war, bis er sich mit einer Europäerin verheiratete, mit einer eingeborenen Frau liiert und hatte ein Kind aus dieser Beziehung.

Der gesellschaftliche Mittelpunkt der deutschen Kolonie Neuguinea. Stehend im Zentrum Gouverneur Dr. Albert Hahl, eingerahmt von Queen Emma (rechts) und ihrer Schwester Phoebe Parkinson (links)

Diese Mischlinge stellten bald für die Erziehung ein so großes Problem dar, daß die Hiltruper Mission auf Drängen der Kolonialverwaltung in Vunapope ein eigenes Waisenhaus mit angeschlos-

sener Handwerker- und Haushaltsschule für nicht von ihren Vätern anerkannte Kinder einrichtete. Im Umgang der Schüler untereinander bildete sich daraufhin – ein einmaliger Fall – eine deutsche Kreolsprache heraus, »Unserdeutsch« genannt. Sie entstand aus deutschen Wörtern und dem gebräuchlichen Pidgin-Englisch (Tok Pisin). Zur Verdeutlichung ein Beispiel: »Also drei I werd aufpicken« (Also um drei werde ich dich abholen.). Bis 1960 sprachen noch etwa 1500 Menschen diese Sprache, nach der Unabhängigkeit Papua-Neuguineas 1975 haben sich die Vunapope-Mischlinge zerstreut. In der deutschen Kolonialverwaltung bildeten diese Mischlinge eine Art koloniale Zwischenschicht, waren im Regierungsdienst und in der Mission oder aber auch als selbständige Pflanzer, Händler und Handwerker beschäftigt. In Apia stellten Mischlinge eine sehr selbstbewußte eigene Mittelschicht dar.

Angesichts des freien Sexuallebens und der unkomplizierten ehelichen Verbindungen war es geradezu ein Schock für die Kolonialgesellschaft, als Wilhelm Solf, inzwischen Kolonialstaatssekretär, 1912 ein Mischehenverbot für Samoa erließ. Nun wäre es sicherlich irreführend, aus diesem Schritt den Schluß zu ziehen, im deutschen Kolonialreich habe es »Nürnberger Gesetze« bereits vor dem Ersten Weltkrieg gegeben. Abgesehen davon, daß die Verordnung kein Gesetz war (und es ein solches nie gegeben hat), entsprang Solfs Vorgehen eher vergleichbaren Maßnahmen anderer Kolonialmächte, nicht zuletzt der Engländer. 1889 hatte er auf dem Generalkonsulat in Kalkutta die britische Kolonialpolitik strikter Rassentrennung (1904 für Beamte auch offiziell dekretiert) erlebt, deren Maxime lautete: »Lord made the Whites and Lord made the Blacks but the Devil made the Halfcasts.« Diese Formel hatte er sich zu eigen gemacht. Zudem hatte das Mischehenverbot keine rückwirkende Kraft wie in Deutsch-Südwestafrika. Ferner wurden die Nachkommen aus bis dahin als legal angesehenen Mischehen zu »Weißen« erklärt. Schließlich konnten Einheimische, die fließend Deutsch sprechen und europäische Bildung nachweisen konnten, auf Antrag Europäern gleichgestellt werden (»Kulturdeutsche«).

Diese Einschränkungen minderten indes nicht im geringsten den heftigen Protest in der weitgehend an den samoanischen Le-

Gouverneur Hahl mit einheimischer Frau (Tolai) und ihrem Kind

Samoanerinnen in Hagenbecks Tierpark in Hamburg, 1910

bensstil angepaßten und gegenüber Afrika geradezu rassentoleranten weißen Gesellschaft Samoas. Selbst systemimmanente Argumente wie der Hinweis auf die gesellschaftlich vollauf akzeptierte Halbsamoanerin Queen Emma oder die in der Kulturanthropologie diskutierte indogermanische oder arische Herkunft der Polynesier bildeten die Grundlage für den fast einhelligen Widerspruch. Zudem drohte man mit einem Heiratstourismus in die Vereinigten Staaten als Konsequenz. Das Loblied auf die Schönheit der samoanischen Frauen und die Stilisierung der »braunen« Samoaner als »Herrenvolk eigener Art« und »Germanen der Südsee« – selbst mit den antiken Griechen wurden sie verglichen – knüpfte mit rassisch aufgefüllten Untertönen nahtlos an jenes Südseebild an, das die Aufklärer in Rousseau-Manier gezeichnet hatten und das sich im deutschen Kolonialschrifttum der Jahrhundertwende fortsetzte. Der starke Gefühlswert, der sich mit dem Bild Samoas verband, hat die Bewohner der Inseln freilich nicht davor bewahrt, wie andere Völker in »Hagenbecks Tierpark« ausgestellt zu werden.

Wenig euphorisch war hingegen das Bild der »dunklen« Mikronesier und »schwarzen« Melanesier. Deutsche Beschreibungen knüpften nahtlos an das historische negative Bild seit James Cook an, der die Neuguinea-Bewohner einst als »äffisch« charakterisiert hatte. Als besonders befremdlich vermerkten deutsche Reiseschriftsteller, daß die in der Regel als häßlich beschriebenen Frauen neben ihren Kindern auch kleine Schweine oder junge Hunde an ihrer Brust aufzogen.

Einen männlichen Bewohner des Archipels beschrieb der an der Hamburger Südsee-Expedition teilnehmende Forscher Hans Vogel wie folgt: »Man setze sich hin, nehme alle Phantasie zusammen und zeichne einen Kopf, so häßlich man ihn sich ausdenken kann, und dieser wird unbedingt einem Eingeborenen der Gazelle-Halbinsel ähnlich sehen.«

Im allgemeinen beschrieb man die Melanesier, trotz aller regionalen und äußeren Unterschiede, als diebisch, träge, kindlich, kriegslüstern und grausam. Ausnahmen von diesem Einheits-Bild gab es aber auch. Hier ist an erster Stelle der Pflanzer und Forscher Richard Parkinson zu nennen. Parkinson war der Sohn eines englischen Kutschers im Dienst eines dänischen Adligen, dessen Territorium auf von Preußen annektiertem Gebiet lag. Über das Hamburger Handelshaus Godeffroy kam er als Agent in die Südsee, wo er Phoebe Forsayth, die Schwester »Queen Emmas«, heiratete und 1882 die Leitung von deren Unternehmungen im Bismarck-Archipel übernahm. Der ethnologisch, naturkundlich und botanisch stark interessierte Pflanzer durchwanderte die Gazellehalbinsel und die deutschen Salomonen und legte seine Erfahrungen und Erkenntnisse in mehreren Aufsätzen und Büchern nieder. Seine wichtigsten Werke sind der 1887 erschienene Bericht *Im Bismarck-Archipel* und die grundlegende Schrift *Dreißig Jahre in der Südsee* aus dem Jahr 1907.

Schwankte sein von wissenschaftlicher Neugier und einfühlsamer Beobachtungsgabe geprägtes Melanesierbild noch zwischen Sympathie (»freundlich und gefällig«) und Abneigung (»bettelhaft und diebisch«, mit einem »Wust an Aberglauben«), so haben andere Reiseschriftsteller wie Otto Finsch oder Hugo Zöller, der rei-

◀ Glückselige und grausame Ozeanier – ein Doppelbild aus dem 19. Jahrhundert

selustige Korrespondent der nationalliberalen *Kölnischen Zeitung*, den kolonialen Nutzwert in das Zentrum ihrer Darstellungen gestellt. In Zöllers Bericht von 1891 *Deutsch-Neuguinea* waren die Eingeborenen »mordlustige Wilde«, gaben seiner Meinung nach aber ein »tüchtiges, brauchbares, vielversprechendes Menschenmaterial« ab. Dieses Eingeborenenbild sowie die schon aufgrund der gegenüber Samoa weit weniger häufig vorkommenden offiziellen Verbindungen mit Weißen trugen zweifellos dazu bei, daß für Deutsch-Neuguinea kein Rassenmischehenverbot vorgesehen war.

Ein weiteres Indiz für die unterschiedliche Sicht- und Behandlungsweise deutscher Südseeuntertanen sind die Prügel- und Todesstrafen. Vergleicht man zunächst allgemein die »Prügelkultur« in Afrika mit der Behandlung der Südseebewohner, so kommen selbst die Melanesier noch erheblich besser davon. Für Samoaner und Mikronesier gab es ohnehin so gut wie keine Prügelstrafen, auf Samoa allenfalls gegen chinesische Kontraktarbeiter. Für Melanesien sind etwa hundert amtliche Bestrafungen nachgewiesen, eine Zahl, die allerdings die (erlaubten) Bestrafungen durch Pflanzungsbesitzer kaum berücksichtigen dürfte. Die Zahl der Schläge lag gegenüber der afrikanischen Praxis von »fünfundzwanzig Hieben« in Melanesien im Durchschnitt bei sieben. Todesstrafen kamen ebenfalls so gut wie nicht vor, auf den Marshall-Inseln war die Todesstrafe sogar ausdrücklich verboten. Nur bei der »Revolte« von Friedrich-Wilhelmshafen (1904) wurden achtzehn und nach dem Ponape-Aufstand (1910) fünfzehn kriegsgerichtliche Urteile vollstreckt. Dem stehen allein in Deutsch-Ostafrika 876 verhängte Todesurteile und 8057 vollstreckte Prügelstrafen gegenüber.

Der Alkoholverkauf war in den Südseekolonien streng verboten. Alkohol stand auch auf der Verbotsliste jenes letzten deutschen »Aussteigers« in Kolonialzeiten, der sogar das schnelle Ende des Kolonialreichs und den Ersten Weltkrieg in der Südsee überleben sollte. Es handelte sich um den 1870 in Nürnberg geborenen August Engelhardt. Noch vor dem Abitur entschied er sich für eine Apothekerlehre, begründete dann aber als Naturschwärmer und Lebensreformer mit zwei Gleichgesinnten im Eckertal im Harz eine Naturheilanstalt mit dem programmatischen Namen »Jungborn«.

Die Devise war Naturkost und Nudismus. Behörden und Gerichte definierten ersteres als Kurpfuscherei und letzteres als Sittenlosigkeit und schritten ein. Daraufhin entschloß sich Engelhardt zur Begründung eines »Sonnenordens«, dessen Sitz er auf die kleine Insel Kabakon in der Neu-Lauenburg-Gruppe verlegte, heute Duke of York Islands. Das Land erhielt er von Queen Emma, die durchaus von dem langhaarigen Deutschen angetan war, während ihm der Regierungsarzt einen Irrenhausaufenthalt »in zwei Jahren spätestens« prophezeite.

Auf Kabakon propagierte der unverbesserliche Nudist eine strenge Kokosdiät und schickte Werbeprospekte nach Deutschland mit Slogans wie: »Nackter Kokovorismus ist Gottes Wille. Die reine Kokosdiät macht unsterblich und vereinigt mit Gott.« Schließlich gelang es dem Kokos-Apostel sogar, eine Reihe von Zivilisationsflüchtigen zur Übersiedlung nach Kabakon zu überreden und sie in seinen »Sonnenorden – Aequatoriale Siedlungsgemeinschaft« aufzunehmen. Insgesamt sollen es um die dreißig Personen gewesen sein, wobei der Erstankömmling, ein vierundzwanzigjähriger Helgoländer von germanischem Aussehen, bereits nach sechs Wochen das Zeitliche segnete. Auch alle anderen Sonnenanbeter starben an Krankheiten oder kehrten nach und nach enttäuscht, entmutigt oder malariakrank in die Heimat zurück. Engelhardt war ebenfalls mehrmals dem Tode nahe, litt an Krätze und anderen Hautgeschwüren und mußte von der Kolonialverwaltung des öfteren zwangsbehandelt werden. Kurz nach Kriegsende verließen die letzten Kokophagen die inzwischen australisch gewordene Insel. August Engelhardt starb am 6. Mai 1919. Zu diesem Zeitpunkt gehörten auch alle anderen deutschen Südseegebiete bereits Japanern, Engländern, Franzosen, Australiern und Neuseeländern.

Ein »Schaufenster in Ostasien«: Kiautschou

Zwischen Eulenburg-Mission und Boxerkrieg: Die »deutsche Faust« in China

Schaffen Sie uns Missionare und Opium vom Halse, und Sie werden China den größten Dienst erwiesen haben«, soll Prinz Gong, Chefminister im Zongli Yamen, dem Außenministerium, Anfang der 1870er Jahre dem englischen Gesandten in Peking gesagt haben. Beides nämlich, Opiumimport und Missionare, standen seit den sogenannten Ungleichen Verträgen aufgrund der von China verlorenen Opiumkriege unter fremden Schutz und außerhalb der chinesischen Gesetze. Lange Zeit hatten sich die Chinesen durch die Abriegelung ihres Landes gegen den europäischen Handelsvorstoß und Einfluß gewehrt.

Gegen die christlichen Missionare war dies weitgehend gelungen, gab es doch nach dem Ende der hoffnungsvollen »Jesuitenmission« des 17./18. Jahrhunderts zu Anfang des 19. Jahrhunderts

Bengalische Kavalleristen begleiten Generalfeldmarschall Alfred Graf von Waldersee, den Oberbefehlshaber des europäischen Expeditionskorps, zum Eingang der Verbotenen Stadt, Peking, 1900.

gerade einmal rund 30 europäische Missionare im Reich der Mitte. Das fremde Opium abzuwehren, hatten die Chinesen hingegen keine Chance. Als der Kaiserliche Kommissar Lin Zexu dennoch das von der britischen Ostindischen Kompanie aus Indien eingeführte Opium, dessen Bezahlung in Silber zu einem immensen Wertabfluß aus China führte, in das Hafenbecken von Kanton schütten ließ, beantworten die Engländer diese Herausforderung mit ihren Kanonenbooten. Die Niederlage in diesem Ersten Opiumkrieg hatte China im Frieden von Nanking (29. 8. 1842) mit einer Kriegsentschädigung, der Öffnung von Vertragshäfen, der Abschaffung des Handelsmonopols der chinesischen Kaufleute und der Abtretung Hongkongs zu bezahlen. Weitere »Ungleiche Verträge« mit Franzosen, Amerikanern und Russen folgten. Ein weiterer Opiumkrieg (1856/1860) führte u. a. zur Öffnung zusätzlicher Häfen sowie der Binnengewässer für Schiffe, zu Freizügigkeit für westliche Kaufleute und Missionare und zur Legalisierung des Opiumhandels.

In Deutschland hatte man diese Vorgänge sehr wohl wahrgenommen. Die Sorge, in Zukunft vom chinesischen Markt ausgeschlossen zu sein, während sich die übrigen europäischen Großmächte hier nicht wieder einholbare Vorteile sicherten, ließ Friedrich List, den geistigen Vater des Zollvereins, sogar die Ansicht vertreten, daß der Frieden von Nanking »ein großes Ereignis für den Welthandel« bedeute, »ein größeres vielleicht, wenigstens was die augenblicklichen Folgen betrifft, als die Entdeckung Amerikas«. »Wir sehen nicht ein«, folgerte er 1843, »warum nicht auch Deutschland diese Gelegenheit ergreifen sollte, seinen auswärtigen Handel und seiner Schiffahrt einige Ausdehnung zu geben.« Die Fata Morgana eines chinesischen Marktes von 600 Millionen Menschen beschäftigte auch Handelskreise. Noch in den vierziger Jahren ließen sich die in Hamburg ansässigen Firmen Wm. Pustau & Co., Carlowitz & Co. und Siemssen & Co. in China nieder. Sie hatten bis zum Weltkrieg eine führende Stellung im Fernen Osten inne.

Die imperialistische Bedrohung Chinas am Ende des 19. Jahrhunderts. Chinesischer Druck um 1900

Nach dem zweiten Opiumkrieg fürchtete Preußen als deutsche Vormacht nunmehr ernsthaft, den Anschluß in China zu verpassen. Die erste Weltwirtschaftskrise von 1857 bis 1859 hatte zudem in den Industriestaaten zu einer latenten Überproduktionskrise ge-

時局圖

西伯利亞
SIBERIA
俄國
北
東
西
南
日本國
烏龍江
滿州
蒙古
MONGOL
JAPAN
THE RISING SUN
JOHN BULL & I
WILL WATCH THE BEAR
COREA
高麗
太平洋
EASTERN TURKESTAN
TIBET
西藏
印度
HONAN
河南
安徽
ANWEI
四川
KIAOCHOU
膠州
上海
CHUSAN
舟山
浙江
CHE KIANG
福建
FUKKIEN
THE OPEN DOOR
YUNNAN
緬甸
BURMAH
FASHODA
COLONIAL
EXPANSION
安南
ANAM
COCHIN CHINA
THE
PHILIPPINE
ISLANDS
小呂宋
BORNEO

不言而喻

führt, wodurch auch der Zollverein in eine Außenhandelskrise geriet und neue Absatzmärkte suchte. Hinzu kam, daß Preußen im Zuge der »neuen Ära« seine Position im Kampf um die Vormachtstellung in Deutschland gegenüber Österreich weiter auszubauen beabsichtigte.

Ende 1859 brach eine preußische Expedition mit Vertretern der Großherzogtümer Mecklenburg-Schwerin und Mecklenburg-Strelitz sowie der Hansestädte Lübeck, Hamburg und Bremen in den Fernen Osten auf. Sie stand unter der Leitung des Grafen Friedrich Eulenburg, eines Onkels Philipp Eulenburgs, des Intimus von Wilhelm II. Weitere Ziele waren Japan und Siam. Nach einigen Schwierigkeiten – die Chinesen wußten nicht, wo sie auf ihren Karten Preußen finden sollten – und unter Vermittlung der Engländer und Franzosen bekamen die deutschen Staaten schließlich im Freundschafts-, Handels- und Schiffahrtsvertrag vom 2. September 1861 die gleichen Rechte der meistbegünstigten Nation wie die anderen Imperialmächte zugesichert. Aber nur Preußen erhielt das Recht einer diplomatischen Vertretung in Peking, deren Einrichtung die Chinesen aber noch bis Ende 1865 hinauszögerten. Auch die Japaner hatten nur mit Preußen einen Meistbegünstigungsvertrag geschlossen, während die Verhandlungen in Siam reibungslos verliefen.

In den sechziger und siebziger Jahren tauchten dann wiederholt Projekte in Deutschland auf, einen territorialen Stützpunkt an der chinesischen Küste oder in unmittelbarer Nähe Chinas (Taiwan) in Besitz zu nehmen. Derjenige, der der Diskussion das notwendige konkrete Fundament verschaffte und in Sachen China-Engagement zu dem »Experten« des Kaiserreichs werden sollte, war ein Teilnehmer der Eulenburg-Mission, Ferdinand von Richthofen.

Im Dezember 1868 verfaßte der Geograph und Geologe eine Denkschrift über die Erwerbung der Schusaninseln unweit Shanghais als »norddeutsche Marinestation und Hafenkolonie«, die er am 2. Januar 1869 von Shanghai aus durch das dortige Generalkonsulat Bismarck übersenden ließ. Zwischen 1868 und 1872 durchquerte der Forschungsreisende, zugleich Herold einer imperialistischen Mission Europas in China, nicht weniger als dreizehn von den damals achtzehn Provinzen. Die Ergebnisse seiner Forschungsreisen legte er in einem fünfbändigen Werk (*China*, 1877/1912), einem großformatigen Atlas von China (1883, 1912) und posthum erschienenen Tagebüchern nieder. Zwar hatte Richthofen vor allem die Ausbeutung günstig gelegener Kohlefelder und die ungeheueren Möglichkeiten vor Augen, die sich für den Eisenbahnbau in China ergaben, aber er dachte auch an künftige Kolonien.

Während der deutsche Geschäftsträger in Japan, Max von Brandt, ebenfalls ein Teilnehmer der Eulenburg-Mission, als Alternative zu Formosa das japanische Hokkaido vorschlug, waren Richthofens Vorschläge noch großräumiger dimensioniert. Sie schlossen neben den Chusaninseln die spanischen Philippinen als Pflanzungskolonie ein. Auf Richthofen ging letztlich auch die Empfehlung zurück, in der Kiautschou-Bucht einen deutschen Marine- und Handelsstützpunkt zu errichten.

Nachdem Deutschland dann Kolonien im Pazifik besaß, richtete sich neben Handel und Großkapital auch ein gesteigertes Interesse der Marine an einem Flottenstützpunkt (mit einer Kohlestation) auf die chinesische Küste. Der Erwerb eines Marinestützpunktes wäre aber das äußerste gewesen, was Bismarck akzeptiert hätte. Auch in Ostasien setzte er in erster Linie auf die »Solidarität europäischer Interessen«.

Die eher zurückhaltende Politik des Reichs änderte sich jedoch 1890 nach dem Ausscheiden des Altkanzlers. Ansatz für eine nunmehr aktivere Politik auch von seiten des Auswärtigen Amtes waren die alarmierenden Berichte des inzwischen zum deutschen Gesandten in Peking avancierten Max von Brandt über eine verstärkte und zunehmend erfolgreichere Politik Frankreichs in China und Vietnam. Als Ansatzpunkt empfahl er die »Missionsfrage«. Bereits bei den englisch-chinesischen Friedensverhandlungen in Nanking hatte ein Missionar – als Dolmetscher – mit am Tisch gesessen. Es handelte sich um den ersten protestantischen deutschen Chinamissionar, den aus Pommern stammenden Schneidermeistersohn Karl Friedrich August Gützlaff. 1835 war der »Abenteurer Gottes«, den eine unkirchliche Christus-Frömmigkeit auszeichnete, für immerhin 800 Pfund Sterling im Jahr in den Dienst der britischen Regierung getreten; 1843 wurde er Sekretär der neugebildeten Kolonialregierung von Hongkong. Um die Jahrhundertmitte war Gützlaff der stärkste und in Deutschland bekannteste Propagandist einer protestantischen Mission im Reich der Mitte.

Er empfand es nicht als Widerspruch, seine Dolmetschertätigkeit für englische Opiumhändler mit der kostenlosen Verteilung von Bibeln und christlichen Traktaten zu verbinden. Mit dieser Beschäftigung – als Ziel setzte er sich eine Million Traktate pro Jahr – verdiente er sich den Titel »Apostel der Chinesen« auf seinem ersten Grabstein in Hongkong. Später wurde die Inschrift zu Recht in »Der erste lutherische China-Missionar« geändert.

Gützlaff symbolisiert zugleich jene Einheit von »Opium und Missionaren«, wie Prinz Gong sie zum Ausdruck gebracht hatte: das zeitliche Zusammenfallen der Ankunft der Opiumhändler und der Missionare; kamen doch Opium und Bibeln – »Yang-Yan« (fremder Tabak) und »Yang-Jiao« (fremde Religion) – nicht selten mit demselben Schiff. Beides zusammen mußte vor den Augen der Chinesen ein Bild trauter Eintracht entstehen lassen und wurde von ihnen als Gefährdung der eigenen nationalen Integrität und kulturellen Überlegenheit aufgefaßt.

Mit den Niederlagen Chinas begann auch der Einzug der Mission ins Reich der Mitte. Denn Zusatzverträge Amerikas, Englands und Frankreichs brachten den christlichen Sendboten innerhalb der Handelshäfen und später im gesamten Land Bewegungs- und Religionsfreiheit sowie das Recht, Kirchen, Schulen und Hospitäler zu erbauen und Friedhöfe anzulegen. Zugleich übernahmen die Missionare – indirekt und direkt – eine Aufgabe, die die oktroyierten Verträge nur begrenzt erreicht hatten: die Öffnung des Landes.

Während Engländer und Amerikaner den Schutz ihrer Missionare gegebenenfalls direkt durch Soldaten und Kanonenboote sicherten, verstand es Frankreich im Laufe der Zeit, durch politische Übereinkunft seine seit dem Vertrag von Whampoa (1844) selbsterkorene Position als Schutzmacht aller katholischen Missionare (und chinesischen Katholiken) auszubauen. Das bereits seit dem 16. Jahrhundert im Nahen Osten praktizierte »Katholikenprotektorat« war für den französischen Imperialismus Symbol nationalen Prestiges und zugleich Eckpfeiler politisch-ökonomischer Machtentfaltung in China. Die Missionare, die durch die Verträge Missionsfreiheit, Konsulargerichtsbarkeit und Exterritorialität für ihr Besitztum genossen, dokumentierten ihrerseits diesen Schutz symbolisch dadurch, daß sie in manchen Kirchen die Trikolore gleich neben dem Hochaltar anbrachten. Ihre Angelegenheiten mit den chinesischen Behörden wurden fortan über die französischen Vertreter abgewickelt, und diese gewährten der Mission nicht nur diplomatischen Schutz, sondern sie standen ihr auch mit den gleichen Gewaltmitteln zur Seite wie die Engländer und Amerikaner ihren Missionsangehörigen.

Bischof Johann Baptist Anzer in Mandarinkleidung

Dieses französische Religionsprotektorat war es, das der deutsche Gesandte gemeint hatte, als er empfahl, sich der »Missionsfrage« in politischen Angelegenheiten zu bedienen. Zugute kam ihm, daß sich zu diesem Zeitpunkt bereits eine deutsche katholische Mission in Shantung, dem deutschen Interessengebiet mit der Kiautschou-Bucht, befand. Steyler Missionare waren seit 1879 dort tätig. Im Januar 1886 wurde ihr Leiter, der aus der bayerischen Oberpfalz stammende Johann Baptist Anzer, zum Apostolischen Vikar (Bischof) geweiht. Daß Anzer seine Mission 1890 unter deutsches Protektorat stellte, hing zwar auch mit dem Drängen Brandts zusammen, entsprang aber ebenso der deutsch-nationalen Gesinnung des Bischofs und seiner Missionare.

Man erhoffte sich von den deutschen Landsleuten einen wirksameren Schutz, als ihn nach Meinung der Missionare die Franzosen gewährleisteten. Im Hintergrund stand der lange Jahre erstrebte Zugang der Mission nach Yanzhou (Südost-Shantung) und damit zu den nahegelegenen heiligen Stätten der Chinesen, den Geburtsorten des Konfuzius und Menzius (Qufu, Zouxian). Für die Reichsregierung wiederum wurde die »Missionsfrage« zu einer nationalen Prestigeangelegenheit und zum willkommenen Mittel und zentralen Faktor imperialer Machtdemonstration in China.

Um zu beweisen, daß die Gesandtschaft ihre neue Aufgabe tatsächlich ernst nahm, sandte Brandt Ende 1890 den soeben ernannten Konsul in Tientsin, Edwin Freiherr von Seckendorff, in das Gebiet der Mission. Der schneidige Konsul demonstrierte denn auch deutsches Durchsetzungsvermögen. In der Provinzhauptstadt Jinan ritt er schnurstracks in den Palast des Gouverneurs, der ihn nicht empfangen wollte, ließ seine Karte überbringen und erwartete zu Pferde die Antwort. In Yanzhou veranlaßte er den Aufbruch des vor ihm verschlossenen Stadttores, geriet aber anschließend durch die aufgebrachte Bevölkerung so sehr in Bedrängnis, daß er erst nach einer vierundzwanzigstündigen Belagerung nach Puoli, dem Sitz des Bischofs, weiterreisen konnte. Hier empfing ihn eine mit allen Attributen nationaler Gesinnung geschmückte katholische Missionsstation. Auf der Kapelle wehte eine schwarz-weiß-rote Fahne, und auch im Speisesaal flatterten »deutsche Flaggen überall, und über dem an der Nordseite stehenden Harmonium hing das einer illustrierten Zeitung entnommene Bild Seiner Majestät des Kaisers, von Zypressen, Girlanden und schwarz-weiß-roten Schleifen umgeben«, wie es in dem Bericht des Konsuls heißt.

In der Folgezeit erzwang der Steyler Missionsbischof gegen chinesische Proteste mit Hilfe des deutschen Schutzes den Einzug seiner Mission nach Yanzhou. Den streitbaren Bischof, der stets in der Attitüde des überlegenen Europäers und in dem Bewußtsein auftrat, daß hinter seinen Forderungen die europäischen Schutzmächte standen, kümmerten die Gefühle der Bewohner nur wenig. Konfuzius bedeutete ihm ein »eingebildetes Idol«, dem zu weichen gegen die »Ehre der katholischen Religion« war. Anfang September 1896 konnte er in Yanzhou Einzug halten – »unzweifelhaft eine Provokation gegen das ultrachinesische Religionswesen«, wie August Bebel später im Reichstag meinte. Gleichzeitig stieg er unter dem Druck der Gesandtschaft 1902 in der chinesischen Beamtenschaft bis zum Mandarin ersten Ranges auf (Ministerrang). Die Rangerhöhung brachte ihm bei öffentlichen Aufzügen die Benutzung der grünen Staatssänfte mit einem Reitergefolge und Trägern seiner Insignien ein. Vor allem aber konnte er als »Staatsbeamter« jederzeit in chinesische Angelegenheiten eingreifen.

Den langersehnten Vorwand zur Etablierung in China erhielt die Reichsregierung schließlich, als am 1. November 1897 auf einer Steyler-Missionsstation die beiden Patres Nies und Henle von Mitgliedern der Gesellschaft der großen Messer, einer der zahlreichen chinesischen Geheimgesellschaften und Sekten, ermordet wurden. Am 6. November erfuhr Wilhelm II. von dem Überfall und ordnete sofort eine Flottendemonstration in Kiautschou an. Zugleich bekundete er seine Entschlossenheit, die deutsche »hypervorsichtige, in ganz Ostasien bereits als schwach angesehene Politik nunmehr aufzugeben und mit voller Strenge und wenn nötig mit brutaler Rücksichtslosigkeit den Chinesen gegenüber endlich zu zeigen, daß

Deutliche Bildersprache: Die Faust des deutschen Kaisers reicht bis zum äußersten Osten. Holländische Karikatur aus dem Jahr 1898

Carl Röchling, *The Germans to the Front!* (1902) Glorifizierung des deutschen Militäreinsatzes in China

der Deutsche Kaiser nicht mit sich spaßen läßt und es übel ist, denselben zum Feind zu haben«.

Die Besetzung der Kiautschou-Bucht am 14. November 1897 geschah deshalb auch unter der ausdrücklichen Begründung, daß sie als Ahndung für den Mord an den Missionaren zu gelten hatte. Endlich besaß das Deutsche Reich sein »deutsches Hongkong«, die Kiautschou-Bucht mit der Hafenstadt Tsingtao. Der Forschungsreisende Ernst von Hesse-Wartegg bedauerte nur, daß man den beiden ermordeten Missionaren, »die mit ihrem Blute dem Vaterlande eine Kolonie erkauft haben«, kein Denkmal errichten wollte.

Ständige maßlose Sühneforderungen und die territoriale Amputation Chinas durch die europäischen Mächte verschärften die politische Situation. Der angehäufte Sprengstoff entzündete sich schließlich im Boxeraufstand von 1900/01, in dem sich eine anfangs »primitive« Rebellion sowie wirtschaftlich-sozialkonservative Protestbewegungen mit der reaktionären Hofkamarilla zu einer primär aus Fremden- und Christentumsfeindlichkeit genährten Abwehrbewegung gegen jeden westlichen Einfluß verbanden.

Die neuen Eisenbahnbauten, die nach 1897 auch und gerade in der »deutschen« Provinz Shantung mit Vehemenz und Gewalt gegen örtliche Widerstandsakte einsetzten, schufen zwar neue Ar-

beitsplätze und Verdienstmöglichkeiten, sie begannen aber auch, die überwiegend bäuerlich-konservative Besitz- und Agrarstruktur nachteilig zu verändern. Zudem verletzten sie vor allem die religiösen Gefühle der nicht von einer wachstumsgläubigen Wirtschaftsmentalität beeinflußten Bevölkerung. Die Öffnung etwa einer Bergbaumine störte nach ihrer Vorstellung die Götter und Geister, das Fengshui (»Wind und Wasser«). Darunter ist die geomantisch begriffene Harmonie von Landschaft und ihrer Erschließung und Bebauung zu verstehen. Das gleiche galt für die (Sühne-)Kirchen, die mit ihren hochragenden neogotischen Türmen den Himmel herausforderten. Für alle Veränderungen und soziale und wirtschaftliche Not wurden die Fremden verantwortlich gemacht.

Im großen und ganzen blieb es während der Boxerwirren im deutschen »Interessengebiet«, der Provinz Shantung, weitgehend ruhig, da der nationalistisch-fortschrittliche, als deutschfreundlich geltende Gouverneur Yüan Shih-k'ai den Schutz der Fremden zu garantieren vermochte. Zudem stellte das deutsche Gouvernement mit seinen wenn auch geringen Truppen ein stabilisierendes Element dar. Nach der Ermordung des deutschen Gesandten in Peking, Klemens Freiherr v. Ketteler, im Juni 1900 trat das Deutsche Reich jedoch an die Spitze von europäischen Forderungen für eine gemeinsame Aktion gegen China.

Bei der Verabschiedung des deutschen Kontingents im Juli 1900 in Bremerhaven hielt Wilhelm II. seine berüchtigte »Hunnenrede«. In ihr richtete er an das deutsche Expeditionskorps die Aufforderung, den Chinesen kein »Pardon« zu geben und keine Gefangene zu machen. »Wie vor tausend Jahren die Hunnen unter ihrem König Etzel sich einen Namen gemacht, der sie noch jetzt in der Überlieferung gewaltig erscheinen läßt«, sagte er weiter, »so möge der Name Deutschland in China in einer solchen Weise bekannt werden, daß niemals wieder ein Chinese es wagt, etwa einen Deutschen auch nur scheel anzusehen.« Der kurze Zeit später zum Reichskanzler ernannte Bülow bezeichnete in seinen *Denkwürdigkeiten* (1930/31) die »Hunnenrede« als die »schlimmste Rede jener Zeit und vielleicht die schändlichste, die Wilhelm II. je gehalten hat«.

Aus den zeitgenössischen »Hunnenbriefen«, die Soldaten über die Gewaltexzesse der deutschen Truppen nach Hause schrieben und die in linken Blättern erschienen, wurde das hohe Maß an Gewalt im »Boxerkrieg« sichtbar. Dabei handelte es sich im deutschen Fall weitgehend um reine Nachhutgefechte, da der schließlich von den Verbündeten akzeptierte militärische Oberbefehlshaber, Generalfeldmarschall Alfred Graf von Waldersee, erst am 25. September 1900 in Tientsin eintraf, über einen Monat nach der Einnahme Pekings durch ad hoc gebildete alliierte Truppen. Der spöttisch als »Weltmarschall« apostrophierte Heerführer suchte daher durch Einzelaktionen und die Mitnahme erbeuteter chinesischer Kunstgegenstände nach Deutschland einen Rest an Ruhm zu erwerben.

Zu den geraubten Objekten gehörten die von dem Kölner Jesuitenmissionar Adam Schall von Bell um die Mitte des 17. Jahrhunderts erbauten astronomischen Instrumente aus dem Kaiserlichen Observatorium. Sie wurden zeitweilig im Park von Sanssouci aufgestellt. Die Sozialdemokraten verlangten ihre Rückgabe, aber erst in Erfüllung des Artikels 131 des Versailler Vertrags gab Deutschland sie an China zurück. Überdies wurde China im sogenannten Boxerprotokoll vom September 1901 zur Zahlung von 90 Millionen Taels (etwa 280 Millionen Reichsmark) Kriegsentschädigung an das Deutsche Reich verpflichtet. Das waren 20 Prozent der gesamten Reparationen, wobei der deutsche Anteil nur von dem russischen übertroffen wurde. Außerdem verlangte man, daß China eine Bußgesandtschaft unter einem kaiserlichen Prinzen an den Berliner Hof schickte.

Nach der Annexion von Kiautschou und dem hochstilisierten Rachefeldzug im Boxerkrieg legte das vorrangige Ziel wirtschaftlicher Expansion der deutschen Politik allerdings größere Zurückhaltung auf. Jedenfalls wollte das Reich nicht noch einmal eine antichinesische Führungsrolle übernehmen und als meistgehaßte

fremde Macht in China dastehen. Schon während des Boxerkrieges hatte das Reichsmarineamt, dem die Verwaltung Kiautschous unterstand, das Prinzip der »offenen Tür« als die einzig sinnvolle Leitidee für eine wirtschaftlich orientierte deutsche Chinapolitik bezeichnet. Sie sollte es bis zum Ersten Weltkrieg bleiben.

Prinz Tschun, der »Sühneprinz«, macht am 3. September 1901 in Potsdam den Kotau vor dem sitzenden Kaiser Wilhelm II.

Krupp und Li Hongzhang – Das Geschäft mit China

Berlin, 13. Juni 1896. Die Hauptstadt des Deutschen Reichs erwartet einen hohen, außergewöhnlichen Staatsgast: den führenden Politiker des chinesischen Kaiserreichs im ausgehenden 19. Jahrhundert, Li Hongzhang. Der »Bismarck des Ostens«, wie er am preußischen Hof genannt wird, kommt mit dem Zug aus St. Petersburg, wo er als Repräsentant Chinas an der Krönung des Zaren Nikolaus II. teilgenommen hat. In Berlin steigt der im traditionellen chinesischen Beamtenhabit gekleidete, ehrwürdig aussehende ältere Herr in die Staatskarosse des Reichskanzlers Hohenlohe-Schillingsfürst, der dem Gast die Hauptstadt zeigt. Am folgenden Tag empfängt ihn Kaiser Wilhelm II., der ihn mit dem Großkreuz des Roten Adlerordens dekoriert. Nach einem Besuch beim Altkanzler Bismarck in Friedrichsruh begibt sich Li mit seinem Gefolge nach Essen.

In der Villa Hügel oberhalb der Ruhr waren chinesische Besucher längst keine fremde Erscheinung mehr. Bereits 1866 hatte eine Gesandtschaft in den Räumen der Krupp-Familie geweilt, war vom Chef des Hauses, Alfred Krupp, durch das Werk geführt und mit einem Galadiner geehrt worden. Es war der Auftakt einer engen Kooperation im deutsch-chinesischen Waffengeschäft. Die Ursprünge dieser Beziehungen lagen allerdings in China und sind aufs engste mit der Person Lis verbunden.

Li Hongzhang hatte sich einen Namen gemacht, als er im Zusammenhang mit der Niederwerfung des Taiping-Aufstands (1851/64) erstmals westliche Waffen und Ausbilder einsetzte. Es folgte eine rasante Karriere als Gouverneur, seit 1875 der nördlichen Provinz Zhili (heute Hebei), in der auch die kaiserliche Hauptstadt lag. Im gleichen Jahr erhielt Li den höchsten chinesischen Beamtenrang als Erster Staatssekretär. Weitere Sondervollmachten, vor allem

Besuch des chinesischen Vizekönigs Li Hongzhang auf dem Schießplatz in Meppen am 1. Juli 1896

im Bereich des Flottenbaus und der Küstenverteidigung, brachten ihm letztlich die Hauptverantwortung für die Außen-, Verteidigungs- und Handelspolitik. Hinzu kam ein immenser persönlicher Reichtum, der auf der Gründung von Dampferlinien, der Anlage von Teeplantagen, der Herstellung von Munition und der Pfandleihe beruhte.

Vor allem aber hatte Li erkannt, daß ohne eine Modernisierung China dem Westen auch künftig hoffnungslos unterlegen bleiben würde. Er schloß sich deshalb jener Bewegung seit den 1860er Jahren an – deren Führer er dann werden sollte –, die angesichts der Unruhen im Innern und der außenpolitischen Schwäche auf Reformen setzte. Ihr Vorbild sahen die Reformer im Westen. Unter den Namen der »Selbststärkung« (»Ziqiang«) oder »Verwestlichungsbewegung« (»Yangwu«) strebten die Neuerungen eine Modernisierung in verschiedenen wissenschaftlich-technischen Gebieten an. Sie blieben aber weitgehend auf den waffentechnischen Bereich beschränkt, was eine der Ursachen ihres Scheiterns war.

Auch Li Hongzhang blieb immer ein getreuer Anhänger der traditionellen politischen Ordnung und konservativen Gesellschaftsstrukturen seines Landes. Es war allein die Erfahrung mit den westlichen »harten Schiffen und scharfen Kanonen« – eine zeitgenössische chinesische Formulierung –, die ihn zu der Ansicht gelangen ließ, mit Hilfe westlicher Technik ein starkes China auf traditioneller Basis zu schaffen. Zwar hatten die Chinesen das Schießpulver erfunden und bereits im 12. Jahrhundert als Munition für Feuerwaffen eingesetzt, aber ihre weitere Entwicklung stagnierte. Den Hinterladergewehren und Kanonen sowie geschützbestückten Panzerschiffen der »Barbaren« aus dem Westen hatten sie nichts entgegenzusetzen. Schon im Zusammenhang mit der Niederschlagung des Taipingaufstands im Bündnis mit den Europäern hatte Li die Stärke dieser Waffen erfahren: »Etwa tausend Soldaten feuerten gleichzeitig aus westlichen Gewehren und Kanonen. Wo immer diese Armee auftauchte, zerstreute sich der Feind vor ihr wie Spreu im Wind. Westliche Kanonen sind ein wahres Wunder ... es ist unentschuldbar, nicht vom Westen zu lernen.«

Vorerst waren es Engländer und Franzosen, die bei dem seit den 1860er Jahren anlaufenden Modernisierungsprogramm mit der

Einstellung von Militärberatern und dem Kauf von Waffen ein eindeutiges Übergewicht gewannen. Um sich aus dieser zugleich politischen Abhängigkeit zu lösen, griff Li auf jene traditionelle Formel zurück, die China bereits bei der Abwehr von feindlichen Nachbarn angewendet hatte: »Mit Barbaren gegen Barbaren.«

Diese Handlungsmaxime, die zum Leitmotiv der Selbststärkungsbewegung wurde, verwies geradezu zwangsläufig auf Preußen-Deutschland bzw. das Deutsche Reich, war letzteres doch – vorerst und scheinbar – die am wenigsten am »Wettlauf um China« beteiligte Macht, die überdies über das modernste waffen- und militärtechnische Know-how der Welt verfügte. Li bemerkte dazu in einem Thronbericht: »Das deutsche Militärwesen und die deutsche Politik sind vorbildlich und lauter. Die deutschen Schiffe und Waffen sind hervorragend und makellos.« Gleichzeitig entkräftete er die Befürchtungen des Prinzen Gong gegenüber Missionaren und Opiumeinfuhr, indem er hinzufügte: »Deutschland liegt von China sehr weit entfernt. Es gibt mit ihm weder Grenzstreitigkeiten noch andere Probleme wie die Missionstätigkeit oder den Handel mit ausländischen Medikamenten«, womit das von den Europäern als Arznei deklarierte Opium gemeint war.

Die ersten Kontakte gingen denn auch von China aus, nachdem deutsche Waffen seit Beginn der 1860er Jahre, wahrscheinlich durch den Schmuggel preußischer Kaufleute, auf dem chinesischen Markt aufgetaucht waren. Fast parallel dazu liefen die Bemühungen der Firma Krupp, in China ebenso präsent zu sein wie bereits in Japan, Rußland und der Türkei. Alfred Krupp hatte das 1812 von seinem Vater Friedrich gegründete Unternehmen inzwischen zu einer Weltfirma ausgebaut. Zwei Geschäftsbereiche bestimmten den Erfolg: die Produktion von Eisenbahnteilen – drei stilisierte Räder sind das Kruppsche Firmensignet – und der Geschützbau. Die Einigungskriege mit der Umrüstung der preußisch-deutschen Armee auf Gußstahlgeschütze mit Hinterladersystem machten das Unternehmen zur Waffenschmiede der Nation.

Darum war es kein Zufall, daß die chinesische Delegation von 1866 nach dem Empfang in Berlin auch einen Abstecher nach Essen machte. Seit diesem Zeitpunkt verlor Alfred Krupp das chinesische Geschäft nicht mehr aus den Augen, wenn er auch erst 1870 den Kölner Waffenhändler Friedrich Peil mit der Vertretung seiner Firma in China und Japan betraute. Zudem übernahm er die Kosten des offiziellen deutschen Militärberaters, des Artillerieoffiziers Theodor Schnell.

Das Waffengeschäft mit China wurde für die Firma Krupp zu einem vollen Erfolg. 1871 erfolgte bereits die erste Lieferung von vierundzwanzig Geschützen. Im nächsten Vierteljahrhundert gingen jährlich etwa 78 Geschütze nach China, was 8 Prozent der Gesamtproduktion und 13,8 Prozent des Gesamtauslandsgeschäfts ausmachte.

Geholfen haben die Krupp-Kanonen den Chinesen allerdings wenig. Denn die modernen Waffen vermochten die Unzulänglichkeiten bei ihrem Nachbau, aber auch Mängel beim Heeresaufbau, Korruption und Zweckentfremdung der Rüstungsgelder, schlechte Ausbildung sowie die staatliche Gängelung nicht auszugleichen. Vor allem ging aber der technische Modernisierungsschub nicht wie in Japan mit politischen und gesellschaftlichen Reformen einher. So mußte China nach dem verlorenen Krieg um Vietnam (1884/85) gegen die Franzosen auch noch eine vernichtende und demütigende Niederlage gegen Japan (1894/95) hinnehmen.

Als Li Hongzhang daher 1896 die Villa Hügel besuchte, hielt man es nicht für opportun, dem zuvor hofierten mächtigen Mandarin, der zudem in seiner Heimat für die Niederlage mitverantwortlich gemacht wurde, die von ihm gegossene Bronzestatue – wie geplant – feierlich zu übergeben. Erst nach seinem Tod erfolgte 1906 die Enthüllung in Shanghai, deklariert als Geschenk der Kruppschen Chinavertretung an Lis Erben.

Für die marktbeherrschende Firma Krupp, andere deutsche Waffenhändler und Werften sowie Handelsunternehmen ging das einträgliche Geschäft mit China auch ohne Li weiter. Weniger erfolgreich gestalteten sich dagegen die Investitionen im »Pachtgebiet« Kiautschou und im »Interessengebiet« Shantung. Am Anfang des deutschen Engagements stand der Bau der Eisenbahnlinie von Tsingtao nach der Provinzhauptstadt Jinan, während das geheime Ziel das bereits außerhalb dieses Gebietes liegende Jangtsetal war.

Allerdings war die Bahn von Tsingtao nach Jinan die einzige, die von drei projektierten Linien fertiggestellt wurde. Während die Eisenbahnpolitik immerhin teilweise den hohen Erwartungen entsprach – 1913 konnte die Shantung-Eisenbahn-Gesellschaft 7,5 Prozent Dividende ausschütten –, erwiesen sich die deutschen Bergbauunternehmungen in Shantung, auf die vor allem Richthofen gesetzt hatte, als ein völliger Fehlschlag. So erreichte die gesamte Kohleförderung in Shantung 1908 nur etwa ein Fünftel der Jahresförderung eines größeren schlesischen Bergwerks.

Auch im Handel über Kiautschou vermochte Deutschland seine Position anteilmäßig nicht zu verbessern. Bei den Einfuhren über ihren eigenen Hafen Tsingtao lagen die Deutschen 1907 hinter den Japanern (50–55 Prozent), den Engländern (20–25 Prozent) und den Amerikanern (15 Prozent) erst auf dem vierten Platz. Bis 1913 sank der deutsche Anteil sogar auf 8 Prozent. Wenn der Chinahandel insgesamt auch alle anderen Kolonien in Afrika und im Pazifik zusammengenommen übertraf, blieb er jedoch weit hinter den hohen Erwartungen zurück.

Außerdem standen einmal mehr den Privatgewinnen der Kaufleute die nationalen Verluste des Kolonialstaates gegenüber. Zwangsläufige Folge der enormen Investitionen und infrastrukturellen Maßnahmen im »Pachtgebiet« war, daß Kiautschou zum teuersten Kolonialunternehmen Deutschlands wurde und bis 1914 Zuschußkolonie blieb. Wie der Zentrumsabgeordnete Matthias Erzberger am 21. März 1908 im Reichstag bekundete, hätte man mit dem Geld leicht »aus der Mark Brandenburg den schönsten Garten der Erde« machen können. Bebel wollte die Kolonie sogar an Japan verkaufen.

Das Reich der Marine

In seinen 1920 erschienenen *Erinnerungen* schreibt Alfred von Tirpitz, der mächtige und einflußreiche Flottenchef des Kaiserreichs, daß es das vornehmste Ziel der Marine vor dem Ersten Weltkrieg gewesen sei, aus Kiautschou ein »Schaufenster in Ostasien« zu machen. Der Marinestaatssekretär, seit 1897 im Amt, dachte damit weniger an den Ausbau des »Pachtgebiets« als Marinebasis, als vielmehr an wirtschaftliche deutsche Beteiligung am »Wettlauf um China«. Die neue Rolle der deutschen Flotte und die erstarkte Wirtschaftsposition und Leistungsfähigkeit des Deutschen Reiches sollte, hauptsächlich gegenüber England, demonstriert werden. Seit der Besetzung der Kiautschou-Bucht und ihrer »Pachtung« im März 1898 betrachtete die Marineleitung diesen Stützpunkt – etwa so groß wie Hamburg – daher als ihr »Reich« und als Experimentierfeld für eine verbesserte Kolonialpolitik. Im Gegensatz zu den afrikanischen Kolonien, deren wirtschaftliche Ausnutzung sich bis dahin als wenig ertragreich erwiesen hatte und in denen es immer wieder zu aufsehenerregenden Kolonialskandalen kam, sollte aus Kiautschou eine Musterkolonie werden, mit der die junge deutsche Marine zugleich ein Stück Emanzipation und Selbstbestätigung zu erreichen suchte.

Die Verwaltung Kiautschous oblag deshalb von Anfang an nicht einer Handels- oder Kolonialgesellschaft und unterstand auch nicht – im Gegensatz zu den anderen deutschen Kolonien – dem Auswärtigen Amt bzw. dem Reichskolonialamt, sondern dem Reichsmarineamt. Ein Marineoffizier stand als Gouverneur an der Spitze der zivilen und militärischen Verwaltung. Die Zivilverwaltung gliederte sich in die eigentliche Landesverwaltung mit einem Zivilkommissar an der Spitze und einem »besonderen Kommissar« für chinesische Angelegenheiten. Ansonsten war die Landesverwaltung für Europäer und Chinesen getrennt. Die Chinesen behielten weitgehend ihre Rechte und Institutionen, waren allerdings in keiner Form an Verwaltung und Rechtsprechung der Kolonie beteiligt, abgesehen von einem beratenden Komitee aus »ansässigen angesehenen Chinesen«.

Kernstück der veränderten Kolonialpolitik war eine damals äußerst fortschrittliche Bodenpolitik. Vorbild dafür waren sowohl die Ideen des amerikanischen Sozialreformers Henry George und der deutschen Bodenreformer um Adolf Damaschke als auch die aus anderen großen Hafenstädten Ostasiens wie Hongkong, Shanghai und Singapur gewonnenen Erfahrungen. So sollte die dortige verfahrene Entwicklung vermieden werden, daß allenthalben der verfügbare Grund und Boden aufgekauft und zu Mietshäusern »ausgeschlachtet« wurde oder Spekulationsgewinnen unterlag. Ausgangspunkt dieses Steuerungssystems war das Monopol des Gouvernements über den Kauf von Land von den chinesischen Eigentümern – zum herrschenden, aber auf niedrigem Niveau eingefrorenen Preis –, die zuvor gesamtenteignet wurden. Sie konnten aber vertraglich auf dem Boden bleiben, solange das Land nicht gebraucht wurde. Bebauungsfristen mit Steuererhöhungen bei Nichteinhaltung sorgten dafür, daß die Bauvorhaben tatsächlich ausgeführt wurden und daß das Land zu dem Zweck verwendet wurde, zu dem es gekauft worden war. Durch eine Wertzuwachssteuer, von der Investitionen abgezogen werden konnten, sowie durch das Vorkaufsrecht des Gouvernements war letzteres sowohl am Gewinn als auch unmittelbar an der Bodenpolitik beteiligt.

Was die Stadtentwicklung betraf, wurde in Tsingtao das koloniale Modell der »dual city« praktiziert, also der Teilung der Stadt in einen »europäischen Teil« und in die »Chinesenstadt« Tapatau. Für die Trennung wurden gesundheitliche und hygienische Gründe angeführt. Sie waren zwar nicht völlig haltlos – in den dichtbewohnten Städten Asiens traten regelmäßig Pest- und Typhusepidemien auf –, konnten aber die vorrangigen kulturrassistischen Argumente nicht überdecken. Da andererseits nach der republikanischen Revolution von 1911 zahlreiche Angehörige der alten, vermögenden chinesischen Oberschicht in die koloniale Enklave flüchteten und sich im Europäerviertel einkauften, ließ sich die völlige Isolation zwischen Europäern und Asiaten nie ganz aufrechterhalten. Besser sollte man daher von einer »zweigeteilten Gesellschaft« sprechen.

Charakteristiken der Europäerstadt waren Badestrand und Promenade, Parks und die Rennbahn, das Hospital, Berg-, Turn- und andere Vereine und eigene Lokalitäten. Städtebaulich hervorstechend war, daß die Straßen in Südwest-Nordost- und Südost-Nordwest-Richtung verliefen. Das bewirkte, daß die Sonne jede Straße und Hausfassade täglich beschien, Nordfassaden gab es nicht. Feuchte Stellen als mögliche Herde von Krankheiten wurden auf diese Weise ausgetrocknet. Durch die Ausrichtung der Straßen konnten zudem die sommerlichen und winterlichen Winde für eine gute Durchlüftung sorgen. Dazu trugen auch die acht bzw. zehn Meter breiten Straßen bei gleichzeitig niedriger Bebauung und kleinen Baublöcken bei. Die Anforderungen an Gesundheit, Verkehr, Festigkeit und Feuersicherheit wurden in strengen »baupolizeilichen Vorschriften« festgehalten. Im Hinblick auf die Chinesenstadt beschränkte man sich angesichts der Menschenfülle auf eine Festlegung der Bauhöhe, der bebaubaren Fläche eines Grundstücks sowie der Mindestanforderungen an Raumhöhe und -fläche.

Zum Entwicklungsprogramm der Marine gehörte zudem ein aufwendiges und teures, im China dieser Zeit einmaliges Aufforstungs- und Kultivierungsprogramm des von starker Erosion bedrohten Gebietes. Gleicherweise fortschrittlich waren die hygienischen und medizinischen Maßnahmen. Da im damaligen China Epidemien wie Cholera, Pest, Typhus und Pocken dauerhaft auftraten – was nicht zuletzt auf den Umstand zurückzuführen war, daß die Chinesen ihre Notdurft selbst auf der Straße verrichteten –, richtete man eine Fäkalienabfuhr ein, zunächst nach dem Tonnensystem, später für das Europäerviertel mit einer Schmutzwasserkanalisation. Die Kanalisationsdeckel in der Altstadt des heutigen Qingdao tragen noch immer den Namen der Fa. Böcking & Co. Weitere strenge hygienische Vorschriften vom Warenverkauf über die Straßenreinigung bis zur Abwässerbeseitigung wurden erlassen und ein modernes Trinkwasserversorgungssystem geschaffen. Straßen wurden gepflastert und ein Netz von Verbindungen in die ländliche Zone des Pachtgebiets geschaffen. Man errichtete ein Telegrafensystem und eine Funkstation, und der Hafen wurde zu einem der modernsten in Ostasien. Zwar wurde Tsingtao gleichzeitig zu einer Marinebasis ausgebaut, die eine Besatzung von 2300 Mann besaß, aber seit 1906 wurden dort keine weiteren Truppen stationiert. Das einstige Fischerdorf Tsingtao rangierte schließlich an sechster Stelle der chinesischen Häfen und sollte 1931 nach Shanghai, Tientsin und Dairen zum viertwichtigsten Hafen in China werden. Die einstige deutsche Kolonie genoß den Ruf der gesündesten und saubersten Stadt in Ostasien.

Die Armierung wurde auch schon deswegen nicht verstärkt, um auch nach außen zu dokumentieren, daß Deutschland keine militärischen Ambitionen in Shantung hatte. Längst hatte die Marineleitung auf eine andere Karte gesetzt, auf eine spezifisch »deutsche Kulturmission« im Rahmen der allgemeinen »kulturellen Invasion« des Westens nach dem Boxerkrieg. Erstmals 1902 begründete der Gesandte Freiherr Mumm von Schwarzenstein in einem grundsätzlichen Statement gegenüber Reichskanzler Bülow die Notwendigkeit einer deutschen »Kulturmission« in China. Nach Auffassung des Gesandten waren sämtliche vorangegangenen Versuche, »den kranken Mann des fernen Ostens durch äußere Mittel zu kurieren und zu einem brauchbaren Mitglied der großen Völkerfamilie umzuformen«, kläglich gescheitert. Ebensowenig hatten seiner Meinung nach »die auf eine Reihe von unglücklichen Kriegen folgenden Amputationen von Gebietsteilen vermocht, den ungefügen Koloß aus dem Schlaf zu rütteln«.

Auf der gleichen Linie setzte 1907 sein Nachfolger, Graf Rex, die Argumentation fort, indem er eine großzügige deutsche Politik in China forderte, die Tsingtao zu einer Bildungsstätte für Chinesen auf allen Gebieten machen sollte. »Ich würde es für einen schweren Fehler halten«, begründete er seine geplanten Maßnahmen für ein breitgefächertes Bildungsangebot, das die Chinesen zugleich mit der Annexion des Pachtgebietes versöhnen und die Schranken zur Bevölkerung niederreißen sollte, »wenn wir den Besitz von Kiautschou nicht in großem Maßstabe ausnützten. Lehren wir den Chinesen nicht die westliche Kultur, nun so werden es andere Länder tun. Heute würden wir noch die ersten auf dem Platze sein und einer wesentlichen Konkurrenz nicht ausgesetzt sein.« Mit diesem allerdings verfehlten Optimismus beantragte der Gesandte eine Million Reichsmark und einen jährlichen Zuschuß des Reichstags.

Dieser bewilligte allerdings nur 50 000 Reichsmark zusätzlich sowie eine einmalige Zahlung von 300 000 Mark seitens der Reichsregierung zur Errichtung und Ausstattung von deutschen Lehranstalten für chinesische Schüler. Nach dem Vorbild der Amerikaner die jährlichen chinesischen Zahlungen aus der Boxerentschädigung (ca. 10 Millionen Reichsmark) für kulturpolitische Zwecke zu verwenden, dazu konnte man sich nicht entschließen.

Tsingtao: chinesische Schüler beim Chemieunterricht an der Deutsch-Chinesischen Hochschule

Zentrales Projekt der deutschen »Kulturmission im großen Stil«, wie der *Ostasiatische Lloyd*, die Zeitung der nationalen Interessenlobby in China schrieb, war die am 25. Oktober 1909 eröffnete Deutsch-Chinesische Hochschule. Sie stellte das Ergebnis einer engen deutsch-chinesischen Kooperation dar. In ihrer Verwaltung trug sie der kulturellen Souveränität Chinas Rechnung und war schon von daher Ausdruck einer geänderten Kulturpolitik des Deutschen Reiches. Sie wurde auch von China, das sich nach der Abschaffung des traditionellen chinesischen Prüfungssystems 1905 in einer Umbruchsituation befand, als Institution höherer Bildung anerkannt. Sie gliederte sich in vier Abteilungen für Staats- und Rechtswissenschaften, Medizin, Ingenieurwissenschaften und Forst- und Landwirtschaft. 1914 zählte sie über 400 Studenten, unterrichtet von 26 deutschen und sechs chinesischen Lehrern.

Als Mittel zur Einfügung deutscher Kulturelemente in die chinesische Reformbewegung diente auch die während der Revolution 1911 begründete Shufan-Mädchenoberschule (»Shufan« bedeutet Vorbild edler Weiblichkeit). Geldgeber waren in Tsingtao ansässige Hamburger und Bremer Firmen unter maßgeblicher Beteiligung und persönlichem Einsatz des Publizisten und China-Propagandisten Paul Rohrbach. Die deutsche Mädchenoberschule war hauptsächlich als Lehrerinnenseminar (mit seinem Multiplikatoreffekt) gedacht, um junge Mädchen »vorzugsweise der höheren Klassen Chinas« unter Ausschluß des Religionsunterrichts vom Lehrplan »im Geiste wahrer deutscher Kultur zu erziehen«.

Auch mit der Unterrichtung chinesischer Schüler wurde sogleich begonnen. Bereits 1898 ersuchte das Gouvernement die neu ins Pachtgebiet gekommene protestantische Berliner Mission, eine Elementarschule für Chinesen einzurichten. Das Ziel der Verwaltung, deutschsprechende Arbeitskräfte auf diese Weise zu bekommen, unterstützte sie mit finanziellen Zuwendungen. Andere Missionen – neben der Berliner Mission der liberale Allgemeine evangelisch-protestantische Missionsverein und die Steyler Mission – folgten auf diesem Wege. 1902 wurde eine Ausbildungsstätte für chinesische Lehrlinge eingerichtet, die auf der Werft eingesetzt wurden. Insgesamt wurden in den siebzehn Jahren deutscher Herrschaft eine Gouvernementsschule, 26 Grundschulen, zehn Missionsschulen, vier Berufsschulen und eine »Spezialhochschule« errichtet.

Welche Wirkung die deutsche Schul- und Kulturpolitik sowie die gesamte deutsche Entwicklungspolitik im »Pachtgebiet« auf die chinesischen Modernisierungsbestrebungen ausübten, geht aus den Äußerungen des ersten Präsidenten der noch jungen Republik China, Sun Yat-sen, hervor. 1912 hatte er überraschend die Deutsch-Chinesische Hochschule besucht. Nach dem Bericht des Gouverneurs Meyer-Waldeck äußerte er vor Studenten: »Die Schüler sollten sich Deutschland für das neue China zum Vorbild nehmen. Aber das Studium auf der Hochschule sollte für die Schüler nicht die einzige Quelle der Bildung bleiben. Auch außerhalb der Mauern fände sich hier eine Fülle des Wissens und Nachahmenswerten. In den zwei Tagen, die er hier weile, habe er gesehen, daß China trotz tausendjähriger Kultur nichts geleistet habe, das sich mit dem vergleichen ließe, was Deutschland in einer Spanne von zwölf Jahren zustandegebracht habe. Straßen, Häuser, Hafenanlagen, sanitäre Einrichtungen, alles zeuge von Fleiß und Streben.« Schon zwei Jahre später war das deutsche China-Abenteuer beendet.

»Einbalsamierte Mumie« oder »Gelbe Gefahr«? – Das Chinabild

Sinesen waren und blieben sie, ein Volksstamm mit kleinen Augen, einer stumpfen Nase, platter Stirn, wenig Bart, großen Ohren und einem dicken Bauch von der Natur begabet: Was diese Organisation hervorbringen konnte, hat sie hervorgebracht; etwas anderes kann man von ihr nicht fordern … Das Reich ist eine balsamierte Mumie, mit Hieroglyphen bemalt und mit Seide umwunden; ihr innerer Kreislauf ist wie das Leben der schlafenden Wintertiere.« Diese Sätze formulierte der Schriftsteller, Theologe und Philosoph Johann Gottfried Herder. In seinen *Ideen zur Philosophie der Geschichte der Menschheit* von 1787 zeichnete er ein Bild Chinas, das geraume Zeit vorhalten und im imperialistischen Zeitalter über die kulturelle Abstufung hinaus eine rassistische Verschärfung erfuhr.

Die enthusiastische Vorstellung Chinas war verlorengegangen, die Jesuitenmissionare des 17. und 18. Jahrhunderts von schönen Menschen und einem wohlgeordneten »Philosophen- und Gelehrtenstaat« entworfen hatten. Noch den Philosophen der Frühaufklärung hatte dieses Chinabild als Folie ihrer Kritik am absolutistischen europäischen Staat gedient. Mit Herder und seinen Nachfolgern vollzog sich ein grundlegender Wandel. Der Chinese war fortan weder von angenehmen Äußeren – die englischen Kaufleute verspotteten ihn als schwerfälligen, in plumper Kleidung versinkenden »John Chinaman« –, und Staat, Kultur und soziales Leben waren in Statik, Stagnation und »orientalischer Despotie«

(Hegel) erstarrt. Dem entsprachen allerdings auf chinesischer Seite das Bild des »rothaarigen langnasigen Barbaren« oder »Ozeanteufels« sowie Schriftzeichen für Europäer, die man sonst für »Hunde«, »Würmer«, »Ziegen« und »Schweine« brauchte.

China als rückständig bzw. stagnierend bewertete Nation stellte man Europas Überlegenheit und Dynamik gegenüber. Zahlreiche Bücher und Schriften thematisierten diesen Gegensatz, der sowohl eine imperialistische als auch eine rassistisch-sozialdarwinistische Komponente enthielt – rechtfertigte die chinesische zivilisatorische »Unterentwicklung« doch erst die als »Kulturmission« deklarierte Aggression.

Noch am wenigsten von dieser Rassenarroganz ist in dem Werk *China und Japan* (1897) des Weltreisenden und vielgelesenen Reiseschriftstellers Ernst von Hesse-Wartegg zu spüren. Das Fremde wurde bei ihm nicht zwangsläufig negativ bewertet, und hinter seinem – typischen – Überlegenheitsgefühl des Europäers verbergen sich keine rassenideologischen Gesichtspunkte. Aber auch für ihn konnte China nur durch das Eingreifen der Europäer vor Stagnation und Verfall bewahrt werden.

Wesentlich aggressiver sieht das Chinabild bereits bei Joseph Kürschner aus, der 1901 das monumentale Werk *China. Schilderungen aus Leben und Geschichte, Krieg und Sieg* über das Land verfaßte. Anläßlich der Niederschlagung des Boxeraufstands widmete er das Machwerk als »Denkmal den Streitern und der Weltpolitik«. In ihm hieß es im Hinblick auf europäische Dynamik und chinesische Statik: »In erster Linie entscheidend für chinesisches Wesen ist der mongolische Grundcharakter: Kindlichkeit, Naivität, Sanftmut. Das Aggressive, Impulsive fehlt diesem Volke gänzlich. Heldengestalten, große Männer der Tat, sind äußerst dünn gesät … In der Tat ist der Grundzug seines Wesens ein an völlige Entäußerung grenzender Sinn für das Praktische, Nützliche, absolut Notwendige … Deshalb fehlt ihm jeder Sinn für das Ideale.«

In der fiktionalen Literatur des imperialistischen Zeitalters herrschen Klischees, Stereotypien und die herkömmlichen Topoi wie dasjenige der »verkehrten Welt« vor. Das gilt bereits für Karl Mays *Kong-Kheou* (1888/89), in dem fast nur »schlitzäugige«, »verschlagene« und »treulose« Chinesen agieren, wie schließlich noch für Gunther Plüschows Bestseller *Die Abenteuer des Fliegers von Tsingtao* (1916). Deutschlands einziger Chinaheld, dem mit seiner einmotorigen »Rumpler-Taube« zumindest noch einige Aufklärungsflüge über die japanischen Linien gelangen, bevor er als einziger zu Fuß aus dem besetzten Tsingtao entkam, läßt seinen neuen Koch nach der »treulosen« Flucht des alten im »Chinesen-Deutsch« sagen: »Du Vogelmaster, ich gute Koch sein, ich nicht weglaufen wie die schlechte Kerl, die Molitz, ich nicht Angst haben, ich plenty gut chau-chau mache.« Damit reihte sich sein Koch in die Reihe jener der Lächerlichkeit preisgegebenen Chinesen ein, die in Operetten, Boulevardstücken und der Trivialliteratur des Kaiserreichs Versatzstücke chinesischer Kultur waren.

Seine ganze Abneigung gegen China faßte der preußisch-westfälische Offizier Robert Löbbecke, der zur Reformierung des chinesischen Festungswesens zwischen 1895 und 1900 in Nanking weilte, in dem Satz zusammen: »Armes intrigantes China. Ich habe

Beliebte Feldpostkarte aus Kiautschou

bis jetzt noch nicht die Ansicht gewinnen können, daß diesen bezopften Söhnen des Himmels wirklich nach deutscher Auffassung geholfen werden kann.«

Chinas vorgebliche kulturelle Minderwertigkeit und Dekadenz manifestierte sich auch in der imperialistisch-rassistischen Farbskala. Nicht selten fanden sich die Chinesen nunmehr als »Gelbe« in einer Reihe mit den »Schwarzen« Afrikas und »Braunen« der Südsee. Um 1900 bezweifelte kaum jemand, daß Chinesen gelb waren. Der Ursprung dieser Völker-Farbsymbolik lag zwar bereits im aufkommenden biologischen Rassismus des ausgehenden 18. Jahrhunderts. Auf der anderen Seite schrieb der Leutnant zur See Reinhold Werner, Teilnehmer der preußischen Ostasienexpedition von 1860/62, noch 1863: »Wenigstens ist die vornehme Klasse, welche sich der Sonne nicht so aussetzt, fast weiß zu nennen.« Und auch Hesse-Wartegg meinte, allerdings erstaunt: »Es war überraschend, bei den meisten eine ähnlich weiße Hautfarbe zu finden, wie bei den anglo-sächsischen Rassen in Europa.«

Zeichnung nach einem Entwurf von Kaiser Wilhelm II. als Illustration zu der von ihm geprägten Losung »Völker Europas, wahret eure heiligsten Güter«

Die große Anzahl der Chinesen (»ameisenhaftes Volk«), ihre Betriebsam- und Anspruchslosigkeit (»bienenhafter Fleiß«) sowie die unterstellte kollektive »Seelenlosigkeit« evozierten zugleich jenes Schlagwort der »gelben Gefahr«, das unter Einbeziehung der Japaner, erst recht nach deren Siegen über China (1895) und Rußland (1905), als politische Bedrohung des Abendlandes gesehen wurde. Einer der wichtigsten Popularisatoren dieses Schlagworts war Wilhelm II. Er hatte 1895 höchstpersönlich ein Bild entworfen, das den Erzengel Michael, den Patron der Deutschen, als Anführer, Beschützer und Mahner einer Gruppe allegorischer, in Walküregestalt aufgereihter Frauen zeigt, die die europäischen Nationen symbolisierten. Das ausgestreckte Flammenschwert richtete sich gegen eine als asiatisch erkennbare Landschaft mit einer darüber schwebenden Buddhafigur.

Das Gemälde, bei dem der Kasseler Kunstmaler Hermann Knackfuß Hilfestellung geleistet hatte, trug die Unterschrift: »Völker Europas, wahrt eure heiligsten Güter!« Das Bild sandte der Kaiser an Monarchen und Staatsoberhäupter, ließ es in Heliogravüren der Reichsdruckerei verbreiten und auf den Dampfern deutscher Ostasienlinien aufhängen. Alexander Klars *Die gelbe Flut. Ein Rassenroman* (1907), ebenfalls von der Furcht vor der Masse der Asiaten bestimmt, gipfelte schließlich in dem Vorschlag, Europas Herrschaft in China dauerhaft zu etablieren und die Chinesen zu »Dienern der höheren Rasse« zu machen.

Eine Konsequenz dieses Denkens in Kategorien kultureller Überlegenheit und rassistischer Dominanz war die grundsätzliche Ablehnung von Mischehen im deutschen Pachtgebiet. Die offizielle Haltung des Gouvernements ging dahin, wie es eine Kabinettsorder vom August 1902 vorgegeben hatte, Ehen mit Chinesinnen und Japanerinnen zu vermeiden. Abgesehen von einigen »Ehen ohne Trauschein« gab es deshalb auch nur wenige legalisierte Mischehen in der höheren Tsingtauer Gesellschaft, was im übrigen mit einem Verbot der Qing-Regierung für chinesische Diplomaten und hohe Militärs im Ausland übereinstimmte; auch sie sollten keine Ehe »mit einer Dame fremder Staatsangehörigkeit« eingehen. Auf jeden Fall sollten die einheimischen Ehefrauen durch einen europäischen Vornamen »germanisiert« werden. Kindern aus diesen Verbindungen wurde kein vollständig deutscher Status zuerkannt. Von daher ergaben sich immer wieder Schwierigkeiten, wenn sie eine deutsche Schule besuchen wollten. Auffällig ist allenfalls, daß Ehen mit Japanerinnen, erst recht nach 1905, offenbar geringerer rassistischer Diskriminierung unterlagen.

Selbst das Chinabild der Missionare unterschied sich nur unwesentlich von demjenigen der übrigen Europäer. Der Steyler Missionar Rudolf Pieper brachte in europäisch-kultureller Arroganz die angebliche Verderbnis Chinas in einem Buch mit dem bezeichnenden Titel *Unkraut, Knospen und Blüten aus dem ›blumigen Reich der Mitte‹* zum Ausdruck. Während in dem 1900 erschienenen Prachtwerk die chinesische Kultur, das Familien- und Rechtsleben der Chinesen, ihre Tradition, ihr Arbeits- und Wirtschaftssystem und ihr religiöses Leben in dem Kapitel »Unkraut« abgehandelt wurden, »welches ins Feuer muß«, folgten in den Kapiteln »Knospen« und »Blüten« die Anfänge und Erfolge des Christentums. Diese Einbindung des missionarischen Denkens in westliches Überlegenheitsbewußtsein und koloniale Mentalität ließen ein eigenständiges, vermittelndes Christentum – wie es die Jesuiten des 17. und 18. Jahrhunderts angestrebt hatten – kaum mehr möglich erscheinen. Vielmehr setzte die christliche Mission, zumindest bis zum Boxerkrieg, auf die »Kanonenbootdiplomatie« ihrer westlichen Schutzmächte.

Eine der wenigen Ausnahmen angesichts des Kulturimperialismus der christlichen Mission und eine der beeindruckendsten Persönlichkeiten in deutsch-chinesischer Kolonialzeit war der »geistige Mittler zwischen China und Europa«, der schwäbische Missionar Richard Wilhelm. Wilhelm – oder Wei Lixian, wie sein chinesischer Name lautete –, hatte infolge körperlicher Gebrechen den Pfarrberuf erwählt. Ein befreundeter kolonialbegeisterter Kollege nahm ihn für die deutschen Kolonien ein, und 1899 ging er im Auftrag des national-kulturprotestantischen Allgemeinen evangelisch-protestantischen Missionsvereins, im Jahr des deutschen Kolonialauftakts 1884 gegründet, als Missionar und Pfarrer nach Tsingtao. Obwohl er bei seiner Ankunft in China weder ein Wort Chinesisch verstand noch sprach, empfand er dennoch von Anfang an Sympathien für das chinesische Volk, mit dem er auf zahlreichen Wanderungen in der Umgebung (Qufu, Taishan, Laoshan) in Berührung kam.

In den Briefen, die er nach Hause schrieb, findet sich nichts von dem in Europa verbreiteten Chinabild, das sich zwischen »Rückständigkeit« und »gelber Gefahr« bewegte. Gleichzeitig wurde ihm immer mehr bewußt, wie sehr die Taufe die chinesische Gesellschaft spaltete. Ohnehin betrachtete er in seinem auf die Person Christi zentrierten Denken jede Kirchlichkeit immer mehr als Fessel. »Es ist mir ein Trost«, schrieb er später in seinen Memoiren, »daß ich als Missionar keinen Chinesen bekehrt habe.« Er trat daher, wenn überhaupt noch, für ein entdogmatisiertes, sinisiertes Christentum ein. Nachdem er sich schon früh (1900) von seiner Pfarrtätigkeit hatte entbinden lassen, widmete er sich ganz der Schul- und Hospitalarbeit. 1902 erhielt er sogar ein Angebot des Gouverneurs von Shantung, als chinesischer Beamter in chinesischem Sold an der Universität in Jinan zu lehren. Als 1908 das Realschulkolleg vom Missionsverein in die Verantwortlichkeit des Reichs überging, übernahm Wilhelm als Zivilangestellter dessen Leitung. Das Kolleg existiert heute noch und erinnert durch ein großräumiges Museum an den einstigen Lehrer »moralischer Erziehung«.

Nach dem Ersten Weltkrieg wurde der hochgebildete Kenner chinesischer Kultur, der 1921 aus der Mission austrat, wissenschaftlicher Beirat an der Gesandtschaft in Peking. Seit 1923 hielt er Vorlesungen über deutsche Literatur und Philosophie an der renommierten Pekinger Reichsuniversität (»Beida«). 1924 kehrte Wilhelm mit einem Lehrauftrag für Sinologie an der Universität Frankfurt a. M. nach Deutschland zurück und wurde zum Begründer des ersten deutschen »China-Instituts«. Im Mittelpunkt seiner Studien stand weiterhin die Beschäftigung mit taoistischen und konfuzianischen Klassikern, deren Studium er seit 1904 aufgenommen und das ihn zeit seines Lebens begleitet hatte. Wilhelms Arbeiten zur Kultur, Philosophie und Literatur Chinas und seine Übersetzungen klassischer chinesischer Literatur (vor allem das *I-Ging*) gehören bis heute zum Fundament östlicher Philosophie und Bildung im deutschsprachigen Raum.

Wilhelms Hauptaugenmerk in China galt von Anfang an der Schulbildung, da er in ihr und nicht in der »pietistischen« Bekehrung die eigentliche soziale Aufgabe des Abendlandes sah. Gleichzeitig erblickte er in ihr aber auch die beste Möglichkeit eines gegenseitigen deutsch-chinesischen kulturellen Austauschs. Die auf den Vorstellungen dieser Deutschtumspropaganda basierenden Schulpläne der Verwaltung sind daher von ihm in Zusammenarbeit mit dem Admiralitätsrat und Zivilkommissar Wilhelm Schrameier, von Haus aus ebenfalls Theologe und seinerseits spiritus rector der geschilderten Landordnung, ausgearbeitet worden.

Von den nationalen Ambitionen einer deutschen Kulturmission vermochte sich aber auch Richard Wilhelm, glühender Verfechter des »deutschen Gedankens in der Welt«, nicht ganz freizuhalten. Dennoch war er keineswegs einverstanden mit dem radikalen Vorgehen der Deutschen in China und der ständigen Erpressung der Chinesen durch die europäische »Kanonenbootdiplomatie«. Während in Deutschland christliche Politiker das Kommandounternehmen zur Niederschlagung des Boxeraufstands als Feldzug für die »europäische Zivilisation« und »christliche Religion« auffaßten und sogar einen deutschen Vernichtungskrieg in China propagierten – so Friedrich Naumann, von Hause aus ebenfalls Theologe und von den Sozialdemokraten wegen seiner Zustimmung zur »Hunnenrede« Wilhelms II. »Hunnenpastor« genannt –, hatte für Wilhelm »unsere angebliche Zivilisation Schiffbruch gelitten, da von seiten der Europäer ebenso mit Mißhandlung und Tötung der Gefangenen und Verwundeten vorgegangen wurde wie von seiten der Chinesen«.

Als sich deutsche Truppen im Zuge des Boxerkriegs in Gaomi Ausschreitungen zuschulden kommen ließen, unternahm er auf chinesische Bitten hin einen Vermittlungsversuch zwischen den deutschen Militärs und den Chinesen. Seine erfolgreiche Intervention und sein Einsatz für finanzielle Mittel beim Gouverneur zur Linderung der ärgsten Not trugen ihm auf Jahre dankbare Sympathien der Bevölkerung und Anerkennung durch chinesische offizielle Stellen ein.

Im Mai 1906 verlieh ihm der chinesische Kaiser den Knopf vierten Ranges – eine Auszeichnung und eine Stellung innerhalb der chinesischen Beamtenhierarchie, die sich im imperialistischen Zeitalter andere westliche Missionare wie der Steyler Bischof Johann Baptist von Anzer auf den Druck ihrer Diplomaten hin ertrotzten. Seine intellektuelle und praktisch-humanitäre Sinophilie bewahrte Wilhelm auf diese Weise vor dem selbstherrlichen kulturellen Überlegenheitsgefühl und dem unduldsamen Kulturexpansionismus der westlichen Mission.

Den politischen Durchbruch einer deutschen Kulturmission in China erzielte schließlich Paul Rohrbach, Mitglied und Propagandaredner des Missionsvereins, mit seinem Werk *Deutschland in China voran!* (1912). Für den betriebsamen Publizisten und Propagandisten des »deutschen Gedankens in der Welt« und den Verfechter und Anhänger eines »größeren Deutschland«, der in engen Beziehungen zum Reichsmarineamt stand, hatten Politik, Mission, Presse und privater Unternehmungsgeist rastlos und einmütig zusammenzuarbeiten, um Deutschland den »seiner Bedeutung entsprechenden Anteil« auf dem »zukunftsreichsten Boden« der Erde zu sichern.

Rohrbach repräsentierte im Unterschied zu Wilhelm jenen aggressiven deutschen Kulturimperialismus, der sich mit seiner Tiefe und Gründlichkeit von der angeblichen Oberflächlichkeit und dem Materialismus der anderen westlichen Mächte in China unterscheiden wollte. Er mußte seine Bewährungsprobe nicht bestehen. Denn nach dem Ersten Weltkrieg brachte die Nachkriegsordnung der Sieger beide Länder eher in partnerschaftlichen Kontakt. Eine neue Phase deutsch-chinesischer Beziehungen begann, die politisch zum Ausgleich führte und auch im kulturellen Bereich auf Angebot und Interesse setzte. Zwar blieben die beiden Stränge des drollig-komischen oder fremdartig-gefährlichen Chinesen noch lange im öffentlichen Bewußtsein, aber seit den 1920er Jahren stand diesen Klischees eine gewisse Chinabegeisterung entgegen, für die Namen wie Franz Werfel, Klabund, Alfred Döblin, Bert Brecht und nicht zuletzt Hermann Hesse stehen. In China hat die deutsche Kolonialvergangenheit jedenfalls neben der Südsee vielleicht noch am wenigsten Erbitterung hinterlassen.

Die »Wallfahrt zum Platz an der Sonne« – Deutsche Ambitionen im Nahen Osten

Die Palästinareise Kaiser Wilhelms II.

Nach Ansicht des kaiserlichen Oberhof- und Hausmarschalls August Graf zu Eulenburg war es »mehr als eine mobile Division«, die sich am 12. Oktober 1898 auf streng bewachten Bahnstrecken über Wien nach Venedig begab. Dort erfolgte die Einschiffung der etwa 700 Personen, an der Spitze der Armada die schneeweiße kaiserliche Jacht »Hohenzollern«. Hauptziel der bis zum 26. November dauernden Reise war Jerusalem, wobei die Hinreise über Konstantinopel, Haifa und Jaffa, die Rückreise über Beirut, Damaskus und die Ruinen von Baalbek führte.

Die Palästinareise war das wohl spektakulärste »weltpolitische« Unternehmen des »Reisekaisers« Wilhelm II., zumal er die wichtigsten Mitglieder des kaiserlichen Hauptquartiers, der Militär-, Zivil- und Marinekabinette sowie den Staatssekretär des Auswärtigen Amtes, Bülow, mitnahm. Dazu kamen das persönliche Gefolge von Kaiser und Kaiserin, zahlreiche Vertreter in- und auswärtiger Lan-

Wilhelm II. auf dem Weg zwischen Muallaka und Baalbek

deskirchen sowie 279 nichtoffizielle Teilnehmer als Touristen. Offensichtlich hatte man deutschen Unternehmen die Durchführung einer so gewaltigen logistischen Operation nicht zugetraut; denn die Gesamtorganisation des Palästinaaufenthalts hatte der Oberhof- und Hausmarschall der Firma Cook & Son in London übertragen. Cook hatte nicht weniger als 1300 Pferde und Maultiere, etwa 100 Personenwagen, 12 große Gepäckwagen und 230 Zelte aufgeboten. An Personal beschäftigte das Reisebüro 100 Kutscher, 600 Treiber für die Jagd, 10 Reiseleiter, 12 Dolmetscher, 6 Hauptköche, 6 Nebenköche und 60 Kellner, die in Jerusalem noch 25 Mann Verstärkung erhielten. Diesem ansehnlichen Troß fügte der Sultan Abdul Hamid II. noch 95 Pferde und 30 Wagen sowie ein Begleitregiment und Sonderleibwachen hinzu.

Auch Wilhelm II. hatte sich gründlich auf die Reise vorbereitet. Mit besonderer Sorgfalt widmete er sich eigenhändigen Entwürfen von Tropenuniformen und schaltete sich auch immer wieder in Organisationsfragen der Reise ein. Das Heilige Land sah den Kaiser denn auch in ständig wechselnden, an die Kreuzfahrerzeiten erinnernden Uniformen. Aus einem schmalen Bändchen des Ansbacher Landgerichtsdirektors Julius Meyer hatte er erfahren, daß seine Vorfahren schon immer einen besonderen Drang zum Heiligen Land verspürt und Wallfahrten dorthin unternommen hatten.

Gerade diese romantisierenden Kreuzfahrerposen und abendländisch-christlichen Untertöne ermunterten wiederum Schriftsteller und Karikaturisten zu zahlreichen Satiren, die allerdings für ihre Verfasser nicht immer glimpflich endeten. So veröffentlichte der Simplicissimus in einer »Palästina-Nummer« eine Karikatur, die den Kaiser Barbarossa und Gottfried von Bouillon, Anführer des ersten Kreuzzugs im Jahre 1096, in Kettenhemden mit Schild und Schwert darstellte. Barbarossa hält eine jener Kopfbedeckungen in der Hand, die um 1900 im deutschen Kolonialdienst, aber auch in der türkischen Armee üblich waren, eine Kreuzung aus Tropenhelm und Pickelhaube. Er lacht darüber, aber Gottfried ermahnt ihn: »Lach nicht so dreckig, Barbarossa, unsere Kreuzzüge hatten doch eigentlich auch keinen Zweck.« Im Innern ließ ein anony-

mer Hieronymos in einem Gedicht mit der Überschrift »Im Heiligen Land« König David zur Begrüßung des Kaisers singen:

Wilhelm II. zu Pferde vor dem Zelt im Heiligen Land am 31. Oktober 1898

»Willkommen, Fürst, in meines Landes Grenzen
Willkommen mit dem holden Eh'gemahl,
Mit Geistlichkeit, Lakaien, Exzellenzen,
und Polizeibeamten ohne Zahl.
Es freuen sich rings die historischen Orte
Seit vielen Wochen schon auf deine Worte,
und es vergrößert ihre Sehnsuchtspein
Der heiße Wunsch, photographiert zu sein. (…)

Der Menschheit Durst nach Taten läßt sich stillen,
Doch nach Bewund'rung ist ihr Durst enorm.
Der du ihr beide Durste zu erfüllen
Vermagst, sei's in Tropen-Uniform,
Sei es in Seemannstracht, im Purpurkleide,
Im Rokokokostüm aus starrer Seide,
Sei es im Jagdrock oder Sportgewand,
Willkommen, teurer Fürst, im Heil'gen Land!«

Die Behörden faßten Titelblatt und Ballade als Majestätsbeleidigung auf und verurteilten den Karikaturisten Thomas Theodor Heine zu sechs Monaten Gefängnis, zu verbüßen auf der Festung Königstein. Dort wurde auch, allerdings für einen Monat länger, der Dramatiker Frank Wedekind festgesetzt, der sich hinter dem Anonymus verborgen und zunächst nach Zürich abgesetzt hatte, bevor er sich den Behörden stellte.

Die skurrilen Aspekte der »Wallfahrt« Wilhelms II. zum »Platz an der Sonne« sind zweifellos nicht zu übersehen. Dennoch darf die Reise nicht nur als »Theatercoup« betrachtet werden. Denn der Nahe Osten war längst – nicht zuletzt durch die sogenannte orientalische Frage – zu einem Brennpunkt imperialistischer und selbst kolonialistischer Ambitionen europäischer Mächte geworden, während Bismarck noch gesagt hatte, daß ihm diese Weltregion nicht »die gesunden Knochen eines einzigen pommerschen Musketiers« wert sei. In seinem außenpolitischen Kalkül spielte auch Palästina in erster Linie eine Rolle als Objekt zur Vermeidung antideutscher Allianzen.

Einen tatsächlichen politischen Stellenwert erhielt der Nahe Osten erst in den weltpolitischen Konzepten der wilhelminischen Ära. Wilhelm II., in dessen Person sich sowohl das religiöse, biblisch-archäologische und wissenschaftliche Interesse seiner Zeit am Heiligen Land als auch die Morgenlandsehnsucht und alldeutschen Nahostträumereien wie in einem Brennspiegel sammelten, faszinierte mehr als alle anderen überseeischen Unternehmungen die Möglichkeit einer Erweiterung des deutschen Einflusses im Nahen Osten. Wenn die anderen europäischen Mächte – hauptsächlich Frankreich als Vormacht im Vorderen Orient – allerdings mutmaßten, daß das Deutsche Reich nach der kürzlich vorangegangenen Annexion Kiautschous ganz konkret einen Stützpunkt suche oder gar eine koloniale Dependance auf dem Weg nach Ostasien plane, dann war der Wahrheitsgehalt solcher Vermutungen doch äußerst gering.

Die Bedeutung Palästinas für Deutschland sowie für andere Nationen resultierte bis zum Ersten Weltkrieg weniger aus der Anziehungskraft seiner natürlichen Ressourcen oder der Attraktivität für anlagesuchendes Kapital, auch nur bedingt aus seiner strategischen Lage als Brücke zwischen Asien und Afrika. Entscheidender war der historische Umstand, daß jenes Land zwischen dem Mittelmeer im Westen und der arabischen Wüste im Osten, dem Litani im Norden und dem Gazastreifen im Süden im Zentrum aktiver und passiver religiöser und kultureller Erbauung stand und das »Heilige Land« rivalisierender Religionen war – und bis heute geblieben ist.

Von daher wird man den Wunsch des »Reisekaisers«, bei der Einweihung der von ihm mitgeplanten und entworfenen Erlöserkirche in Jerusalem anwesend zu sein, nicht allein als bloßen Vorwand für in Wirklichkeit weltpolitische Aspirationen nehmen können. Vielmehr ist er zunächst einmal in die Tradition christlich-romantischen preußischen Königtums einzuordnen. Damit aufs engste verbunden waren Vorstellungen einer fast sakralen Wiederbegründung und Überhöhung des noch jungen Kaisertums. Dessen Stationen sollten in einer Art heilsgeschichtlicher Legitimationskette von Jerusalem über Rom nach Berlin geführt werden. Auf die Wiedererweckung des alten Heiligen Römischen Reichs Deutscher Nation in abgewandelter Form durch ihn selbst hinzuweisen und das Gottesgnadentum seiner Herrschaft zu bestätigen, war deshalb sicherlich die persönlich-dynastische Grundintention der bis ins letzte zeremonielle Detail inszenierten Palästinareise.

Daß sich die so verstandene »translatio imperii« nur über die reformatorische Wende vollziehen konnte, war angesichts der religions- und kirchenpolitischen Tradition der Hohenzollern selbstverständlich. Mit dem Bekenntnis zur Kirche der Reformation und zu Deutschlands evangelischer Kirche verband sich aber für Wilhelm II. der kaum minder messianisch aufgefaßte Sendungsauftrag, unter seiner Ägide die Einigung der protestantischen Kirchen voranzutreiben. Wenn er sich dabei selbst als deutscher »Summus Episcopus« oder »Reichsbischof« gesehen haben mochte, so waren die konstitutionellen und machtpolitischen Bedingungen im Kaiserreich allerdings andere als im Dritten Reich, in dem das Hitlerregime einfach einen Reichsbischof installieren konnte.

Ein weiterer konfessionspolitischer Aspekt der Reise, diesmal die Katholiken betreffend, bestand in der Schenkung der »Dormitio Mariae« auf dem Sion. Auf ihm soll nach der Überlieferung das Wohn- und Sterbehaus Mariens gestanden haben. Auf diese Weise beabsichtigte der Kaiser nicht nur seinen katholischen Untertanen seine überkonfessionelle Gunst zu beweisen, sondern gleichzeitig seine Forderung nach einer Nationalisierung des französischen katholischen Religionsprotektorats eindrucksvoll zu untermauern. Tatsächlich hatten Frankreich, Rußland und England die religiösen Interessen ihrer Untertanen mit den verschiedenen politischen Zielen ihrer Regierungen verbunden, indem sie als Schutzmächte bestehender oder sich bildender religiöser Minderheiten in der Levante Einfluß zu gewinnen bzw. ihre Präsenz auszubauen und abzustützen suchten: Frankreich (schon seit den Zeiten Franz I. und Suleiman des Prächtigen) als Schutzmacht aller Katholiken, Rußland als Protektor der orthodoxen Christen (seit 1774) und England als Schutzmacht der entstehenden protestantischen Gemeinden und der Juden, was für die Geschichte Palästinas noch welthistorische Bedeutung erlangen sollte.

Der Einzug des deutschen Kaiserpaars in Jerusalem

Den Bestrebungen der Reichsregierung bei der Unterlaufung des französischen Katholikenprotektorats kam überdies der gewachsene Reichs- und Kaiserenthusiasmus im katholischen Volksteil auf halbem Wege entgegen. So hatte sich die katholische Mission in China schon 1890 dem Schutz des Reiches unterstellt, und auch in der Levante hatten deutsche katholische Missionen damit begonnen, auf ihren Stationen die Reichsflagge statt der Trikolore zu hissen. Die Einweihung der »Dormition« entwickelte sich daher auch zu einer eindrucksvollen Demonstration deutsch-katholischer Präsenz im Heiligen Land. Ein Matrosendetachement der Kaiserlichen Marine präsentierte zur Hissung der Reichsflagge die Gewehre, und ein Matrose richtete auf einem Gerüst das preußische Wappen auf – ein Zeremoniell, das sich ausschließlich gegen die französischen Ansprüche richtete. Letztlich blieb der politisch angestrebte Erfolg der Reichsdiplomatie aber aus, da der französische »Rehabilitationsimperialismus« gerade im Nahen Osten und die Interessenverbundenheit des Vatikans mit dem katholischen Frankreich nicht zuließen, das französische Protektorat in Frage zu stellen.

Mit dem wachsenden religiösen Einfluß in Palästina bzw. dem Besitz heiliger Stätten hatte das Reich allerdings ein zunehmendes politisches Mitspracherecht im Nahen Osten. Es weiter auszubauen, schien sich 1898 sogar eine Möglichkeit anzubieten, die weltpolitische und welthistorische Perspektiven eröffnet hätte: das Protektorat des Deutschen Reichs über einen Judenstaat in Palästina. Das in der historischen Rückschau bemerkenswerteste, von den Zeitgenossen freilich nur am Rande zur Kenntnis genommene Ereignis der Kaiserfahrt ins Heilige Land war darum das scheinbar zufällige Zusammentreffen Wilhelms II. mit dem Begründer des organisierten Zionismus, dem Wiener Journalisten Theodor Herzl. Nachdem das Kaiserpaar die mit seidenen, goldbestickten Decken reich verzierte jüdische Ehrenpforte mit dem Psalmvers 118, 26 (»Gesegnet der da kommt im Namen des Herrn! Wir grüßen Euch aus dem Hause des Ewigen«) durchschritten hatte und jüdische Kinder aus der Lämmle-Schule und dem deutsch-jüdischen Waisenhaus die Hoheiten mit einem Lied empfangen hatten, das sich eher zur Begrüßung des Messias geeignet hätte, überreichte der aus

Budapest stammende und in Wien lebende Jurist Herzl dem Kaiser ein Album mit Ansichten der israelitischen Kolonien in Palästina.

In der Tat besaßen die jüdischen Siedler, die sich seit den 1881 in Rußland und Osteuropa einsetzenden Judenpogromen im Rahmen des traditionellen Schutzes durch die europäischen Mächte in Palästina niedergelassen hatten, ein quantitativ erheblich bedeutenderes Gewicht als alle deutschen Niederlassungen und religiösen Einrichtungen. Die Zahl der Juden wurde auf 73 000, d. h. bei einer Gesamtbevölkerung Palästinas von etwa 400 000 Einwohnern, auf rund 18 Prozent geschätzt.

Die Anschauung, daß das prophetische Versprechen des Alten Testaments die Etablierung eines nationalen Judenstaates in Palästina meinte, hatten ja schon die Präzionisten vertreten. Das zionistische Ideal einer »nationalen Heimstätte« fand aber erst seit den 1870er Jahren, nach dem durch die Emanzipation der Juden neu entfachten Antisemitismus als Folge der konjunkturellen und strukturellen Krisen in Europa, allmählich Auftrieb.

Unter dem Eindruck der Dreyfusaffäre in Frankreich (1894 ff.) entwickelte schließlich Herzl in dem Buch *Der Judenstaat* seine Ideen zur Lösung der jüdischen Frage durch Bildung einer »öffentlich-rechtlich gesicherten Heimstätte in Palästina«. Dieses Werk bezeichnete die Geburt des Zionismus als politische Bewegung, und 1897, im Jahr des ersten Zionistenkongresses in Basel, wurde die »Zionistische Vereinigung in Deutschland« gegründet.

Obwohl der chiliastisch-imperialistische Gedanke eines jüdischen Staates in Palästina eher in England auf fruchtbaren Boden fiel – nicht zuletzt, weil eine Niederlassung unter englischem Schutz in dieser Region eine weitere Sicherung der Verbindung mit dem »Kronjuwel« Indien bedeutet hätte –, war es jedoch zunächst das Deutsche Reich, das Herzl für sein großes Projekt zu gewinnen trachtete. Wie seine Landsleute Victor Adler, Gustav Mahler, Sigmund Freud oder Arthur Schnitzler bewunderte Herzl das deutsche nationale Einigungswerk unter preußischer Führung und sah in dem Aufstieg Preußen-Deutschlands so etwas wie ein Vorbild seiner eigenen Vision eines künftigen Nationalstaates der Juden. Er wandte sich daher über verschiedene Vermittler an Wilhelm II., der ihm schließlich noch auf der Hinreise in Konstantinopel eine Audienz gewährte. Herzl setzte mit seinen Argumenten bei den potentiellen machtpolitischen Interessen Deutschlands an, wenn er dem Kaiser erläuterte, daß ein nach außen »neutrales nationales Element« an der strategisch wichtigen Route nach Asien (Kiautschou) und Afrika für das Reich von einiger Bedeutung sein könnte. Erst danach sprach er die aus der Judenfrage resultierenden innenpolitischen und gesellschaftlichen Spannungen und deren Lösung durch eine Auswanderung an. Auf die direkte Frage Wilhelms, um was er den Sultan nun bitten solle, antwortete der Zionistenführer denn auch kurz und bündig: »Eine Chartered Company – unter deutschem Schutz.«

Der Kaiser fühlte sich zunächst von den Ideen Herzls angezogen und reagierte begeistert auf dessen Vorstellung, wenn auch eher aus antisemitischen und monarchisch-staatlichen Gründen. Mehr oder weniger radikal-nationalistische Antisemiten wie Heinrich von Treitschke, Eduard von Hartmann und Paul de Lagarde hatten ja ebenfalls schon früh die Lösung des Judenproblems in der Bildung eines eigenen Staates (in Palästina) gesehen. Antisemitismus und Prozionismus waren nicht notwendig Gegensätze. Abgesehen von der wohl schon im Geiste hochstilisierten weltpolitischen Rolle als Schutzherr über den zukünftigen Judenstaat, erwartete auch Wilhelm von den »kapitalkräftigen« und fleißigen Juden innenpolitisch einen Rückgang des Einflusses der Sozialdemokratie, die er weitgehend mit dem Judentum identifizierte. Außenpolitisch setzte er auf »eine allmähliche Sanierung des sogenannten kranken Mannes« und damit eine Stabilisierung der von Aufteilungsplänen bedrohten Türkei.

Wenn die zionistische Delegation in Jerusalem unter Führung Herzls schließlich enttäuscht von der mit großen Hoffnungen erwarteten kaiserlichen Audienz am 2. November 1898 zurückkehrte, lag dies jedoch nicht primär an der im Heiligen Land aufgrund der kargen Landschaft und der Armut der Bevölkerung umgeschlagenen persönlichen Stimmung des Kaisers. Entscheidender war die von Anfang an zurückhaltende Einstellung des Auswärtigen

Amtes sowie vor allem die gänzlich ablehnende Haltung des Sultans Abdul Hamid II. dem zionistischen Projekt gegenüber. Zum Entsetzen der mitreisenden Geistlichkeit sowie der übrigen Reiseteilnehmer und Beobachter in Deutschland schlug sich Wilhelm sogar wortgewaltig auf die Seite der Moslems und des »roten Sultans«. In Damaskus scheute er sich nicht, dem wegen der Metzeleien an den christlichen Armeniern und in Syrien bei den übrigen europäischen Mächten diskreditierten Sultan des Osmanischen Reichs sowie den »300 Millionen Mohammedanern« zu versichern, daß der deutsche Kaiser ihnen »zu allen Zeiten ein treuer Freund« sein werde.

Dennoch knüpften in der Folgezeit Großmachtträume und Kolonisationsprojekte an die Palästinareise Wilhelms II. an, die von alldeutscher, adelig-konservativer und christlich-nationaler Seite vorgetragen wurden. Aber selbst durch die verheißungsvollste Propaganda konnte nur eine unbedeutende Anzahl von Siedlern motiviert werden. Alle Großprojekte schlugen fehl. Eine für die hochgeschraubten Erwartungen nach der Palästinareise ebenso enttäuschende Entwicklung nahmen auch die Wirtschafts- und Finanzvorhaben. Das politische »Berlin-Bagdad-Programm« blieb somit der idealistisch-nationalistischen »Berlin-Jerusalem-Idee« übergeordnet. Wo beide außen- und weltpolitischen Konzepte in Widerspruch gerieten, zog die Berliner Politik die türkische Partnerschaft vor. Wichtigstes Prestigeobjekt im Rahmen der Nahostpolitik war und blieb so nur die Bagdadbahn, das wohl bedeutendste Unternehmen deutscher »Weltpolitik« überhaupt.

Berlin–Bagdad

Der Ingenieur Luis Weiler war der Verzweiflung nahe: »Ich habe beispielsweise gleich zu Anfang eine Anzahl Weichen bestellt. Bis heute sind noch keine eingetroffen, so daß ich genötigt war, in unserer höchst dürftig ausgestatteten Werkstätte provisorische Weichen anfertigen zu lassen. So geht's mit allem. Jetzt sind die Schwellen wieder alle und der Oberbau dürfte nun eine Zeitlang wieder Ruhe haben. Gleichzeitig mit den Schwellen sind auch die Nägel zur Neige gegangen.« Ärger am Tage – und die Nächte sind auch keine Erholung an Deutschlands größter Bahnbaustelle, der Berlin-Bagdadbahn und ihrem Ableger, der Hedjaz-Bahn nach Mekka und Medina. »Des Nachts findet man bei der herrschenden Windstille unter dem dichten Moskitonetz keinen erquickenden Schlaf. Der Gesundheitszustand unter dem Bahnpersonal ist sehr mäßig. Wo man hinkommt, Fieber und immer wieder Fieber. Vereinzelt kommen auch Ruhrerkrankungen vor.«

Der Bau der Bahn sollte mit deutscher Disziplin erfolgen, effizient und durchorganisiert. Statt dessen herrschten mörderische Lebensbedingungen und chronisches Chaos. Es wundert Weiler, »daß wir trotzdem so weit gekommen sind, um den Betrieb zwischen hier und Beisan aufnehmen zu können«. Abwechslung vom eintönigen Gleisbau war selten – und entpuppte sich dann und wann als Sündenpfuhl: »Muzerib ... ist ein elendes Araberdorf, wie die meisten anderen Dörfer, welche man unterwegs antrifft. Ein unternehmungslustiger Italiener hat in einer Bretterbude eine Kantine eröffnet, in der sich auch lose Frauenzimmer herumtreiben.«

Währenddessen wurden die Bahnen in Deutschland als Vorzeigeprojekt deutschen Kultur- und Techniktransfers gefeiert, als Instrument für Wirtschaftswachstum, Mittel zur Erschließung von neuen Siedlungsräumen und als geopolitischer Geniestreich. In der Tat war die Bagdadbahn das größte Einzelvorhaben deutscher »Weltpolitik«, aber ebenso das politisch riskanteste und vor allem das teuerste. Dennoch wurde kein anderes außenpolitisches Vorhaben von der deutschen Öffentlichkeit und den Parteien im Reichstag so einhellig begrüßt wie dieses Bauprojekt. Bei der Bagdadbahn kam alles zusammen: Stolz auf die deutsche Technik- und Ingenieurskunst, Abenteuer, Orient- und Fortschrittsbegeisterung als auch großdeutsche Phantasterei.

Die nationalistische Presse jubelte: »Also Volldampf vorwärts nach dem Euphrat und Tigris und nach dem persischen Meer und damit der Landweg nach Indien wieder in die Hände, in die er allein gehört, in die kampf- und arbeitsfreudigen deutschen Hände.« Aber auch die Sozialdemokratie stimmte in die Lobpreisung ein: Eine Alternative zum »lärmenden Vorgehen unserer Überseepolitik« sei die Bahnstrecke, ist im Jahr 1900 in den Sozialistischen Monatsheften zu lesen. Und am 20. März 1911 bekannte Philipp Scheidemann vor dem Reichstag, daß die Sozialdemokraten nun wirklich »die letzten seien, die die große kulturelle Bedeutung dieser Bahn verkennen würden«.

Wilhelm II. hingegen betrachtete den Schienenstrang im Nahen Osten natürlich als »meine Bahn« und stellte dieses »Ausgangstor für deutsche Arbeit und Industrie« unter seinen persönlichen Schutz. Daß die ersten Pläne für die »Hochstraße des Weltverkehrs« jedoch kein Deutscher, sondern der englische Oberst Francis Chesney bereits in den 1830er Jahren entworfen hatte, fiel für den Kaiser nicht ins Gewicht. Ebensowenig, daß das Projekt bei britischen Finanziers keine Gnade gefunden hatte und der Bau der Euphrat Valley Railway mit der Fertigstellung des Suezkanals 1869 endgültig ökonomisch unsinnig wurde. Wilhelm II. erhob die Bahn zum Dreh- und Angelpunkt seiner »Platz-an-der-Sonne«-Politik.

Doch bereits die Konzession für den Bau der Anatolischen Eisenbahn, inklusive der Option auf einen Weiterbau bis Bagdad, war von der deutschen Finanzwelt nur mit spitzen Fingern angefaßt worden. Als »toten Strang« und »ohne tieferen Wert« bezeichnete der Vorstand der Deutschen Bank, Georg von Siemens, 1898 auch das neue Schienenprojekt und urteilte harsch: »Ich pfeife auf die Bagdadbahn.« Erst Garantiezuschüsse über 170 Millionen Francs hatten die Sache für die Deutsche Bank und andere Kreditinstitute einigermaßen schmackhaft gemacht: Für jeden Kilometer fertig verlegten Schienenstrang überwies der osmanische Staat an die Société du Chemin de Fer Ottoman d'Anatolie einen festgelegten Betrag. Nun kam die Sache in Gang: Die Frankfurter Firma Philipp Holzmann erklärte sich bereit, die Bauarbeiten zu übernehmen.

Aber die Frage, wie die Bahn langfristig Profit abwerfen sollte, blieb weiterhin offen. Doch in dem auf Glanz und Gloria gestimmten Reich Wilhelms II. hatte Prestige mitunter Vorrang vor Realitätssinn. Des Kaisers Eisenbahn sollte die schnellste Verbindung zwischen dem Abendland und dem Mittleren Osten sein. In dreizehn Tagen von Berlin nach Bagdad, vielleicht sogar später bis

Die Bagdadbahn – Bauarbeiten an der Strecke Eskischehir–Konya

nach Basra und weiter zum Persischen Golf! Das wäre der schnellste Weg nach Indien und nach Fernost! Was für ein Triumph über den britischen Rivalen, wenn dessen Schiffe ungenutzt im Hafen liegen blieben, weil niemand mehr den wochenlangen Transfer durch den Suezkanal nach Asien auf sich nehmen wollte!

Doch solchen emotionalen Argumenten war die Finanzspitze des Deutschen Reichs nicht zugänglich. Sie ließ sich nicht davon abbringen, daß das Geld anderswo besser angelegt war als in Anatolien. 1899 bot Siemens die Konzession sogar dem russischen Finanzminister an – der umgehend ablehnte. Ein Affront gegen den deutschen Kaiser! Unter dem Druck Wilhelms II. beugte sich die Deutsche Bank. Wieder gründete man eine Aktiengesellschaft unter Führung der Deutschen Bank, wieder übernahm Holzmann die Bauausführung. Doch erst 1903, mit der Gründung der Société Imperiale Ottomane du Chemin de Fer de Bagdad, begann der Bau der Bagdadbahn tatsächlich. Veranschlagte Bauzeit: acht Jahre. Nicht viel für eine Bahn, die durch Hochgebirge und Wüsten, durch unsichere Gegenden ohne jegliche Infrastruktur gebaut werden mußte.

Entsprechend fielen die Angebote aus, mit denen man Personal für die leitenden Posten locken wollte. Wer wollte, konnte zwischen den Zeilen lesen, was denjenigen erwartete, der sich darauf einließ: Die Anreise erfolgte zwar noch standesgemäß per Bahn zweiter Klasse und Schiff erster Klasse. Dann aber wurde nur noch eine »freie Wohnung in landesüblicher Weise« und »freie ärztlichen Behandlung durch die von der Gesellschaft angestellten Ärzte« garantiert – wobei die Bahngesellschaft bezeichnenderweise ausdrücklich betonte, nicht »für die Tätigkeit der Ärzte, der Apotheker und deren Gehilfen und des Krankenhauspersonals« zu haften. Dafür garantierte man aber die Auszahlung einer Lebensversicherung über 15 000 Reichsmark im Todesfall.

Im Gegenzug wurde jeder Angestellte verpflichtet, auf Anordnung seines Vorgesetzten ein oder mehrere Reitpferde inklusive Sattelzeug zu kaufen. Denn wer einen Vertrag unterschrieb, erlebte schließlich einen »wilden Osten« wie in Karl Mays Romanen. 1889 hieß es besorgniserregend im Geschäftsbericht der Anatolischen Eisenbahngesellschaft: »Außer den einheimischen Wechselfiebern grassierte … in besonders heftiger Weise während der Herbstmonate das Denguefieber … Außerdem wurde der Verkehr im Innern des Landes durch die herrschende Epzootie (Viehseuche) sowie durch die durch räuberische Überfälle verursachte Unsicherheit der Straßen stark beeinträchtigt.« Haupt der Räuberbanden sei, so entnahm man einem anderen Dokument »zur Zeit ein Bahnhofsvorsteher im Dienste der Anatolischen Eisenbahn mit einem Jahresgehalt von 100 Pfund«.

Unter ähnlich abenteuerlichen Verhältnissen erfolgte der südliche Ableger der Bagdadbahn, die Hedjazbahn. Sie führte von Aleppo, einem Knotenpunkt der Bagdadbahn, Richtung Tripoli und Da-

Bau der Eisenbahnlinie im Taurusgebirge

maskus bis nach Medina. Beauftragt mit dem Bau war der Leipziger Ingenieur Heinrich August Meißner. Für acht Jahre nahm er den Kampf auf, mit unqualifizierten Arbeitskräften und unzureichendem Material eine Bahn von Nord nach Süd durch den Nahen Osten zu bauen. Vor der Errichtung der Eisenbahn starben bei den Pilgerfahrten zu den heiligen Städten Medina und Mekka etwa 20 Prozent aller Reisenden. Sie verdursteten, verhungerten, gingen an Seuchen und Krankheiten zugrunde oder wurden von Banditen oder Aufständischen ermordet. Nun sollten 1308 Kilometer Schienenstrang über 1532 Brücken, durch glühende Wüsten und wasserlose Gebiete die Risiken auf ein Minimum reduzieren.

Bis 1908 wühlte sich Meißner durch Fels und Sand und wurde für seine Verdienste sogar zum Pascha ernannt. Meißners Erfolgsrezept war sein klar strukturiertes Vorgehen: Jeder Bauabschnitt umfaßte eine Erkundungszone, eine Vermessungszone und eine Bauzone. Die Erkundungszone erfolgte unter militärischer Bewachung – und war dennoch lebensgefährlich. »Schmale Saumpfade führten an steilen Abhängen in schwindelnder Höhe entlang«, berichtete der Bauingenieur Luis Weiler 1903. »Selbst der geübteste Reiter muß da absteigen und sein Pferd führen, denn die Gefahr des Abstürzens ist zu groß. Ich wundere mich heute noch, wie wir ohne jegliche Verluste durch die Dunkelheit auf den schmalen Saumpfaden tappend das Lager erreichten.«

Dort wartete kein Luxus auf die Bahnarbeiter. Wasser wurde in Schläuchen aus Ziegen- oder Hammelhaut von Kamelkarawanen

Die erste Lokomotive in Bagdad 1912. Sie wurde vermutlich beim Bau der Strecke eingesetzt.

herbeigeschleppt. Jeder Schlauch faßte dreißig bis vierzig Liter. Erst wenn provisorische Gleise gelegt waren, entspannte sich die Situation etwas. Die Versorgung mit Lebensmitteln blieb aber weiterhin problematisch. Fleisch gab es oft nur jeden zweiten Tag, da die Hammel auf dem langen Transport stark abmagerten. Vitaminmangel führte zu Skorbut, bis man die Bautrupps mit einer Paste aus Essig, Zitronen, Datteln, Oliven, Knoblauch und getrockneten Aprikosen versorgte. »Wo man hinkommt, Fieber und immer wieder Fieber. Vereinzelt kommen auch Ruhrerkrankungen vor. Solche Krankheitszeichen wirken sich auch lähmend auf die Arbeitslust der gesund Gebliebenen aus«, berichtet Weiler. Zu wenig und außerdem noch schlecht motivierte Arbeiter und immer wieder fehlendes Baumaterial erschwerten das Vorankommen. Dennoch waren die Ergebnisse erstaunlich. »Unsere höchste Leistung im Oberbaulegen betrug 1500 Meter am Tag. Es ist geradezu empörend, daß man in Konstantinopel mit unseren Arbeitsfortschritten nicht zufrieden ist.«

Hinter der Ungeduld der osmanischen Regierung steckten handfeste politische Gründe. Die Bagdadbahn war ein innen- und außenpolitisches Zeichen. Das Osmanische Reich war ein Riese auf tönernen Füßen, sein politisches System galt als überlebt. Auf der ganzen Welt sprach man vom »kranken Mann vom Bosporus« und wartete auf sein Ableben. Unter den europäischen Mächten hatte nur das Deutsche Reich kein Interesse an einem Auseinanderfallen des Vielvölkerstaats. Die Türkei war der wichtigste Handelspartner im Vorderen Orient. Die Eisenbahnstrecke sollte dazu beitragen, die administrative Kontrolle zu stärken und die Separatisten zu bekämpfen. Eisenbahnbau galt vor hundert Jahren als technischer und gesellschaftlicher Quantensprung und als Ausdruck imperialer Vitalität und nationalen Selbstbewußtseins.

Doch trotz aller Entschlossenheit, diesen Bau durchzuführen, fehlten der osmanischen Regierung dazu die Mittel. 1912 war sie bereits mit 29 Millionen türkischer Pfund bei der Deutschen Bank verschuldet. Das entsprach 20 Prozent der gesamten Staatsverschuldung. Diese Entwicklung wurde von denjenigen in Deutschland gern gesehen, die im Osmanischen Reich das zukünftige Indien des

Deutschen Reiches erblickten. »Der kranke Mann wird gesund gemacht, so gründlich kuriert, daß er, wenn er aus dem Genesungsschlaf aufwacht, nicht mehr zum Wiedererkennen ist. Man möchte meinen, er sehe ordentlich blond, blauäugig germanisch aus«, schrieb die alldeutsche Welt am Montag im November 1898. »Durch unsere liebende Umarmung haben wir ihm soviel deutsche Säfte infiltriert, daß er kaum noch von einem Deutschen zu unterscheiden ist … Ein reiches Erbe steht uns bevor. Die Türkei bietet unendliche Absatzgebiete für deutsche Industrie und deutsches Kapital, aber auch für landwirtschaftliche Ansiedler. Das osmanische Volk stellt die besten Untertanen, die sich ein Staat wünschen kann.«

Eine schleichende Kolonisierung also? Doch dagegen bildete sich Anfang des Jahrhunderts Widerstand im Osmanischen Reich. Mit der jungtürkischen Revolution kam es zu Protesten und Ausschreitungen gegen deutsche Einrichtungen in der Türkei. »Der Traum der ›deutschen Bagdadbahn‹ bis zum Golf ist ausgeträumt«, wurde aus Konstantinopel an die Deutsche Bank berichtet. Erst als Anfang 1909 in Deutschland ausgebildete türkische Offiziere in führende politische Ämter rückten, beruhigte sich wieder die Situation.

Doch war das Konzept der »schleichenden Durchdringung« realitätsnah und politisch wirklich gewollt? Schon das Zögern der Deutschen Bank nach der Orientreise des Kaisers ließ daran zweifeln. Und natürlich beäugten die europäischen Mächte mit jedem fertiggestellten Bahnkilometer mißtrauischer den zunehmenden wirtschaftlichen und politischen Einfluß des Deutschen Reichs in der Türkei. Der östliche Teil Anatoliens und die Kaukasusregion gehörten zur russischen Einflußsphäre. Großbritannien sah mit wachsender Sorge, daß eine projektierte Verlängerung der Bagdadbahn zum Persischen Golf dem Suezkanal tatsächlich bald ernsthafte Konkurrenz machen könne. Und jede Bahnschwelle gefährdete auch Frankreichs politisch-militärische Position im Nahen Osten.

Es ist dennoch falsch, die Bagdadbahn als einen weiteren Grund für den Ausbruch des Ersten Weltkriegs anzusehen. Im Gegenteil:

Ausgerechnet über die umstrittene Bagdadbahn kam es noch kurz vor Kriegsausbruch zu einem Interessenausgleich aller betroffenen Mächte. Der ebenso hochemotionale wie komplexe Konflikt aus politischen, militärstrategischen und wirtschaftlichen Problemfeldern wurde durch Verhandlungen zur Zufriedenheit aller Beteiligten entschärft: Am 15. Februar 1914 erfolgte der Ausgleich mit Frankreich, im Juni 1914 mit England und Rußland.

Der Ausbruch des Ersten Weltkriegs führte jedoch unweigerlich zur Unterbrechung der Bahnarbeiten. Fertiggestellt wurde die Bagdadbahn erst 1940. Die Briten hatten im Ersten Weltkrieg zunächst eine Verbindungsbahn von Basra nach Bagdad gebaut, außerdem Stichbahnen nach Persien (Iran) und in das Erdölgebiet von Kirkuk. Die Franzosen schlossen die Lücke zwischen Nisibin und der irakischen Grenze. Von 1936 an baute der irakische Staat die Bahn fertig.

Doch bis heute hat die Idee einer Bahntrasse von Deutschland bis nach Bagdad ihren Zauber nicht verloren. Im Februar 2004, anläßlich des Staatsbesuchs von Bundeskanzler Gerhard Schröder in der Türkei, beschlossen beide Staaten ein Abkommen über die strategische Zusammenarbeit zwischen der Deutschen Bahn AG und der türkischen Eisenbahngesellschaft TCDD zur Verbesserung der »Qualität des internationalen Schienenverkehrs in den Süd-Ost-Korridoren«. Man wolle sich, so der Chef der Deutschen Bahn Hartmut Mehdorn, zusammen mit der TCDD für den Bau einer neuen Bahnstrecke nach Bagdad bewerben …

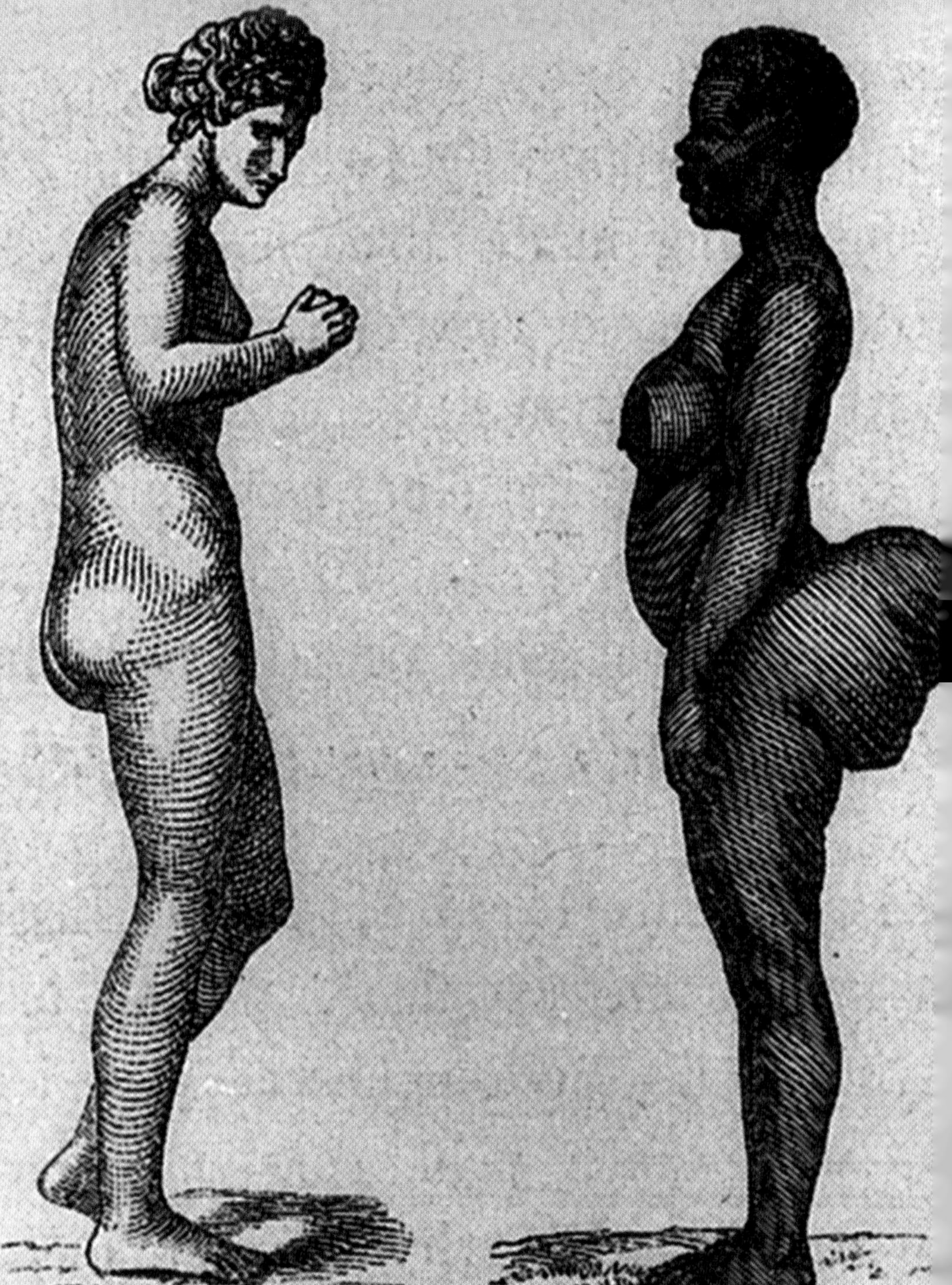

»Neger, Kanaken und Chinesen zu nützlichen Menschen erziehen« – Zwischen Kulturmission und Rassismus

»Die Bürde des weißen Mannes«

Kolonisation ist also eine wunderschöne Sache und ›des Schweißes der Edlen wert‹. Was kann es auch Erhabeneres geben auf dem Erdenrund, als ›im Dienste der Menschheit‹ den armen, unzivilisierten Wilden die Segnungen der Kultur zu bringen und der europäischen Gesittung den Weg zu bereiten!? – Eine famose Phrasenbrühe! – Das Rezept zu derselben ist in dem humanitären Kochbuch der Kulturköche zu finden. Wirft man dann noch die hohe, heilige Mission des Christentums, welche die in Götzenanbetung versunkenen Heiden mit dem Evangelium zu beglücken sich Mühe gibt, in denselben Topf hinein, dann erhält man als Resultat ein Mixtum compositum, an dem sich die heidnischen Wilden und wilden Heiden schon lange den Magen verdorben haben. Ja, gewiß! Die ernste Kulturarbeit ernster Kulturträger verdient in der Tat die allerhöchste Anerkennung. Aber leider sind diese ›ernsten Kulturträger‹ dünn gesät unter den Kolonisatoren, und der ›Schweiß der Edlen‹ perlt nicht auf jedermanns Stirne.«

»Kaukasierin« und »Hottentottin«

Das waren starke und zugleich entlarvende Worte im Kaiserreich, die der Kulturkritiker der linksliberalen Neuen Rundschau, Franz Giesebrecht, gebrauchte. Seit Beginn der europäischen Expansionsgeschichte hatte es nicht an sendungsideologischen und kulturmissionarischen Rechtfertigungen gefehlt, die koloniale Herrschaft mit dem moralischen »Auftrag des weißen Mannes« begründet haben, weniger entwickelten Völkern die Segnungen europäisch-westlicher Zivilisation zu bringen.

Rudyard Kipling, der englische Schriftsteller der Dschungelbücher und des abenteuerlichen Kim, prägte die vielzitierte Formulierung von der »Bürde des weißen Mannes«. Zumeist vermochten diese Argumente jedoch die tatsächlichen nationalideologischen, rassistischen und wirtschaftsegoistischen Zielsetzungen nicht zu verdecken. Die gesamte europäische Kolonialpolitik als »Humanitätsschwindel« zu bezeichnen und auf den eklatanten Widerspruch zwischen dem hehren Anspruch der Kolonialpolitiker, Händler und Missionare und der kolonialen Wirklichkeit hinzuweisen, wie es Giesebrecht tat, zu einem solchen Schritt haben sich freilich nur wenige entschlossen.

Denn auch in Deutschland gaben im ausgehenden 19. Jahrhundert konservative und nationalliberale Kolonialverfechter den Ton an. Sie schwammen im gemeineuropäischen Fahrwasser eines kruden sozialdarwinistischen Rassismus. Sozialdarwinistischen Vorstellungen zufolge wurde der organische Überlebenskampf in den Bereich der Nationen und Völker übertragen. »Überleben des Stärkeren«, Weltmacht oder Untergang, »Herrenvolk« oder »Kulturdünger« – das waren Schlagworte der Zeit. Sie wurden gleichsam im Sinne eines »Naturgesetzes« verstanden, als Erklärungsgrundlage für den Expansions*trieb*. Der Sozialdarwinismus vermischte sich mit bereits älteren, kulturanthropologischen Ansichten, denen zufolge »Entwicklung« von den niedrigstehenden »Natur-« zu den höherwertigen »Kulturvölkern« stattfinde.

Die unteren Sprossen auf der Stufenleiter besetzten die Buschmänner und Hottentotten Afrikas oder die Aborigines Australiens. Nicht selten wurden sie als die »fehlenden Glieder« in der »Seinskette« ausgemacht, als Übergang vom Affen zum Menschen.

An der Spitze stand »naturgemäß« der »homo europaeus« bzw. die »kaukasische Rasse«.

Auf solchen Auffassungen beruhten die Rechtfertigung der Herrschaft der weißen Rasse und die Legitimierung der bevorzugten Stellung des eigenen Volkes (»Herrenvolk«). Das galt selbst – wie dies der Kolonialpropagandist Wilhelm Hübbe-Schleiden formuliert hat – für die »Plebejer« dieser Rasse gegenüber den Angehörigen unterlegener Rassen.

Welches waren die Konsequenzen aus solchen Ansichten? Wie sollte man mit den kolonialeroberten Völkern, den Eingeborenen, umgehen, zumal wenn man sich selbst, wie es in erster Linie die Alldeutschen taten, als »deutsche Edelrasse« verstand?

Die vorherrschende Sichtweise hinsichtlich der »Behandlung der Eingeborenen« manifestierte sich in einem paternalistischen Standpunkt, wie ihn etwa der Afrikareisende und Kolonialoffizier Hermann von Wissmann in einem *Ratgeber für den Aufenthalt und Dienst in den afrikanischen Schutzgebieten* (1895) vertrat. Wissmanns Devise des »streng, aber gerecht« lag die von der Evolutionstheorie beeinflußte Vorstellung zugrunde, der zufolge sich die Afrikaner noch im entwicklungsgeschichtlichen Stadium der »Kindheit« befänden – was sich nicht zuletzt in der gebräuchlichen Bezeichnung *boy* für Afrikaner jeden Alters niederschlug. Selbstverständlich gingen auch die Verfechter eines «väterlichen« Standpunkts in der Eingeborenenbehandlung von den geistigen und charakterlichen Defiziten der Afrikaner aus. Während sie aber immerhin auch positive Eigenschaften bei ihnen entdeckten und am »zivilisatorischen Auftrag« festhielten, wurden bei alldeutsch-rassistischen Kolonialpolitikern selbst widerwillig zugestandene musisch-künstlerische und gewisse »funktionale« Fähigkeiten der Afrikaner von dem Stereotyp des rohen, gewalttätigen und geistig bedürfnislosen »Wilden« überdeckt. Sogar die Frage, ob der Afrikaner der Spezies Mensch oder dem Tierreich zugeordnet werden müsse, tauchte nicht selten auf.

Selbst wenn derartige Äußerungen, die einem radikal-rassistischen Standpunkt entsprangen, hauptsächlich auf die Bewohner afrikanischer Kolonien gemünzt waren, entgingen auch die Samoaner nicht dem rassistischen Verdikt der begrenzten Bildungsfähigkeit. Auf diese Weise ließ sich nämlich koloniale Herrschaft als notwendig und geradezu zwangsläufig legitimieren. Schließlich setzte sich auch im Hinblick auf die sogenannten alten Kulturvölker wie die Chinesen der rassenideologische Gedanke politisch-kultureller Stagnation gegenüber der Dynamik Europas durch. So waren auch die Chinesen im Pachtgebiet Kiautschou erniedrigenden Bestimmungen – etwa zwischen neun Uhr abends und Sonnenaufgang auf der Straße eine brennende Laterne zu tragen – unterworfen.

Klischeevorstellungen und Stereotype hinsichtlich der kolonisierten Völker blieben keineswegs auf alldeutsche Publizisten und die koloniale Trivialliteratur beschränkt. Vielmehr lieferten Völkerkunde, Kulturanthropologie, Geographie und Medizin die scheinbar wissenschaftlichen Grundlagen für die rassistische Ideologie der biologischen, geistigen und kulturellen Überlegenheit der weißen Rasse. Deshalb blieb für den Geographen und Schulbuchautor Alfred Kirchhoff, Vorstandsmitglied der Deutschen Kolonialgesellschaft und einer der »Flottenprofessoren«, für die angeblich lebensuntüchtigen »Naturvölker« nur die Alternative des Untergangs oder eines Helotendaseins im Dienst der weißen Rasse. Der »Daseinskampf« und das »Recht des Stärkeren« rechtfertigten für den körperlich debilen Kirchhoff, wie er in einem hinterlassenen Manuskript über »Darwinismus angewandt auf Völker und Staaten« (1910) schrieb, die Unterdrückung der kolonialeroberten Völker. Deren Untergang habe die »Herrenrasse ... kühl bis ans Herz hinan« zu verkraften – eine Formulierung, mit der bekanntlich Heinrich Himmler eine ähnliche Haltung von den »germanischen« Vollstreckern an der jüdischen »Rasse« verlangte. Umgesetzt haben solche ideologisch-rassistischen Theoreme »Praktiker« wie der Kolonialsöldner und Plantagenbesitzer August Boshart. Der ehemalige bayerische Offizier stand im Dienst Leopolds II. von Belgien, der am Kongo ein besonders eingeborenenfeindliches Ausbeutungssystem errichtet hatte (»Kongogreuel«). Boshart stellte die Afrikaner letztlich auf die Stufe von Tieren und besaß – anders als etwa Wissmann – nicht mehr den geringsten emotionalen Bezug zu den Einheimischen. Sein rassistisches Programm lief eindeutig auf die Vernichtung der kolonialeroberten Völker hinaus. Ein anderer Plantagenunternehmer vom Schlage Bosharts, Julius Scharlach, der Pflanzungen in Kamerun besaß, formulierte es ähnlich: »Kolonisation ... bedeutet nicht, die Eingeborenen zivilisieren, sondern sie zurückdrängen und schließlich vernichten.«

Gegen dieses radikal-rassistische Programm einiger Kolonialkonquistadoren, Plantagenunternehmer, Siedler und Kolonialchauvinisten, die von ihrem Herrenstandpunkt aus die »Zivilisierung« der Eingeborenen mit Gewehr und Peitsche verlangten, richtete sich die Opposition einer auf Handel und christliche Unterweisung gerichteten Gruppe. Sie verschaffte sich erst allmählich Gehör. Namhaftester Verfechter dieses humanitär-paternalistischen Standpunkts in der Eingeborenenbehandlung war der Bremer Kaufmann Johann Karl Vietor. Der Westafrikahändler, der in enger Beziehung zur Norddeutschen Missionsgesellschaft stand, lebte selbst von 1884 bis 1896 in Togo und beschäftigte als »christlicher Kaufmann« in seinen Faktoreien nur freiwillige und verhältnismäßig gut bezahlte Arbeiter. Eine gedeihliche Zukunft für die Kolonien sah Vietor allein in einem »konsumfähigen«, d. h. wirtschaftlich freien einheimischen Bauern- und Händlerstand. Innerhalb der Kolonialwirtschaftsinteressen repräsentierte er gegenüber der radikal-rassistischen Plantagen- und Konzessionspolitik den – schwächeren – Flügel, der sich für eine aufgeklärte »Eingeborenen(schutz)politik« einsetzte. Er beabsichtigte sogar, eine eigene politische Partei zu gründen, die die humanitären Gesichtspunkte in den Kolonien zu einem zentralen Programmpunkt machen sollte.

Aus dem eigenen kulturellen Überlegenheitsgefühl und ihrer Beurteilung der Unterlegenheit der eingeborenen Kulturen entsprang für die Missionare die Aufgabe, sich für die »minderbegabte Rasse« verantwortlich zu fühlen. In diesem Zusammenhang spielte die bereits im 17. Jahrhundert sich verbreitende »Ham-Legende« eine Rolle. Sie ging auf jene Bibelstelle (1. Mose 9, 25) zurück, in der Ham, der Sohn des Noah, seinen Vater trunken und unbekleidet vorgefunden und sich darüber mokiert hatte. Der anschließende Fluch Noahs über die Nachkommen Hams machte diesen in den jüdisch-christlichen Vorstellungen zum Urvater der schwarzen Rasse.

Jedenfalls war die »Züchtigung« Afrikas für die Missionare zu einem Dogma geworden, das in der schwarzen Hautfarbe und in dem historischen Faktum der Sklaverei seine Augenscheinlichkeit fand. Bis weit in das 20. Jahrhundert hinein sprachen die christlichen Sendboten von den »armen Kindern Hams«. Im »Nickneger« in den Kirchen lebten solche Vorstellungen bis in die unmittelbare Gegenwart fort.

Was die »Entwicklungsfähigkeit« der Afrikaner betraf, verglichen die Missionare die Einheimischen grundsätzlich mit Kindern, denen sie als strenger, aber gerechter Vater gegenüberzutreten hatten und denen sie eine »väterliche Erziehung« angedeihen lassen wollten. Gleichzeitig diente die Doktrin vom Stadium der Kindheit der Eingeborenen zur Legitimierung eines mehr oder minder längerfristigen Abhängigkeitsverhältnisses, das auch im Stadium des Erwachsenseins seine inneren Bindungen zum weißen Kolonialherrn bzw. Missionar nicht verlor.

Den »Systemwechsel« in der Kolonialpolitik, den Vietor im kolonialen Interesse Deutschlands angemahnt hatte, leitete der Reformkurs Bernhard Dernburgs ein. Der dem Linksliberalismus nahestehende frühere Bankier, erster Staatssekretär des 1907 neugeschaffenen Reichskolonialamts, vertrat in der Eingeborenenpolitik den rationalen Nützlichkeitsstandpunkt, indem er finanziell-kolonialstaatliche Interessen und eine die Eingeborenen »erhaltende« Politik in Einklang zu bringen suchte. Nach den für die koloniale Entwicklung verheerenden Aufständen in Deutsch-Südwest und Deutsch-Ostafrika suchte er daher eine Eingeborenenschutzpolitik zu initiieren. »Hat man früher«, formulierte er sein Programm 1907 in einem Vortrag über »Zielpunkte des deutschen Kolonialwesens«, »mit Zerstörungsmitteln kolonisiert, so kann man heute mit Erhaltungsmitteln kolonisieren, und dazu gehören ebenso der Missionar wie der Arzt, die Eisenbahn wie die Maschine, also die fortgeschrittene theoretische und angewandte Wissenschaft auf allen Gebieten.« Realisiert werden konnte das Dernburgsche Reformprogramm allenfalls ansatzweise.

»Erziehung zur Arbeit« und »Prügelkultur«

Am 23. Juni 1906 erstellte Dr. Emil Steudel, seit 1901 Medizinalreferent in der Kolonialabteilung des Auswärtigen Amtes, folgendes »Fachgutachten«: »Es ist zuzugeben, daß ein Tauende die Haut mehr schont und weniger leicht blutige Striemen und direkte Hautverletzungen macht als ein Kiboko (Flußpferdpeitsche); in diesem Sinne kann man ein Tauende als das humanere Instrument betrachten. Ein Tauende macht aber – und zwar je dicker das Tau ist um so mehr – leichter Verletzungen in der Tiefe, und auf diese Verletzung tiefer Organe, besonders der Leber, sind mit größter Wahrscheinlichkeit die auf körperliche Züchtigungen folgenden plötzlichen Todesfälle zurückzuführen. Die plötzlichen Todesfälle würden sich ja auch mit Tauende vermeiden lassen, wenn man mit Sicherheit die Hiebe auf die Hinterbacken und eventuell oberen Teil der Oberschenkel beschränken könnte ... Will man also – und darauf kommt es m. E. an – die plötzlichen Unglücksfälle nach körperlichen Züchtigungen ausschließen, so wird kaum etwas anderes übrig bleiben, als an Stelle des Tauendes ein Instrument wie den Kiboko zu wählen, welches wegen seines geringen Gewichtes eine Tiefenwirkung wie das Tauende nicht entfalten kann, wenn er auch bezüglich seiner Wirkung auf die Haut weniger ›human‹ ist.«

Das sah man in der »Musterkolonie« Togo ganz anders. Auf die Berliner Expertise reagierte der Major Hans Georg v. Doering, Leiter der Station Atakpame und später stellvertretender Gouverneur, mit einem »Gegengutachten«. Als »Freund der Prügelstrafe«, wie er sich selbst bezeichnete, verteidigte und verniedlichte er das Tauende:

»Wie so anders [als bei dem Kiboko] die Züchtigung mit dem Tauendchen. Der Missetäter fürchtet sie sicher ebenso wie die mit dem Kiboko. Aber die Folgen sind bei weitem nicht so schwer, sie sind milder, menschlicher und doch von pädagogischer nachhaltiger Wirkung. Der Schmerz ist heftig, brennend heiß und juckend,

Ein deutscher Soldat dokumentierte in seinem Fotoalbum die Prügelstrafe.

aber die Haut wird nur selten verletzt, und die früher einmal zum Ausgangspunkt von allerhand Klagen gemachten ›Epidermisverluste‹ treten kaum ein.«

Seit 1905 und noch bis 1908 haben tatsächlich höchste deutsche Kolonialbeamte in einem amtlichen Briefwechsel darüber gestritten, ob die Nilpferdpeitsche oder das Tauende das »humanere« Werkzeug zur Züchtigung der Afrikaner sei. Daß man die Afrikaner prügeln mußte, stand außer Frage. Man deklarierte die Prügelstrafe allerdings als letzte der Maßnahmen, die man im Zuge der »Erziehung des Afrikaners zur Arbeit« anzuwenden hatte, wenn nicht anderes mehr half.

In der Tat war die »Erziehung zur Arbeit« der Fundamentalsatz der deutschen Kolonialideologie und Kolonialpädagogik schlechthin – allerdings nicht nur der deutschen: »Making the lazy nigger work« und gegebenenfalls »twenty-five on backside« galt für alle Kolonialideologien und betraf alle kolonialbeherrschten Völker.

Gestellte Prügelszenen wurden als Postkartenmotive verwendet.

Daß die Angehörigen der Naturvölker zur Arbeit erst »erzogen« werden mußten, darüber herrschte Konsens zwischen allen kolonialen Gruppen bis hin zu den Missionaren. Während allerdings ideologische Verfechter eines rassistischen Herrenmenschentums und reine Ausbeuter vom Schlage eines August Boshart, Julius Scharlach und Carl Peters die kolonialeroberten Völker auf Dauer dem Schicksal von »Muskelarbeitern« überantworten wollten und »Praktiker« die »Erziehung zur Arbeit« durch die schrittweise Weckung von »Bedürfnissen« zu erreichen beabsichtigten, dachten die Missionare durch die »Erziehung zur Arbeit« die Naturvölker zumindest für eine ferne Zukunft zu einer selbständigen Produktion für den Markt zu befähigen.

In der Praxis bestimmte allerdings der koloniale Alltag selbst die Arbeitsstrategie der Missionare. Auch auf ihren Stationen regulierten in erster Linie christliche Normen (»ora et labora«) und europäische Arbeitsdisziplin das Zusammenleben. Eine neue Zeiteinteilung und Arbeitsmoral veränderten den bisherigen Lebensrhythmus der einheimischen Bevölkerung. Von den Missionsstationen kamen nicht zuletzt die Angestellten und Arbeiter, die Verwaltung und Wirtschaft dringend benötigten. Stolz zitierten die Missionare – beispielsweise auf dem Katholikentag 1898 in Krefeld – denn auch das ihnen von Kolonialbeamten und Kolonialunternehmern gewidmete Lob, »Neger, Kanaken und Chinesen zu nützlichen Menschen zu erziehen«.

Daß sich aber auch auf der indigenen Naturalwirtschaft aufbauen und aus ihr kolonialer Nutzen ziehen ließ, das haben – wie bereits dargelegt – weitsichtige Kolonialpolitiker wie Wilhelm Solf und Albert Hahl in der Südsee, aber auch Gouverneur Freiherr v. Rechenberg in Deutsch-Ostafrika durchaus erkannt. Zugleich wies Solf entschieden den Grundsatz von den »trägen« und »faulen« Naturvölkern zurück.

In Afrika hatte sich die »Arbeiterfrage« in dem Augenblick gestellt, als Arbeiterimporte aus bereits kolonisierten Gegenden wie dem Nigerdelta und der Goldküste sowie aus Liberia nicht mehr ausreichten. Die Handelsgesellschaften brauchten nämlich in immer größerem Umfang Träger, die Plantagenbesitzer und Siedler Landarbeiter und die Verwaltung Arbeitskräfte zur Realisierung infrastruktureller Maßnahmen wie dem Wege-, Straßen-, Eisenbahn- und Hafenbau. Praktische Vorschläge zur »Erziehung des Negers zur Arbeit« hatte schon 1886 der protestantische Missionar Alexander Merensky, der über Südafrika-Erfahrung verfügte, mit seinem Vorschlag der Einführung einer Hüttensteuer unterbreitet.

Seine Empfehlung wurde erstmals am 1. November 1897 durch Gouverneur Eduard von Liebert in Deutsch-Ostafrika in die Praxis umgesetzt. Die Höhe der Steuer betrug 12 Mark in Naturalien, Geld oder Zwangsarbeit. Am 22. März 1905 wurde die Hüttensteuer von Gouverneur Götzen in eine Kopfsteuer umgewandelt. Andere Kolonien folgten dem System direkter Steuern, die – nach dem Wegfall der Zahlung in Naturalien – in Geld oder Arbeit (»Muskelsteuer«) abzuleisten waren. So hatten beispielsweise Afrikaner in Kamerun jährlich sechs Mark Steuer oder dreißig Tage Arbeit bei Selbstverpflegung, in Togo ebenfalls sechs, später zwölf Mark Steuer oder zwölf

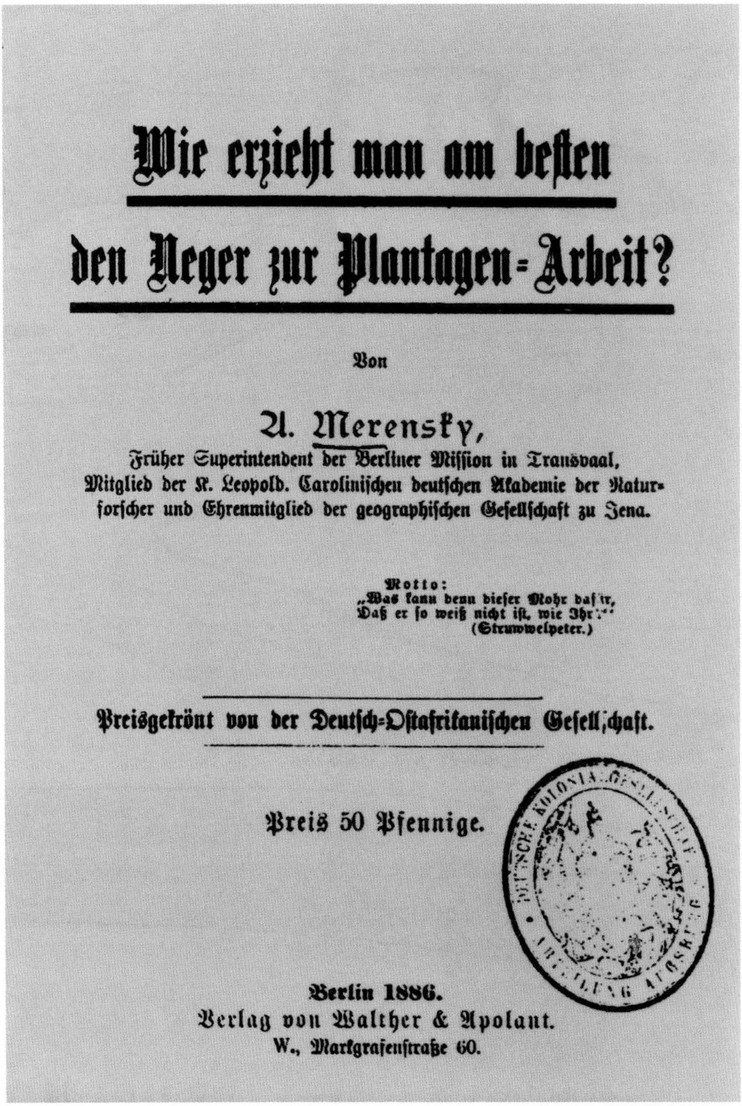

Wie erzieht man am besten den Neger zur Plantagen-Arbeit?

Von

A. Merensky,

Früher Superintendent der Berliner Mission in Transvaal, Mitglied der K. Leopold. Carolinischen deutschen Akademie der Naturforscher und Ehrenmitglied der geographischen Gesellschaft zu Jena.

Motto:
„Was kann denn dieser Mohr dafür,
Daß er so weiß nicht ist, wie Ihr.“
(Struwwelpeter.)

Preisgekrönt von der Deutsch-Ostafrikanischen Gesellschaft.

Preis 50 Pfennige.

Berlin 1886.
Verlag von Walther & Apolant.
W., Markgrafenstraße 60.

Titelblatt von Merenskys Preisschrift von 1886 *Wie erzieht man am besten den Neger zur Plantagen-Arbeit?*

Tage Steuerarbeit zu leisten. Hinzu kamen eine ganze Reihe indirekter Steuern wie beispielsweise in Ostafrika auf das heimische Hirse-Bier sowie in Form bezahlter oder unbezahlter Zwangsarbeit. In Ostafrika mußten seit 1905 alle männlichen Bewohner, die nicht bei einem Europäer in Dienst standen, vierundzwanzig Tage im Jahr auf den neueingerichteten Baumwollplantagen arbeiten – wohl die Hauptursache für den Maji-Maji-Aufstand von 1905.

Das gesamte Steuer-, Erziehungs- und Zwangsarbeitssystem wurde von einer rigiden »Prügelkultur«, wie es August Bebel einmal sarkastisch nannte, begleitet. Selbst für geringfügige Vergehen hatten die Afrikaner die übliche Strafe von »fünfundzwanzig Schlägen« zu erdulden. »Twenty-five« war z. B. das einzige englische Wort, das der ostpreußische Feldwebel Julius v. Piotrowski kannte, der für seine Prügelorgien in Togo berüchtigt war. »Soso« nannten ihn daher die Ewe, was soviel heißt wie »der, der viel haut«. Kamerun mit seiner Plantagenwirtschaft hieß im damaligen Sprachgebrauch allgemein nur »Fünfundzwanzigerland«. Der letzte Schlag wurde sarkastisch »für den Kaiser« versetzt.

In der Tat scheint gerade diese Seite für den »Zugriff« des deutschen Kolonialismus in Afrika charakteristisch gewesen zu sein. Zwar unternahm die Kolonialregierung 1896, als Folge der mit den Namen Leist, Wehlan und Peters verbundenen Prügelexzesse, den ersten vorsichtigen Versuch, die Befugnisse und Zuständigkeiten für die Verhängung von Prügel- und Todesstrafen zu regeln. Aber die Maßnahme blieb in vielen Punkten inkonsequent und beseitigte erst recht nicht die Zusammenfassung von exekutiven und richterlichen Befugnissen in den Händen der Eroberer und Beamten, der wahren »Könige im Busch«. Vielmehr verzeichneten die Züchtigungen in allen Kolonien eher eine Zunahme – in Kamerun verzwölffachten sich die Zahlen sogar. Die von Siedlern und Pflanzern im Rahmen des »väterlichen Züchtigungsrechts« beanspruchten und exzessiv ausgeübten Prügelstrafen hat keine Statistik festgehalten.

Daß auch die Kolonialjustiz von einem einseitigen Herrenstandpunkt aus urteilte, ergibt sich aus der Todesurteilstatistik für die Jahre 1894/1905 für Südwestafrika: Während in dieser Zeit sieben Weiße ums Leben kamen und dafür insgesamt sechzehn Todesurteile an Afrikanern verhängt wurden, sprachen koloniale Instanzen für die fünf Weißen, die Afrikaner umgebracht hatten, gerade einmal Gefängnisstrafen zwischen drei Monaten und drei Jahren aus.

Nicht aus der Diskussion verschwunden war nach dem Erwerb der Kolonien der Gedanke der Einrichtung von Strafkolonien, wenn man jetzt auch weniger an politische Deportation dachte. So empfahl im Jahre 1897 der Kolonialoffizier Curt von François die Deportation deutscher Sträflinge nach Südwestafrika. 1904 bildete die Deutsche Kolonialgesellschaft einen diesbezüglichen »Deportationsausschuß«, und 1907 entstand sogar ein eigener »Deportationsverband«. Eines seiner Mitglieder war der konservative Abgeordnete und frühere Kolonialgouverneur Eduard von Liebert, der im Februar 1908 im Reichstag die Verschickung von Strafgefangenen nach den Marianeninseln verlangte. Regierung und Reichstag verhielten sich jedoch skeptisch bis ablehnend. Hinzu kam die zumeist kategorische Ablehnung durch die Gouverneure, so daß der Deportationsgedanke schließlich von der kolonialen Diskussionsbühne verschwand.

Steuerarbeit, Zwangsarbeit und Prügelstrafe – das sind die drei zentralen Aspekte, die konstitutiver Teil der »kolonialen Situation« waren. Für viele Afrikaner, die die deutsche Kolonialzeit noch miterlebt haben, sind daher insbesondere der rigide Arbeitszwang und das Prügelunwesen in dauerhafter Erinnerung geblieben. 1980 blickte der Konkomba-Häuptling Yendjè Dalaré von Nawaré (Nord-Togo) auf seine Erfahrungen mit den Deutschen zurück: »Oh ja! Ja, ja, ich kannte die ›Djama‹ (Germans). Sie waren lange vor den ›Fransi‹ (Franzosen) gekommen. Die ›Djama‹ waren die ersten Weißen, die den Boden des Konkomba-Landes betraten ... Wissen Sie, die ›Djama‹ waren sehr hart! Sie ließen dich ohne Unterbrechung arbeiten. Sie ließen die Menschen auf die Wege und Straßen von Bassar, von Sokodé und von Agbadou (in den Bergen von Fazao) bringen, um die ›Bayari‹ (Steuerarbeit) abzuleisten. Wissen Sie, die ›Bayari‹: eine Arbeit ohne Pause. Wenn du dich bücktest, um Erde auszuheben oder mit der Kreuzhacke zu arbeiten, hattest du kein Recht, dich wiederaufzurichten. Es war nicht erlaubt innezuhalten, um ein wenig durchzuatmen. Das war die ›Bayari‹: ›man richtet sich nicht auf, man verschnauft nicht‹ ... Wer auch nur innehielt und sich eine Sekunde aufrichtete, erhielt von den rüden Wachsoldaten eine unbarmherzige Bastonade ... Einige Leute starben davon ... Während der Arbeiten sangen die Konkomba-Leute ›Bayari‹, zum einen, um die Moral aufrechtzuerhalten, zum anderen, um die Weißen und ihre Soldaten zu verhöhnen, die den Sinn dieser Spottlieder nicht verstanden.« Die Worte des togolesischen Häuptlings entlarven die propagierte Formel des »streng, aber gerecht« und spiegeln den Zusammenprall völlig unterschiedlicher Lebenswelten wider.

Kein »schwarzer Bruder«

Es war ein verzweifelter Brief, den der Farmer Carl Becker am 1. September 1909 aus Vaalgras im südlichen Deutsch-Südwest an den Gouverneur in Windhuk richtete:

> »Ew. Exzellenz!
> beehre ich mich nachstehend erneut meine Bitte um Wiederverleihung meiner bürgerlichen Ehrenrechte zu unterbreiten. Ich bin überzeugt, daß Ew. Exzellenz, wenn Sie wohlwollend und gerecht über meine Ausführungen nachdenken, nicht zögern werden, meiner Bitte zu entsprechen. Durch den § 17 f der Gemeindeverordnung wird mir als Mann einer Bastardfrau das Wahlrecht entzogen. Der § 17 f ist aus dem Gedanken geboren: Südwestafrika ist weißen Mannes Land; dagegen will ich als weißer Mann nichts sagen, denn der weiße Mann hat jetzt die Macht und die letzte Quelle des Rechts ist die Gewalt. Beim Verfolg der Preußischen Geschichte findet man aber, daß dieser Staat bei seinen vielen Annexionen im Einzelnen stets mit größter Schonung und Achtung des historisch Gewordenen verfuhr. Und er wußte warum! Ich glaube, die Anwendung dieses bewährten Prinzips wird sich auch hier empfehlen. Meine Ehe ist durch Mithilfe der sittlichen und rechtlichen Faktoren des Staates zustande gekommen, bevor der § 17 f erschien. Es ist meine feste Überzeugung: Ich kann nicht durch einen rückwirkenden § entrechtet werden … Keine Macht der Welt soll mich trotzdem zwingen, mich von meiner Frau, die mir bisher (zwölf Jahre) eine wahrhafte Lebensgefährtin gewesen ist, zu trennen.«

Beckers empörter Aufschrei ging auf das 1905 für Deutsch-Südwestafrika erlassene Mischehenverbot zurück. Anlaß war der Herero-Nama-Aufstand von 1904. Er veranlaßte das Gouvernement, die bis dahin durchaus üblichen Ehen von Europäern und Afrikanern zu verbieten. Im Oktober 1906 untersagte der siedlerfreundliche Gouverneur Friedrich von Lindequist auch die kirchliche Trauung. Schließlich erklärte das Windhuker Obergericht – in einem rechtswidrigen Akt – selbst alle vor dem Verbot geschlossenen Mischehen für ungültig. Mit der Übernahme dieser kolonialrechtlichen Apartheidsbestimmung in die im Februar 1909 in Kraft tretende Selbstverwaltungsordnung verloren nicht nur alle im Konkubinat mit einer Eingeborenen lebenden Gemeindemitglieder das Wahlrecht, sondern auch diejenigen, die im Vertrauen auf Sitte und Rechtsstaatlichkeit eine einheimische Frau geheiratet hatten. Frau und Kinder waren nach dem deutschen Indigenatsgesetz vom 1. Februar 1870 deutschen Staatsangehörigen gleichgestellt, erhielten aber nun den Status von Eingeborenen.

Welche moralischen Konflikte das Mischehenverbot erzeugen konnte, vor allem, welche politischen, gesellschaftlichen und wirtschaftlichen Konsequenzen die Mischehen-Verordnungen und der Verlust des Wahlrechts für diejenigen wenigen Farmer besaßen, die an dem christlich und gesetzlich legitimierten Institut der Ehe festhielten, davon zeugt die Eingabe des Farmers Carl Becker gegen die Annullierung seiner Ehe mit einer Rehobother Bastardfrau. Das Reichskolonialamt in Berlin entschied sich in diesem Fall für den Gnadenweg, ansonsten aber für eine restriktive Handhabung gegenüber ähnlichen Gesuchen. Mischehenverbote hat man auch in Togo und Deutsch-Ostafrika ins Auge gefaßt bzw. eine einengende Anwendung praktiziert. Verordnungscharakter erhielten sie über Südwestafrika hinaus nur noch für Samoa (1912).

Mischehenverbote lagen gewissermaßen in der Konsequenz der kolonialen Rassengesellschaft. Denn wenn durch Rassismus Herrscher und Untertan bestimmt wurden und die »Erziehung zur Arbeit« für die »Nutzbarmachung« dieses Untertans sorgte, war es folgerichtig, daß der »schwarze Untertan« niemals zum »schwarzen Bruder« werden konnte. Nun gab es in allen deutschen Kolonien

Kolonie und Heimat

Unabhängige koloniale Wochenschrift

Organ des Frauenbundes der Deutschen Kolonialgesellschaft

Nachdruck des Inhalts nur nach besonderer Vereinbarung gestattet.

Dem Kaiser!

Dein Tag wird nicht nur in Berlin
Und nur im Reich begangen!
Wo immer Deine Schiffe zieh'n,
Soll heut Dein Name prangen!

Der soll heut stolz und überall
Klingen vor allen Nationen!
Dein Name ist wie ein fester Wall;
Darunter läßt's gut sich wohnen!

Von vielen Stämmen in mancherlei Tracht,
In vielen Farben und Zungen
Wird heute Dir ein Hoch gebracht
Und Dein Kaiserlied gesungen!

M. M.

zusammengenommen gerade einmal 166 »gemischtrassische« Ehen, davon in Südwestafrika im Jahr 1908 42 legale Ehen zwischen Weißen und Schwarzen. Um diese »Rassenmischehen«, wie man im Anschluß an die konfessionelle Mischehe formulierte, ging es im Grunde bei der nach der Jahrhundertwende anhebenden kolonialpolitischen Diskussion über die Rassenvermischung auch gar nicht; lebten doch über 90 Prozent der Europäer in den Kolonien in Konkubinatsverbindungen. Aber die Mischehe war nun einmal der am ehesten verwaltungs- und verordnungsmäßig faßbare Ansatzpunkt für die postulierte »Reinheit der Rasse«.

Hinter dieser Forderung standen letztlich tiefreichende psychologische Ängste vor einer »rassischen Degeneration«, aber auch dem Verlust der politischen und ökonomischen Herrschaft. »Verkaffern« bzw. »verkanakern« waren die zeitgenössischen Schlagworte. Wegen der befürchteten Konsequenz, daß Deutsch-Südwest aufgrund des Mangels an weißen Frauen zu einer »Bastardkolonie« werden könne, wandten sich die Gouverneure mehrfach mit der Bitte um Abhilfe an die Deutsche Kolonialgesellschaft. Deren Frauenbund nahm sich schließlich der »kolonialen Frauenfrage« an. Seit 1898 wurden insgesamt 2106 Frauen, darunter allein 673 Dienstmädchen, von kolonialen Fraueneinrichtungen in Deutschland ausgebildet und in die Kolonien geschickt. In Deutsch-Südwest änderte sich der Frauenanteil zwischen 1900 und 1914 aber nur von 17,4 auf 26,4 Prozent.

Was ihre koloniale Mission betraf, sah sich auch und gerade die Frau als »Stütze des Deutschtums« und »weiße Herrin«. Die Farmersfrau und Schriftstellerin Lydia Höpker bekannte, daß sie mehrmals schwarzen Hausbediensteten »gepfefferte« Ohrfeigen versetzt habe. Verbal prangerte die Leiterin der Abteilung Windhuk des Frauenbundes die Mischlinge des Landes an. In der vereinseigenen, stark bebilderten Zeitschrift *Kolonie und Heimat* schrieb Frau Neugebohrn: »Jedes einzelne dieser unglücklichen Geschöpfe ist ein Sinnbild des Niedergangs und der Entartung unserer Rasse. Für solche Kainszeichen aber ist kein Platz im Bilde von Südwest, und unsere einzige Siedlungskolonie kann keinen Raum haben für eine Mischlingsbevölkerung.«

Die Völker der deutschen Kolonien huldigen dem Kaiser aus Anlaß seines Geburtstags 1913.

Mischlinge galten gemeinhin als ein besonders unzuverlässiges und aufrührerisches Potential, das künftig als Mitbewerber um die Herrschaft auftreten konnte. Die scheinbaren Beweise für die Richtigkeit solcher Vorstellungen lieferten die Vertreter der Rassenkunde. Einer ihrer bedeutendsten Verfechter in Deutschland in der ersten Hälfte des 20. Jahrhunderts war der Anthropologe und Eugeniker Eugen Fischer. 1908 nahm er eine Untersuchung an der Mischlingsbevölkerung Deutsch-Südwestafrikas vor. Als deren Ergebnis führte er bestimmte geistige und körperliche Merkmale auf unveränderliche Rassenunterschiede zurück. Selbst gegenüber der Hauptethnie seiner Untersuchung, den Rehobother Bastards, die sich im Herero-Nama-Krieg von 1904/07 als besonders loyale Verbündete der deutschen Kolonialmacht erwiesen hatten, hatte er nur sein sentimental kaschiertes sozialdarwinistisches Credo der Rassentrennung und schließlich sogar Vernichtung übrig.

Ohnehin war die »Siedlungskolonie« Deutsch-Südwest geradezu geprägt vom Gegensatz zwischen Weiß und Schwarz. Nicht von ungefähr ist in der europäischen Expansionsgeschichte die Zielsetzung der Europäer in Siedlungskolonien selten auf ein Zusammenleben mit den Einheimischen ausgerichtet gewesen. Vielmehr wurden in der Regel die ursprünglichen Bewohner vernichtet, verdrängt oder versklavt – letzteres in neuerer Zeit in Form der Bildung einer farbigen Arbeiterschicht. Darauf lief letztlich auch das radikale »Pulver- und Bleiprogramm« vieler südwestafrikanischer Siedler hinaus. Sie richteten sich dabei nicht nur gegen jede nationale Identität und persönliche Freiheit der Schwarzafrikaner, sondern attackierten selbst die geringen Reformansätze des kolonialen »Fürsorgestaates« heftig.

Literarischer Ausdruck für die radikale Lösung der »Eingeborenenfrage« im Sinne des uneingeschränkten Herrschaftsanspruchs der weißen Rasse ist das Buch der südwestafrikanischen Farmersfrau Ada Cramer mit dem bezeichnenden Titel *Weiß oder Schwarz* (1913). Ihr Mann, Ludwig Cramer, hatte, indem er sich auf das »väterliche Züchtigungsrecht« berief, mehrere Afrikaner so schwer mißhandelt, daß einige von ihnen bzw. ihre ungeborenen Kinder an den Folgen dieser »Behandlung« starben. Das gegen die Kolo-

Eine »Buschmann-Hottentotten-Gruppe«, die 1887 von einem gewissen Hugo Schött auf Jahrmärkten in Deutschland zur Schau gestellt und von Anthropologen vermessen und Linguisten vorgeführt wurde

nialverwaltung gerichtete Pamphlet der Ada Cramer verdeutlicht neben dem schrankenlosen Rassenhaß der Autorin jedoch noch einige weitere Aspekte: die nach dem Herero-Nama-Aufstand traumatische Züge annehmende, geradezu pathologische Furcht der weißen Siedler vor der »anonymen Mehrheit« der Afrikaner; die allmähliche, von den Weißen nur erahnte Reorganisation der alten Stammesstrukturen sowie die keineswegs »totale« Unterwerfung der Einheimischen.

Gerechtfertigt haben die einsetzende Segregations- und Apartheidspolitik vor allem kolonialrassistische Kreise. Aber auch eine so namhafte Persönlichkeit des Kaiserreichs wie der Publizist und Kolonialschriftsteller Paul Rohrbach, immerhin von Hause aus Theologe und bis 1911 Mitglied der Fortschrittlichen Partei, vertrat einen Rassismus, der geradezu präfaschistisch zu nennen ist. Mischehen waren allerdings selbst in Missionskreisen unerwünscht (»vom Übel«). Mit Sorgfalt ließen weiße Pastoren die Bänke in den Kirchen vor dem Gottesdienst der Europäer abwischen oder verboten in Europäerzentren den Einheimischen das Betreten der Hausveranda. Noch in der deutschen Kolonialzeit bemühten sich die Missionare beider Konfessionen – vornehmlich in Südwestafrika – um den Bau eigener Kirchen und um eine getrennte seelsorgerische Betreuung für Weiße und Schwarze. Doch im allgemeinen waren sie eher kleinbürgerliche Moralisten als Rassisten.

Carl Peters – Kolonialpionier oder kolonialer Herrenmensch?

Haben Sie schon einen Neger getötet?« Diese sarkastische Frage war die ständige Begleitformel eines Mannes, der in der deutschen Kolonialgeschichtsschreibung unisono als »der Schurke im Stück« gilt; repräsentiert er im Spektrum deutscher Kolonialideologien doch jenen äußersten rechten, radikal-rassistischen Flügel, der als Folge geradezu einer Dämonisierung seiner Person Vorschub leistete.

1969 bezeichnete ihn Hans-Ulrich Wehler als »kriminellen Psychopathen« mit »pathologischem Geltungsbedürfnis«. Daß die Nationalsozialisten in ihm das national-heroische Vorbild eines »Herrenmenschen« sahen und ihr Chefhistoriker Walther Frank seine Werke edierte, mag neben dem Diktum Wehlers und anderer dazu beigetragen haben, daß sich bisher kein deutscher Historiker an eine wissenschaftliche Aufarbeitung des »Monstrums« Peters wagte.

Wer war dieser Mensch, der auf der anderen Seite mit Staatsmännern, Bankiers, Industriellen und gesellschaftlichen Honoratioren der wilhelminischen Gesellschaft verkehrte und an dem die Reichsregierung bis zu seinem Abgang politisch festhielt?

Carl Peters wurde 1856 als das achte von neun Kindern des lutherischen Pastors Carl Peters in Neuhaus an der unteren Elbe geboren. Vielleicht ist es bereits bezeichnend für ihn, daß er später in seinen *Lebenserinnerungen* (1918), noch bevor er zu seinem Geburtsdatum kommt, berichtet, wie sein zum Okkultismus neigender Freund Hübbe-Schleiden ihm bereits in einem früheren Leben begegnet sei: zunächst im 3. Jahrhundert v. Chr. als byzantinischer Gouverneur, dann sei er – Peters – im 12. Jahrhundert n. Chr. als Dschingis Khan wiedergeboren worden. Wenn Peters auch Zweifel an seinem Vorleben hegt, scheint die Tatsache der Erwähnung doch zu belegen, daß ihm seine frühere Rolle nicht unangemessen erscheint. Später wird er sich lieber mit Napoleon vergleichen.

Ostern 1871 schickt ihn der Vater mit der mittleren Reife auf die vornehme Internatsschule Ilfeld im Harz, auf welcher der nicht unbegabte Junge bereits nach kurzer Zeit eine Freistelle erhält. Nach dem Abitur geht Peters auf die Universität nach Göttingen, nachdem er bei der Musterung wegen seiner Kurzsichtigkeit zurückgestellt worden ist. Er läßt sich in der Juristischen Fakultät immatrikulieren; historische, psychologische und geographische Vorlesungen ziehen ihn jedoch mehr an. Er erhält auch hier ein Stipendium, verdient sich aber gleichzeitig ein Zubrot durch erste politische und historische Artikel. Weitere Stationen seines Studiums sind Tübingen und Berlin. Obwohl wiederum für Jura eingeschrieben, hört er in erster Linie Vorlesungen bei den damaligen Koryphäen der Geschichtswissenschaft: Mommsen, Droysen, Waitz, Wattenbach und Treitschke. Im November 1880 legte er dann sein Examen für das höhere Lehramt in den Fächern Geschichte und Geographie ab. Was ihm jedoch vorschwebt, ist eine Universitätskarriere: »Dozent werden und bald Professor, dann Reichstagsabgeordneter … Treitschke hat auch so angefangen«, vergleicht er sich mit dem führenden Historiker des preußisch-deutschen Staates. Nach seiner Dissertation über ein mittelalterliches Thema reicht er im Sommer 1884 in Leipzig eine Habilitationsschrift bei dem Völkerpsychologen Wilhelm Wundt ein, der eine Ethik der Tatsachen und einen vom Willen bestimmten Idealismus lehrte.

Zu diesem Zeitpunkt hatte sein Lebensweg indessen bereits eine entscheidende Wende erfahren, so daß er seine akademische Laufbahn aufgab. Ein vermögender Onkel in London hatte ihn zeitweilig zu sich geholt und ihm nach seinem Tod im Herbst 1882 ein kleines Vermögen hinterlassen. Die neue Situation verschaffte ihm auch endlich Eingang in die Kreise der oberen Gesellschaft, die er für die ihm einzig angemessene hielt. Der Kontakt mit England hatte ihn überdies tief in seiner Weltanschauung geprägt. Seither erfüllte ihn eine Art Haßliebe zu diesem Land. Zunächst überwog eine nahezu schrankenlose Bewunderung für die Engländer und ihre Machtstellung in der Welt, während er für Deutschland geradezu Verachtung bekundete.

Das beneidet-bewunderte Vorbild des britischen Empire gab aber vor allem den Anstoß zu seinen kolonialen Ambitionen und Kolonialplänen. »Das Motiv«, so bekannte er selbst, »welches mich 1883 veranlaßte, mich mit der deutschen Kolonialbewegung zu befassen, war wesentlich der Wunsch, meine Landsleute, welche ich unter fremden Völkern in meist abhängigen Stellungen und dem Fremdländischen unterworfen kennengelernt hatte, auch innerlich frei und unabhängig machen zu helfen, wie ich dies am Engländertum beobachtet hatte. Dazu schien mir die Eroberung weiter Länderstrecken für die deutsche Art der direkte Weg … Wenn man ein egoistisches Moment in diesem Motiv für meine kolonialpolitische Tätigkeit suchen will, so mag man es darin finden, daß ich es satt hatte, unter die Parias gerechnet zu werden, und daß ich einem Herrenvolk anzugehören wünschte.«

Zu verwirklichen suchte Peters seine Ziele einmal mehr, indem er die betreffende, ihm hörige Gesellschaft um sich zu scharen suchte. Er fand sie im neugegründeten Konservativen Klub in Berlin, in dem er nach eigenem Bekunden stets in »Kanonen(-Hosen), Sporen und mit Hetzpeitsche« auftrat. Im März 1884 gründete er die Gesellschaft für deutsche Kolonisation, die trotz geringer Resonanz und schwacher Kapitalisierung eine Expedition zunächst in das Hinterland von Mossamedes plante, um dort »eine unabhängige deutsche Siedlungs- und Handelskolonie« zu gründen. Als sich das Unternehmen aus politischen Gründen (es war portugiesisches Gebiet) nicht realisieren ließ und auch jede Unterstützung durch das Reich ausblieb, wechselte er heimlich das Zielgebiet. Beraten von Ernst von Weber und angeregt durch die Berichte des englischen Afrikareisenden Henry Morton Stanley, begab sich die kleine Expedition, zu der auch Graf Joachim v. Pfeil, Carl Jühlke und der Kaufmann August Otto gehörten, ins Küstenhinterland von Ostafrika. Über seine hochfliegenden Pläne schrieb er im September 1884, kurz vor der Abreise, an seine Mutter: »Ich werde durch diesen Coup nicht nur meine ganze Zukunft in großartige Bahnen bringen ... ich tue auch eine große vaterländische Tat und grabe meinen Namen ein für alle Mal in die deutsche Geschichte ein.« Seiner Schwester teilte er wenig später mit, daß er im Begriff sei, »mir persönlich ein Reich nach meinem Geschmack zu erwerben ... ein gewaltiges deutsches Kolonialreich, welches vom Njassa (Sambesi) bis an den Nil reicht und den Kongostaat in kürzester Zeit überholen wird ... Was die Vorsehung dazu sagt, weiß ich nicht. Aber ich hoffe und bin überzeugt, daß sie mir einen ruhmlosen Untergang ersparen wird.«

Zunächst schien das Schicksal für ihn den Weg des »Kolonialhelden« bereitzuhalten. Nachdem er gegen geringfügige Geschenke und wertlose Versprechen mit den lokalen Herrschern »Verträge« geschlossen und ein Gebiet von der doppelten Größe Bayerns »erworben« hatte, bat er am 5. Februar 1885 in Berlin für »seine« Besitzungen, mit denen er den Keim für ein »deutsches Indien« gelegt zu haben vermeinte, um Reichsschutz. Da er auch zusagte, mit einer zukünftigen Charter-Gesellschaft »nach dem Vorbild der Ostindischen Kompanie«, der kurz darauf gegründeten Deutsch-Ostafrikanischen Gesellschaft (DOAG), Bismarcks Vorstellungen von einem kaufmännischen Regime entgegenzukommen, erhielt er schon am 27. Februar einen kaiserlichen Schutzbrief.

Zwar stand die Ende Februar als offene Handelsgesellschaft gegründete DOAG zunächst noch unter seinem Vorsitz. Mit ihrer Umwandlung in eine Kommanditgesellschaft, dem Eintritt des Elberfelder Bankiers Carl v. d. Heydt mit einer Einlage von einer Million sowie einer privaten 500 000-Mark-Beteiligung von Wilhelm I. begann der Einfluß von Peters und der anderen kleinbürgerlichen Einleger jedoch zu schwinden. Hinzu kam, daß Peters selbst als Verwaltungschef der DOAG in Afrika völlig versagte und seine Mißwirtschaft bereits am 23. Dezember 1887 zu seiner Abberufung führte. Einer Ausweitung des Kolonialgebiets hatte sich Bismarck schon ein Jahr zuvor entgegengesetzt und eine gütliche Einigung mit England anstelle der Petersschen »Großreichträumereien« den Vorzug gegeben.

Carl Peters und Emin Pascha (links)

Der Reichskanzler wandte sich auch vehement gegen die Emin-Pascha-Expedition, an deren Spitze der »Kolonialheld« 1889 erneut nach Afrika aufbrach. Er bezeichnete das gesamte, von der kolonialen Presse aufgebauschte Unternehmen geradezu als »kriminell« und nannte Peters einen »Flibustier«.

Über seine Expedition äußerte sich Peters nachträglich in dem 560-seitigen Buch *Die Emin-Pascha-Expedition*, das 1891 erschien, elf Auflagen erlebte und sogar in mehrere Sprachen übersetzt wurde. Ausgangspunkt war die besondere koloniale Situation in Ostafrika, das im Schnittpunkt zweier großräumiger Konzepte lag: der von Cecil Rhodes anvisierten Kap-Kairo-Linie der Engländer und eines von deutschen Kolonialenthusiasten propagierten »Griffs nach dem Nil« als Basis eines »deutschen Indien« in Ostafrika, das von der Somaliküste bis

Mosambik reichen sollte. Seine Vollendung sollte dieses Imperium durch ein quer über den gesamten Kontinent gedachtes »Mittelafrika« finden. Als nun ein deutscher Staatsangehöriger in Diensten der ägyptischen Äquatorialprovinz – eben besagter Emin Pascha – als verschollen galt, brachen zu seiner »Rettung« kurz hintereinander zwei Expeditionen auf, bei denen die genannten kolonialen Ziele zweifellos im Vordergrund standen. Peters' Konkurrent war der weltberühmte Afrikareisende Henry Morton Stanley, der dann auch Emin Pascha lange vor Peters fand.

Die gesamte Darstellung der etwas über einjährigen Expedition (1889/90) durch die heutigen Staaten Kenia, Uganda und Tansania ist als Wegbahnung durch Gewalt dargestellt, als eine einzige Aneinanderreihung von Schilderungen über Peitschen, Kettenlegen, Totschießen, Niederbrennen von Dörfern, Erbeuten von Viehherden und Nahrungsmitteln. Als einige der als Träger und Soldaten angeworbenen Somali sich angesichts der Schindereien und drakonischen Strafen aus dem Staub machen, fordert Peters die Galla auf, in deren Gebiet er sich gerade befindet, sie einfach niederzumachen. Aber auch einigen widerstrebenden Galla ergeht es nicht besser. Peters, der sich selbst als »höchster Herr im Gallalande« bezeichnet, läßt »den Sultan und sieben seiner Großen« niederschießen – eine Heldentat, die ihn »mit dem ganzen stolzen Rausche des Sieges« erfüllt.

Er kommt dann in das Gebiet der Dschagga. Auch hier die gleiche Vorgehensweise der verbrannten Erde und des sinnlosen Tötens. In einem Dorf schießt die Expedition die Bewohner mit ihren Repetiergewehren wie Spatzen von den Bäumen herab, wo jene lediglich Beobachtungsposten gegen ihre Feinde, die Kamba, bezogen haben. Kranke und Verwundete werden ohne Versorgung den Löwen zum Fraß überlassen. Peters kommt schließlich in das Gebiet der Massai. Er läßt eines ihrer Dörfer »an acht Ecken gleichzeitig in Brand stecken« und schließt die Szene mit der zynischen, allen christlich-zivilisatorischen Bekundungen Hohn sprechenden Bemerkung: »Als die Adventsglocken in Deutschland zur Kirche riefen, prasselten die Flammen über dem großen Kral an allen Seiten in den Himmel.«

Was der Konquistador in Afrika praktizierte, war letztlich nichts anderes als die praktische Umsetzung seiner rassistischen Ideologie. In seiner aggressiven Kolonialpolitik gab es nur eine Devise: »die rücksichtslose und entschlossene Bereicherung des eigenen Volkes auf anderer schwächerer Völker Unkosten«. Demgemäß vertrat er einen rigiden »Herrenstandpunkt« und volks- und nationenbezogenen Sozialdarwinismus. Er bewunderte geradezu jene »Konquistadoren und Kapitalisten«, die sich rücksichtslos gegenüber den eingeborenen Völkern durchgesetzt hatten, so daß diese – wie in Nordamerika und Australien – nahezu verschwunden, während dort, wo man sich assimiliert habe – wie in Südamerika – »Bastardnationen« entstanden seien. Was Peters schließlich verlangte, war die Züchtung einer deutschen »Edelrasse«. »In Wirklichkeit ist dieses Verlangen identisch mit dem oft ausgesprochenen Programm, ›daß das deutsche Volk ein Herrenvolk‹ werden müsse«, heißt es in einem Artikel *Das Deutschtum als Rasse* (1905). Der Staat solle dabei »die Grundlage schaffen für die Entwicklung einer nationalen Rasse durch Gründung eines einheitlichen, großen Komplexes mit abgeschlossenen Grenzen nach außen, innerhalb deren die Rassenzüchtung nach den Gesetzen der ›natürlichen Zuchtauswahl‹ sich möglichst ungestört durch immer erneute Einbuße von außen vollziehen kann«. Völlig konsequent schrieb die nationalsozialistische Reichsstelle zur Förderung des deutschen Schrifttums in einem Gutachten über Peters vom Januar 1938, es fänden sich bei ihm »Gedankengänge, die fast wörtlich übereinstimmen mit denen des Führers und seiner ersten Mitstreiter«, und es sei überraschend zu sehen, »wie nahe Peters den Gedanken des Dritten Reichs bereits vor fünfzig Jahren stand«.

Auch die Rolle, die er den afrikanischen Völkern in seinem rassistischen Konzept beimaß, entsprach den nationalsozialistischen Ordnungsvorstellungen für das geplante »mittelafrikanische« Kolonialreich. Schon die Antwort in einem Essay von 1885 mit der Frage »Wie erzieht man am besten die Neger zur Plantagenarbeit?« lief einzig auf die »Disziplinierung« der Eingeborenen für die Plantagen und Bergwerke hinaus. »Weshalb« – so stellte er 1901 die Frage (»Die afrikanische Arbeiterfrage«) – »soll wohl die Einführung staatlichen Zwanges ein für allemal bei der subspecies (was man mit Untermenschentum übersetzen kann) verpönt sein, welche durch eine vieltausendjährige Sklaverei den geschichtlichen Beweis geliefert hat, daß sie recht eigentlich für einen solchen Zwang prädestiniert ist, und welche meistens da, wo sie sich selbst überlassen ist, beweist, daß sie überhaupt zu nichts gut ist.« Die kolonisierten Afrikaner sollten daher – so schlug er immer wieder vor (und so stand es später im NS-Kolonialgesetz) – einer staatlichen Arbeitspflicht unterworfen werden. Auf keinen Fall brauche man in den Kolonien, wie er unter »stürmischem Beifall« vor Berliner Studenten äußerte und in einer Abhandlung über die *Rassenfrage in Südafrika* (1911) wiederholte, einen Schulzwang. Carl Peters stand mit diesen und ähnlichen Äußerungen zweifellos am rechten Rand deutscher Kolonialideologen und -propagandisten.

Was die Emin-Pascha-Expedition anbelangte, war das gesamte Unternehmen in politischer Hinsicht ein totaler Fehlschlag. Wenn Peters 1885 noch in seiner grenzenlosen Selbstüberschätzung die Hoffnung zum Ausdruck gebracht hatte, »wie Napoléon I. meinen Einzug in Kairo von Süden aus zu halten«, so mußte er jetzt definitiv alle Pläne eines »deutschen Indien« in Afrika begraben. Der im Stil kolonialdiplomatischer Konvenienz noch von Bismarck vorbereitete Helgoland-Sansibar-Vertrag (1890), in dem das Deutsche Reich gegen die Nordseeinsel Helgoland auf alle »Rechte« in Uganda, im Sultanat Witu, auf Sansibar und an der Somaliküste verzichtete – nach Meinung der Alldeutschen »Königreiche« gegen eine »Badewanne« eingetauscht hatte – beendete ohnehin alle weiteren kolonialen Spekulationen hinsichtlich dieser Region.

Nachdem auch Wilhelm II. den »verdienstvollen Gründer von Deutsch-Ostafrika« empfangen und ihn mit dem »Kronen-Orden III. Klasse« ausgezeichnet hatte, mußte man den populären »Kolonialhelden« nur noch beruflich versorgen. Da sich die Kolonialbeamten aber durchaus der Grenzen seiner fachlichen Kompetenz und vor allem seiner persönlichen Defizite bewußt waren, blieb für ihn nur einer der drei neugeschaffenen Posten eines »Kaiserlichen Kommissars« unter dem neuen Gouverneur Freiherr Julius von Soden. Peters' Zuständigkeitsbereich war das Kilimandscharogebiet.

Dort setzte er das fort, was er schon während seiner früheren Afrikaaufenthalte praktiziert hatte: Trinkgelage und Prügelorgien, Niederbrennen von Dörfern und Maschinengewehrdiplomatie. Auf seiner Hauptstation hatte er gleich neben der Fahnenstange einen Galgen errichtet. Als der Kaiserliche Kommissar schließlich einen Afrikaner und seine eigene schwarze Geliebte hinrichten ließ, war das Maß voll.

Die Hinrichtung seines achtzehnjährigen Dieners Mabruk geschah aufgrund eines mehr als geringfügigen Diebstahls, nämlich von ein paar der Zigarren von Peters. Die Todesstrafe gegen die Afrikanerin Jagodja erfolgte, weil sie zweimal von der Station geflohen war – wonach sie jedesmal auf brutalste Weise ausgepeitscht worden war – und weil sie durch Zusammenarbeit mit einem von Peters bekämpften Häuptling, bei dem sie Zuflucht gesucht hatte, »Landesverrat« am Deutschen Reich begangen haben sollte. Im Falle Jagodjas war nachweislich gekränkte Eitelkeit mit ihm Spiel; denn daß Peters mit Jagodja geschlechtlich verkehrt hatte, gab er in seinen prahlerischen und bierseligen Äußerungen mehrmals zu (was allerdings nicht gerichtsrelevant war).

Am 13. März 1896 holte der sozialdemokratische Reichstagsabgeordnete August Bebel zum Schlag gegen einen der ärgsten Sozialistenhasser aus. Wenn sich Bebels Berufung auf den Brief eines englischen Bischofs auch als Falschaussage erwies, reichten die vorgetragenen Beschuldigungen doch aus, den nunmehr nur noch in kleinen konservativ-rechtsliberalen Kreisen als »Kolonialhelden« gefeierten Peters in einem Disziplinarverfahren aus dem Reichsdienst zu entlassen. Eine strafrechtliche Verurteilung fand nie statt, da bis 1896 keine Gesetze und Verordnungen seinen Generalvollmachten (Kriegsrecht, Gerichtsbarkeit) entgegenstanden. Auch später gewann er alle von ihm angestrengten Beleidigungsklagen vor allem gegen sozialdemokratische Blätter, die ihn als »feigen Mörder« oder »perversen Verbrecher« bezeichnet hatten. Den in diesem Zusammenhang geprägten Beinamen »Hänge-Peters« sollte er indes behalten, während die Afrikaner ihn »Mkono wa Damu« nannten, den »Mann mit den blutigen Händen«.

Von 1896 bis 1914 ging Peters freiwillig ins Exil nach London. Er beschäftigte sich mit Studien zur Lokalisierung des sagenhaften Landes Ophir, aus dem Salomon das Gold und die Edelsteine für seinen Tempel geholt hatte. Alle Minenprojekte, die er in diesem Zusammenhang zu realisieren versuchte, zehrten nur sein Vermögen auf. Im Juli 1905 gab Wilhelm II. in einem Gnadenerlaß Peters den Titel Reichskommissar a. D. zurück. Im März 1914 erhielt er auch seine Pension wieder, verbunden mit einer jährlichen Apanage von 3900 Reichsmark aus dem kaiserlichen Dispositionsfonds. Im Ersten Weltkrieg kehrte er nach Deutschland zurück, diente sich – vergeblich – dem Großen Generalstab an, verfaßte wilde Pamphlete gegen England und plädierte für eine bedingungslose Durchsetzung des deutschen Herrschaftswillens (»werden wir endlich hart, selbstbewußt und stolz allem Fremden gegenüber«). Während der Kämpfe in Frankreich schlug er vor, die gesamte Bevölkerung der zehn von Deutschland besetzten französischen Departements in Konzentrationslager zu sperren. Als Deutschland 1918 in die Defensive geriet, übertraf er selbst noch diesen wahnwitzigen Gedanken mit dem Vorschlag, »die besetzten Gebiete im Westen wie im Osten von der eingeborenen Bevölkerung völlig zu säubern und ausschließlich für uns zu bepflanzen«. Er starb am 10. September 1918.

Am 12. Februar 1935 – zum fünfzigsten Jahrestag des Erwerbs von Ostafrika – intervenierte Peters' jüdischer Freund Otto Arendt direkt beim Führer zugunsten einer endgültigen Rehabilitierung des »Gründers von Deutsch-Ostafrika«. Bewirkt wurde sie erst 1937 durch Görings und Fricks Interventionen (gegen Außenminister v. Neurath), womit gleichzeitig der Aufstieg des Kolonialheros zum »Nationalhelden« der Nazis einsetzte.

Der Film *Carl Peters. Ein deutsches Schicksal* (1941) mit Hans Albers in der Titelrolle, ein antijüdisch-antibritisches Machwerk, sorgte dann für seine Popularisierung. In Hamburg strömten allein in den ersten elf Tagen seiner Aufführung 44 451 Menschen in die Kinos. Carl Peters – ein wahrlich dunkles Kapitel der deutschen Kolonialgeschichte.

Im NS-Propagandafilm *Carl Peters* (Bavaria Filmkunst München 1941) spielte Hans Albers die Rolle des Kolonialpolitikers Carl Peters.

Preis 30 Pfg.

München, den 22. Oktober 1906 11. Jahrgang

Simplicissimu

Abonnement vierteljährlich 3 Mk. 60 Pfg. Herausgeber: Albert Langen In Oesterreich-Ungarn vierteljähr

Geschäftsbilanz

(Zeichnung von Wilhelm Schulz)

Nationales Verlustgeschäft und privater Gewinn – Eine Zwischenbilanz

Blickt man auf die erwartungsvollen Argumente der frühen Kolonialdiskussion zurück und vergleicht sie mit der tatsächlichen Entwicklung nach 1884 und den Ergebnissen bis zum Ersten Weltkrieg, so wird man feststellen müssen: Nahezu sämtliche Vorstellungen von einer Heilung innerer Krisen durch (Kolonial-)Expansionismus erfüllten sich nicht. Bereits Anfang der 1890er Jahre erwies sich die Hoffnung, den Bevölkerungsdruck durch eine indirekt beeinflußte und gesteuerte Auswanderung aufzufangen und in die eigenen Kolonien zu leiten, als Fehlspekulation. Das hing zunächst mit dem Übergang zur »industriellen Bevölkerungsweise« zusammen, in der nun neben eine weiter sinkende Sterblichkeit auch eine ständig sinkende Geburtenrate trat, so daß nach 1902 der Geburtenüberschuß tendenziell abnahm.

Schon zuvor – Mitte der neunziger Jahre – hatte die letzte der großen überseeischen Massenauswanderungswellen stattgefunden. Zum einen setzte durch die fortschreitende Industrialisierung eine starke Binnen- und sogar ausländische Zuwanderung ein, und zwar in die mitteldeutschen und rheinisch-westfälischen Industriezentren; zum anderen verlor das überseeische Hauptauswanderungs-

»Die Sache in Afrika hätte noch ein Jahr länger dauern dürfen.« Titelblatt des *Simplicissimus* vom 22. Oktober 1906 land USA durch die vielbeschworene »Krise der neunziger Jahre« an Attraktivität. Zu Beginn des 20. Jahrhunderts schien sich so aus dem einstigen Auswanderungsland Deutschland geradezu ein Einwanderungsland zu entwickeln. Der Bedarf an zusätzlichen Arbeitskräften stieg so rapide an, daß nunmehr vereinzelt sogar der Import von chinesischen Kulis oder Arbeitskräften aus den afrikanischen Kolonialgebieten empfohlen wurde. Dem »malthusianischen Alptraum«, eine überproportional wachsende Bevölkerung nicht mehr ernähren zu können, wurde so der Boden entzogen, und noch vor dem Ersten Weltkrieg sollte sich die Furcht vor Überbevölkerung gar in ihr Gegenteil verkehren.

Aber auch die primär wirtschaftsideologischen Argumente der Kolonialpropagandisten, die von einer unmittelbaren stabilisierenden Wirkung des Außenhandels durch die Erschließung von nationalen Kolonialmärkten ausgegangen waren, verloren an Werbekraft. Denn die Trendperiode industriewirtschaftlicher Wachstumsstörungen und -einbrüche sowie die strukturelle Agrarkrise seit 1876 wurden Mitte der neunziger Jahre von einer Aufschwungphase im industriellen und agrarischen Bereich abgelöst. Sie dauerte bis zum Vorabend des Ersten Weltkriegs an. Mitte der 1890er Jahre waren somit schon von den objektiven Gegebenheiten her sowohl die Klagen über den Menschen- und Kapitalverlust durch überseeische Auswanderung als auch die Hoffnung auf konjunkturstabilisierende Wirkungen durch eigene Kolonien gegenstandslos geworden. Dies hinderte ihre hartnäckigsten Verfechter nicht daran, sich ihrer – bewußt oder unbewußt – weiterhin zu bedienen.

Zu den dominanten Faktoren der Metropole traten Hemmnisse der Peripherie hinzu. Es zeigte sich, daß fast sämtliche deutschen Schutzgebiete aus klimatischen Gründen zur Massenansiedlung ungeeignet waren. Die Auswanderung in die Kolonialgebiete erforderte überdies ein nicht unbeträchtliches Startkapital. Daher gewannen die Schutzgebiete nie eine sonderliche Anziehungskraft für auswanderungswillige Deutsche. Selbst in der stärksten Auswanderungswelle des 19. Jahrhunderts (1880/93), die mit dem Beginn der deutschen Kolonialära parallel lief, wanderten über 95 Prozent der Deutschen (fast 1,8 Millionen) weiterhin in die USA aus. Demgegenüber lebten

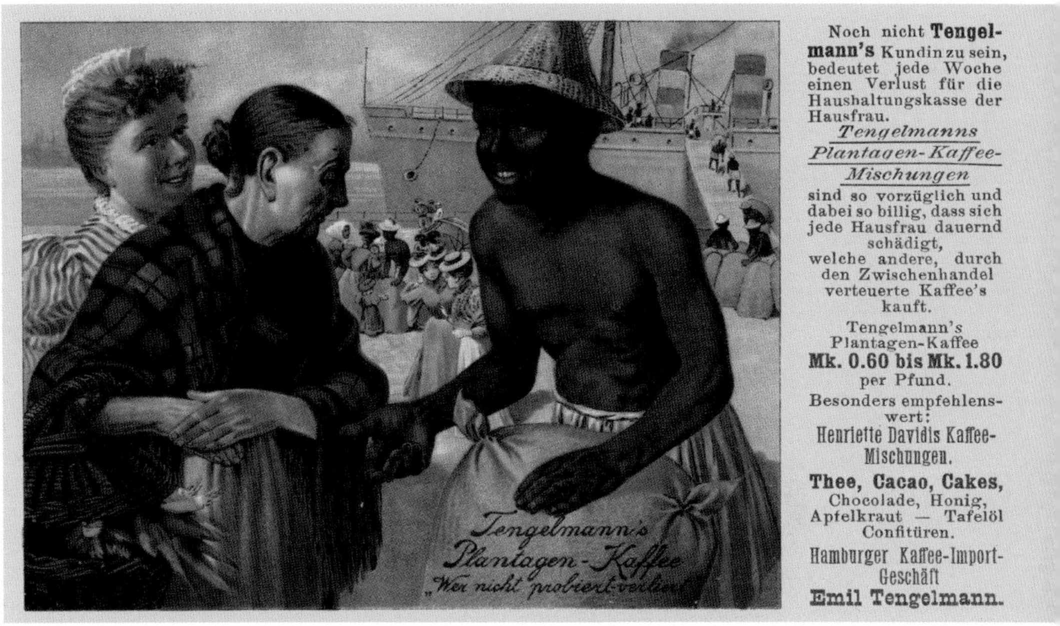

Werbung für deutsche Kolonialprodukte

in den deutschen Kolonien nur insgesamt 28 859 Weiße, davon waren 23 952 Deutsche – eine vergleichsweise verschwindend geringe Zahl, die der damaligen Einwohnerzahl einer Mittelstadt entsprach. Keine Kolonie, nicht einmal Deutsch-Südwestafrika, das die Hälfte aller in den deutschen Kolonien lebenden Weißen beheimatete, nahm somit eine ins Gewicht fallende Auswanderung auf.

Auch hinsichtlich der nationalen und sozialen Integrationswirkungen, die die Kolonialexpansion bewirken sollte, blieben die Erwartungen unerfüllt. Die Kolonialbewegung erreichte nie das Ausmaß einer großen nationalen Massenbewegung. Die Mitgliederzahlen der kolonialen Vereine deuten auf keine überschwengliche nationale Begeisterung für die Kolonien hin. Die Deutsche Kolonialgesellschaft hatte 1914 gerade einmal 40 000 Mitglieder. Eine nationalideologische Integrationsfunktion bewirkten eher die alldeutsche Bewegung und der Flottenenthusiasmus. Demgegenüber bot die Kolonialfrage einen ständigen innenpolitischen Konfliktstoff, der im Grunde mehr dem Import von peripheren Kolonialproblemen in das Reich als dem Export von deutschen Problemen an die koloniale Peripherie diente.

Erst recht ließ sich der »revolutionäre Zündstoff« nicht in die Kolonien ableiten. Der »Export der sozialen Frage« in die Kolonien, den die sogenannten staatstragenden Schichten aus Furcht vor der »sozialen Revolution« propagiert hatten, gelang nicht einmal in Ansätzen. Zum einen entspannte sich allmählich die als gesellschaftliche Bedrohung empfundene »soziale Frage« durch die fortschreitende Einbindung der Arbeiterschaft in die industrielle Massengesellschaft; zum anderen integrierte sich die zunehmend auf »Ausgleich« und »Evolution« setzende Sozialdemokratie auch selbst weitgehend in die »bürgerliche« Gesellschaft. Mithin blieben die Vorstellungen einer sozialdefensiven Integrationsfunktion der Kolonialexpansion ebenfalls ein Trugbild. Die sozialideologischen kolonialen Argumente spielten daher auch in der Weimarer Republik so gut wie keine Rolle mehr. Hingegen verloren die rein ökonomischen Begründungen – Kolonien als Rohstoffbasen und Absatzmärkte für eine expandierende Industriegesellschaft – selbst nach dem Verlust der Kolonien nur bedingt an Zugkraft, obwohl die Ergebnisse im Kaiserreich alles andere als überzeugend gewesen waren.

Denn angesichts der hohen Erwartungen, die die frühe Expansionsagitation in den Handel mit den Kolonien gesetzt hatte, sah die Bilanz der deutschen Kolonialwirtschaft geradezu mager aus. Der deutsche Kolonialexport machte 1913 nur knapp 0,6 Prozent des gesamten Außenhandelsvolumens aus, und im Hinblick auf den Anteil der Kolonialgebiete am deutschen Gesamtimport verhielt es sich nicht anders: Er betrug in jenem Jahr nur 0,5 Prozent (bei seit 1910 fallender Tendenz). Angesichts dieser Zahlen kann die deutsche Kolonialpolitik nur eine minimale Auswirkung auf den Außenhandel des Deutschen Reichs gehabt haben. Die importierten Mengen deckten nur einen geringen Teil des Inlandsbedarfs an diesen Gütern. Die Kolonien bildeten daher zu keinem Zeitpunkt ein wirksames Ventil für die deutsche Wirtschaft, d.h. eine langfristige Konjunkturstütze, schon gar nicht in der konjunkturellen Abschwungphase.

Diese Aussage gilt ebenso uneingeschränkt für den deutschen Kapitalexport. In den gesamten deutschen Kolonien arbeiteten vor Kriegsausbruch mit ca. 500 Millionen Reichsmark lediglich etwa zwei Prozent des deutschen Auslandskapitals. Daher waren die

Kolonien weder wichtige Absatzmärkte noch bedeutsame Rohstofflieferanten noch nahmen sie einen nennenswerten Kapitalexport auf. Allenfalls könnte man durch das koloniale Engagement des Reichs gewisse, wenn auch nur sehr geringe indirekte Beschäftigungs- und Einkommenseffekte im Eisenbahn- und Schiffsbausektor unterstellen.

Betrachtet man darüber hinaus die Aufwendungen der deutschen Kolonialverwaltung und fügt ihnen gar die – teilweise über Anleihen gedeckten – enormen Kosten für die Niederschlagung der Erhebungen in Deutsch-Südwest, in Deutsch-Ostafrika und in China hinzu und vergleicht dieses Ergebnis mit den Einnahmen des Reichs aus Steuern und Zöllen, so wird man die deutschen Kolonien als nationales Verlustgeschäft ansehen müssen (Reichszuschüsse 1884–1914: 646 Millionen Mark). Auch die Tatsache, daß sich hinsichtlich der deutschen Kolonialwirtschaft nach den schwierigen Anfangsjahren eine Besserung gerade in den Vorkriegsjahren anzubahnen schien, ändert an diesem Ergebnis nur wenig; denn die hohen Anfangskosten und die im Zuge eines eher treuhänderischen kolonialen Denkens nach dem Ersten Weltkrieg als gleichbleibend hoch anzusehenden Folgekosten hätten sich rein rechnerisch kaum bis zur Emanzipation der Kolonien amortisiert. Der öffentlichen Kosten-Nutzen-Rechnung steht im Hinblick auf eine kolonialwirtschaftliche Bilanz allerdings die private Seite des kolonialen Geschäfts gegenüber. Einige Kolonialunternehmer haben beträchtliche Gewinne aus den Kolonien gezogen. Für einzelne Interessenten wie Großreeder, Großhandelsfirmen, Plantagenunternehmer und Kolonialspekulanten ist der Kolonialismus demnach zweifellos ein einträgliches Geschäft gewesen.

Außenpolitisch hat die deutsche Kolonialpolitik, vor allem das Streben nach einem größeren Kolonialbesitz, mehrmals Anlaß für politische Auseinandersetzungen gegeben, die aber im Stile kolonialdiplomatischer Übereinkunft immer wieder gelöst wurden. Die Kolonialfrage hat, etwa in den brisanten Marokkokrisen, sicherlich vorübergehend zu einer Verschärfung der weltpolitischen Gegensätze vor dem Ersten Weltkrieg beigetragen. Ursache für den Ausbruch des Krieges war sie nicht.

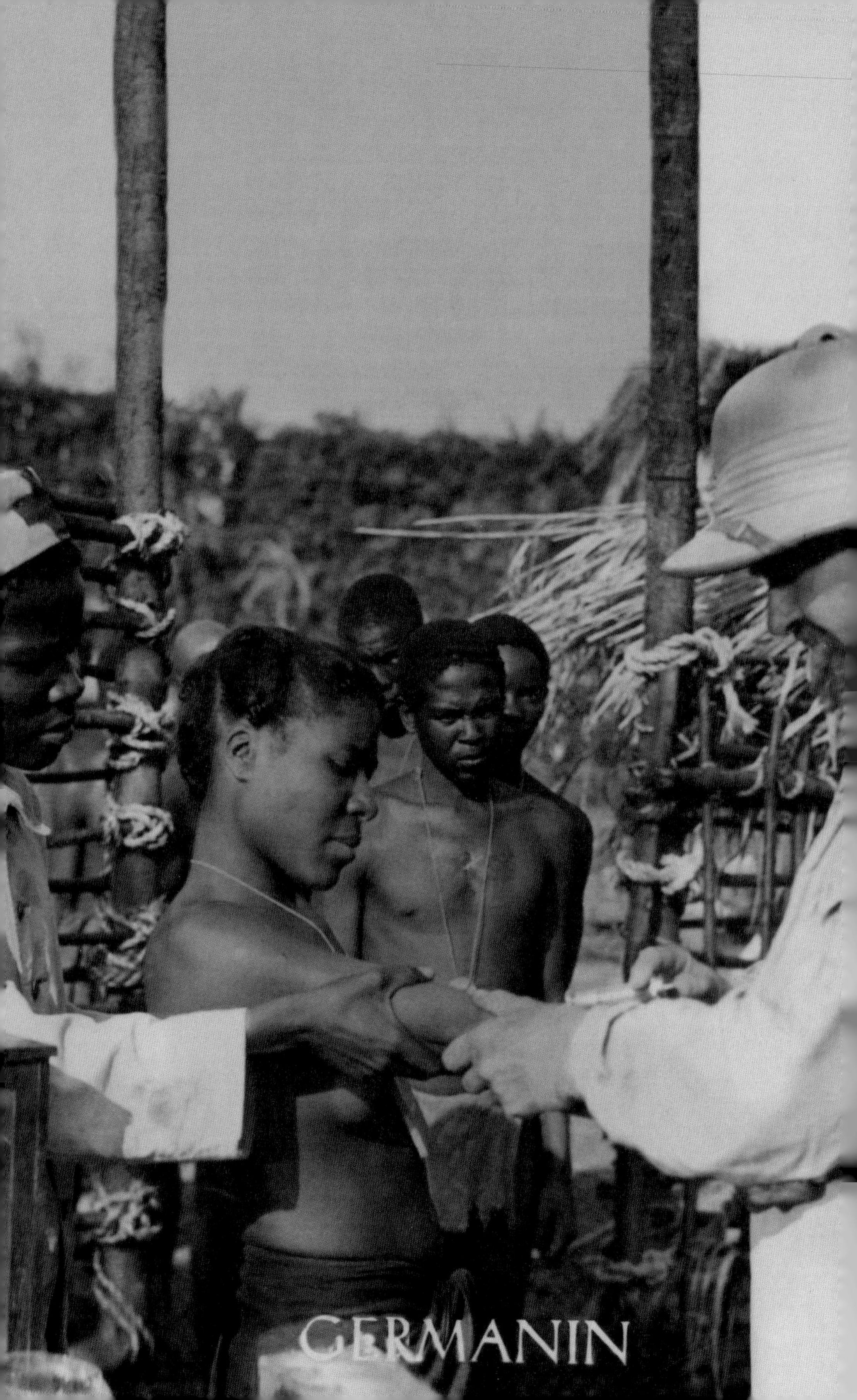
GERMANIN

… zu Lande, zu Wasser und in der Luft – Technik und Wissenschaft im kolonialen Auftrag

Mythos »Germanin«: Medizin als Symbol kolonialer Überlegenheit

Was der deutsche Nobelpreisträger Robert Koch 1906 mitten in Afrika vorfand, bestätigte alle Befürchtungen: »Wir schlugen unsren Sitz auf den Sesse-Inseln auf, wo die Schlafkrankheit besonders verbreitet ist«, berichtet er der Deutschen Kolonialgesellschaft von seiner Expedition an den Victoriasee. »Vor Ausbruch der Seuche waren auf den Inseln 30 000 Menschen vorhanden; in wenigen Jahren starben davon 20 000, so daß jetzt kaum noch 10 000 Menschen dort leben werden. Es ist aber mit Sicherheit anzunehmen, daß von den Überlebenden mindestens die Hälfte bereits infiziert ist …«

Kurz nach der Jahrhundertwende wurde Afrika von einer bisher unbekannten Seuche heimgesucht. Die Schlafkrankheit breitete sich überall südlich der Sahara aus und verlief zu 100 Prozent

Peter Petersen als Prof. Dr. Hans Achenbach in dem Film *Germanin. Die Geschichte einer kolonialen Tat* (Ufa/Berlin 1943, Darsteller u. a.: Luis Trenker als Tierfänger Hans Hofer)

tödlich. Im Jahr 1903 forderte sie allein in den Gebieten rund um den Victoriasee zwei Millionen Opfer. In den europäischen Hauptstädten läuteten die Alarmglocken. Man sah den Bestand der Kolonien gefährdet. Ohne den massenhaften Einsatz von Menschen als Arbeiter auf den Farmen, als Lastenträger beim Eisenbahn- oder Straßenbau waren die Kolonien nicht effektiv zu bewirtschaften. Auch in Deutschland sah man die Notwendigkeit, »den Eingeborenen … unseren kolonialen Hauptwert, in seiner vollen Leistungsfähigkeit zu erhalten«. Ein ehemals in Togo tätiger Regierungsarzt taxierte den »Kapitalwert eines Negers« auf »10 Mark« und errechnete »einen Verlust von einer Million nur für diese Seuche«.

1906 sollte der international führende Bakteriologe Robert Koch mit Unterstützung der britischen Behörden dieser Krankheit den Garaus machen. Bei der Wahl seiner Mittel hatte er keine Hemmungen. An täglich tausend Kranken vollzog er, was im Deutschen Reich schon seit 1900 gesetzlich verboten war: durch Menschenversuche die Wirksamkeit neuer Dosierungen von giftigen Arsenmedikamenten auf die Probe zu stellen.

Bei der Bekämpfung von Pest, Cholera und Malaria hatte Koch bereits Herausragendes geleistet. Schon 1898 hatte er in einem Vortrag gesagt, daß »wir unseres Kolonialbesitzes nicht eher froh werden, als bis es uns gelingt, Herren dieser Krankheiten zu werden«. Auch wenn Koch internationale Zusammenarbeit schätzte, verlor er eines nicht aus den Augen: Es »dürfe deutsche Wissenschaft ... bei dem allseitig aufgenommenen Kampf gegen die Schlafkrankheit … nicht zurück bleiben«.

Ein Mittel gegen die Schlafkrankheit wäre ein Triumph für die junge unsichere Kolonialmacht gewesen und ein Segen für die Menschheit. Denn was die Opfer – es sind auch heute noch Zehntausende – erleiden, ist grausam. Zunächst befällt sie nur leichter Schwindel und Übelkeit. Die Lymphknoten schwellen an wie bei einer leichten Infektion. Dann beginnen die Opfer nachts unruhig umherzuwandern, um tagsüber erschöpft dazusitzen, sie stammeln wirr, gestikulieren. Es kommt zu Tobsuchtsanfällen, spastischen Krämpfen, Wahnvorstellungen: Zeichen dafür, daß der Erreger das Gehirn befallen hat. Das qualvolle Siechtum kann sich über Monate hinziehen. Eine eitrige Hirnhautentzündung läßt das Opfer irgendwann ins Koma fallen und sterben. Auch heute noch erkranken in Afrika Zehntausende Menschen. Um die Aggressivität unter Kontrolle zu halten, sah man damals in vielen Dörfern Afrikas verwirrte und angriffslustige Kranke schwere Astgabeln um den Hals tragen, sogenannte Sklavengabeln. Im Vergleich dazu sahen die Methoden Robert Kochs zivilisiert aus; sie waren es aber nicht.

Anderthalb Jahre hielt sich Koch in Ostafrika auf. Abertausende Blutproben entnahmen er und seine Assistenten, um sie unter dem Mikroskop nach Trypanosomiasis-Parasiten zu untersuchen. Von der Tsetsefliege übertragen, erzeugen diese Parasiten beim Menschen die Schlafkrankheit. Koch versuchte, sie mit Arsen-Präparaten auszumerzen. Doch das Gift injizierte Koch »nicht in der Art, wie die Kliniker Arsen zu geben pflegten, das heißt in vorsichtig allmählich ansteigenden Dosen«, berichtete sein Mitarbeiter Friedrich Karl Kleine. Koch verdoppelte einfach die Dosen und nahm schwere Injektionsschmerzen sowie Vergiftungserscheinungen bei den Patienten in Kauf. Die einzige Hoffnung bei dieser Therapie war, daß der Mensch die Giftattacke länger durchhielt als der Erreger. Jeder zehnte Patient starb an der Behandlung.

Robert Koch (rechts) und Friedrich Karl Kleine untersuchen ein erlegtes Krokodil 1906 in Deutsch-Ostafrika.

Der medizinische Durchbruch gelang Robert Koch auf diesem Wege nicht. Er erkrankte und muß nach Berlin zurückkehren. Trotz geringer Erfolge empfahl er weiterhin die Verabreichung des Arsen-Medikaments Atoxyl, außerdem die Abholzung aller Wälder, die Populationen parasitär befallener Tsetsefliegen aufwiesen. Zudem trat er dafür ein, daß man nach britischem Vorbild »Concentration Camps, wie sie die Engländer nennen«, einrichtete, um die Infizierten von den Gesunden zu trennen. Denn noch immer glaubte man, die Krankheit werde von Mensch zu Mensch übertragen.

In der Kolonie Togo, wo man ebenfalls angesichts der nicht abnehmenden Krankheitsfälle ein ökonomisches Desaster aufziehen sah, befolgte man diese Empfehlung Kochs exzessiv. Nicht nur, daß man Schlafkranke und vermeintlich Infizierte ohne Rücksicht auf Geschlecht, ethnische Zugehörigkeit und Alter in Lager steckte: Ärzte therapierten sie dort außerdem mit Kombinationen aus mehreren Arsen-Medikamenten, die noch giftiger waren als das Atoxyl Kochs.

Panische Reaktion Berlins auf die unkontrollierbar um sich greifende Seuche oder Profilierungssucht einer zweitrangigen Kolonialmacht? In Fachzeitschriften empörten sich damals Experten darüber, daß sich die Patienten nicht freiwillig den schmerzhaften und lebensgefährlichen Medikationen der weißen Ärzte aussetzen wollten. Man ärgerte sich über die »Verständnislosigkeit der Eingeborenen, dem völligen Abhandensein von Aufopferungssinn und Pflichtgefühl gegenüber der Gemeinschaft«. Bei Weigerung, sich untersuchen oder in ein Isolierungslager einweisen zu lassen, drohte in Togo eine Gefängnisstrafe von mindestens vier Wochen.

Der Kranke wurde zum Feind stigmatisiert. Er mutierte zum kolonialen Parasiten, der mit Zwangsmitteln der nützlichen Verwendung in der medizinischen Forschung zugeführt werden mußte. Erst kurz vor dem Ersten Weltkrieg unterband die Kolonialverwaltung in Togo diese »biologische Form der kolonialen Ausbeutung« (Eckart). Strafandrohung, Anordnung von Internierungen, Massenuntersuchungen und Menschenversuche hatten weder einen Durchbruch bei der Entwicklung einer wirksamen Therapie erzielt noch die Krankheit eingedämmt. Erst während des Ersten Weltkriegs und nicht in Afrika, sondern in den Labors der Bayer-Werke gelang es 1916 ein wirksames Mittel zu entwickeln: Nach Prüfung von 2000 verschiedenen aromatischen Harnstoffverbindungen entstand »Bayer 205«, das erste Therapeutikum ohne Arsen oder andere Schwermetalle. Es wirkt – anders als Atoxyl – schon im frühen Krankheitsstadium, ist nicht toxisch und nahezu frei von Nebenwirkungen.

Doch genauso wie die Erforschung der Schlafkrankheit geriet auch »Bayer 205« zu einem kolonialen Politikum. Das Auswärtige Amt drängte 1921 darauf, es in »Germanin« umzubenennen. 1919 war im Versailler Vertrag festgelegt worden, daß das Deutsche Reich

Schlafkranker in Sklavengabel in einem Lager in Deutsch-Ostafrika, um 1910

allen überseeischen Besitz verlor. Begründet wurde dies mit der Unfähigkeit der Deutschen »auf dem Gebiet der kolonialen Zivilisation«. Jetzt sollte »Germanin« diese Behauptung als Unterstellung entlarven. Kolonialrevisionisten brachten dem Medikament geradezu kultische Verehrung entgegen. Vom Nationalsozialismus wurde es ebenso wie Robert Koch als Symbol deutscher Überlegenheit vereinnahmt, wenngleich das Medikament von 1921 bis 1923 mit britischer Unterstützung in Südafrika und Nordrhodesien erprobt worden war. Die Propagandamaschinerie preßte den Mythos in ein Drehbuch. In dem Film *Germanin: Die Geschichte einer kolonialen Tat* setzt sich großdeutscher Forschergeist gegen alle Bösartigkeit britischer Kolonialoffiziere durch und läßt – zumindest an der Seuchenfront –»am deutschen Wesen die Welt genesen«.

Der Film, in dem nichts stimmt außer der Tatsache, daß »Germanin« von Deutschen erfunden wurde, kam im Mai 1943 in die Kinos. Er sollte zeigen, wie sehr doch Deutschland und die Deutschen zum Kolonisieren berechtigt seien: »Endlich, nach Abschluß der 205ten Versuchsreihe, erschloß sich die gültige Strukturformel – Bayer 205«, verkündet der Kommentator im Film. »Aus Kampf und Opfergang, aus dem Blutzoll der Erde hatte der deutsche Geist sich triumphierend emporgeschwungen.« Wenn der Tierfänger Hans Hofer in Gestalt von Luis Trenker todesmutig beide Arme in die mit

Tsetsefliegen gefüllte Moskitobox steckt, damit Professor Achenbach den Wirksamkeitsnachweis für »Germanin« erbringen kann, ist symbolisch die Mutprobe bestanden, die Deutschlands Fähigkeit zum Führen von Kolonien beweist.

Doch wie das Drehbuch, so hat auch die Botschaft nichts mit der Wirklichkeit zu tun. Am 26. Januar 1943, also ein paar Monate vor dem Kinostart von *Germanin*, befahl Martin Bormann im Namen Hitlers, alle kolonialen Planungen einzustellen und die damit betrauten Ämter und Institutionen aufzulösen. Wer zu diesem Zeitpunkt den Grund noch nicht kannte, erfuhr ihn bald über Zeitung und Volksempfänger: Nur wenige Tage nach dem Befehl kapitulierten die deutschen Truppen in Stalingrad. Mit den Kolonialträumen zerschellte bald auch der in *Germanin* verkörperte deutsche Wunsch nach Weltgeltung an der Realität eines totalen Krieges und an einer Ideologie, die bar aller Menschlichkeit war.

Rinderpest und Diamantenrausch: Eisenbahnbau in Deutsch-Südwest

Mehr Dampf! Baut Bahnen! Jahrelang erscholl vergebens der Weckruf. Neuerdings aber ist es anders geworden. In allen unseren Kolonien kracht gegenwärtig die Axt, donnert der Sprengschutz, freie Bahn zu schaffen für den Unterbau, der den Schienenweg tragen soll. Nicht regenarme Steppe, nicht Fels, nicht Wasser, nicht Urwald vermag ihn aufzuhalten; siegreich dringt er vor, ein Wahrzeichen des Ernstes, mit dem die Europäer begonnen haben, den schwarzen Erdteil ihrer Kultur dienstbar zu machen.« Mit euphorischen Worten beschreibt Hauptmann a. D. Wilhelm von Puttkamer im Kolonialkalender von 1912 die Aufbruchstimmung in den deutschen Kolonien vor dem Ersten Weltkrieg. Doch deutlich ist den Zeilen zu entnehmen, daß das Grundproblem der Kolonien – fehlendes Kapital – auch das des kolonialen Eisenbahnbaus war. Der deutsche Kapitalmarkt brachte, überanstrengt vom Bagdadbahn-Abenteuer, nicht mehr die notwendigen großen Geldmengen zusammen.

Nur langsam schoben sich die Gleisbauten ins Land voran. Eine der ersten Linien war die 382 Kilometer lange Strecke von Swakopmund nach Windhuk in Deutsch-Südwest. Da infolge der Rinderpest der Ochsenwagenverkehr zusammengebrochen war, wurde der Bau für die Kolonie aus transporttechnischen Gründen überlebensnotwendig. Die Frachtkosten waren enorm gestiegen und die Versorgung der Kolonisten gefährdet. Dennoch: »Man stritt über Spurweiten und die Frage, ob Stich- oder Durchgangsbahnen zu bauen seien, zu einer Zeit, als Engländer und Franzosen in jahrzehntelanger Erfahrung die Frage bereits dahingehend gelöst hatten, daß Hauptlinien als Durchgangsbahnen mit etwa 1 m Spur und davon ab, oder für kleinere Zwecke Stichbahnen mit 60 cm Spur für Afrika das geeignete sind«, ist 1920 in einem Beitrag über die wirtschaftliche Entwicklung der deutschen Kolonien zu lesen. Aus Kostengründen entschied man sich für die schmalere Version. Doch nach der Fertigstellung im Jahr 1902 stellte sich heraus, daß sie finanziell ein Faß ohne Boden war, denn die Reparaturkosten der überlasteten Schmalspurbahn überstiegen bald die Herstellungskosten von 15 Millionen Reichsmark. Ein teurer Umbau auf die übliche breite Spur wurde nach kurzer Zeit unumgänglich.

Wie wichtig der Eisenbahnbau für die Entwicklung der Kolonien war, läßt sich daran ermessen, daß im Jahr 1903 in Deutsch-Südwest erst zehn Prozent des zur Besiedlung freigegebenen Nama-Landes verkauft waren und daß diese Flächen sich meist entlang der Bahnstrecke Windhuk-Swakopmund befanden. Erst die Bahnstrecke ermöglichte also rentables Wirtschaften.

Außerdem waren Eisenbahnen ein hervorragendes Mittel zur Beherrschung kolonialer Räume. Bezeichnenderweise gehörte zu den ersten Aktionen der aufständischen Herero im Januar 1904 die Zerstörung der Eisenbahnlinie. Als der Süden des Landes während des Krieges von Lüderitzbucht aus versorgt werden mußte, wurden dazu 11 000 Ochsen, 3000 Maultiere und 200 Dromedare eingesetzt. Als Zugkraft für ein Gespann wurden meist sechzehn Ochsen verwendet.

Von militärischem Interesse war auch die 600 Kilometer lange Otavibahn Richtung Norden. Sie wurde privat finanziert durch ein Unternehmen, das die Kupfervorkommen im Otavigebiet ausbeuten wollte. Der Bau nahm drei Jahre in Anspruch und wurde erst 1906 beendet. Auch die 365 Kilometer lange Bahnstrecke von Swakopmund nach Keetmanshoop im Süden war von taktischer Bedeutung. Sie führte über die gefürchteten Wanderdünen, schwenkte dann Richtung Küste und reichte von dort aus bis an die Grenze von Südafrika. Sie sollte in dieser Region »jegliche Aufstandsgelüste im Keime ersticken können«. Es war also die Angst vor einem neuen Krieg gegen die schwarzen Völker, die Südwestafrika das größte Eisenbahnnetz aller Kolonien bescherte. Riesige Summen verschlangen die Trassen. Sie trugen dazu bei, daß auch diese Kolonie letztlich ein Zuschußgeschäft für das Deutsche Reich blieb.

Der Bau der Otavibahn um 1905/06

Der Verlust wäre noch erheblich größer ausgefallen, wenn ein Arbeiter der Kolonial- und Eisenbahnbau-Gesellschaft, der Einheimische Zacharias Lewala, nicht durch einen Zufall die legendären Diamantenvorkommen Südwestafrikas entdeckt hätte: Zwischen Lüderitzbucht und der Station Aus war alle zwanzig Kilometer ein Bahnwärter postiert. Mit der Draisine hatte er seine Strecke regelmäßig abzufahren, um sie von Treibsand der Wüste Namib freizuhalten. Um die Funktionstüchtigkeit der Südbahn aufrechtzuerhalten, scheute die Bahngesellschaft keinen Aufwand – auch wenn nur alle zwei Wochen ein Zug fuhr. Im Mai 1908 war Bahnmeister August Stauch zuständig für den Bereich bei einem Heulager für Treckochsen mit dem treffenden Namen Grasland. Auf einer der üblichen Kontrollfahrten durch das von Hitze und Staub gezeichnete Land entdeckte sein einheimischer Mitarbeiter Lewala bei Kolmannskuppe einige glänzende Steinchen im Sand. Pflichtbewußt reichte Stauch sie beim Regierungsgeologen Paul

Der Bau der Bahnstrecke Lüderitz-Aus (1905/06) erfolgte mit Zwangsarbeitern aus den Gefangenenlagern des Herero-Nama-Kriegs.

Range ein. Dieser bestätigte amtlich, was augenscheinlich schon sofort klar gewesen war: Lewala war auf ein Diamantenvorkommen gestoßen. Der Rausch vom raschen Reichtum griff sofort um sich, scharenweise strömten die Menschen in die Wüste. »Alles liegt im Sand und scharrt. Verwegene Gestalten hinter jeder Klippe.«

Doch bevor aus der Kolonie ein Deutsch-Wildwest werden konnte, hob das Deutsche Reich die Schürffreiheit im September 1908 auf. Ein Monopolist, die Deutsche Diamanten-Gesellschaft, erhielt sämtliche Rechte für die Hebung des Kolonialschatzes. Sie nutzte sie gründlich: Zwischen 1908 und 1913 kam ein Fünftel aller gehandelten Diamanten der Welt aus der Wüste Namib. In den Jahren nach den Aufständen erlebte Südwestafrika dank der für den Diamantenabbau eingerichteten Minenbahn einen bescheidenen Aufschwung. 1910 wurde in Windhuk die Friedenskirche als Symbol der Aufbauarbeit geweiht. Die eiserne Dachkonstruktion kam aus Hamburg, die Orgel aus Ludwigsburg, die Fenster aus Nürnberg. Die Glocken waren in Apolda gegossen worden. Eine trug die Inschrift: »Friede auf Erden«. Doch der Frieden sollte auch in den deutschen Kolonien keine vier Jahre mehr halten…

Ein unsichtbares Band in die Heimat: Nachrichtentechniken in den deutschen Kolonien

Deutsch-Südwest, 31. Mai 1904. Nach vier Wochen Überfahrt aus Hamburg traf der Dampfer »Herzog« im Hafen von Swakopmund ein mit dem modernsten mobilen Nachrichtensystem des Deutschen Reiches an Bord, der Funkstation des Luftschifferbataillons der deutschen Armee unter dem Befehl von Oberleutnant Haering. Er hatte die Verfügungsgewalt über drei Telefunkenstationen mit einer garantierten Reichweite von 100 Kilometern. Zu jeder Station gehörten ein Offizier, ein Unteroffizier und acht Telegrafisten – und ein gewaltiger Materialtroß: Nach einer Bahnfahrt ins Hinterland nach Okahandja erhielt die erste kaiserliche Funkabteilung für den Weitertransport in die Wildnis von Deutsch-Südwest 124 Zugochsen zugeteilt. Die Funkstationen schienen in der archaischen Wildnis von Deutsch-Südwest völlig fehl am Platz. Aber das täuschte. Diese Hochtechnologie des frühen 20. Jahrhunderts war nirgends so dringend erforderlich wie in der Wüsten- und Dornsavannenlandschaft.

Und sie war auch nicht die einzige Informationstechnik, derer sich die Deutschen im Busch bedienten. Auch Heliographenstationen sorgten mit ihrer Nachrichtenübertragung per Lichtblitz dafür, das Deutsche Reich vor einer militärische Blamage ohnegleichen zu bewahren: Zigtausend Angehörige des Herero-Volkes hatten sich in Deutsch-Südwest am 12. Januar 1904 erhoben – durchaus erfolgreich. Zwar wendete sich nach Verstärkung der äußerst schwach besetzten Kolonialtruppen allmählich das Blatt, doch bei Eintreffen der Funkabteilungen war die Position der deutschen Truppen gegenüber den zahlenmäßig um ein Vielfaches überlegenen und ortskundigen Herero-Verbänden noch äußerst unbefriedigend. Denn es fehlte den aufgrund der Guerillataktik der Herero weit auseinandergezogenen deutschen Truppenteilen an ausreichenden Kommunikationsmitteln, um ihr Vorgehen in diesem riesigen, menschenleeren Gebiet zu koordinieren. Das sollte sich nun radikal ändern. Nicht die bessere Waffentechnologie der Deutschen war im Herero-Aufstand ausschlaggebend, wenngleich Artillerie und Ei-

Fahrbare Funkstation in Deutsch-Südwest

senbahnen zum Erfolg beigetragen haben. Entschieden wurde dieser Krieg an der Informationsfront.

Den Vormarsch der kaiserlichen Soldaten gegen die aufständischen Eingeborenen hatte sich Leutnant Helmuth Auer von Herrenkirchen jedoch etwas glanzvoller vorgestellt: »Die Zeit verging mit dem Empfang von Proviant, mit der Zuteilung von Ochsen und Treibern. Die Ochsen sahen miserabel genug aus und waren schon vollkommen abgetrieben. Die Treiber hatten noch nie Treiberdienste getan.« Wie sollte er sich mit diesem Material und diesen Leuten 260 Kilometer durch nahezu weglose Wüste und Busch schlagen, und dann auch noch bei der geplanten Umschließungsschlacht am Waterberg die Koordination der deutschen Kolonialtruppen über Lichttelegraphie zuwege bringen? »Beim Etappenkommando wurde mir der aufmunternde Befehl zu teil, ich solle ruhig abmarschieren, denn es gäbe kein anderes Zugvieh mehr, man warte auf die Transporte aus Kapstadt.«

Diese Begrüßung stand in scharfem Kontrast zum prächtigen Abschied aus Berlin einige Wochen zuvor: »Mächtig brauste das Hurra durch die weiten Hallen des Bahnhofs, als sich unter den Klängen der Nationalhymne um 10 Uhr abends der Zug in der Richtung gen Hamburg in Bewegung setzte. Im letzten Augenblick war Seine Kaiserliche Hoheit der Kronprinz erschienen, der auch mir mit festem Händedruck freundliche Abschiedsworte sagte«, erinnerte sich von Herrenkirchen. Bei Gluthitze und Staub erschien diese Szene wie eine Erinnerung aus einer anderen Welt. Mühselig und entnervend langsam zog sein Treck mit der wertvollen Fracht vorwärts. «Mittags begannen die Tiere schwer unter dem Durst zu leiden, und wir fanden nach langem Graben etwas Wasser, um notdürftig unsere Pferde zu tränken, während die Ochsen leer ausgehen mußten. Nach zwei längeren Pausen langten wir endlich abends um 11 Uhr in Otiosasu an ... Im ganzen hatten wir also zu den bisher zurückgelegten 23 km 59 Stunden gebraucht.«

Die koloniale Wirklichkeit hielt sich aber nicht an preußische Ordnungsliebe. Am 11. Juni war der Dampfer »Eleonore« vor Swakopmund vor Anker gegangen. An Bord der neue Oberbefehlshaber über die Kolonialtruppen in Deutsch-Südwest, General von Trotha, der durch die gnadenlose Niederschlagung des Boxeraufstands in China bekannt geworden war, außerdem weitere 40 Offiziere, Ärzte und Beamte sowie rund 150 weitere Unteroffiziere und Mannschaften. Unter ihnen befand sich auch von Herrenkirchen, stolzes Mitglied der neugegründeten optischen Signalabteilung des deutschen Heeres. In den Laderäumen eines kurz zuvor ebenfalls vor Swakopmund eingetroffenen Dampfers lag die Ausrüstung: etwa 250 Kisten voll technischen Materials. Es dauerte sieben Tage, um sie mit Leichtern heil durch die heftige Brandung an Land zu bringen und dann weitere acht Stunden, um sie mit der wackeligen Schmalspurbahn in das 100 Kilometer im Landesinnern gelegene Grootfontein zu transportieren. Von dort starteten die Ochsentrecks ihren schwierigen Einsatz.

Die Signalabteilung arbeitete mit Heliographen, die mittels starker Lampen und Spiegel Morsezeichen in Form von Lichtblitzen austauschten. Das Licht wurde entweder von der Sonne gespiegelt oder – bei moderneren Stationen – durch Sauerstoff und Azetylen erzeugt und konnte unter Idealbedingungen bis zu 160 Kilometern weit gesehen werden. Die technische Ausrüstung war robust und ihre Handhabung einfach.

Was fehlte, war Baumaterial für Türme, von denen aus man die Signale hätte senden können. Das Einsatzgebiet war in weiten Teilen eine Ebene. In der Not häuften die Signalsoldaten Strauchwerk aus der Dornensavanne auf und formten aus Hufeisen toter Pferde Nägel und Tritte. Dazwischen legten sie Schichten aus Mist und Sand. Die Nachrichtensoldaten arbeiteten oft wochenlang isoliert von ihrer Truppe unter Höchstbelastung, Wassermangel und in der ständigen Gefahr, wegen ihrer exponierten Stellung und der Lichtsignale von Herero-Einheiten entdeckt zu werden. »Auf Signalstation Duurdrift starb der eine Signalist an Typhus, während sein Kamerad, neben ihm am Apparat stehend, Telegramme befördern mußte. Er hatte keine Zeit, dem Sterbenden in der letzten, schwersten Stunde beizustehen. – Öfters wurden schwache Stationsbesatzungen überfallen und erschlagen.«

Dennoch war die Heliographentechnik für die deutschen Truppen unverzichtbar. Es verwundert deshalb nicht, daß von Herrenkirchen und seine Truppe die ersten Soldaten waren, die das von den Aufständischen gehaltene Hochplateau des Waterberges erklommen. Sie hatten den Auftrag, dort eine Signalstation zu errichten, ein Himmelfahrtskommando, das angesichts der feindlichen Truppen nur nachts möglich war. »Über scharfe Kanten und haltloses Geröll erklommen wir langsam und vorsichtig den Berg und zum Umfallen müde gewannen wir gegen halb 1 Uhr nachts bei spärlichstem Mondschein das Hochplateau.« Viereinhalb Stunden später erreicht die Signalabteilung ihr Ziel. »Nach einigem Suchen fand ich einen Platz, der für die Aufstellung des Apparats passend erschien ... Wir entdeckten bald unten am Felsenhang zahlreiche Herero-Werften, die hauptsächlich durch Weiber, Kinder und große Viehherden bevölkert waren.«

Das war wahrlich kein Ort, um unbemerkt Lichtsignale zu geben. Und kaum hatte am 11. August um sechs Uhr morgens die Schlacht am Waterberg begonnen, wurde die Heliographenstation auch schon unter Feuer genommen: »Bis zum Eintreffen (Oberst) Deimlings, etwa um 4 Uhr nachmittags, hielt das hartnäckige Feuer der ungefähr 500 Herero an«, berichtet von Herrenkirchen. »Während dieses vielstündigen Feuergefechts konnte ich die Hauptabteilung, sowie die Abteilungen Heyde, Estorff und Deimling größtenteils beobachten, ebenso wie mir von den Bewegungen der Herero fast nichts entging. Ich konnte somit fortgesetzt Meldung an das Hauptquartier machen.«

Auch wenn das Heliographensystem aufgrund seiner einfachen Technik in der unterentwickelten Kolonie unabdingbar war, hatte es doch entscheidende Nachteile: Die Weitergabe einer Nachricht per Blinkzeichen von Station über Station und Hunderte von Kilometern dauerte stets eine halbe Ewigkeit. »Dreißig Worte von Gibeon nach Windhuk (300 Kilometer) zu verschicken kostet somit 5–6 Stunden Zeit«, erwähnt ein Bericht. Hinzu kam die Verletzbarkeit dieser personalintensiven Technologie. Am 12. März 1904, zwei Monate nach Beginn des Herero-Aufstands, war die deutsche Hauptmacht gezwungen, ihren Vormarsch gegen die Herero unter Samuel Maharero bei Oviumbo abzubrechen und sich zurückzuziehen, um einer drohenden Niederlage zu entgehen. Andere Truppenteile erreichte die Nachricht über dieses wichtige militärische Ereignis erst verspätet: Die Heliographenlinie war unterbrochen worden. Die militärischen Folgen hätten verheerend sein können.

Aufgrund der Kritik an der Heliographentechnik erhielt das Luftschifferbataillon des deutschen Heeres am 20. April 1904 Befehl, sich nach Übersee einzuschiffen. Keine sechs Wochen später stand zur Aufstandsbekämpfung in Südwestafrika ein von Telefunken (früher Siemens & Halske) erbautes Nachrichtensystem zur Verfügung, das in Afrika erstaunliche Leistungen erzielte. Betrug die Sende- und Empfangsweite in der Heimat etwa 100 Kilometer, brachte man es in Südwestafrika aus dem Stand auf 150 Kilometer, später sogar bis auf 300 Kilometer. Marschbefehle, Standortinformationen oder Materialanforderungen rasten ab sofort in unglaublicher Geschwindigkeit durch die Luft.

Doch die Funkabteilungen unter den Bedingungen eines Buschkriegs zu betreiben, stellte eine enorme Herausforderung dar. Denn die Antennendrähte wurden entweder von über zwei Meter großen Drachen in die Luft gehoben oder aber durch mit Helium gefüllte Ballons. Nicht nur zerriß deren Haut immer wieder in der Dornensavanne. Um einen zuverlässigen Betrieb zu gewährleisten, war eine aufwendige Logistik nötig, damit jede Station mit durchschnittlich 15 Flaschen Gas und 50 Litern Benzin monatlich versorgt wurde.

Allein schon der Transport dieser aufwendigen Nachrichtentechnologie durch den Busch war eine Herkulesaufgabe, wie ein Unteroffizier von der Durchquerung des Schwarzrandplateaus Richtung Kleinfontein berichtet: »Alles irgendwie Entbehrliche wurde von den Fahrzeugen entfernt, überflüssige Bekleidungs- und Ausrüstungsstücke verbrannt, leere Gasflaschen liegengelassen.« Doch es nutzte nicht viel. »Räder und Deichseln brachen mehrfach, Motor- und Apparatekarren stürzten wiederholt um.« Erst nach anderthalb Tagen erreichte die Abteilung halbverdurstet eine Wasserstelle – oder vielmehr das, was davon übrig war: »Etwa 20 Stück Großvieh wälzten sich halbtot im Schlamm. Der schlammige Brei wurde durch einen Sack gequetscht und das sogenannte Getränk unseren durstigen Tieren angeboten; nur wenige verschmähten es.« Die technische Ausrüstung war für preußisches »Kaiserwetter« konzipiert

Funkenabteilung mit »Ballon tief« auf dem Marsch

und nicht für das mörderische Klima Südwestafrikas. Der Materialverschleiß war groß. Holzteile verzogen sich, das empfindliche Gerät verstaubte, die Filteranlagen der Kühlvorrichtungen verstopften.

Aufgrund enormer Luftelektrizität in der Nacht und oft schwieriger Windbedingungen tagsüber kam eine Nachrichtenübertragung nur in den ersten Morgen- und in den frühen Abendstunden störungsfrei zustande. Und sogar dann war die Arbeit lebensgefährlich – nicht nur aufgrund der leicht entzündbaren Gasfüllung der Ballons: »Der erste Ballon ist ziemlich gefüllt, da entsteht, wahrscheinlich durch Reibungselektrizität beim zu schnellen Öffnen der Flasche, eine Flamme, und der Ballon verbrennt. Neuer Ballon! Er wird gefüllt und explodiert auf dieselbe Weise. Dritter Ballon heraus! Wir werden sehr mit Feuer überschüttet. Als die ersten Wasserlöcher genommen sind, gehen wir mit ›Ballon hoch‹ 100 m vor, neben uns Exzellenz von Trotha. An diesem Tage schlugen die meisten Geschosse bei unserer Station ein.«

Trotz aller Schwierigkeiten verschaffte aber das Nachrichtensystem aufgrund seiner Mobilität und Schnelligkeit den deutschen Soldaten gegenüber den mit Trommeln und Rauchzeichen kommunizierenden Herero-Verbänden enorme Vorteile. Hätte dieses moderne Kommunikationsmittel nicht existiert, wäre es von Trotha wohl nur mit erheblich höherem Truppeneinsatz möglich gewesen, den Aufstand niederzukämpfen. So aber gelang es bereits ab Juli 1904, die Truppen zu koordinieren und die Herero einzukreisen.

Ähnlich wie in den anderen Kolonien europäischer Mächte, wie in Nordamerika oder im russischen Sibirien, diente die moderne Technik auch in Deutsch-Südwest nicht allein zivilisatorischen Zwecken, sondern ebenso einer Unterdrückungs- und Ausrottungspolitik gegenüber den Einheimischen: Unter dem Befehl von Trothas diente sie in und nach dem Gefecht am Waterberg zur Organisation des Massensterbens der Herero in der Omaheke-Wüste. »Nach Waterberg habe ich nach Berlin berichtet: Ohne die Feldsignalabteilung hätte ich die Operationen überhaupt nicht und ohne die Funkabteilung nur sehr schwer durchführen können«, schrieb von Trotha in seinem Bericht über die Gefechte am Waterberg über die mobile Telegraphie, »...ihr Vorhandensein war bei der einheitlichen Durchführung der Operationen von größter Bedeutung.« Mit Begeisterung wurde im Deutschen Reich die Wendung der Dinge in der südwestafrikanischen Kolonie zur Kenntnis genommen. Und wenngleich in Berlin die Stimmung nach und nach gegen die grausamen Maßnahmen von Trothas umschlug, blieb im Gedächtnis haften, wie wichtig Nachrichtentechnik war, um in den Kolonien unter widrigen Bedingungen militärisch erfolgreich zu sein. Darüber hinaus erkannte man nun auch die Bedeutung eines ständigen und möglichst ungestörten Informationsflusses zwischen Zentrale und Peripherie für die gesamte Kolonialpolitik.

Aber wie sollte diese Verbindung zwischen Berlin und seinen Kolonien zustande kommen und das Deutsche Reich den gigantischen Vorsprung der traditionellen Kolonialmächte in der Telegraphie aufholen? 1876 besaß Deutschland nur 36 Kilometer von weltweit 108 000 Kilometern verlegtem Überseekabel. Mit gewaltigen Investitionen gelang es zwar, bis 1911 die Länge deutscher Kabel auf über 40 000 Kilometer zu erhöhen und das Deutsche Reich zur viertgrößten »Kabelmacht« der Welt zu machen, aber den Verantwortlichen war klar, daß im Kriegsfall diese Kabel vom Feind gekappt werden würden.

Die Lösung dieses Problems konnte ab 1906 jeder hören, der sich dem Gut Neukommer im havelländischen Luch näherte. Vier Kilometer nördlich der Bahnstation Nauen nahe der Reichshauptstadt Berlin hatte der technikbegeisterte Landbesitzer Stoltze einige

Stationsgebäude und Antennenfeld der Funk-Großstation Kamina in Togo

seiner Wiesen der Gesellschaft für drahtlose Telegraphie (Telefunken) gegen einen günstigen Pachtzins zur Verfügung gestellt. Dort war eine Telegraphieanlage entstanden, die mit dem Knallfunkensystem experimentierte. Angetrieben von einer 35 PS starken mobilen Dampfmaschine baute der Wechselstromgenerator eine Spannung solange auf, bis diese mit ohrenbetäubendem Krach einen faustgroßen Funken zwischen großen Zinkfunkentellern überspringen ließ. Jeder Knall ein Morsezeichen.

Anfangs übertraf die Reichweite der Nauener Funkanlage kaum die der Schallwellen, die sie erzeugte. Doch schon 1911 war Nauen der Nabel der deutschen Kolonialwelt: Dank des neuen Systems der »tönenden Löschfunken« erreichten die Morsezeichen der Funkstation über den eigens zu Funkzwecken umgerüsteten Dampfer »Bosnia« die 5000 Kilometer entfernte Funkstation Kamina in Togo, im Jahr 1913 über 6400 Kilometer sogar die Station Sayville in der Nähe von New York. Und das deutsche Funksystem wuchs ungestüm weiter.

Bis 1914 gingen auch die Großfunkstellen in Windhuk (Deutsch-Südwest), sowie Jap, Nauru, Samoa und Bitapaka (Pazifik) in Betrieb. Standorte von Kleinfunkanlagen wurden Douala in Kamerun, Daressalam und drei weitere in Deutsch-Ostafrika, zwei Küstenfunkstellen vor Deutsch-Südwest, eine vor Togo sowie Tsingtao und Tschalientao im chinesischen Pachtgebiet Kiautschou.

Der Funkverkehr war aus dem imperialen Kolonialwesen des Deutschen Reichs nicht mehr wegzudenken: Der Kontakt zwischen den Kolonien sowie zwischen diesen und Berlin stellte trotz des immer wieder durch atmosphärische Störungen massiv eingeschränkten Funkverkehrs einen erheblichen kommunikationstechnischen Fortschritt dar. Eine ständige Funkverbindung zum kolonialen Mutterland war nun möglich. Im Ersten Weltkrieg sollte davon auch die deutsche Handels- und Militärflotte grundlegend profitieren.

Der längste Flug der Welt: Mit dem Zeppelin nach Ostafrika

In rabenschwarzer Nacht und im typischen Telegrammstakkato erreichte im November 1917 ein dramatische Notruf die Bodenstation der deutschen Zeppelin-Waffe im bulgarischen Jamboli: »Ganz geheim! /-/ mittlerer / Asien / mit Gewehr beschossen / durch / starke / Gewitter / hochgerissen / Gewichtsverlust / Wasserballast / 4 / Tonnen / Benzin / 2 / Tonnen / Munition / abgeworfen / habe kehrt gemacht / Dienstag / klar / Kapitänleutnant Bockholt.« Der geniale Plan war gescheitert – wieder einmal. Schon mehrmals war der Start des Zeppelins nach Deutsch-Ostafrika verschoben worden. War die Technik doch noch nicht so weit? War das Ziel, den deutschen Kolonialtruppen mit einem Zeppelin Nachschub von Europa nach Deutsch-Ostafrika zu schicken, von zu vielen Glücksfällen abhängig? Allmählich breitete sich Nervosität beim Kommando der Schutztruppe im deutschen Reichskolonialamt aus. Wie lange konnten die deutschen Truppen unter dem Befehl von Paul von Lettow-Vorbeck dem Druck einer hundertfachen Übermacht noch standhalten? Wann endlich würde der Zeppelin aufsteigen?

Eines stand fest: Ein Schifftransport stellte keine Alternative dar. Zu diesem Zeitpunkt bestand keine Chance mehr, die Seeblockade Großbritanniens zu durchbrechen. Nur in der Luft besaß das deutsche Heer noch einen Trumpf: die besten und größten Luftschiffe der Welt. Zwar hatten auch andere Kriegsparteien im Ersten Weltkrieg einige dieser riesigen »fliegenden Zigarren«, doch die deutschen Luftschiffe übertrafen alle an Reichweite und Traglastfähigkeit.

Im typischen Untertanenstil hatte darum der ehemalige Oberstabsarzt in Togo, Prof. Dr. Maximilian Zupitza, dem Kommando der Schutztruppe beim Reichskolonialamt im Juni 1917 »gehorsamst« unterbreitet, »mit der Bitte, geneigtest eine Prüfung der Frage herbei führen zu wollen«, ob man nicht diese Vorteile für einen Überraschungscoup nutzen will: Ein Luftschiff sollte die isolierten Truppen Lettow-Vorbecks im Tausende von Kilometern entfernten Deutsch-Ostafrika mit dringend benötigtem Material, Waffen, Munition und Medikamenten versorgen.

Die Entscheidung, mit einem Zeppelin einen transkontinentalen Langstreckenflug zu wagen, hatte noch einen anderen Grund. Neben dem Reichskolonialamt kam sie auch den Befürwortern der Luftschiffwaffe entgegen. Sie brauchten dringend einen Erfolg, um angesichts der militärisch immer mehr an Bedeutung gewinnenden Flugzeugwaffe die Vorteile der Zeppeline aufzuzeigen. Kurzum, der Einsatz eines Luftschiffes sollte nicht nur die Zukunft für Lettow-Vorbecks Truppen sichern, sondern auch die der deutschen Luftschiffindustrie, die für jeden produzierten Zeppelin rund eine Million Mark Gewinn einsteckte.

Im Vergleich zu den Flugzeugen waren die Luftschiffe aufwendiger in Bau und Unterhalt, brauchten mehr und zudem gut geschultes Personal und waren anfälliger für schlechte Wetterbedingungen und feindlichen Beschuß. Natürlich hatten sich die Luftschiffe im Ersten Weltkrieg bewährt – und das nicht nur in der Fernaufklärung. Im August 1914 tauchten erstmals deutsche Zeppeline über London auf und warfen Bomben ab. Bis 1916 töteten sie 500 Menschen. Aber als im September 1916 bei einem Angriff auf London gleich vier Luftschiffe abgeschossen wurden, stellte das Heer den Kriegseinsatz im Westen kurzerhand ein.

Die Tage der Zeppeline schienen gezählt. Immer höher fliegende Jagdflugzeuge und Phosphorbrandmunition machten den Einsatz der mit hochentzündlichem Gas befüllten Zeppeline hochriskant. Als dann mit Eintritt der USA die absolute Luftüberlegenheit der Alliierten drohte, zog das Oberkommando des Heeres die Konsequenzen und widmete sich ganz den Flugzeugen. Die Luftschiffe wurden an die Marine abgeschoben. Dort kamen sie im Rahmen der Operation »Albion« im Oktober 1917 zum Einsatz. Doch bei den Angriffen auf russische Stellungen und beim Absetzen von Landungseinheiten auf einige Inseln im Meerbusen von Riga erwiesen sich die Zeppeline als nur mäßig erfolgreich.

Der Bau der mit drei Millionen Mark für damalige Verhältnisse immens teuren Luftschiffe stellte zunehmend eine Last für die unter immer größerem Material- und Geldmangel leidende deutsche Armee dar. Ein Luftschiff mit seinem Gerüst aus Duralumin war für viele in der Obersten Heeresleitung kriegswirtschaftlich fast schon ein Verbrechen. Wie viele Flugzeuge und qualitativ hochwertige Zünder hätten mit dem Material eines Luftschiffs gebaut werden können? Die Produktion dieser unzuverlässigen Kriegsmaschine war kaum noch zu rechtfertigen. Im Juni 1917 forderte der Generalstabschef des Feldheeres deren Einstellung. Das war für die Marine ein Affront, ein illegitimer Eingriff in ihren Kompetenzbereich. Das Veto des Chefs der Seestreitkräfte gegen den Vorschlag des Heeres stieß beim marinebegeisterten Wilhelm II. auf offene Ohren. Er entschied, daß das Planziel von 18 neuen Luftschiffen auch im Kriegsjahr 1918 ins Auge gefaßt werden sollte. Jeden Monat sollte ein Luftschiff fertiggestellt werden.

Was blieb, war der Materialmangel. Im Sommer und Herbst 1917 wurde auch das Traggas knapp. Die Werke der Marine waren nicht in der Lage, ausreichende Mengen Wasserstoff zu liefern. Davon benötigte man mehr als je zuvor, denn das von Oberleutnant zur See der Reserve Ernst A. Lehmann gebaute Luftschiff L 57 fiel 30 Meter länger aus als die herkömmlichen Zeppeline der Marine. Am 7. Oktober stieg das Luftschiff von der Werft der Luftschiffbau Zeppelin GmbH in Friedrichshafen am Bodensee auf, um Jamboli in Bulgarien, den Ausgangspunkt seiner Expedition nach Afrika, anzusteuern. Doch kurz nach dem Aufstieg geriet L 57 in ein Gewitter, wurde von Sturmböen zu Boden gedrückt und ging in Flammen auf.

Die Mannschaft konnte sich retten. Ladung und Luftschiff waren jedoch Totalverlust. Nur zwei Tage später erging an die zweite Zeppelinwerft in Staaken bei Berlin der Auftrag, das bereits in Bau befindliche L 59 zum Afrikafahrer umzurüsten. Am 4. November erreichte das Luftschiff Jamboli. 226,5 Meter lang war es, 23,9 Meter breit, in der Lage, über 100 Kilometer in der Stunde zurückzulegen und 6600 Meter hochzusteigen. Seine Reichweite: 8000 Kilometer. Noch nie hatte ein Fluggerät eine so weite Strecke ohne Unterbrechung zurückgelegt.

Doch L 59 zeigte erneut, warum die einstige »Wunderwaffe« des deutschen Heeres ein schlechtes Image bekommen hatte: Am 13. November verhinderte wieder schlechtes Wetter den Start. Drei Ta-

L 59 über der Oase Farafrah, Gemälde von Adolf Bock, 1928

ge später, am 16. November, beschädigte ein Gewitter die Außenhaut des Luftschiffs, und zu allem Überfluß kam auch noch »friendly fire« hinzu: Um Geheimhaltung zu wahren, hatte die deutsche Admiralität die verbündeten osmanischen Truppen nicht vom Überflug informiert. Prompt geriet L 59 zunächst ins Fadenkreuz von Seefliegern. Diese erkannten die Hoheitszeichen gerade noch rechtzeitig. Bei Ak Hissarr stationierte türkische Einheiten beschossen jedoch L 59, das zudem auch arg beschädigt durch das Gewitter seine Fahrt abbrechen mußte.

Man wagte noch einen Versuch. Als L 59 am 21. November erneut aufstieg, wurde die Abhängigkeit der Luftschiffe von guten Wetterverhältnissen abermals deutlich. Nachrichtentechnisch abgeschnitten von Informationen über die Wetterlage, mußte L 59 jedes Gewitter durchfliegen. Aufgrund der enormen elektrostatischen Aufladungen tanzten »Sankt Elmsfeuer« über alle Metallteile – und dies in einem mit hochentzündlichem Wasserstoff prall gefüllten Luftschiff! L 59 glich einer Bombe. Spätestens in diesem Moment muß der 22-köpfigen Besatzung klar gewesen sein, daß dies ein Himmelfahrtskommando war.

Mit einer Rückkehr von L 59 rechnete die Oberste Heeresleitung ohnehin nicht. Zum einen reichte dazu der Treibstoff nicht aus, zum anderen war L 59 so konstruiert, daß man in Afrika eine Art Zeppelinrecycling betreiben konnte. Aus der Außenhaut sollten Lettow-Vorbecks Soldaten Zelte und Tropenanzüge fertigen. Die Gaszellen taugten als wasserdichte Schlafsäcke. Das Duralumingerippe war als Baustoff für Funktürme, Tragbahren oder Baracken vorgesehen. Die fünf Maybachmotoren sollten als Dynamos die Funkstation mit Strom versorgen. Mit diesen Mehrzweckeigenschaften und den 38 Tonnen Kriegsmaterial im Lagerraum dachte man, das Luftschiff für Lettow-Vorbeck zu einer Wundertüte zu machen.

Doch hätte L 59 ostafrikanischen Boden überhaupt ohne Schäden erreichen können? Die Landung war eine Gleichung mit etlichen Unbekannten, der neuralgische Punkt des ganzen Unternehmens. Man hoffte zum einen, daß Lettow-Vorbeck bis zum Eintreffen von L 59 auf dem Makondeplateau im Südwesten der Kolonie gegen die Übermacht der britischen Truppen standhielt und daß er außerdem noch eine Funkstation besaß. Notfalls sollte ein Fallschirmspringer Lettow-Vorbeck in der Wildnis aufspüren und über die Ankunft informieren. Aber wie konnte das stets knifflige Landungsmanöver ohne eine am Boden stationierte und entsprechend geschulte Mannschaft durchgeführt werden, ohne daß das Schiff zerschellte und wie sein Vorgänger L 57 in Flammen aufging? Und welcher Zufall sollte dazu führen, daß das unübersehbare Luftschiff mit seinen lautstarken Motoren von den Engländern nicht entdeckt und abgeschossen würde?

Diese Reise mutete an wie ein Opfergang. Eine Qual war sie ohnehin. 14 Liter Wasser pro Person waren nicht viel, wenn man in glühender Hitze die Sahara überquerte und sich von versalzenen Konserven ernähren mußte. Freiwachen brachten kaum Erholung, da die Netzhängematten sich im Schiffsrumpf befanden. Das Knattern der Außenbespannung war ohrenbetäubend. Kopfschmerzen und Augenflimmern aufgrund der intensiven Sonneneinstrahlung wurden als »erste Symptome des Wüstenwahnsinns« gedeutet.

Immerhin verlief die Fahrt über Afrika ruhig. Keine feindlichen Jäger weit und breit. Es irritierte nur, daß kein einziger Funkspruch von der deutschen Großfunkstation Nauen L 59 erreichte. Erst am dritten Tag empfing der Funker auf der Höhe von Khartum im Sudan eine Nachricht. Doch sie war niederschmetternd: »Unternehmen abbrechen, zurückkehren. Feind hat besetzt größten Teil Makonde Hochlands, steht bereits bei Kitangari. Portugiese angreift von Süden Rest Schutztruppe.«

Gehorchen oder taub stellen? Der Kapitän von L 59 wählte ersteres und schwenkte sofort Richtung Norden um. In den Tanks befand sich noch Treibstoff für über 4000 Kilometer. Zum Zielgebiet waren es zum Zeitpunkt der Umkehr 3600 Kilometer, man hätte es schaffen können. Jedoch landete die Mannschaft von L 59 am 25. November völlig erschöpft wieder in Jamboli, nach 96 Flugstunden und 6757 Kilometern – eine Meisterleistung. Hätte L 59 seine Mission erfüllen können? Fest steht, daß Lettow-Vorbecks Truppen keineswegs am Ende waren. Saß der Flugkapitän also einer von einem britischen Geheimdienstsender lancierten Falschmeldung auf? Die Wahrheit ist profan: Britische Kriegsberichte über Ostafrika ließen die Admiralität am 21. November zu dem Schluß kommen, daß aufgrund der miserablen militärischen Lage Lettow-Vorbecks die Fahrt von L 59 einfach sinnlos geworden war.»Infolge der ungünstiger gewordenen Gefechtslage ist die Aufgabe des Unternehmens mit dem Admiralsstabe vereinbart worden«, teilte das Reichskolonialamt dem Marineamt lapidar mit. Schließlich sollte die Fahrt ein Zeichen militärischer Handlungsfähigkeit und Überlegenheit setzen und die Heimatfront moralisch stärken. Ein Desaster hätte das Gegenteil bewirkt.

Was wäre passiert, wenn Kapitänleutnant Ludwig Bockholt den Befehl zur Umkehr nicht befolgt hätte? Die Antwort gab Lettow-Vorbeck nach dem Krieg selbst: Man hätte ihn und seine Soldaten höchstwahrscheinlich nicht gefunden. Die Fahrt hätte seiner Ansicht nach einen Monat früher durchgeführt werden müssen. Am 21. November hatten er und seine Truppen das Makondehochland bereits in Richtung Portugiesisch-Ostafrika (dem heutigen Mosambik) verlassen. Wenn die Berichte deutscher Kriegsgefangener stimmen, wäre der Traum von der Zeppelinfahrt zu Lettow-Vorbeck ohnehin im Feuer feindlicher Artillerie und Flugzeuge zugrunde gegangen. Angeblich waren die britischen Truppen in Ostafrika von der Anfahrt des deutschen Zeppelin bestens informiert.

Der Befehl zur Rückkehr verhinderte also eine Katastrophe. Doch trotz dieser glücklichen Fügung nahm das Schicksal der Besatzung von L 59 ein grausames Ende. Nur wenige Monate nach

Die Mannschaft von L 59 nach der Rückkehr von der Afrikafahrt, November 1917

dem Afrika-Abenteuer starben Ludwig Bockholt und seine Mannschaft, als ihr Luftschiff bei einem Angriff auf Malta im April 1918 unter ungeklärten Ursachen über der Straße von Otranto Feuer fing. Oberleutnant zur See Sprenger, Kommandant des in der Nähe befindlichen deutschen U-Boots U 53, wurde Zeuge des Untergangs von L 59: Aus zwei Feuerpunkten sei eine »riesenhafte Flamme« entstanden, »die deutlich die feurigen Umrisse eines Luftschiffes erkennen läßt. Für kurze Zeit ist der Horizont taghell erleuchtet, dann senkt sich das brennende Luftschiff langsam tiefer, bis es hinter der Kimm verschwindet«. Zwanzig Minuten lang sei der Feuerschein hinter dem Horizont sichtbar gewesen, ehe die Dunkelheit sich wieder auf das Mittelmeer senkte.

Seemacht zu Lande: Deutsche Dampfschiffe auf Afrikas Seen

Hermann von Wissmann hatte alles geplant. Ein Schiff auf dem Landweg durch Afrika transportieren? 80 Tonnen Stahl durch unwegsames Gelände bewegen, durch Buschland, Sumpf und Gebirge, bedroht von Krankheiten, Löwen, Giftschlangen, Aufständischen und Naturgewalten? Unvorstellbar für die meisten Deutschen Ende des 19. Jahrhundert, nicht aber für Hermann von Wissmann. Der Afrikaforscher und ehemalige Reichskommissar für Deutsch-Ostafrika war fest davon überzeugt, daß der Fortschritt auch über den afrikanischen Busch triumphieren würde. Alles schien nur eine Frage der Organisation, der Technik und der Logistik.

Zunächst sollte das in Deutschland aus hartem Stahl gebaute Schiff in Einzelteile zerlegt, nach Afrika gebracht und dann mit Leichtern auf Flüssen so nahe wie möglich an den Njassasee heran transportiert werden. Bereits Henry Morton Stanley hatte bei seiner zweiten Afrika-Expedition 1874–1877 ein zerlegbares Boot, die »Lady Alice«, benutzt. Stanley hatte es von Trägern durch den Urwald schleppen lassen, eine im wahrsten Sinne des Wortes mörderische Arbeit. Nach Wissmanns Planungen sollte der Transport der tonnenschweren Einzelteile auf der Schiene erfolgen, das zerlegte Schiff sich auf einem aus tragbaren 1,5 Meter langen Elementen bestehenden Gleissystem langsam, aber unaufhaltsam durch die afrikanische Wildnis schieben. 532 Mann hatte Wissmann ursprünglich zum Tragen der Schienen als erforderlich angesehen. Weitere 512 sollten dann die 32 Wagen ziehen, auf denen die bis zu acht Tonnen schweren Einzelteile des Schiffes lagen. Alles hatte Wissmann akribisch geplant. Doch statt der über 1000 Arbeitskräfte standen ihm jetzt, am 26. Oktober 1892, nur 192 zur Verfügung, angeführt von sechs Europäern. Dennoch gab Wissmann den Startschuß. Dieses einzigartige Vorhaben, ein Schiff von Deutschland nach Ostafrika zu bringen und dann quer durch den Kontinent zu transportieren, um es auf einem der ostafrikanischen Seen zu Wasser zu lassen, durfte einfach nicht scheitern...

Das Deutsche Reich hatte Wissmanns Abenteuer eine finanzielle Unterstützung verweigert. Erst bei Erfolg, wenn also die Reichsflagge auf einem der Seen flatterte, wollte es den Dampferverkehr fördern. Die deutsche Bevölkerung war gegenüber diesem Projekt um einiges aufgeschlossener, da Wissmann das Unternehmen in der Öffentlichkeit ganz unter das Vorzeichen eines Kreuzzugs gegen den Sklavenhandel der Araber in Afrika gestellt hatte, den man mit einer Präsenz auf den afrikanischen Seen zu unterdrücken beabsichtigte. Obwohl in Wirklichkeit nicht humanitäre Absichten im Vordergrund standen, sondern die Durchsetzung des deutschen Herrschaftsanspruchs und ökonomischer Interessen im Westen der Kolonie, erwies sich der Wissmannsche Schachzug als ein publicityträchtiger Volltreffer. Die vom Staat in allen Teilen Deutschlands erlaubte »Antisklaverei-Lotterie«, mit der man die Kosten für die Unternehmen des Deutschen Antisklavereikomitees zu decken beabsichtigte, erzielte einen Nettogewinn von 1 824 000 Reichsmark. Genug, um den Bau eines Dampfers zu finanzieren, einen weiteren zu planen und außerdem noch Expeditionen und Schiffswerften am Victoria- und Njassasee (dem heutigen Malawisee) zu finanzieren.

Der Gouvernementsdampfer »Hermann von Wissmann« vor Kriegsausbruch

Doch noch stand Deutschlands Macht in der Kolonie auf tönernen Füßen. Wissmanns Projekt drohte zu scheitern: Im April 1891 war der Schutztruppenkommandeur Emil von Zelewski mit vier Kompanien und drei Geschützen zu einer Strafexpedition ins Innere Deutsch-Ostafrikas aufgebrochen. Bei Iringa gerieten die Kolonialtruppen in einen Hinterhalt und wurden von 3000 Hehe niedergemacht. Nur 64 von 320 Askari und vier von 14 Europäern konnten sich retten. Massen an Gewehren und Munition fielen in feindliche Hände. Auf absehbare Zeit waren die Gebiete, durch die Wissmann seine Bahn zu verlegen beabsichtigte, nicht mehr unter deutscher Kontrolle. Der Victoriasee als ursprüngliches Einsatzgebiet des Schiffes fiel aus. Wissmann hatte gerade mit dem Anheuern von Arbeitern begonnen. Angesichts des Sieges der Hehe verweigerten diese wenigen Arbeitskräfte nun den Dienst.

Wissmann gab nicht auf. Aus Hamburg bestellte er einige Leichter und den Schnelldampfer »Pfeil«. Doch dieser wurde unter afrikanischen Verhältnissen seinem Namen in keiner Weise gerecht. Wissmanns Plan war gewesen, die Schiffsteile nun größtenteils über den Wasserweg zum Tanganjikasee zu transportieren: Startpunkt der Expedition war die Mündung des Sambesi in Portugiesisch-Ostafrika, dann ging es in englisches Hoheitsgebiet hinein. Die afrikanischen Flüsse erwiesen sich jedoch als äußerst tückisch: Untiefen, Nebel und Stromschnellen erschwerten das Manövrieren, und der Wasserstand sank, da die Regenzeit vorbei war. Eines Tages saß die »Pfeil« so fest auf einer Sandbank, daß Wissmann nichts anderes übrig blieb, als den britischen Gouverneur zu bitten, ihm zwei Flußboote mit geringem Tiefgang und Heckantrieb zu leihen. Dafür versprach er den Briten zwei Leichter und das Nutzungsrecht für eine Werft, die man am Oberlauf des Schire, einem Nebenfluß des Sambesi, der dem Njassasee entsprang, errichten wollte.

Mit den Booten der Briten ging es nun langsam den Fluß herauf. Bald war er auch für die flachkieligen Boote nicht mehr schiffbar. Die Stunde der Feldbahn war gekommen. Aber wie sollte man diese verlegen mit nur einem Fünftel der veranschlagten Menge an Trägern? Das Unternehmen abzubrechen, hätte gegenüber den Einheimischen und den konkurrierenden europäischen Mächten zu einem katastrophalen Gesichtsverlust geführt. Es ging um den Ruf der aufstrebenden Kolonialmacht Deutschland. Trotz Arbeitermangel legte man am ersten Tag fünf Kilometer zurück. Doch bald schon erwies sich der Untergrund am Ufer des Schire für die Gleise und die tonnenschweren Lasten als nicht stabil genug: Die Wagen entgleisten oder blieben im Morast stecken. Auch aufgrund der katastrophalen Lebensbedingungen fielen die Tagesleistungen ab. Krankheiten und Unfälle sorgten für schlechte Stimmung unter den Trägern. Die Deutschen wagten nicht, die üblichen Peitschenhiebe zu verteilen, um diejenigen, die noch nicht desertiert waren, zu mehr Leistung anzutreiben. Denn es gab keine deutsche Kolonialverwaltung, die neue Arbeitskräfte ausgehoben hätte. Allenfalls erlaubte man sich darum »einen Klaps auf das nackte Fell«, wie es in einem Bericht heißt.

Dennoch standen die sechs Europäer bald allein in der Wildnis. Nach nur 30 Kilometern war kein einziger Träger mehr da. Den Gedanken, daß die »Pfeil« jemals auf dem Njassa fahren würde, hatte man inzwischen ebenso aufgegeben wie den Transport des zerlegten, noch namenslosen Schiffes bis zum Tanganjika. Es galt jetzt nur noch, irgend etwas zu erreichen. Und so ließ man die »Pfeil« bis zur nächsten Regenzeit im Sand stecken, damit sie dann zur Sambesimündung zurückfuhr, und konzentrierte sich ganz auf den Weitertransport des in Einzelteile zerlegten Schiffes.

Wieder mußte man um Hilfe beim kolonialen Konkurrenten ersuchen. Die Briten zwangen daraufhin 42 Bewohner eines Dorfes in den Dienst bei den Deutschen. Endlose Wochen ging es nun über das Schire-Gebirge. Tropenkrankheiten, dazu noch eine Pockenepidemie und Unfälle führten zu vielen Opfern unter den Arbeitern. Während die finanziellen Details des Unternehmens akribisch notiert wurden, fehlt jede Angabe über die Zahl der Toten. Erst am 12. Juli 1893 war das Schiff in Mpimbi am Oberlauf des Schire seeklar gemacht. »Zur Ehre des deutschen Namens führe stolzes Schiff allezeit in Ehren die deutsche Flagge auf den Fluten des Njassasees, sei es im Krieg, sei es im Frieden, zeige dich würdig des Namens, den du trägst immerdar – fahre hin in dein Element«, sprach Freiherr Arnold von Eltz bei der Taufe der »Hermann von Wissmann«. 1892

Das von der Papenburger Meyer-Werft gebaute Fracht- und Passagierschiff »Graf Goetzen«

war nämlich Wissmann von Kaiser Wilhelm II. in den erblichen Adel erhoben worden.

Doch die »Hermann von Wissmann« blieb nicht das einzige Schiff, das von den Deutschen auf den ostafrikanischen Seen eingesetzt wurde. Bei der Bekämpfung der Araberaufstände 1889/90 hatte sich gezeigt, wie nützlich Schiffe sein konnten, um Herrschaftsansprüche militärisch durchzusetzen. Fluß- und Seedampfer sollten nun mobile Kristallisationspunkte deutscher Kolonialmacht werden. Wie schon in Europa erfolgte auch auf den Gewässern der Kolonien ein deutsch-englisches Flottenwettrüsten. Auf dem Njassa fuhr das Missionsschiff »Paulus«, auf dem Rufiji der Heckraddampfer »Tomondo«. Der Victoriasee wurde von dem Dampfer »Heinrich-Otto« und den Pinassen »Albert Schwarz« und »Schwaben« befahren. Auf dem Tanganjikasee kreuzte unter anderem die »Hedwig von Wissmann«.

Ebenfalls auf diesem See unterwegs war die »Graf Goetzen«, damals nicht nur das Flaggschiff der kleinen Seen- und Flußflotte der Deutschen, sondern mit einem Gewicht von 800 Tonnen das größte Schiff auf Afrikas Seen überhaupt. 1913 war sie im niedersächsischen Papenburg von den drei Schiffsbauern Hermann Wendt, Rudolf Tellmann und dem Meister Anton Rüter auf der Papenburger Meyer-Werft erbaut worden.

Doch Deutsch-Ostafrika erreichte das Schiff nicht als Ganzes. Die »Goetzen« wurde von Schrauben zusammengehalten und nach der Montage wieder in ihre Einzelteile zerlegt. Sie wurde in 5000 Holzkisten verpackt. Anschließend gingen die drei Ingenieure mit den Kisten von Hamburg aus auf große Fahrt durch das Mittelmeer und den Suezkanal bis nach Daressalam. Die Mittellandbahn in Deutsch-Ostafrika, die dann die Fracht übernahm, führte damals noch nicht bis nach Kigoma am Tanganjikasee. Und so mußten Tausende von Trägern die Kisten schultern – und auch die drei Europäer –, um sie bis an das Ufer des Sees zu tragen. Es wurde ein monatelanges Unterfangen.

Im Frühjahr 1914 war man am Ziel. Bald würde der Kaiser selbst auf dem Schiff den See befahren, hieß es damals in Kigoma, der Hafenstadt am Tanganjikasee. Auf einer Anhöhe wartete der »Kaiserhof« auf den Besuch des Potentaten. Der kleine Palast sollte als Ausgangspunkt für kaiserliche Safaris dienen. Doch Wilhelm II. setzte weder einen Fuß in den Palast noch auf die »Goetzen«. Die drei Papenburger standen kurz vor dem Beginn des Ersten Weltkriegs unter erheblichen Zeitdruck und hatten diverse Schwierigkeiten zu meistern. Unter anderem fehlte es an geeignetem Personal, wie einem Brief des Leiters des Unternehmens, Anton Rüter, an die Meyer-Werft zu entnehmen ist: »Mit Ausnahme eines unbrauchbaren Tischlers und eines Elektrikers habe ich keine weiteren Europäer bekommen. Ich beschäftige jetzt 20 Inder und 150 Schwarze.« Doch am Ende gelang alles. Schraube für Schraube, Metallplatte für Metallplatte entstand die »Goetzen« neu. Am 5. Februar 1915 ging sie auf Jungfernfahrt.

Doch der Erste Weltkrieg machte aus dem Passagier- und Frachtdampfer bald ein Kriegsschiff. Bewaffnet mit einer 10,5-Zentimeter-Kanone, die man aus dem 1915 im Rufijidelta versenkten deutschen Kriegsschiff »Königsberg« geborgen hatte, befuhr die »Goetzen« den See und versenkte einen kleineren britischen Dampfer. Sie diente dem Kommandeur der Schutztruppen in Deutsch-Ostafrika, Paul von Lettow-Vorbeck, als Soldatentransporter. Aber am Ende konnte auch der Einsatz der »Goetzen« nicht die Niederlage der Deutschen abwenden. Nach zwei Bombenangriffen belgischer Wasserflugzeuge auf das Schiff befahl Lettow-Vorbeck, die »Goetzen« zu versenken. Denn wer dieses Schiff besaß, beherrschte den Tanganjikasee. Gemäß dem Befehl zerstörten die drei Papenburger Schiffsbauer ihr eigenes Werk – nicht jedoch ohne der »Goetzen« eine kleine Chance zu geben, irgendwann wieder den See befahren zu können: Vor der Versenkung schmierten sie alle Maschinenteile sorgfältig mit Fett ein, in dem Glauben, nach dem Krieg wiederzukommen, die »Goetzen« zu heben und erneut in Betrieb zu setzen.

Doch diese Hoffnungen erfüllten sich nicht. Geborgen wurde die »Goetzen«, aber nicht von Deutschen. Zunächst versuchten es die Belgier. Doch bald nach der Bergung ging das Schiff 1920 nach einem Sturm im Hafen von Kigoma unter. Aber die »Goetzen« war viel zu kostbar, um sie dort verrotten zu lassen. Einige Jahre später wagten sich die Briten, ab 1922 die neuen Herren in Kigoma, an die Bergung. Man steckte Ballons in den Schiffskörper und pumpte sie auf. Die Wiederinbetriebnahme dauerte drei Jahre und kostete 30 000 Pfund. Am 16. Mai 1927 wurde das Schiff auf den Namen »Liemba« umgetauft und mit dem Auftrag versehen, einmal pro Woche den 700 Kilometer langen See hinauf- und hinunterzufahren.

Das Schiff erfüllt seinen Auftrag noch heute, wenn auch mit Diesel- statt Dampfantrieb, und ist damit eines der dienstältesten Schiffe der Welt. 1951 holte der Hollywood-Regisseur John Huston die ehemalige »Goetzen« ins internationale Rampenlicht. Als »African Queen« ist sie der Star neben Humphrey Bogart und Katherine Hepburn, die Kulisse für den verbalen Schlagabtausch zwischen dem rauhbeinigen Kapitän und der spitzzüngigen Missionarstochter. Am Ende des Films wurde die »African Queen« versenkt – allerdings nur deren Nachbau im Studio. In der Realität fährt sie noch immer und bleibt unter unzähligen Lackschichten die alte »Graf Goetzen«, das Schiff mit der vielleicht bewegtesten Geschichte der Welt. Zweimal gebaut, zweimal gesunken, zweimal gehoben und – von Zwangspausen abgesehen – seit fast neunzig Jahren im Dienst.

Sterben unter dem Kreuz des Südens – Der Erste Weltkrieg in den Kolonien

Am 1. August 1914 erreichte ein rätselhafter Funkspruch die neue deutsche Großfunkstation Kamina in Togo: »Havaube / cq«. Abraham Esau, der Leiter der Funkstation, erkannte sofort die Bedeutung der verschlüsselten Nachricht, die Unheil ankündigte: »Warnung an alle Schiffe vor einem Kriegsausbruch. An alle Stationen.« Die Botschaft war eindeutig – und dennoch schien sie unglaublich. Natürlich wußte man auch in Togo, daß die politische Lage in Europa seit der Ermordung des österreichischen Thronfolgerpaares in Sarajewo am 28. Juni gespannter war denn je. Aber einen Krieg, der sogar Afrika zum Schlachtfeld zu machen drohte, hielten nur wenige Deutsche in den Kolonien für möglich. Die Diplomatie würde es – wie so oft in den letzten Jahren – schon richten, war die allgemeine Überzeugung.

Doch Abraham Esau hatte Hinweise dafür, daß es diesmal tatsächlich zum Äußersten kommen könnte. Denn in den Tagen zuvor war der Funkverkehr zwischen Nauen und Kamina massiv gestört worden – und die Funkwellen kamen aus Paris, der Hauptstadt des Erzfeindes Frankreich. Bevor zu den Waffen gegriffen wurde, hatte der Nachrichtenkrieg schon begonnen. Die Gegner: der star-

Polizeitruppe bei Schießübungen in Togo, 1914

ke Sender auf dem Pariser Eiffelturm und die neun bis zu 120 Meter hohen Sendemasten der Funkstation Kamina. Die Kriegziele: den Funkraum beherrschen, den Funkverkehr des anderen außer Gefecht setzen und die Weitervermittlung wichtiger Meldungen verhindern.

Esau war darum klar, daß dieses Telegramm so schnell und so oft wie möglich in den Äther mußte. Die erste Runde des Nachrichtenkriegs ging an die deutschen Funker: Sie fanden Lücken im französischen Störfunkfeuer. Esau und seine Techniker konnten die Meldung wie befohlen absetzen. In der Nacht zum 2. August erreichten sie Duala in Kamerun, Windhuk in Deutsch-Südwest und in der Nacht zum 5. August Daressalam in Deutsch-Ostafrika. Auch die Schiffe der Handelsflotte empfingen die Meldung so rechtzeitig, daß sie sich in neutrale Häfen zurückziehen konnten – mit ihren Handelsgütern im Wert von 93,3 Millionen Reichsmark.

Doch es sollte der letzte deutsche Sieg in Togo sein. Nicht einmal vier Wochen später waren die Sendemasten von Kamina nur noch ein Haufen verbogenes Metall, die Sendetechnik Elektroschrott – und das Land nicht mehr deutsche Kolonie. Der Weltkrieg zerschlug das deutsche Kolonialreich.

Dabei schien der Frieden in den deutschen Überseegebieten so sicher zu sein. Noch am 2. August beruhigte das Reichskolonialamt die rund 25 000 Kolonialdeutschen: »An sämtliche Gouverneure! In Chiffren! Sofort! Großmächte sind bemüht, zur Erhaltung europäischen Friedens österreichisch-serbischen Krieg zu lokalisieren. Beruhigt Ansiedler, da unsere Schutzgebiete außerhalb Kriegsgefahr ...« Das Telegramm erreichte die Kolonien erst, als Deutschland bereits Rußland den Krieg erklärt hatte, deutsche Truppen Luxemburg besetzten und auf den Titelblättern der Zeitungen in Deutschland das Wort »Weltkrieg« dominierte.

Erstaunlich unmilitärisch gab sich das sonst hochgerüstete Deutschland in den Kolonien, den Speerspitzen im Kampf um den »Platz an der Sonne«. Dieser Gegensatz erklärt sich zum Teil daraus, daß die meisten Kolonien aus Handels- und nicht aus Militärposten hervorgingen. Vielen Siedlern und Kaufleuten stand der Sinn nicht nach Exerzieren und Militär. Etliche waren nach Übersee gegangen, um sich dem preußischen Stechschritt zu entziehen. Sogar der Gouverneur Samoas hatte nicht gedient. Im ganzen deutschen Südseereich gab es keinen einzigen Soldaten, geschweige denn Befestigungen.

Letztlich war die Existenz der deutschen Kolonien von der Gnade der kolonialen Großmächte Frankreich und England abhängig. Die Führung des Deutschen Reichs war der Meinung, das weit zerstreute Kolonialreich sei nicht zu verteidigen. Zwar rang man sich im Juli 1913 zu einem Wehrpflichtgesetz für die Kolonien durch, gleichzeitig forderte die Budget-Kommission jedoch eine Verminderung der Schutztruppe um drei Kompanien. Die Stärke der Kolonialverbände in den drei bedeutendsten Kolonien – Südwestafrika, Kamerun und Ostafrika – umfaßte zu diesem Zeitpunkt wenige tausend Mann, die mit veralteten Waffen ausgerüstet waren. Im vergleichsweise gut ausgestatteten Südwestafrika verfügte man über zehn Typen Artillerie, insgesamt 70 Geschütze verschiedener Hersteller. Das verschärfte das Problem der ohnehin knappen Munition zusätzlich.

Die Küsten der Kolonien boten einer Invasion freie Bahn. Nur in der chinesischen Kolonie Kiautschou gab es eine Küstenschutzbatterie, da sich dort auch der einzige Flottenstützpunkt der vom Kaiser massiv geförderten deutschen Flotte befand. In den Kolonien Präsenz zu zeigen, fiel der »schimmernden Wehr« hingegen schwer. Man zeigte sich unwillig auszulaufen, nur weil »dieser oder jener Häuptling wieder bodenlos frech geworden war«. Das sündhaft teure Lieblingsspielzeug des Potentaten für ein paar Kolonisten aufs Spiel zu setzen, grenzte für die Admiralität an Majestätsbeleidigung. Nach Meinung des deutschen Großadmirals Tirpitz wurden die Küsten der Kolonien in der Nordsee verteidigt. Der Befehlshaber konnte sich auf Bismarck berufen, der bei Gründung der Kolonien gleich auch die Verteidigungsdoktrin verkündet hatte: Die Verteidigung der Schutzgebiete habe auf den europäischen Schlachtfeldern stattzufinden.

Zwischen donnernder Kolonialpropaganda und der Realität klaffte also ein tiefer Abgrund. Im Prinzip galt noch immer Bismarcks Wort aus dem Jahr 1884: »Die ganze Kolonialgeschichte ist ja Schwindel, aber wir brauchen sie für die Wahlen.« Die deutschen Schutztruppen waren in einem desolaten Zustand. Ihre Mobilmachung in Deutsch-Südwest im August 1914 fiel, wie Gouverneur Seitz sieben Jahre später zugab, »absolut ungenügend« aus. Die Organisation wurde von ihm als »recht regellos« beurteilt. Um das Transportwesen sei es »ganz übel bestellt« gewesen.

Dennoch zeigte man sich siegessicher. Ein Telegramm aus Deutsch-Südwest an den Kaiser Anfang August 1914 barst vor trotziger Zuversicht: »Eurer Majestät versichern die Deutschen Südwests unverbrüchliche Treue. Sie bitten Gott um Sieg für das Vaterland. Truppe und Bevölkerung sind voll Mut und Vertrauen. Gouverneur Seitz.«

Woraus speiste sich dieser Optimismus? Zum einen hoffte man auf einen raschen Sieg der deutschen Truppen in Europa binnen weniger Wochen. Zum anderen glaubte man, sich als deutsche Kolonie auf die in der Kongo-Akte festgelegte Neutralität verlassen zu können – und natürlich auf das Gentleman's Agreement, daß sich Europäer nicht vor den Augen der kolonisierten Völker umbringen würden. Und im Fall des britischen Dominions Südafrika hoffte man sogar auf eine Verbrüderung mit den Großbritannien feindlich gesinnten Buren und träumte von einem »Spaziergang nach Kapstadt«.

Doch in einem Krieg, der in Europa ohne Rücksicht auf Moral, Traditionen und diplomatische Etikette geführt wurde, war dies eine Illusion. Die Kongo-Akte galt in den Kreisen der Entente als reine Absichtserklärung und nicht als bindende Vereinbarung. Die schwachen Kolonien boten die Möglichkeit, Rechnungen zu begleichen. Schließlich galt es, einen Feind zu besiegen, der einen Krieg vom Zaun gebrochen hatte und in großen Teilen Europas als Barbar galt. Die deutschen Truppen hatten sich nicht um die belgische Neutralität geschert und Greueltaten an belgischen Zivilisten verübt. Welche Bedeutung hatte da noch die Kongo-Akte? Der Erste Weltkrieg brachte aber auch die bereits in der Schublade liegenden Annexionspläne der Entente auf die Tagesordnung. Dies war der eigentliche Grund für die aggressive Politik gegenüber den hoffnungslos unterlegenen deutschen Kolonien.

Die Kolonialkriege offenbarten zudem schonungslos, wie sehr sich das Deutsche Reich mit der Errichtung von Kolonien übernommen hatte und wie schnell man sie aufzugeben bereit war. Es waren die Grundprobleme des deutschen Kolonialreichs, die das Schicksal der Kolonien im Ersten Weltkrieg maßgeblich beeinflußten: »Ihre Bedeutung für die deutsche Wirtschaft und insbesondere die deutsche Rüstungsindustrie war gering, und die deutschen personellen Verluste bei der Eroberung, Erschließung und schließlich bei der Verteidigung im Weltkrieg waren hoch.« (Hans Krech)

Angesichts dessen erstaunt es, wie lange in einigen Kolonien dennoch gekämpft wurde. Aber mag der Guerillakrieg Lettow-Vorbecks in Ostafrika militärstrategisch noch so faszinieren, weil er gegen eine erdrückende Übermacht unbesiegt den Weltkrieg zu bestehen vermochte: Kolonialkrieg war keinesfalls nur ein »Gepläkel« (Wilfried Westphal). Die Kämpfe in Afrika kosteten so viele Menschenleben wie die Schlacht an der Somme in Frankreich: geschätzte 1,2 Millionen. Und es war ein Krieg, der vor allem Wehrlose traf.

Kampf um die Herrschaft im Äther: Togo

Es war die kleinste deutsche Kolonie in Afrika, die als erste vom Weltkrieg heimgesucht wurde. Togo, ein kaum 200 Kilometer breiter und 600 Kilometer langer Landstrich, stellte die Achillesferse des deutschen Kolonialimperiums dar, wie dem britischen Committee of Imperial Defence (CID) bekannt war. Ohne diese Kolonie riß der Verbindungsfaden zwischen Berlin, den deutschen Kolonien und den deutschen Kriegsschiffen auf den Weltmeeren. »Es wird erwünscht, daß britische Truppen der Goldküstenkolonie, möglichst verstärkt von Sierra Leone, für eine Offensive gegen Togo starten. Das Ziel ist die Zerstörung der drahtlosen Telegrafenstation Kamina«, lautet der Befehl des CID.

Major v. Doering, der stellvertretende Gouverneur von Togo, hoffte hingegen, daß Briten und Franzosen seine kleine Kolonie gemäß der Kongo-Akte als neutrale Zone akzeptieren würden. Er verschickte Telegramme an die Franzosen und Briten und appellierte an den europäischen Korpsgeist, »um den Afrikanern nicht das Schauspiel der miteinander kämpfenden Weißen zu bieten«. Frankreich antwortete darauf mit eisigem Schweigen, England mit ausweichenden Floskeln. Spätestens zu diesem Zeitpunkt wird v. Doering gewußt haben, daß Togo verloren war.

Nur einen Tag später erfolgte »ein Blitzkrieg auf anglo-französisch«: Französische Kolonialtruppen eroberten am 6. August Anecho und Porto Seguro ohne Widerstand. Am gleichen Tag stellte Großbritannien ein Ultimatum, das v. Doering ablehnte. Daraufhin besetzten britische Truppen die Küstenstadt Lome. Doch der Gouverneurspalast präsentierte sich verwaist, denn schon tags zuvor hatte sich v. Doering nach Norden ins Landesinnere Richtung Kamina abgesetzt.

Togo war für die deutschen Verteidiger ein militärischer Alptraum. Es war klein und besaß nicht einmal eine Schutztruppe, sondern nur eine von sieben Offizieren angeführte, rund 550 Mann starke Polizei. Sie wurde zwar schnell auf rund 1500 Mann, davon 200 Deutsche, aufgestockt, doch den größtenteils untrainierten Einheiten standen Waffen zur Verfügung, die in Friedenszeiten gerade mal ausreichten, einen Aufstand von mit Pfeil und Bogen bewaffneten Eingeborenen niederzuschlagen.

Die Niederlage der Deutschen war unvermeidlich. Am 24. August empfing die Großfunkstation Nauen nahe Berlin einen Funkspruch aus Kamina: »Wenn Ihr einen Tag lang nichts mehr von uns hört, so ist Kamina, seine Besatzung und die deutsche Kolonie nicht mehr in deutscher Hand.« Es war die letzte Meldung der Funkstation. In der Nacht zum 25. August hörten die britischen Truppen eine Reihe von Explosionen aus Richtung Kamina. Am nächsten Tag erschienen um 18 Uhr zwei Deutsche mit einer Parlamentärflagge. Der britische Colonel Bryant forderte die bedingungslose Kapitulation. Am 26. August willigten die Deutschen ein. Ihren einheimischen Polizeisoldaten versicherten sie, daß man nach sechs Monaten »ganz bestimmt zurückkehren würde«.

Nicht jeder Deutsche scheint davon überzeugt gewesen zu sein, daß ein Sieg auf den europäischen Schlachtfeldern die Kolonien wiederauferstehen lassen würde, so zum Beispiel der Funkingenieur Carl Doetsch. Er bekam den Auftrag, seinen englischen Kollegen über das Gelände der Funkstation zu führen. Alle neun Masten lagen am Boden, das Betriebsgebäude war ein Trümmerfeld. Das zerstörte Schaltpult, schreibt Doetsch in seinen Erinnerungen, »ringt auch meinem Begleiter ein Kopfschütteln ab und einen Seufzer: ›That's pity, pity‹... An einen Aufbau ist nicht mehr zu denken! Und über diesem ganzen Bild flimmert ironisch der Glast der afrikanischen Mittagssonne, die bald dafür sorgen wird, daß die traurigen Überreste unserer Station unter dem tropischen Pflanzenwuchs begraben werden.« Doetsch behielt Recht.

»Dieser Kampf geht uns nichts an«: Südsee

Schneller als in Togo endeten die Kämpfe in den Südseekolonien. Noch im September 1913 betonte das Reichskolonialamt, daß man bei der geplanten Aufstockung der Polizeitruppe Neuguineas jeden Anschein des Aufbaus einer Schutztruppe vermeiden solle. Man dürfe Australien nicht provozieren. Viele Deutsche ahnten zu diesem Zeitpunkt wohl bereits, was im Kriegsfall passieren würde: die Verwirklichung der bereits seit längerem von den Regierungen der britischen Dominions Neuseeland und Australien ausgearbeiteten Annexionspläne.

Entsprechend waren die Reaktionen, als am 5. August 1914 über die Funkstation Bitapaka die Meldung vom Kriegsausbruch in Europa eintraf. Die Kolonialverwaltung von Neuguinea wurde sofort aus dem Hafenstädtchen Rabaul (Neu-Pommern) ins Inselinnere nach Toma verlegt. Der schnelle Rückzug erwies sich als berechtigt, denn bereits am 12. August landeten australische Soldaten. Aber sie verschwanden wieder, nachdem sie die Telefonanlage von Rabaul und Herbertshöhe zerstört hatten.

Was blieb, war Ruhe vor dem Sturm. Bei Kriegsausbruch befand sich der Gouverneur Deutsch-Neuguineas, Eduard Haber, auf Inspektionsfahrt im Südosten des Kaiser-Wilhelmslandes. Erst als er

Die aus Einheimischen bestehende Polizeitruppe von Deutsch-Neuguinea

am 13. August »nach einer waghalsigen Fahrt zwischen feindlichen Schiffen hindurch« zurückkehrte, wurde die Verteidigung der Kolonie organisiert. Mit Müh und Not stellte man eine Truppe aus 50 Deutschen und 240 Melanesiern zusammen. Die Hälfte der Melanesier hatte noch nie zuvor eine Schußwaffe in der Hand gehabt.

Die Anspannung stieg ins Unerträgliche, als am 8. August die Funkstation auf Nauru verstummte und ab dem 12. auch die Station Jap nicht mehr antwortete. Die Geschütze britischer bzw. australischer Panzerkreuzer hatten beide Funkmasten zerstört. Von der deutschen Flotte war keine Spur am Horizont zu entdecken. Hatte das Vaterland seine Südseedependancen einfach vergessen? Am 27. August sandte man ein Telegramm nach Berlin und flehte darum, »beim bevorstehenden Friedensschluß Neuguinea, das damalige Kaiser-Wilhelmsland, unter keinen Umständen aufzugeben. Oberes Wariagebiet enthält mehrere Milliarden Mark Gold und viel Platina«.

Am 29. August kapitulierte Samoa vor einer australisch-neuseeländischen Flotte. Abgesehen von einigen unbedeutenden Inseln war nun nur noch Neuguinea (Kaiser-Wilhelmsland) mit dem vorgelagerten Bismarck-Archipel deutsches Herrschaftsgebiet. Am 11. September erschienen Schiffe am Horizont – und nahmen Kurs auf Rabaul und Herbertshöhe. Kam da endlich die ersehnte Unterstützung? Doch es waren nicht die Schiffe des Großadmirals Tirpitz, sondern das Schlachtschiff »Australia«, die supermodernen Kreuzer »Sydney« und »Encounter«, drei Zerstörer, die einzigen zwei U-Boote Australiens, ein Truppenschiff und etliche weitere Versorgungsschiffe: eine über 6000 Mann umfassende australische Invasionsarmee.

Als die Truppen landeten, brach ein blutiges Chaos aus. Die Australier waren schlecht ausgebildet; zudem überraschte sie die Stärke der deutschen Gegenwehr rund um die Funkstation Bitapaka. »Schießereien überall um uns herum«, schrieb Bootsmaat William John Lane damals in sein Tagebuch, »keiner weiß, ob es der Feind ist oder die eigenen Leute, keiner weiß, wie eine deutsche Uniform aussieht, keiner weiß, ob sie Eingeborene für sich kämpfen lassen. Wir waren in Gefahr unsere eigenen Männer zu erschießen oder selbst für einen Feind gehalten zu werden.« Um einen Schützengraben mit sechs Deutschen und 25 Melanesiern auszuschalten, waren 400 Australier, ein Maschinengewehr und fünf Stunden Kampf um jeden Meter nötig.

Die höchsten Verluste hatten die militärisch unausgebildeten Melanesier im Dienste der deutschen Kolonialmacht. Nach den ersten für die Deutschen verlorenen Gefechten kam es unter ihnen zu Meutereien. »Sie sagten, es sei ein Kampf zwischen Weißen, der gehe sie nichts an«, schrieb ein deutscher Soldat. Für die Melanesier ging das Sterben sogar unvermindert weiter, als die Deutschen schon kapituliert hatten. »Auf unserer Seite waren 20 (melanesische) Polizeisoldaten tot. Dieser große Verlust erklärt sich daraus, daß noch auf die Polizeisoldaten geschossen wurde, als die Übergabe schon längst vollzogen war«, schreibt der Marinereservist Karl Gesemann. Viele verwundete Melanesier starben, weil sich die Australier geweigert hatten, sie zu versorgen. Erst am 14. September, mit dem Beschuß des landeinwärts gelegenen Dorfs Toma durch den Kreuzer »Encounter«, endeten die Kämpfe. Noch einmal mußten an diesem Tag melanesische Einheimische sterben. Die »Encounter« hatte es unterlassen, die Bewohner von Toma vor der militärischen Aktion zu warnen.

Am 17. September unterschrieb Gouverneur Haber die Kapitulationsurkunde. Die Bedingungen für die ehemaligen Kolonialherren fielen milde aus. Angesichts der blutigen Kämpfe und der Unfähigkeit seiner Truppen wollte der australische Kommandant wohl unter allen Umständen einen langen Buschkrieg vermeiden.

Die Festung: Kiautschou

Unablässig donnern die großen Geschosse gegen die Eisenbetonwandungen der Iltishuk-Batterie«, berichtet der deutsche Missionar C. Johannes Voskamp. »Sobald das Feuer auf den fernen Schiffen aufblitzt, springen unsere Artilleristen in die bombensicheren Stände und zählen langsam 1, 2, 3, 4, 5, 6 und, wie das Krachen des Jüngsten Tages, kommt es auf die Batterie nieder …« Nirgends in den Kolonien ähnelte der Krieg so sehr den grausamen Stellungskämpfen an der Westfront wie die Schlacht um Tsingtao, das Zentrum der deutschen China-Kolonie Kiautschou. Es war die einzige mit nennenswerten Befestigungen und Artillerie ausgestattete deutsche Kolonialstadt. Belagert von See und von Land versuchten 4900 Deutsche einer Übermacht von über 60 000 Japanern standzuhalten.

Am 15. August hatten sich Japan und England über das Vorgehen gegen die deutsche Kolonie geeinigt. Bereits einen Tag später, am 16. August, forderte Japan Tsingtao auf, bedingungslos zu kapitulieren. Da der deutsche Gouverneur darauf entrüstet schwieg, lief die japanische Kriegsmaschine zu voller Kraft auf. Der erste Schritt bestand in der Errichtung eines Stützpunkts 130 Kilometer nördlich von Tsingtao in der Bucht von Lungkow. Es folgte die Einschließung der Stadt von See her durch die japanische Flotte, während in der Bucht von Laoshan die japanischen Hauptstreitkräfte an Land gebracht wurden.

Aufgrund fehlender Artillerie auf der Landseite nahmen die Geschütze der Küstenbatterien die anrückenden Japaner unter Be-

Reitende Feldartillerie während der Mobilmachung vor der Schlacht um Tsingtao

schuß. Dennoch standen am 26. Oktober die Truppen des japanischen Kaisers nur noch 800 Meter von der Hauptkampflinie der Deutschen entfernt. Chinesische Kulis schoben auf einer eigens errichteten 100 Kilometer langen Versorgungsbahn Belagerungsgerät heran. Vom 29. Oktober an lag die Stadt fast neun Tage unter Dauerbeschuß. Ab dem 4. November kam es zusätzlich zu pausenlosen Sturmangriffen der Japaner. 17 000 Soldaten starben unter dem Abwehrfeuer der Deutschen: »Die ganze Nacht hört man furchtbar heftiges Feuern, ein dauerndes Hämmern der Granaten, das Rattern der Maschinengewehre. Man sieht das Aufblitzen der explodierenden Geschosse, das Leuchten der Scheinwerfer und den Widerschein all der Aufregung am dunklen Nachthimmel«, schreibt Voskamp.

Die Lenkung der Artillerie erfolgte unter anderem aus der Luft. Die Deutschen hatten das gesamte Gelände in Quadrate mit 500 Metern Seitenlänge eingeteilt. Das einzige Flugzeug der Verteidiger war eine »Rumpler Taube«, ein zerbrechliches und 1914 technisch schon fast veraltetes Modell. Sie hatte kein Seitenruder, was das Fliegen in extremen Kurvenlagen unmöglich machte. Ihre Steuerung erfolgte nicht per Höhen- und Seitenruder, sondern durch Verdrehen der flexiblen Flügel. Die »Taube« erreichte zwar nur eine Geschwindigkeit von 100 Kilometern in der Stunde, war aber für die Geländeerkundung gut geeignet. Die japanischen Flieger konnten es mit dem deutschen Kapitänleutnant Gunther Plüschow nicht aufnehmen. Ohnehin gab es noch keine Bordgeschütze. Im Luftkampf mit einem japanischen Piloten schoß Plüschow daher mit seiner Pistole. Abgesehen von Start und Landung hatte der nach

Der Marine-Infanterie Signaltrupp III SB übt den Einsatz eines Heliographen in der Bucht von Lungkow nördlich von Tsingtao.

dem Krieg als Held verehrte Flieger von Tsingtao also kaum Beschuß zu befürchten, und so konnte er die deutsche Artillerie oft ungestört auf die Stellungen der Japaner lenken, die dann im Abstand von 50 Metern mit Granaten beschossen wurden. Plüschow warf mitunter Bomben ab, die er aus mit Nägeln und Dynamit gefüllten Kaffeebüchsen gebastelt hatte.

Doch irgendwann war die letzte Granate auf deutscher Seite verschossen. Die Japaner begannen, die Infanteriewerke zu stürmen. »Der Iltisberg wird genommen. Die Bemannung der Batterie Aye wird von hinten mit dem Spaten niedergehauen. Dann werden die Werke 2 und 4 von hinten her angegriffen. Um halb 5 Uhr müssen sie sich ergeben. Um 6 Uhr 23 Minuten wird auf dem Observatorium die weiße Flagge gehißt.« 150 deutsche Soldaten starben bei der Belagerung und Erstürmung. »Festung nach Erschöpfung Verteidigungsmittel durch Sturm und Durchbrechung in der Mitte gefallen. Befestigung und Stadt vorher durch ununterbrochenes Bombardement von Land mit schwerstem Geschütz bis 28 cm Steilfeuer, verbunden mit starker Beschießung von See schwer erschüttert, artilleristische Feuerkraft zum Schluß völlig gebrochen, Verlust nicht genauer übersehbar, aber trotz schwerstem anhaltendem Feuer wie durch Wunder viel geringer als zu erwarten«, meldete Gouverneur Meyer-Waldeck nach Berlin.

Kurz vor der Kapitulation war Gunther Plüschow mit seiner »Taube« zu einem letzten Flug aufgebrochen. Er landete 240 Kilometer von Tsingtao entfernt und gelangte nach einer atemberaubenden Flucht über Nagasaki, San Francisco, New York, Gibraltar und London erst im Juli 1915 nach Deutschland – wo man ihn zunächst für einen britischen Spion hielt.

In Berlin wurden die »Helden von Tsingtao« gefeiert. Aber die Tagebuchnotizen des Missionars zeigen, daß die Festungsschlacht keineswegs heroisch, sondern vielmehr ein Alptraum war, der immer wiederkehrte, wenn der Schlaf kam. »Und dann steigen blitzschnell andere Bilder auf, wie ich sie fast jede Nacht sehe: Die grauenvolle Finsternis wird punktartig erleuchtet von unseren aufschlagenden Geschossen, die auf die dunklen Höhen vor uns gesetzt werden in blitzähnlicher, furchtbarer Schrift des Todes. Und die chinesischen Dörfer dahinter sind schwelende Trümmerhaufen, und die armen Frauen und Kinder irren in der Nacht und im Gebirge umher ... und wimmern und schreien.«

Eine Niederlage nach Plan: Kamerun

Die Lage der deutschen Truppen in Kamerun im September 1914 ließ ebenfalls keinen Zweifel über den Ausgang des Krieges aufkommen. Eine gewaltige Flotte der Alliierten, bestehend aus 24 Kriegsschiffen, Transportern und Flußkanonenbooten versammelte sich dort am 11. des Monats im Mündungsgebiet des Kamerunflusses. Fast nichts konnten die Deutschen dem entgegensetzen. Mühsam war es ihnen gelungen, mit vier alten Feldgeschützen das britische Kriegsschiff »Dwarf« von einer schnellen Besetzung des Hafens von Duala abzuhalten.

Wie in einer antiken Seeschlacht rammte sich schließlich der Regierungsdampfer »Nachtigal« in die »Dwarf« und beschädigte das britische Schiff. Flammen schlugen aus der »Nachtigal«. Die Besatzung versuchte sich zu retten: 12 Weiße, 25 Schwarze. Nur 11 Menschen überlebten, alle verwundet – eine sinnlose Opferung für eine von vornherein verlorene Sache. Doch mit dieser Kamikaze-Aktion war der Krieg noch lange nicht beendet.

Rund 19 000 Mann umfaßten die Truppen der Alliierten in Kamerun – und an Nachschub bestand kein Mangel. Der Schutztruppenkommandeur Major Zimmermann befehligte rund 1460 weiße und 6500 einheimische Soldaten. Jede Kriegspartei wußte, daß der Krieg ohne die Unterstützung der schwarzen Bevölkerung Kameruns nicht gewonnen werden konnte. Jetzt rächte sich eine Fehlentscheidung der Kolonialregierung. In den ersten Kriegstagen hatten sie den Duala-Häuptling Rudolf Manga Bell hingerichtet, der vor dem Krieg den friedlichen Widerstand gegen die Enteignung von Grundeigentum seines Volkes durch die Kolonialbehörden organisiert und angeführt hatte. Nun unterstützten die Duala die Alliierten mit ihren Ortskenntnissen und lieferten Lebensmittel. Bald war die Lage der Deutschen so prekär, daß den Truppen nichts anderes übrig blieb, als sich auf die Kerngebiete von Kamerun zu konzentrieren und eine Fluchtmöglichkeit ins neutrale spanische Rio Muni im Süden freizuhalten. Auf beiden Seiten der Front zwang man massenhaft Einheimische zu Frondiensten; sie starben zu Tausenden als Träger und bei Bauarbeiten im Dschungel.

Während der Nachschub an Material und Soldaten auf alliierter Seite nicht nachließ, erreichte Anfang Juli 1915 den Befehlsha-

Deutsche Geschütze an der Front in Nordkamerun. Ob Anzahl der Soldaten oder Bewaffnung – auch in dieser Kolonie war die Schutztruppe den Streitkräften der Alliierten weit unterlegen.

ber der Schutztruppen in Jaunde ein verzweifelter Bericht des Hauptmanns Ernst von Raben aus der mehr als 500 Kilometer entfernten Stellung Mora in Nordkamerun: »Kornvorräte reichen bis Mitte August/Anfang September. Patronenvorräte 48 000. Viele Kranke, Skorbut, infolge einseitiger Ernährung und Salzmangel. Seit März neun Mann gestorben, zwei gefallen. Chinin ausgeht bis Mitte August.«

Mit Beginn der Herbstoffensive der Alliierten im Oktober 1915 schoß vor jedem Angriff Artillerie die Stellungen der Deutschen sturmreif. Am 29. Dezember 1915 gab Major Zimmermann das Zeichen, sich ins neutrale Spanisch-Muni abzusetzen. Krank, psychisch zermürbt, militärisch am Ende zogen sich 450 deutsche und 5000 afrikanische Soldaten sowie ein Troß aus 40 000 Trägern bis zum 14. Februar in die spanische Enklave Kameruns zurück. Hoch im Norden hielten von Raben und seine Soldaten noch immer die Mora-Stellung. Sie kapitulierten erst am 18. November.

Soldaten der Kameruner Schutztruppe vor dem Übertritt nach der spanischen Enklave Rio Muni

Panzerwagen gegen Ochsenkarren: Deutsch-Südwestafrika

Der Freibrief zum Angriffskrieg gegen die Deutschen im Südwesten Afrikas kam in geschliffener Diplomatensprache daher: »Falls Ihre Minister den Wunsch haben und sich imstande fühlen, einige Teile von Deutsch-Südwestafrika … zu besetzen«, schrieb London am 7. August 1914 an die Regierung der Südafrikanischen Union, »so würden wir dies als einen großen und dringenden Dienst für das Reich empfinden. Die südafrikanische Regierung habe sich jedoch darüber im klaren zu sein, daß alles Gebiet, das auf diese Weise besetzt wird, zur Verfügung der Reichsregierung bei der schließlichen Auseinandersetzung am Ende des Krieges stehen muß. Andere britische Kolonien handeln unter den gleichen Voraussetzungen in ähnlicher Weise«. Der südafrikanische Premierminister Louis Botha willigte prompt »voll und ganz« ein.

Angesichts der militärischen Stärke Südafrikas überraschte die Antwort kaum. Kein Land in Afrika war besser gerüstet als der Staat am Kap. Die Wehrgesetze gaben Botha die Möglichkeit, 120 000 Mann einzuziehen. Er verfügte über ein Heer mit modernster Ausrüstung: gepanzerte Kettenfahrzeuge, reichlich Transportfahrzeuge, moderne weitreichende Artillerie, Kriegsschiffe, Flugzeuge und ein perfektes Nachrichtensystem.

Die deutschen Schutztruppen nahmen sich dagegen fast lächerlich aus. 2500 Soldaten und 2500 Reservisten, eine 700 Mann starke Polizeitruppe, dazu 30 Feldkanonen, 4 Feldhaubitzen, 22 Gebirgsgeschütze, 4 Maschinenkanonen, 3 Revolverkanonen, 4 Feldgeschütze. Und schon seit Jahren wußte man in Südafrika über die Verteidigungspläne der Deutschen Bescheid. Das Kartenmaterial des Generalstabs in Pretoria, das für die Planung der Invasion zur Verfügung stand, war genauer als das der Deutschen. Die südafrikanischen Truppen kannten mehr Wasserstellen als die deutschen Schutztruppen.

Deutsch-Südwestafrika wurde im Krieg Opfer seines wirtschaftlichen Aufschwungs in den letzten Friedensjahren. Im Vergleich zu den Jahren vor den Aufständen von 1904/07 hatte es sich zu einer prosperierenden Kolonie entwickelt. Es gab ein verhältnismäßig gut ausgebautes Weg- und Eisenbahnnetz, mit dessen Hilfe Südafrika die Vorteile seiner zahlreichen motorisierten Militäreinheiten voll ausnutzen konnte.

Dennoch fielen die ersten militärischen Operationen zumeist recht bescheiden aus. Tatsächlich konnte Südafrika es jedoch aus innenpolitischen Gründen nicht wagen, sofort seine ganze Militärkraft in die Waagschale zu werfen. Denn nicht nur die Deutschen mußten bei Ausbruch des Krieges mit erneut aufflammenden Aufständen der einheimischen Bevölkerung rechnen, auch Südafrika war ein fragiles politisches Gebilde. Das Problem waren nicht die einheimischen Schwarzen, sondern die weißen Buren. Der blutige Burenkrieg war zwar 1902 mit einem Sieg über diese Nachkommen niederländischer, niederdeutscher und hugenottischer Siedler beendet worden. Aber er bedeutete nicht das Ende der separatistischen Burenbewegung, der Deutschland noch immer als ein Verbündeter galt. Im Burenkrieg hatte das Kaiserreich Waffen und Munition geliefert. Seit August 1914 waren Gouverneur Seitz und die Führer der Burenbewegung in Kontakt, und so bekam die deutsche Kolonialregierung Informationen über die Aufmarschpläne und die Truppenstärke der Südafrikaner.

Zum Zeitpunkt des Kriegsausbruchs hatte ein Vertrag unterschriftsreif bereitgelegen, in dem Deutschland die Unabhängigkeit der Burenrepubliken anerkannte.

Die Deutschen rechneten fest mit einer Schwächung der Südafrikaner durch einen Aufstand der Buren. Sie wurden nicht enttäuscht. Am 15. September erhielt Botha einen Brief einflußreicher Burengeneräle, die ein Ende des Feldzugs gegen Deutsch-Südwest forderten. Als der beliebte Burengeneral De la Rey noch am gleichen Tag unter verdächtigen Umständen erschossen wurde, eskalierten die Ereignisse. Ab Mitte Oktober operierte ein mehrere tausend Mann umfassendes Burenheer im Oranjefreistaat. Plötzlich mußte Botha einen Zweifrontenkrieg ausfechten. 40 000 Soldaten benötigte er, um den Aufstand niederzukämpfen. Die letzten Buren ergaben sich erst am 30. Januar 1915. Sie hatten an der Grenze zu Süd-

Der Bahnhof von Windhuk während des Ersten Weltkriegs

westafrika operiert und den Vorteil für sich in Anspruch genommen, sich im Bedarfsfall nach Deutsch-Südwest zurückziehen zu können. Außerdem lieferten die Deutschen Waffen, Munition und Verpflegung.

Als der südafrikanische Ministerpräsident am 11. Februar 1915 den Oberbefehl über die Unionstruppen in Südwestafrika übernahm, war die Zeit der erfolgreichen deutschen Abwehrkämpfe vorbei. Bereits am 12. Mai wehte Südafrikas Fahne über der Hauptstadt Windhuk. 60 000 Mann zählten nun die Unionstruppen, die Deutschen drohten überrollt zu werden: Der Troß der Schutztruppen bestand aus Ochsenkarren, die am Tag 20 Kilometer zurücklegten. Die Lkws der Südafrikaner schafften das Fünffache.

Die letzte Hoffnung der Deutschen war die in mühevoller Arbeit über Wochen ausgebaute Stellung »Sargdeckel« bei Kilometer 514 der Bahnstrecke Otavi-Tsumeb. Dort hoffte man, dem Feind noch lange standhalten zu können. Die viele Arbeit erwies sich indes als sinnlos. Tag und Nacht hatten sich Bohrer in das zur Festung ausgebaute Felsmassiv gedreht, doch auf eine Quelle stießen sie

Bei Kilometer 500 der Otavi-Eisenbahn schlossen General Louis Botha und Gouverneur Theodor Seitz (links) einen Waffenstillstand.

nicht. Das Wasser drohte knapper zu werden als die Munition. Nach zwölf Stunden brach die Schutztruppe wieder auf. Doch es war zu spät. Nur 14 Kilometer weiter kesselten 16 000 südafrikanische Soldaten die noch rund 3500 Mann starken Kolonnen ein. Die Schutztruppe hatte noch Proviant für maximal zwölf Tage. Botha zog weitere 9000 Mann zusammen – und außerdem bis zu zwölf Kilometer weit reichende Artillerie. Den deutschen Soldaten drohte die Vernichtung.

Tod oder Kapitulation? Seitz wählte letzteres. Mit dem Zug fuhr er am 4. Juli 1915 dem Sieger Botha entgegen. Fotografen dokumentierten den historischen Moment: Bei Schienenkilometer 500 stieg der salutierende Gouverneur den Bahndamm hinunter zum lässig die Hand reichenden Botha. Fünf Tage später wurde der Waffenstillstandsvertrag von Khorab unterzeichnet. Die aktiven Schutztruppenangehörigen marschierten in die Kriegsgefangenschaft, die Reservisten durften auf ihre Farmen und zu den Familien zurück.

Alles blieb vorerst unverändert. Deutsch-Südwest wurde zunächst lediglich unter südafrikanische beziehungsweise britische Aufsicht gestellt. Botha wollte keine Märtyrer schaffen, keine Widerstandsbewegung provozieren. Er hatte noch viel vor – und dazu war ein ruhiges Hinterland nötig. Einige hundert Kilometer weiter östlich, in Deutsch-Ostafrika, waren britisch-indische Truppen bislang am Widerstand der Schutztruppe gescheitert. Diese deutsche Kolonie fehlte noch, um den Traum der Nationalisten am Kap zu verwirklichen: ein südafrikanisches Imperium, das Afrika bis zum Äquator beherrschte. Nach dem Sieg wandten sich die Truppen der Südafrikanischen Union nun Deutsch-Ostafrika zu. Doch dort erwartete sie ein Mann, der mit Truppenstärke und Feuerkraft allein anscheinend nicht zu schlagen war.

Der Krieg des Paul von Lettow-Vorbeck: Deutsch-Ostafrika

Drei Uhr morgens, 4. November 1914. In Tanga war die Nacht bisher ruhig geblieben, doch alles sprach dafür, daß in wenigen Stunden die Hafenstadt in Deutsch-Ostafrika – und bald darauf wahrscheinlich die ganze Kolonie – zum britischen Empire gehören würde. Was war schon von einer deutschen Schutztruppe zu erwarten, wenn deren Ausrüstung nicht einmal dazu reichte, ihren Befehlshaber die Stellungen in einem Truppenfahrzeug oder zu Pferde inspizieren zu lassen? Paul von Lettow-Vorbeck fuhr stattdessen Fahrrad. Tanga schien dem Untergang geweiht zu sein, die Einwohner waren bereits geflohen. »Die Stadt war vollständig verlassen, und die weißen Europäerhäuser leuchteten in den Straßen, durch die wir fuhren, im klarsten Mondschein«, berichtete Paul von Lettow-Vorbeck über seine nächtliche Erkundungsfahrt.

Er erwartete einen Frontalangriff der feindlichen Truppen. 400 Meter weit draußen vor Tanga lagen 14 britische Transportschiffe und 2 Kreuzer auf Reede. Eine gewaltige Streitmacht, die wahrmachen sollte, was englische Zeitungen und Post bereits als Kriegsziel verkündet hatten: Ein indisches Expeditionskorps von 10 000 Mann hätte dafür zu sorgen, daß der »wertvollste Happen« der deutschen Kolonien, Ostafrika, so schnell wie möglich dem britischen Empire einverleibt werden könnte. Lettow-Vorbeck und seine Begleiter hörten den Lärm auf den Schiffen über das Wasser schallen. »Es war kein Zweifel, daß die Landung unmittelbar bevorstand«, erinnert sich Lettow-Vorbeck. Die Kriegsflotte lag völlig ungeschützt da, aber die 800 Mann starken deutschen Truppen konnten nur machtlos abwarten, denn sie verfügten über keine einzige Waffe, die 400 Meter weit hätte schießen können. Wie sollten 800 Mann dieser Übermacht standhalten?

Etwa acht Wochen zuvor war der Krieg nach Ostafrika gekommen. Am Vormittag des 8. August hörten die im Feldlager Pugu stationierten Schutztruppen von Daressalam her das Dröhnen von schwerer Artillerie. Die britischen Kreuzer »Astraea« und »Pegasus« hatten den Funkmast der Küstensendestation im Visier. Noch bevor die Kriegsschiffe einen Treffer landen konnten, zerstörten die entmutigten Deutschen bereits die gesamte Station. Man nahm an, das Bombardement würde nur der Auftakt zu einer unmittelbar bevorstehenden britischen Invasion sein. Wie überall im deutschen Kolonialreich rechnete man sich im Kampf gegen die feindliche Übermacht kaum eine Chance aus.

Doch es kam alles ganz anders als erwartet: Die britischen Kolonialtruppen mußten eine bittere Niederlage hinnehmen. Obwohl die Briten achtmal mehr Soldaten in den Kampf warfen als die Deutschen, schlug die beabsichtigte Besetzung Tangas völlig fehl. Schwere taktische Fehler und unzureichende Kenntnis des Geländes führten am Ende zu einem Blutbad. »In wilder Flucht floh der Feind in dicken Klumpen davon, und unser Maschinengewehr, aus Front und Flanke konzentrisch auf ihn wirkend, mähte ganze Kompanien Mann für Mann nieder«, beschreibt Lettow-Vorbeck das Blutbad. In der dreitägigen Schlacht verlor die Schutztruppe 64 Soldaten, die englischen Truppen mindestens 800, vielleicht auch weitaus mehr. Am 7. November brachen die Briten die Landungsaktion ab. Lettow-Vorbeck machte reiche Beute: 16 MGs, 600 000 Patronen und Nachrichtenausrüstung. Das genügte, um drei weitere Kompanien auszurüsten – und sich selbst zur Legende zu stilisieren.

An keinem Schauplatz der Kolonialkriege sollten die Alliierten gezwungen sein, mehr Soldaten aufzubringen als an den Fronten in Deutsch-Ostafrika, nirgends waren die Kämpfe so langanhaltend und so verlustreich – in Deutsch-Ostafrika herrschte noch Krieg, als Wilhelm II. bereits abgedankt hatte. In den vier Jahren wurde Lettow-Vorbeck, der Kommandeur der deutschen Schutztruppen in Ostafrika, in den eigenen Reihen sowie beim Gegner zu einem Mythos: An Ausstattung und Zahl der Kämpfer den Verbänden des Gegners völlig unterlegen, schaffte er es mit der Guerillataktik, seine Truppe unbesiegt durch den Ersten Weltkrieg zu bringen.

Lettow-Vorbecks Ziel war es, unter allen Umständen und mit allen Mitteln möglichst große Einheiten des Feindes auf sich zu ziehen und so lange vom europäischen Kriegsschauplatz fernzuhalten wie nur möglich. Diesem Ziel hatte sich alles und jeder unterzuordnen. Nach dem Krieg wurde er als großer kolonialer Held gefeiert, obwohl seine Kriegführung grundlegend den offiziellen Richtlinien widersprochen hatte: Gouverneur Heinrich Schnee hatte es als vordringlich angesehen, den deutschen Besitz zu schützen, auf die Neutralität gemäß der Kongo-Akte zu vertrauen und auf folgenschwere Militäraktionen zu verzichten. Immer wieder kam es im Krieg darüber zu Konflikten zwischen Schnee und Lettow-Vorbeck. Einige Wochen vor dem Ende der Kämpfe in Ostafrika drohte Schnee Lettow-Vorbeck, bei seiner Rückkehr nach Deutschland ein Verfahren gegen ihn einzuleiten und ihn vor das Kriegsgericht zu stellen.

Doch schon nach dem Sieg in Tanga war Lettow-Vorbecks Position kaum noch angreifbar. Immer wieder erwies er sich als ein Meister im Ausnutzen militärischer Stärken und in der Bewältigung eigener Schwächen. Numerisch war die Schutztruppe in Ostafrika den Briten hingegen immer unterlegen. Den Höchststand erreichte sie Ende 1915 mit rund 3000 europäischen Soldaten und 11 000 afrikanischen Söldnern, den Askari. Die gegnerischen Truppen zählten im Durchschnitt rund 50 000 Mann. Lettow-Vorbeck verwandelte diese Schwäche in Stärke, indem er die Zusammensetzung der Feldkompanien änderte. Bei den Truppen des britischen Empire war mindestens zu Anfang der Kämpfe von rund hundert Soldaten lediglich einer Europäer; in der Schutztruppe hingegen kamen auf einen Deutschen nur vier nichteuropäische Soldaten. Das stärkte die Kampfkraft der deutschen Truppen erheblich, zum einen, weil es die Rassentrennung in der Truppe zumindest teilweise aufhob und dadurch ein gewisses Zusammengehörigkeitsgefühl schuf, zum anderen, weil dadurch eine bessere Überwachung der einheimischen Soldaten gewährleistet wurde und Desertionen verhindert werden konnten.

Hinzu kam, daß die Schutztruppen über hervorragende Ortskenntnisse und ein gut ausgebautes Nachrichtensystem verfügten: Bis weit in den Krieg hinein bestand die Möglichkeit, Nachrichten aus dem Reich zu empfangen. Lettow-Vorbeck gelang es sogar, 12 000 Kilometer Telegraphenleitung verlegen zu lassen, wobei darauf geachtet wurde, das Kabel so hoch zu hängen, daß auch die größte Giraffe darunter herlaufen konnte. Die Telegraphenleitungen ergänzten Heliographenlinien. Die »Funkenspritzer« wurden im Krieg zum Stolz der Schutztruppe: tagsüber kämpfen und marschieren, nachts funken – und anscheinend nie schlafen.

Zu schaffen machte der fehlende Nachschub. Der Anbau von Reis und Zuckerrohr wurde forciert. Aus der Rinde des Chinchonabaums stellte man Chinin gegen Malaria her (der berüchtigte »Lettow-Schnaps«), das Höckerfett von Zeburindern lieferte die Basis für Salben, aus Rohbaumwolle wurde Verbandsmaterial, und Soda ersetzte die Zahnpasta. Doch die Produktivität war dem Verbrauch nicht gewachsen. In allen Bereichen herrschte Mangel – besonders an Waffen und Munition. Nur zwei Schiffen gelang es, die britische Blockade zu durchbrechen. Sie lieferten zwar Munition, Bewaffnung und Medikamente, doch das entschärfte die Situation nur vorübergehend. Als das deutsche Kriegsschiff »Königsberg« am 11. Juli 1915 im Rufiji-Delta versenkt wurde, gelang es den Schutztruppen Lettow-Vorbecks, die Funkgeräte und die zehn Geschütze zu bergen. Auf Lafetten montiert und jeweils von zwanzig Ochsen oder Hunderten einheimischen Trägern gezogen, dienten sie zunächst der Verteidigung von Siedlungen oder Städten wie Daressalam und wurden dann auf Befehl von Lettow-Vorbeck vom Kilimandscharogebiet im Norden über Hunderte von Kilometern unwegsamen Geländes bis in den äußersten Südwesten der Kolonie gezogen. Das letzte Geschütz wurde erst im November 1917 wegen Munitionsmangels gesprengt.

Die Widerstandskraft der deutschen Truppen unter der Führung von Lettow-Vorbeck war angesichts all dieser Schwierigkeiten erstaunlich. Der 1870 geborene Sproß einer pommerschen Junkerfamilie mit langer Militärtradition hatte nach der Kadettenschule eine steile Karriere gemacht. Er war nicht nur an der Niederwerfung des Boxeraufstands in China, sondern als Adjutant des Generalleutnants von Trotha auch an der Unterdrückung des Herero-Aufstands in Südwestafrika beteiligt. Dort wurde er von einem Geschoßsplitter am linken Auge verletzt. Seine Sehfähigkeit war fortan stark eingeschränkt, doch seiner Karriere beim Heer und in der Marine tat das keinen Abbruch. 1913 wurde er – gegen den Willen des Reichskolonialamts – zum Kommandeur in Deutsch-Ostafrika ernannt. Dort geriet Lettow-Vorbeck schnell in Konflikt mit Gouverneur Schnee. Streitpunkt war, wie man die Kolonie im Falle eines britischen Angriffs verteidigen sollte.

Bei Ausbruch des Ersten Weltkriegs schwang Lettow-Vorbeck sich zum alleinigen Befehlshaber auf. »Der tolle Mulla« wurde er bald in Anspielung auf seinen Eifer und die Eigenmächtigkeit genannt, die er zum Beispiel bei der Verteidigung der Stadt Tanga an den Tag gelegt hatte. »Das alles mußte geschehen gegen die aus-

Eine Schnellfeuerkanone des Kriegsschiffs »Königsberg« wird auf eine fahrbare Lafette montiert und von Eingeborenen auf einer Brücke über dem Lukigura gezogen.

drücklichen telegrafischen Verbote des vorgesetzten Gouverneurs, bei Tanga zu kämpfen, die bis in die Schützenlinie gelangten«, schreibt er in seiner Autobiographie *Mein Leben*.

General von Lettow-Vorbeck, 1913–18 Kommandeur der Schutztruppe in Deutsch-Ostafrika, wo er sich bis Kriegsende behauptete, wurde in die Reichswehr übernommen, 1920 aber wegen Beteiligung am Kapp-Putsch entlassen.

Der Erfolg von Tanga machte den Heerführer unangreifbar. Im Januar 1915 gelang es ihm sogar, die letzten Truppen der Entente aus der Kolonie hinauszudrängen. Anschließend trieb er seine Truppen in »Hit-and-run«-Manier gegen die 700 Kilometer lange britische Ugandabahn – neben dem Suezkanal der wichtigste Lebensnerv des britischen Kolonialreichs. Seine Aktionen sah er im Einklang mit der globalen Taktik der deutschen Obersten Heeresleitung: Das Deutsche Kaiserreich hatte das Osmanische Reich ermutigt, einen Angriff auf den von britischen Truppen geschützten Suezkanal zu führen. Lettow-Vorbeck wollte nun dem Vorgehen der Osmanen durch Aktionen gegen die koloniale Infrastruktur des Empire in Afrika Flankenschutz geben.

Das System aus »Spreng-, Schleich- und Kampfpatrouillen« traf die britische Nachbarkolonie empfindlich. In nur drei Monaten fielen ihm im Jahr 1915 mehr als dreißig Züge und neun Brücken zum Opfer. Großbritannien war gezwungen, die Linie mit 20 000 bis 30 000 Soldaten zu schützen. Nach und nach entwickelte Lettow-Vorbeck in Ostafrika eine Kriegsart zur Perfektion, mit der Jahrzehnte später Militärführer wie Che Guevara, Fidel Castro oder Ho Chi Minh weltberühmt werden sollten: den Guerillakrieg.

Doch die große Bewährungsprobe für die deutschen Truppen kam erst ab März 1916 mit Beginn der Großoffensive der britischen Truppen unter dem Oberbefehl des südafrikanischen Generals Smuts. Diesmal waren es keine indischen Einheiten, sondern unter den rund 55 000 Soldaten befanden sich 28 000 Südafrikaner, denen angeblich Land in Deutsch-Ostafrika für den Fall eines Sieges versprochen worden war.

Am 8. März begann der Vormarsch der stark motorisierten Entente-Truppen, die über Lkws, Panzerfahrzeuge und Flugzeuge verfügten. Ein Lastwagen ersetzte 800 Träger – und die Briten hatten ganze Kolonnen davon. Dem konnten die Deutschen wenig entgegensetzen. Zwar verloren die Schutztruppen weitaus weniger Soldaten als die Gegenseite, weil die Briten unverdrossen daran festhielten, mit Frontalangriffen die Deutschen zu überrennen, doch die deutschen Verluste wogen schwerer, da keine Reserve die Lücken auffüllen konnte.

»Wir konnten machen, was wir wollten«, berichtet der Truppenarzt Ludwig Deppe. »Im Durchschnitt starben oder fielen jeden Monat zehn bis elf Mann, so daß jeder einzelne ... an den Knöpfen abzählen konnte, wann er selber dran kam.« Jeder Verlust eines Munitions- oder Lebensmitteldepots bedeutete eine Katastrophe. Die Gegenseite hingegen konnte aus dem Vollen schöpfen und kontrollierte trotz immenser Verluste an Menschen und Material bald immer größere Teile des Landes. Die britischen Truppen errichteten nach und nach eine stabile militärische Infrastruktur: Straßen, Eisenbahntrassen, Stützpunkte. Jeder Kriegstag machte sie stärker und Lettow-Vorbecks Position schwächer.

Ohne die einheimischen Hilfstruppen hätten die deutschen Schutztruppen in Deutsch-Ostafrika wahrscheinlich binnen weniger Wochen kapitulieren müssen. In der Weimarer Republik diente die Treue der Askari, der schwarzen Soldaten in der Schutztruppe, als Beweis gegen den Vorwurf der Alliierten, die Deutschen hätten in ihren Kolonien eine Schreckensherrschaft errichtet. Doch diese Legende beruhte nur zum Teil auf Fakten. Es mag stimmen, daß die Askari den Deutschen über die Zeit des Ersten Weltkriegs hinaus verbunden blieben. Nicht zuletzt waren die gute Bezahlung und die Aussicht auf Beute im Krieg und eine Rente die gewichtigeren Argumente, bei den Deutschen zu bleiben. In Friedenzeiten betrug der Sold eines Askari oder eines Angestellten bei der Schutztruppe je nach Stammeszugehörigkeit immerhin das Drei- bis Zehnfache eines Plantagenarbeiters.

Im Krieg war das Geld aber bald nicht mehr wert als »bedruckte Papierfetzen, die nicht mal gut waren, eine Zigarette zu erhalten«. Alle einheimischen Teile der Truppe, vom Askari bis zum Träger, unterstanden außerdem mit Ausbruch des Krieges der Militärgerichtsbarkeit und waren den weißen Offizieren ausgeliefert wie Sklaven. »Dieser junge Koch sowohl wie auch sein Genosse, der Leibboy Max ... hatten unter ihrem ebenso begabten wie nervösem Herrn zu leiden. Wie oft hörten sie in jenen Tagen nach kurzem Entschluß den

Askari beim Übungsschießen

Ruf: ›Ombasha, lete kiboko!‹ (›Gefreiter, bring die Nilpferdpeitsche‹) und mußten sich dann lang auf den Bauch legen, um die lautgezählten Schläge zu empfangen. Die ersten Hiebe wurden mit stummer Würde empfangen; beim fünften Schlag begann man gewöhnlich zu winseln, beim zehnten brüllte man schon laut.« Das Mitleid anderer Offiziere hielt sich in Grenzen: »Daß aber ohne Prügelstrafe eine gute Erziehung der Schwarzen unmöglich ist, das bezweifelte bei uns auch der zahmste Negrophile nicht mehr«, berichtet der Arzt und Angehörige der Schutztruppe August Hauer.

Unweigerlich nahm die Zahl der Desertionen mit der Dauer des Krieges zu. Die Askari litten besonders aufgrund ihrer Ausrüstung mit den rauchstarken Gewehren vom Modell 71. Jeder Schuß verriet ihre Position. Die Verluste lagen proportional weit höher als die der deutschen Soldaten. Dennoch rangierten sie bei der Verpflegung und medizinischen Versorgung stets an zweiter Stelle hinter den Europäern. Ab 1916 gab es kaum ein Gefecht mehr ohne Desertionen. Über ein Drittel der während des Krieges angeworbenen Askari beging Fahnenflucht. Bei denen, die blieben, hielt die Treue jedoch oft noch weit über den Krieg hinaus.

Das Schicksal des Askari-Boys Mohamed Husen, der als zehnjähriger Kindersoldat in einer Signalabteilung der Schutztruppe diente, ist ein Beispiel dafür. Ihn trieb das Leben über Umwege sogar ins Deutsche Reich. Die »deutsche Zeit« wurde von vielen Askari als »gute Zeit« verklärt – auch wenn es bis Mitte der 1920er Jahre dauerte, bis Lettow-Vorbeck von der Reichsregierung die Auszahlung von sechs Millionen Reichsmark Sold an die Askari erwirkte. Für Mohamed Husen endet die »Askaritreue« tragisch: Er starb 1944 im KZ Sachsenhausen.

Noch härter als die auf beiden Seiten der Front rekrutierten schwarzen Söldner traf es die von den Briten und Deutschen in den Dienst gezwungenen Träger. Sie ermöglichten es überhaupt erst, Krieg im wegelosen Busch zu führen. Auf jeden Soldaten kamen auf Seiten der Alliierten rund zehn Träger. Auf deutscher Seite waren es wahrscheinlich weniger. Ihre Traglasten wogen zwischen 20 und 30 Kilo, teilweise aber auch darüber. Immer wenn die Transportbedingungen besonders schwierig waren, schlug ihre Stunde, etwa während der Regenzeit, wenn ganz Ostafrika einem Sumpf glich und der Einsatz schwerer Lkw unmöglich wurde. »Die Entfernung betrug nicht einmal zwölf Meilen, aber fast die gesamte Strecke führte durch stinkenden schwarzen Schlamm der übelsten Sorte. Das Wasser war meist knietief. Manchmal reichte es bis zur Hüfte. Zu alledem war eine große Anzahl von Vieh und Eseln in dem Sumpf verendet und faulte dort vor sich hin. Der Gestank war unbeschreiblich«, heißt es in einem Bericht über eine alliierte Transportkolonne auf den Weg ins Rufiji-Delta.

Von den dort eingesetzten 12 000 Trägern blieb kaum einer länger als einen Monat gesund. Von Bakterien verursachte Unterschenkelgeschwüre gehörten noch zu den harmlosen Folgen solcher Sumpfmärsche: »Die armen Träger waren natürlich wieder am schlimmsten betroffen … Fünfundsechzig Mann unserer kleinen Abteilung litten an diesen furchtbar stinkenden, in schlimmen Fällen bis handtellergroßen Geschwüren … In bösen Fällen zerfrißt die jauchige Entzündung rücksichtslos Muskeln, Sehnen, Nerven und Gelenke.« Eine medizinische Versorgung fand kaum statt: »Meinen dringenden Hinweis auf die beängstigende Verbandmittelknappheit beantwortete der Sanitätsoffizier beim Stabe mit der frischen Aufforderung, durch geschickte Leute in dem vom nahen Gegner besetzten Gebiet, das keinen Mangel kannte, Baumwollstoffe einzukaufen.«

In der Trockenzeit bedeckte knöcheltiefer Staub die Pfade und Wege, dessen Gestank vermuten ließ, daß er sich mit den Überresten tausender verendeter Pferde, Ochsen und Maultiere vermischt hatte. Nach offiziellen Angaben starben auf deutscher Seite 7000, auf alliierter Seite rund 45 000 Träger. Diese Zahlen beziffern jedoch nur die Verluste bei den militärischen Einheiten an der Front. Die Trägerkolonnen zogen sich aber wie Lindwürmer durch das ganze Land. Die Verluste in der Etappe trieben die Zahl der Toten auf mindestens 350 000. Dennoch haben bedauernde Worte wie jene des Truppenarztes Ludwig Deppe in den Büchern von Kriegsteilnehmern Seltenheitswert: »Aber wenn jetzt viele Träger davonlaufen, um in ihre Heimat zurückzukehren, so dürfen wir nicht vergessen, daß wir unter dem Druck des Feindes oft in schonungsloser Weise die Träger zusammenholen mußten, wo wir sie fanden. Hunderte, ja Tausende sind am Wege liegengeblieben oder unter den Strapazen oder sonst als Opfer des Krieges gestorben. Wir konnten sie nicht schonen, wenn wir nicht selbst umkommen oder zugrunde gehen wollten.«

Ludwig Deppe zeigt auch für die massenhafte Flucht von Einheimischen Verständnis: »Begreiflich ist es ja, da viele von ihnen ihr ganzes Mali (Eigentum, Besitz) … hinter der Front bei den Engländern haben. Und ›Vaterlandsliebe‹ treibt sie ebensowenig wie ›Engländerhaß‹ oder wie sonst unsere Schlagworte lauten mögen. Denn wir haben ihnen doch schließlich ihre Heimat weggenommen, wenn auch zuzugeben ist, daß sie sich unter unserer Herrschaft wohl in jeder Beziehung besser befunden haben als vorher bei ihren ewigen Stammeszwistigkeiten und Kriegen.«

Die Lebensumstände der Träger waren so grausam, daß die Truppen auf beiden Seiten Zwangsmittel anwenden mußten, die an die Zeiten des Sklaventums erinnern. Die Träger wurden zu »Ketten« gefesselt, damit kein einzelner fliehen konnte, und sogar beim Austreten bewacht. Die Folge war, daß ganze Gruppen flohen – trotz des Risikos, daß ihnen das Halseisen drohte, falls man sie wieder einfing – oder gar der Strick, wenn man vermutete, daß sie in der Zwischenzeit dem Feind die Position der Truppe verraten hatten.

Der Krieg in Afrika wurde auf dem Rücken einheimischer Träger ausgefochten. Die Todesrate unter ihnen war enorm hoch.

So gut es den Schutztruppen unter Lettow-Vorbecks Führung auch gelang, aus der defensiven Absetzbewegung immer wieder erfolgreiche Vorstöße gegen die feindlichen Einheiten zu führen, drohte die Truppe dennoch langsam auszubluten. Ab September 1916 beschränkte sich das von Deutschen beherrschte Gebiet in Ostafrika nur noch auf den Südwesten der Kolonie südlich der Zentralbahn und abseits der Küste.

Lettow-Vorbeck setzte darum mehr und mehr auf eine radikale Guerillataktik. Der Vorschlag, der unter anderem von seinem Gegenspieler Gouverneur Schnee unterbreitet wurde, bis Kriegsende in einer befestigten Stellung auszuharren und so den Anspruch auf die Kolonie aufrechtzuerhalten, lehnte er ab. Er teilte die Truppen auf, denn dies machte sie schneller, beweglicher, unberechenbarer. Jan Smuts, der südafrikanische Oberkommandierende über die Entente-Truppen, stand dieser Guerillataktik hilflos gegenüber: »Im afrikanischen Busch mit seiner beschränkten Übersichtlichkeit ist es praktisch unmöglich, einen Feind einzuschließen, der entschlossen ist, zu entkommen. Wenn einer Truppenmacht so hart beigesetzt wird, daß die Vernichtung unvermeidlich erscheint, der Widerstand aber fortgesetzt werden soll, so wird der Befehl gegeben, ›Schlagt euch in den Busch‹, worauf die Truppe sich in Partien zu dreien und vieren auflöst und im Busch verschwindet. Verfolgung ist hoffnungslos, und der versprengte Feind, wenn er gut geschult ist, sammelt sich wieder an einem verabredeten Punkte. Noch mehr, so dicht ist der Busch auf viele Tausende von Quadratmeilen, daß beträchtliche Streitkräfte aneinander vorbeimarschieren können, ohne einander gewahr zu werden.«

Auf die einheimische Bevölkerung wurde von keiner Seite mehr Rücksicht genommen. Das Land und seine Bewohner hatten den Krieg zu ernähren. »Sie hatten kein Mehl und kein Getreide mehr, sondern lebten von Gräsern, Kräutern und Wurzeln«, schreibt der Arzt Ludwig Deppe über die Folgen. Vieh und Ackerbauprodukte wurden requiriert. Die Folge waren Versorgungsengpässe bis hin zu Hungersnöten. Mangelernährung führte zum Ausbruch von Seuchen, von den sozialen Folgen durch die Zerstörung der traditionellen Stammes-, Dorf- und Familienstrukturen ganz zu schweigen. »Wie an einem Schulbeispiel sieht man ..., wie der Krieg verwüstet, nicht bloß Dörfer und Felder, sondern die inneren Menschen und jede Ordnung und Ruhe ebenso«, urteilt Deppe.

Bereits zu Anfang des Krieges hatte der deutsche Generaloberarzt Meixner veranlaßt, daß bestimmte Medikamente nur Europäern vorbehalten waren. Selbst Askari erhielten »nur bei unmittelbarer Todesgefahr« Chinin gegen Malaria. Und erst »nach Maßgabe der vorhandenen Arzneimittel« durften Ärzte die Träger, die Boys oder andere Afrikaner behandeln – also oft zu spät oder gar nicht. Unter den deutschen Soldaten grassierten neben Malaria und Dysenterie zunehmend Schwarzwasserfieber, Schlafkrankheit, Lungenpest, Rückfallfieber und Typhus. Mit grausamer Konsequenz lautete darum der Kommandobefehl Lettow-Vorbecks am 30. April 1917, kampfunfähige Kranke und Verwundete dem Feind zu überlassen. So bewahrte er die Flexibilität der Guerillataktik vor der Lähmung durch langsame, aufwendige Krankentransporte und -versorgung.

Dennoch wurde die Situation immer schwieriger. Im Herbst 1917 betrug die Lebensmittelration pro Tag 600 Gramm »kochfertige Verpflegung«, also etwa Mehl oder Reis – von welcher Qualität auch immer: »Eine furchtbare Verpflegungsschwierigkeit zwang ganze Kompanien, wochenlang von halbverfaultem Mais zu leben, der noch dazu, in rostbraunen Rindensäcke verpackt, weither durch das Hochwassergebiet angeschleppt werden mußte«, berichtet der Arzt und Schutztruppenangehörige August Hauer.

Der Teufelskreis aus militärischer Ausweglosigkeit und immer wieder miserabler Versorgungslage mit der Aussicht auf den sicheren Tod, führte zu Verzweiflungstaten: »Der Nachricht, daß einer unserer besten Abteilungsoffiziere, der an Typhus erkrankt war, sich auf dem Abtransport erschossen, drückte uns tagelang nieder«, berichtet Hauer. »Wir fühlten es selbst …, wie gefährlich die Versuchung zur Verzweiflung werden mußte, wenn die Trostlosigkeit einer schweren Krankheit den letzten dünnen Schleier froh gewahrter Hoffnung zerriß. Wenn doch bald ein großes Glück käme und wir aus dem öden Busch herauskämen, an das Meer …«

Auch an Lettow-Vorbeck ging der Buschkrieg nicht spurlos vorüber. »Es hieß allgemein, er wäre sehr schlechter Laune, weil verabsäumt worden sei, dem beim Narungombegefecht unter den Schlägen Liebermans zusammenbrechenden Gegner den Knockout zu geben … Lettow war mit einem grünen Hemd und der unvergänglichen, historisch beglaubigten Kordhose bekleidet. Die großen Zehen seiner nackten Füße steckten in den Schlaufen von Negersandalen … Er nahm, während er mit mir sprach, auf seiner Blechkiste Platz und schlug die Beine übereinander. Mit dem Zeigefinger wischte er sich zwischen den Zehen des oberen Fußes Staub und Fuseln weg. Über dem ernsten, durchgeistigten, unrasierten Gesicht stand die Krempe eines verbeulten, fleckigen Tropenhuts. So sah unser Oberstkommandierender aus! Und seine damalige Stimmung entsprach dem Äußeren«, schreibt Hauer über den legendären Truppenführer.

Doch Lettow-Vorbeck blieb bei seiner Entscheidung weiterzukämpfen – trotz aller Unterlegenheit, wie Hauer bemerkt: »Täglich arbeiteten mehrere Flieger, schossen über uns buntleuchtende Kugeln ab und ermöglichten so den feindlichen Truppenführern, sich auf unser im weiten Gelände verstecktes Lager anzupeilen.« Die Trup-

Geschütztransport im Mannschaftszug

penteile, längst oft über Wochen ohne Kontakt miteinander, standen vor dem Zusammenbruch. »Wenn es denn doch zu Ende gehen muß, warum dann noch das Hinquälen und das unnötige Aufopfern so vieler Leben«, beschreibt der Arzt Ludwig Deppe die Stimmung in der Truppe. Doch immer noch gab er sich der Illusion hin, ein Sieg Deutschlands könne jederzeit »eine solche Änderung herbeiführen, daß es zum Waffenstillstand kommt, oder daß der Feind aus irgendeinem Grunde seine Kräfte hier wegziehen muß.«

Das Warten auf ein Wunder mobilisierte die letzten Kräfte: »Immer weiter, immer weiter! Unerwartet kam viel Regen nieder. Von mehreren Seiten grüßte fernes Brummen der feindlichen Geschütze unsere stumm dahinlaufende, tragbahrenreiche Karawane«, schreibt Hauer. Plötzlich tauchte Lettow-Vorbeck mit seinem Adjutanten bei der Einheit Hauers auf: »Er sah sehr gealtert aus. Das Gesicht war abgespannt, die Backen hingen schlaff herab. Am unrasierten Kinn standen wenige dicke graue Haare ab. Sein Auge aber war groß, dunkel, mehr fragend als energisch.«

Nicht einmal Lettow-Vorbeck selbst ahnte zu diesem Zeitpunkt, daß die Schutztruppe nur wenige Wochen später aus der Kolonie würde fliehen müssen. Im Herbst 1917 hatte sie sich auf das Makonde-Plateau im äußersten Südwesten zurückgezogen, wo man die Ernte abwarten wollte. Dort befanden sich gut ausgebaute Stellungen. Gouverneur Schnee und Kapitän zur See Max Loof versuchten, Lettow-Vorbeck zu überreden, diese Bastion bis zum Waffenstillstand in Europa zu halten. Doch als gegnerische Truppen die Ränder des Makonde-Plateaus emporstiegen, entzogen sich die deutschen Truppen auf Befehl Lettow-Vorbecks der drohenden Einkesselung durch die Flucht nach Portugiesisch-Ostafrika, dem heutigen Mosambik. Am 25. November 1917 überschritten Lettow-Vorbecks Truppen den Grenzfluß Rovuma: 278 Deutsche, 1600 Askari, 4000 Träger und rund 1000 Askari-Frauen und -Boys. Hunderte deutsche Soldaten und Askari ließ Lettow-Vorbeck zurück, denn sonst hätte der lebenswichtige Vorrat an Chinin nur noch für einen Monat gereicht.

Noch einmal von menschlichem »Ballast« befreit, konnte der Krieg weitergehen. Anfang Dezember wurde Deutsch-Ostafrika zum britischen Protektorat erklärt. Zur gleichen Zeit hatte Lettow-Vorbeck unter den Einheimischen Portugiesisch-Ostafrikas bereits den Status eines Volkshelden erlangt. Ein britischer Offizier berichtet, daß die Deutschen als Befreier angesehen wurden. Die britischen Truppen, die auch in diesem Land Lettow-Vorbeck verfolgten, verzweifelten am passiven Widerstand der Bevölkerung. Mitte August 1918 waren Lettow-Vorbecks Truppen so gut ausgerüstet, gesund und wohlgenährt wie schon lange nicht mehr. Aber sechs britische Einheiten waren inzwischen auf sie angesetzt, jede größer als die Gesamtstärke der deutschen. Einmal mehr entschied sich Lettow-Vorbeck zu einem radikalen Schritt. Nach 2500 Kilometer Märschen in Portugiesisch-Ostafrika betrat man am 17. Oktober wieder das vertraute Gelände Deutsch-Ostafrikas. Lettow-Vorbecks Truppe zählte nur noch 175 Europäer und 1480 Askari.

Auf britischer Seite war dieser Guerillahaufen ein peinliches Ärgernis, dessen Bekämpfung viel Geld und Soldatenleben kostete, aber selbst im Falle eines Sieges wenig Ruhm einzubringen versprach. Für Lettow-Vorbeck galt weiterhin: »Erst wenn der Marsch in einem solchen Maße scheitert, daß die Truppe buchstäblich niederbricht, verhungert und verdurstet, erst dann dürfen wir sagen: ›Jetzt ist alles geschehen, was das Vaterland und die Pflicht von uns fordern können.‹« Er beschloß, mit seinen Truppen das britisch kontrollierte Deutsch-Ostafrika zu verlassen. Er mußte irgendwo zwischen dem Tanganjika- und dem Njassasee eine Lücke entdecken, um nach Rhodesien zu entwischen. Was er suchte, war der Einlaß in ein Guerillaparadies: Die reiche britische Kolonie wurde nur von ein paar Polizeieinheiten beschützt. Am 9. November nahm Lettow-Vorbeck mit seinen Truppen nach kurzem Gefecht das rhodesische Kasama ein, 100 Kilometer von der Grenze entfernt – und noch etliche Kilometer weiter entfernt von der nächsten stärkeren Einheit der Briten.

Während Lettow-Vorbeck im Haus des geflohenen britischen Bezirkskommissars festlich dinierte und das Grammophon eine Fuge Bachs erklingen ließ, schmiedete er Zukunftspläne. Ganz Rhodesien stand ihm offen. Was sollte ihn davon abhalten, weiter nach Westen, nach Angola, zu marschieren? »Kein Mensch konnte uns halten, daß wir weiterzogen so schnell wie möglich, mit der Losung. ›Nimm, was du kriegen kannst!‹« Doch ein Krad-Melder der britischen Armee zerstörte alle Träume. Am 13. November von einer Schutztruppenpatrouille gefangengenommen, fanden die deutschen Soldaten in seinem Gepäck ein Telegramm, daß in Europa die Waffen schwiegen. Der Krieg war aus. Der Kaiser hatte abgedankt, und die deutsche Reichsregierung erklärte sich bald darauf einverstanden, daß die Schutztruppe in Ostafrika binnen eines Monats bedingungslos die Waffen streckte.

Lettow-Vorbecks Gegenspieler Schnee und Loof bestritten nach dem Krieg, daß die Taktik des Schutztruppenkommandeurs aufgegangen sei. Die Angaben über die Höchstzahl der in Ostafrika gegen die Deutschen eingesetzten Soldaten schwanken zwischen 130 000 und 300 000 Mann. Zum größten Teil waren es jedoch Inder und Südafrikaner, die nicht für den europäischen Kriegseinsatz vorgesehen waren. Ohnehin war spätestens mit dem Kriegseintritt der USA Lettow-Vorbecks Taktik sinnlos geworden: Ab November 1917 schöpften die Alliierten aus einem immer breiteren Strom von Kriegsgütern, Versorgungsmaterial und Truppenverbänden. Die Nadelstiche von ein paar deutschen Verbänden im afrikanischen Busch spielten da keine Rolle mehr.

Im Deutschen Reich machte man sich ohnehin keine Illusionen über das Schicksal der deutschen Truppen in Ostafrika. Das Telegramm, das der Kaiser am 27. Januar 1917 an den Leiter des Reichskolonialamts schickte, klang bereits wie ein Nachruf: »Welches Schicksal der allmächtige Gott auch immer der kleinen Heldenschar bestimmt hat, das Vaterland wird sich mit Stolz seiner Söhne erinnern, die im fernen Afrika kämpfen.«

Zwar bewahrheitete sich in Ostafrika der Spruch, daß Totgesagte länger leben, aber letztlich mußten die 155 deutschen Soldaten und 1168 Askari am 14. November 1918 im rhodesischen Abercorn die bittere Erfahrung machen, daß auch Militärgeschichte nicht der Ironie entbehrt: Die Kapitulation der Schutztruppe sei die Kapitulation einer Armee gewesen, schreibt der britische Historiker Charles Miller, die nicht verloren hätte, vor einer Armee, die nicht gewonnen hätte.

Vom Traum zum Trauma – Die Weimarer Republik und das koloniale Erbe

»Im Felde unbesiegt«: Lettow-Vorbecks Triumphzug durch das Brandenburger Tor

Deutschland war ihnen fremd geworden. »Auf der Eisenbahn waren Züge und Personal gleich unpünktlich und lotterhaft … In ungeheizten, unbeleuchteten Wagen fuhren wir abends nach Berlin. Der Zug kam vier Stunden zu spät an. Die benachrichtigten Freunde waren nicht auf dem Bahnhof: Das Telegramm langte zwei Tage nach mir an!« berichtete Anfang März 1919 der Ostafrika-Veteran August Hauer von seiner Rückkehr in eine vom Bürgerkrieg gezeichnete Heimat.

Am 17. Januar war der Dampfer »Fieldmarshal« von Daressalam aus mit Ziel Rotterdam in See gestochen. An Bord waren die Generalmajore Lettow-Vorbeck und Wahle, 24 Offiziere, 88 Soldaten, 19 Zivilisten, 106 Frauen und 90 Kinder – alles Kolonialdeutsche. Vor dem Krieg hatte das Schiff den Namen »Feldmarschall« getragen und

Auch Gustav Stresemann, Kanzler und ab 1923 Außenminister in der Weimarer Republik, forderte die Rückgabe der Kolonien an Deutschland – jedoch nicht um jeden politischen Preis. Hier Stresemann auf der Generalversammlung des Völkerbundes am 9. September 1929 nicht der Union-Castle-Linie, sondern der Deutschen Ostafrika-Linie gehört. Deutsch war Ostafrika nun nicht mehr, und die meisten Passagiere sollten dieses Stück Afrika auch nicht mehr wiedersehen.

An Bord wird wohl niemandem zum Feiern zumute gewesen sein. In Berliner Kolonialkreisen hingegen hatte die Nachricht von der Heimkehr der Deutsch-Afrikaner hektische Aktivitäten ausgelöst. An den Vorbereitungen für den Empfang der Kriegshelden beteiligten sich unter anderem das Reichskolonialamt, die Deutsche Kolonialgesellschaft sowie deren Frauenbund, das Kommando der Schutztruppe in Berlin und das Kriegsministerium. Die Begrüßungsfeier gelang: »Zu meinem Erstaunen sah ich bei unserer Rückkehr in Rotterdam die Pier voller festlich gekleideter Menschen, Musik spielte, der deutsche Gesandte hielt eine feierliche Rede ..., der Militär-Attaché sagte mir, ich wäre im Augenblick der populärste Name auf der Welt.« Lettow-Vorbeck war begeistert. Berlin lieferte einen neuen Höhepunkt: Am 2. März hatte man für die Kolonialkämpfer einen Triumphzug durch das Brandenburger Tor organisiert. Dafür die Erlaubnis zu bekommen, wird wohl nicht schwierig gewesen sein. Schließlich hatte die Weimarer Nationalversammlung am 1. März 1919 mit 414 gegen sieben Stimmen die »Wiedereinsetzung Deutschlands in seine kolonialen Rechte« gefordert.

Die Rückkehr Lettow-Vorbecks kam der politischen Rechten auch aus anderen Gründen wie gerufen. Man wollte mit dem Kriegshelden ein Zeichen setzen gegen die sich zu diesem Zeitpunkt konstituierende Weimarer Republik, in der man die Nutznießerin der Niederlage im Weltkrieg sah. Ein Heer aus Vaterlandsverrätern gab nach Ansicht der konservativen Parteigänger jetzt in den Straßen und im Reichstag den Ton an: Im Januar hatte der kommunistische Spartakus-Aufstand die Republik erschüttert. Seit dem 25. Februar herrschte Generalstreik in Deutschland. Einen Tag nach dem Marsch Lettow-Vorbecks durch Berlin erließ Reichswehrminister Gustav Noske den Schießbefehl, um den Streik niederzuschlagen. Allein in Berlin starben dabei mindestens 1200 Menschen. Lettow-Vorbecks schwarze Söldner, die Askari, waren für die rechten Kräfte der Beweis für die Richtigkeit der Dolchstoßlegende. »Farbige Landsknechte, herangebildet durch deutsche Kolonialer-

Paul von Lettow-Vorbeck und Heinrich Schnee halten am 2. März 1919 einen triumphalen Einzug in Berlin.

ziehung, standen in Afrika noch vor dem Feind, als in Europa, durch ruchlose Agitation zerfleischt, die deutschen Linien schon zusammengebrochen waren«, schrieb ein Ostafrika-Veteran. Für viele bestätigte Lettow-Vorbecks erfolgreicher Krieg in Ostafrika, daß an der Niederlage in Europa allein die Zersetzung der Armee und der Heimatfront durch demokratisches Gedankengut schuld war.

Lebende Denkmäler, Götterstatuen sah der Journalist denn auch vor sich, der für den *Reichsboten* begeistert über den Marsch der Schutztruppe durch das Brandenburger Tor berichtete: »Die Gesichter unserer Helden waren von der Tropensonne tief gebräunt, ihre Züge waren straff wie aus Marmor.« Am 2. März 1919, gegen 16 Uhr, zogen sie vom Lehrter Bahnhof durch das Brandenburger Tor Richtung Unter den Linden: Paul von Lettow-Vorbeck und Gouverneur Heinrich Schnee zu Pferde, gefolgt von ihren Kämpfern, zogen durch ein Spalier aus einigen zehntausend Berliner Bürgern. Endlich gab es wieder etwas zu feiern. Jubel brandete auf, sobald bei den anschließenden Reden der Name Lettow-Vorbeck fiel.

Für den Afrika-Kämpfer blieben die Zeiten unruhig, auf Buschkrieg folgte nun Klassenkampf. Mit 10 000 Freikorps-Kämpfern, 30 Geschützen und Panzerwagen zog er im Auftrag der Reichswehr am 17. Juni 1919 unter alter kaiserlicher Flagge in Hamburg ein. Die Stadt war im Juni von den sogenannten Sülze-Unruhen erschüttert worden. Aufständische hatten das Hamburger Rathaus gestürmt. Es hatte viele Tote gegeben. Zwar herrschte zum Zeitpunkt des Einmarschs bereits seit vier Tagen wieder Ruhe in der Stadt, doch das war nach Meinung Lettow-Vorbecks allein auf seine schlechte Reputation zurückzuführen: »Gottlob ging mir als Afrikaner der Ruf von Rücksichtslosigkeit voraus.« Die meisten Hamburger waren wahrscheinlich froh, als Lettow-Vorbeck Hamburg im Spätsommer wieder verließ, denn seine Truppen hatten sich in der Hansestadt wie in einer besetzten Feindesstadt benommen.

Um Lettow-Vorbeck wurde es danach nicht friedlicher. Nur wenige Monate später spielte der »Löwe von Afrika« beim ultrarechten Kapp-Lüttwitz-Putsch 1920 gegen die Reichsregierung eine so tragende Rolle, daß nach dessen Scheitern die Reichswehr nicht umhin kam, ihn aus ihren Reihen auszuschließen.

Lettow-Vorbeck blieb eine zentrale Symbolfigur im Kampf um die Rückgewinnung der deutschen Kolonien. Denn mag auch der Triumphzug Lettow-Vorbecks durch das Brandenburger Tor eine Abschlußfeier nach 35 Jahren Kolonialgeschichte dargestellt haben, so war sie auch eine Gründungsveranstaltung der kolonialrevisionistischen Bewegung. Sie sorgte noch fast 25 weitere Jahre dafür, daß die Rückgabe der verlorenen Überseegebiete in Deutschland und Europa ein Thema blieb.

»Jetzt sagt die Welt, damit ist Schluß«: Der Versailler Vertrag und die »Kolonialschuldlüge«

Unerträglich, unerfüllbar, unannehmbar…« Empörung machte sich breit in der Nationalversammlung, als am 1. März 1919 erste Gerüchte durchsickerten, welches Schicksal der Versailler Vertrag für die deutschen Kolonien vorsah: totale Enteignung, weil Deutschland zivilisatorisch unfähig sei, Kolonien zu führen und weil die Einheimischen es ablehnen würden, wieder von Deutschen unterjocht zu werden. Die »Kolonialschuldlüge« war geboren. Denn den Waffenstillstand einige Monate zuvor hatten die Deutschen nur auf Grundlage des 14-Punkte-Plans des US-Präsidenten Woodrow Wilson akzeptiert. Er garantierte nach deutscher Ansicht in Punkt fünf eine »freie, weitherzige und unbedingt unparteiische Schlichtung aller kolonialen Ansprüche, die auf einer genauen Beobachtung des Grundsatzes fußt, daß bei der Entscheidung aller derartiger Souveränitätsfragen die Interessen der Bevölkerung ein ebensolches Gewicht haben müssen, wie die berechtigten Forderungen der Regierung, deren Rechtsanspruch bestimmt werden soll«. Mit anderen Worten: Ob Deutschland seine Kolonien abgeben müsse, entschied eine unabhängige Kommission erst, wenn vorher die Meinung der betroffenen Bevölkerung sowie des Deutschen Reichs eingeholt worden war. Der Standpunkt der deutschen Regierung war seit längerem bekannt. Bereits am 14. Januar hatte sie den Alliierten mitgeteilt, daß ein Frieden ohne Kolonien in Deutschland »das Gefühl einer Vergewaltigung zurücklassen würde«.

Als Wilson in Europa eintraf, um an den Verhandlungen zum Versailler Vertrag teilzunehmen, hatte der US-Präsident jedoch bereits in aller Deutlichkeit kundgetan, daß Punkt fünf für ihn faktisch nicht mehr existiere, da Deutschland sein Anrecht auf Kolonien verwirkt habe. Die »deutsche Macht« habe der »hilflosen Bevölkerung einiger Kolonien, die sie sich selbst angeeignet hatte, untragbare Lasten und Ungerechtigkeiten aufgebürdet … Jetzt sagt die Welt, damit ist Schluß. Staaten werden ausgewählt werden, die bereits bewiesen haben, daß sie in dieser Frage ein Gewissen besitzen, und unter ihrer Vormundschaft werden die hilflosen Völker dieser Welt zu neuem Licht und neuer Hoffnung kommen.« Der 14-Punkte-Plan war erst ein Jahr alt, als die Friedensverhandlungen begannen. Aber hinsichtlich der Kolonien hatte er bereits keine Bedeutung mehr.

Diese Entwicklung hatte sich schon in den Jahren 1915/16 abgezeichnet. Bald nach der Eroberung der ersten deutschen Kolonien sah sich das britische Empire den territorialen Forderungen Südafrikas, Australiens und Neuseelands gegenüber. In den Dominions forderten starke politische Kräfte die Annexion von Südwestafrika sowie einiger Kolonien im pazifischem Raum. Die britische Regierung unter Premierminister Asquith hingegen wollte den Status der besetzten Kolonien bis Kriegsende offen halten, um Verhandlungsmasse für die Friedensverhandlungen zu haben. Doch das Drängen der Dominions, bald auch Frankreichs und Belgiens, ließ nicht nach.

Noch aber nahm die britische Regierung auf die USA Rücksicht. Nach Ansicht von Präsident Wilson gab es kein Recht, Völker wie Waren von einem Besitzer zum nächsten weiterzureichen. Er bezeichnete die Annexionsabsichten der Alliierten als selbstsüchtig und kurzsichtig. Dem Präsidenten schwebte eine Treuhandverwaltung der ehemaligen deutschen Kolonien vor. Sie sollte so lange währen, bis die einheimischen Völker sich selbst regieren könnten. Es gab sogar Überlegungen, Deutschland nicht etwa die Kolonien fortzunehmen, sondern sein koloniales Territorium als Entschädigung für Verluste auf europäischem Boden zu vergrößern.

Mit David Lloyd George als Premierminister ab Dezember 1916 bekamen jedoch die Annexionisten in der britischen Regierung die Oberhand. Für Lloyd George hatte die Sicherheit des Empire höhere Priorität als ein Frieden, der Rücksicht auf überseeischen Besitz Deutschlands nahm. Wilson gegenüber verteidigte Lloyd George die Annexionspolitik seiner Dominions als Akt der Selbstverteidigung gegenüber einer aggressiven Nation: »Südafrika und Australien werden nicht gestatten, Land zurückzugeben, das sie zu Nachbarn der Deutschen macht und Deutschland geheime U-Boot-Basen in der ganzen Welt ermöglicht.«

Streben nach Weltherrschaft war eine der Anschuldigungen, mit denen Großbritannien die Öffentlichkeit auch in den USA mehr und mehr gegen die deutsche Kolonialherrschaft aufbrachte. Doch um den US-Präsidenten umzustimmen, hatte Lloyd George noch einen weiteren propagandistischen Schachzug ersonnen: Anfang 1917 erteilte er den Auftrag, unter den Einheimischen Südwestafrikas Stimmen für ein »Blaubuch« zu sammeln, das den Deutschen eine brutale und ausbeuterische Kolonialpolitik nachwies. So wollte man begründen, daß sich die Einheimischen aller Kolonien nichts sehnlicher wünschten, als unter englischer Verwaltung zu stehen. Punkt fünf, auf den die Deutschen ihre Hoffnung gesetzt hatten, wendete sich plötzlich gegen sie. 1919 reagierte das Reichskolonialamt mit der Herausgabe einer Gegendokumentation, die den anderen Kolonialmächten aber nicht mehr als ein hilfloses »Ihr seid nicht besser« entgegensetzen konnte.

Der *Report on the natives of South-West Africa and their treatment by Germany* war der Höhepunkt einer Kampagne, die in den Augen der Öffentlichkeit alle Kolonialdeutschen in Bausch und Bogen zu Barbaren degradierte. Im Jahr 1926 bezeichnete der südafrikanische Premierminister James Hertzog das Sammelwerk aufgrund seiner »Unzuverlässigkeit und Unwürdigkeit« als »Kriegshetze«. Doch bis dahin hatten seine Anklagen bereits dafür gesorgt, den Kolonialismus der Deutschen, der vor Ausbruch des Ersten Weltkriegs als durchaus fortschrittlich und effektiv eingeschätzt wurde, als puren Terror zu verunglimpfen.

»Der Deutsche in Afrika ist grausam, brutal, arrogant und äußerst ungeeignet für einen Verkehr mit Primitiven«, schreibt der Publizist Evan Lewin und ergänzt: »Die Kolonien brachten keine greifbaren Ergebnisse außer Kampf, Mord und plötzlichen Tod.« Unter dem Eindruck des Krieges gegen die Achsenmächte mit all seinen ungeheuren Grausamkeiten und Verlusten an Menschen und Gütern entfaltete das »Blaubuch« eine durchschlagende Wirkung auf die öffentliche Meinung in den Staaten der Entente. Auch auf die Meinung Wilsons zeigte der Propagandafeldzug Wirkung. Als der Präsident 1919 in Paris ankam, war er zwar noch immer ein Gegner von Annexionen, aber auch für ihn kam es nicht mehr in Betracht, den Deutschen die Kolonien zurückzugeben. »Die Kolonien müssen Deutschland abgenommen werden, weil es diese zum Gegenstand der Ausbeutung machte«, hatte er zuvor dem Senat in Washington erklärt.

Die von der Verfassungsgebenden Deutschen Nationalversammlung nach Versailles geschickte Delegation focht einen von vornherein vergeblichen Kampf. Es ging nicht mehr um das Ob einer kolonialen Enteignung Deutschlands, sondern nur noch um das Wie. Wilson plädierte dafür, die Kolonien im Auftrag der internationalen Staatengemeinschaft einem Mandatsträger zu unterstellen, bis die Bevölkerung einen Entwicklungsstand erreicht hätte, sich selbst zu verwalten. Das sorgte nicht gerade für Begeisterung unter den Annexionsbefürwortern wie dem australischen Premierminister Hughes, der Wilson zuvor schon »kindliche Ignoranz« unterstellt hatte. Mehrmals standen die Verhandlungen vor dem Abbruch, bis man sich einigte, die Kolonien gemäß der »zivilisatorischen Reife« seiner Bevölkerung in A-, B- und C-Mandate aufzuteilen. C-Mandate sollten den Gesetzen der Mandatsmacht unterstehen und waren damit faktisch annektiert: Diesen Rang erhielten Deutsch-Südwest und die Südseebesitzungen. B-Mandate wurden von den Mandatsträgern lediglich verwaltet und unterlagen einem gesetzlichen Sonderstatus. Unter diese Rubrik fielen Ostafrika, Kamerun und Togo. A-Mandate wurden ehemals türkische Gebiete im Nahen Osten.

»Das Recht, das ihnen zur Seite steht, ist das – Faustrecht!« Titelblatt des Kladderadatsch vom 30. Juli 1919

Johannes Bell, Staatssekretär des Reichskolonialamtes, der Anfang April 1919 nach Versailles kam, forderte die Einsetzung eines Ausschusses gemäß Punkt fünf des Wilsonschen Plans und das Recht, sich nach den Grundsätzen des Völkerbundes als Mandatsmacht selbst zu verwalten. »Als ein großes Kulturvolk hat das deutsche Volk das Recht und die Pflicht, an der wissenschaftlichen Erforschung der Welt und an der Erziehung unentwickelter Rassen als einer gemeinsamen Aufgabe mitzuarbeiten«, teilte die deutsche Regierung den Siegermächten im Mai 1919 mit. Für die Alliierten kam nichts weniger in Frage als das. Es hätte das fragile Gefüge aus nationalistischem Egoismus und humanitärer Weltpolitik, das die Dekolonisierung des Deutschen Reichs bewerkstelligen sollte, bedroht. Die Antwortnote der Alliierten vom 16. Juni 1919 lautete dementsprechend: »Endlich haben die alliierten und assoziierten Mächte sich davon überzeugen können, daß die eingeborenen Bevölkerungen der deutschen Kolonien starken Widerspruch dagegen erheben, daß sie wieder unter deutscher Oberherrschaft gestellt werden.« Und weiter: »Deutschlands Versagen auf dem Gebiet der kolonialen Zivilisation ist zu deutlich klargestellt worden, als daß die alliierten und assoziierten Mächte ihr Einverständnis zu einem zweiten Versuch geben und die Verantwortung übernehmen könnten, 13 bis 14 Millionen Eingeborener von neuem einem Schicksal zu überlassen, von dem sie durch den Krieg befreit wurden.«

Punkt fünf des 14-Punkte-Plans, von dem die Deutschen hofften, er würde ihnen ihr Kolonialreich erhalten, war genutzt worden, um es ihnen zu nehmen. So lautete Artikel 118 in Teil IV des Versailler Friedensvertrags denn auch konsequent: »Außerhalb seiner Grenzen in Europa … verzichtet Deutschland auf sämtliche Rechte, Ansprüche und Vorrechte, auf und in Bezug auf alle ihm oder seinen Verbündeten gehörenden Gebiete sowie auf alle Rechte, Ansprüche und Vorrechte, die ihm aus irgendwelchem Grunde den alliierten und assoziierten Mächten gegenüber bislang zustanden.«

Am 28. Juni 1919 setzten der Kolonial- und Verkehrsminister Johannes Bell und Außenminister Hermann Müller für das besiegte Deutsche Reich ihre Unterschriften unter den Friedensvertrag. Der Traum vom deutschen Kolonialreich war ausgeträumt. Das Verlusttrauma begann. Die »Kolonialschuldlüge« wurde elementarer Bestandteil der »Kriegsschuldlüge«, jenes schleichenden Gifts, das zusammen mit der Dolchstoßlegende der Weimarer Republik zusetzte.

Die Höllenmaschine im Reichsentschädigungsamt: Die Weimarer Republik und die ehemaligen Kolonialdeutschen

Zu allem entschlossen betrat am 2. März 1928 Heinrich Langkopp gegen 10 Uhr das Reichsentschädigungsamt für Kriegsschäden in der Rheinstraße 45/46 in Berlin-Friedenau. Unangemeldet drang er in das Büro des Vizepräsidenten vor. Geheimrat Hugo Bach war vor dem Ersten Weltkrieg in Deutsch-Südwestafrika im Justizdienst tätig gewesen. Langkopp hatte bis 1916 eine Farm in Ostafrika besessen. Dann waren die Briten gekommen und hatten ihn enteignet. Trotz der gemeinsamen Kolonialvergangenheit standen sich Bach und Langkopp jetzt als Kontrahenten gegenüber. Auf der einen Seite ein sich vom Staat um seine Zukunft betrogen fühlender Ex-Farmer und erfolgloser Geschäftsmann, der die Weimarer Republik verantwortlich machte für seine persönliche Misere. Auf der anderen Seite ein Vertreter eines unter chronischer Geldknappheit leidenden Staates, der sich Forderungen von ehemaligen Deutsch-Afrikanern und Kolonialunternehmen gegenübersah, die über 4,6 Milliarden Reichsmark betrugen.

Langkopp präsentierte Bach eine detaillierte Rechnung, nach der die Weimarer Republik ihm 112 480 Reichsmark schulde. »Erhalten habe ich bisher von der Deutschen Regierung RM 9000, die von der obigen Summe abgehen«, endete die schriftliche Forderung. Bach war empört über das dreiste Eindringen Langkopps, der ankündigte, er habe die Absicht, das Zimmer erst zu verlassen, wenn die Schuld beglichen wäre. »Er habe mit dem Leben abgeschlossen, und wer dabei sei, der müsse eben mit ihm dran glauben«, waren nach Aussage Bachs Langkopps Worte. Der ehemalige Farmer hatte Bach soeben seinen Koffer aus Aluminium präsentiert. Zwei Schnüre führten aus dem Koffer um die Finger der linken Hand – ein Zug an diesen Schnüren und die Bombe würde explodieren...

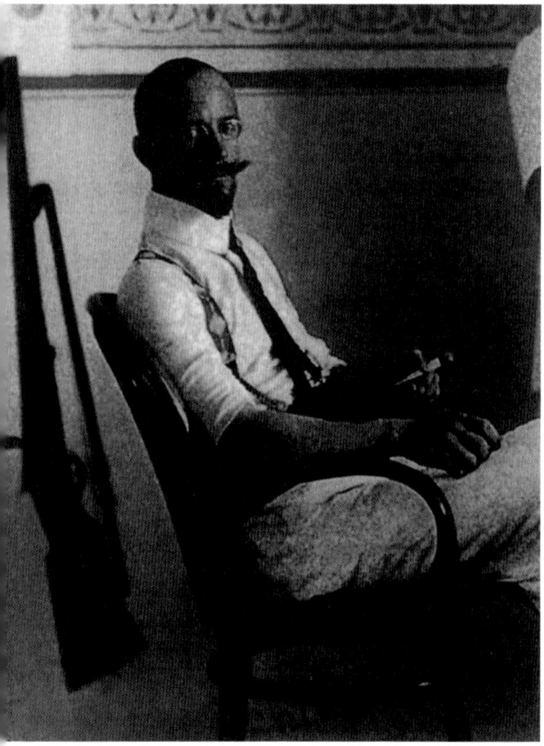

Der ehemalige Siedler und Viehzüchter Heinrich Langkopp

Ein Großteil der Deutschen in den Kolonien hatte nach dem Weltkrieg seine Existenzgrundlage verloren. Während des Krieges, solange es noch keine endgültige Entscheidung über den Nachkriegsstatus der Kolonien gab, waren Eigentum und Bleiberecht der Deutschen unangetastet geblieben. Zwar wurden die aktiven Soldaten zumeist in Gefangenenlagern mit oft katastrophalen Lebensbedingungen interniert, die Reservisten hingegen durften zu ihren Familien und in ihre Berufe zurückkehren.

Während der Verhandlungen zu dem Versailler Vertrag änderte sich die Politik gegenüber den Deutschen grundlegend. Abgesehen von Südafrika nutzten alle ehemaligen Gegner Deutschlands die Gelegenheit zur Enteignung deutscher Farmen und Plantagen, zur Beschlagnahmung deutschen Firmeneigentums und Ausweisung aller Deutschen aus den Kolonialgebieten. Lediglich Südafrika, die Mandatsmacht des ehemaligen Deutsch-Südwestafrika, gestattete rund der Hälfte der Deutschen zu bleiben. Erst Jahre später wurde es den Deutschen wieder erlaubt, in die ehemaligen Kolonien zurückzukehren. Einige kauften ihre alten Plantagen und Farmen zurück. Anfang der dreißiger Jahre lebten wieder 4000 Deutsche in Tanganjika, Britisch- und Französisch-Kamerun, sowie in Neuguinea.

Viele hingegen hatten weder den Mut und das Interesse noch die finanziellen Mittel, einen Neuanfang zu wagen. Langkopp fehlte nur das Geld. Auch sein Eigentum war nach der Übergabe Deutsch-Ostafrikas an die Siegermächte konfisziert worden: 1119 Hektar Land, 330 Rinder und ein stattliches Farmhaus. Sein Besitz hatte ihm ein Einkommen von 20 000 Mark jährlich gesichert. Neun Jahre lang kämpfte Langkopp nun schon einen ungleichen Kampf mit der Bürokratie um eine angemessene Entschädigung.

Nach seiner Rückkehr aus Ostafrika hatte sich Langkopp zunächst eine kleine Landwirtschaft in Mecklenburg gekauft und gleichzeitig seine Ausreise und die seiner Familie nach Abessinien vorbereitet. 1921 schien alles bereit. Der Hof war schon verkauft. Nur die Einreisegenehmigungen fehlten noch. Alles hätte gut enden können. Doch dann kam die Inflation der Reichsmark seit dem Jahr 1922 und machte alle Hoffnungen zunichte. Je höher die Zahlen wurden, die auf den Geldscheinen standen, desto kleiner wurde die Chance der Langkopps auf einen Neuanfang. Am 29. September 1923 stellte ihnen das Reichsentschädigungshauptamt zwar eine Ausgleichszahlung in Höhe von rund 74 Milliarden Reichmark in Aussicht, zu diesem Zeitpunkt ein Wert von 2000 Goldmark. Am 8. Oktober erhöhte das Amt die Zahlung sogar freiwillig auf etwas über 244 Milliarden Mark, die dann allerdings nur noch 244 Goldmark wert waren. Als das Geld am 22. Oktober auf dem Konto Langkopps überwiesen war, entsprachen die Milliarden aber nur noch ca. zehn bis zwölf Goldmark.

Langkopp und seine Familie standen vor dem Nichts. In der Krise versuchte sich Heinrich Langkopp vergeblich als Viehhändler, Fuhrunternehmer und Handschuhvertreter. Er schickte Briefe an das Entschädigungsamt, bat (»die Not steigt jetzt plötzlich gewaltig«) und drohte (»Schlägt auch diese Hoffnung und Bitte fehl, dann muß ich leider meine Familie nach hier kommen lassen und die Tat ausführen, die ich Anfang Januar schon vor hatte. Leicht wird mir das nicht werden. Alle Sorgen haben dann aber wenigstens ein Ende«). Doch seine Eingaben waren erfolglos. Langkopp, der bereits in Ostafrika wegen seines Jähzorns und seiner Gewalttätigkeit in Konflikt mit den Kolonialbehörden geraten war, wollte jetzt Geld sehen. Andernfalls würde er ein Zeichen setzen, notfalls auch um den Preis des eigenen Lebens. Denn diese Republik schien sich gegen ihn und seine Familie verschworen zu haben. »Der Staat hat mich um alles gebracht und meine Wiederaufbauversuche vernichtet. Wo bleibt da ›Treue um Treue‹? Hohle Schlagworte.«

Geheimrat Hugo Bach sah sich einem potentiellen Selbstmordattentäter gegenüber. Nach mehreren Stunden vergeblichen Redens gelang es ihm, Langkopp abzulenken und die Flucht zu wagen. Schüsse fielen, trafen aber Bach nicht. Im Handgemenge mit Bach versuchte Langkopp, die Bombe zu zünden. Doch sie versagte. Endlich eilten Beamte herbei und überwältigten den Attentäter.

Begierig stürzte sich die Presse auf die Geschichte. »Die Höllenmaschine im Reichsentschädigungsamt«, titelte die Berliner Illustrierte Zeitung. Der anschließende Prozeß stand ganz im Zeichen des Kolonialrevisionismus und geriet zur Anklage gegen die Behördenvertreter eines ungeliebten Staates, der in den Augen vieler den Kolonialdeutschen die wohlverdiente Unterstützung vorenthielt. Langkopp wurde ein Volksheld. Er hatte die Unterstützung der Kolonialverbände und der Presse. Sogar von jenseits der Gerichtsschranke schlug ihm Sympathie entgegen. Das Urteil des Schöffengerichts am 8. April 1929 lautete dementsprechend: Langkopp habe weder versucht, Hugo Bach zu ermorden, noch räuberische Erpressung begangen, noch gegen das Sprengstoffgesetz verstoßen. Er wurde zu fünf Monaten Gefängnis und 50 Mark Geldstrafe für unerlaubten Waffenbesitz, Nötigung und Bedrohung verurteilt.

Das Tragische am »Fall Langkopp«: Als er beschloß, daß Gewalt nötig sei, um seine Entschädigung endlich zu erhalten, hatte er das Geld fast schon in den Händen. Nur vier Wochen nach seiner Tat verabschiedete der Reichstag das »Gesetz zur endgültigen Regelung der Liquidations- und Gewaltschäden«. 391 000 Schadensfälle waren nach dem Krieg gemeldet worden; fast alle Antragsteller erhielten nun Ausgleichszahlungen – Heinrich Langkopp nicht. Denn das Gesetz enthielt einen Passus, demnach jede Person, die ihre Forderung gegen die Republik mit Gewalt oder Betrug forcierte, ihren Anspruch auf Ausgleich verlor.

Eine »delikate Aufgabe«: Kolonialrevisionismus in der Weimarer Republik

Der »Fall Langkopp« darf jedoch nicht darüber hinwegtäuschen, daß die Berliner Regierungsstellen in weitem Maße hinter den Forderungen der Kolonialrevisionisten standen. Besonders der von den Siegermächten konstruierte Vorwurf kolonialer Unfähigkeit sorgte für Empörung. Denn dadurch sah sich »das Land der Dichter und Denker« nicht nur um seine Kolonien betrogen, sondern kulturell zu einem Gemeinwesen degradiert, das es angeblich zivilisatorisch weder mit England noch mit Frankreich aufnehmen konnte – ja nicht einmal mit den vor dem Krieg für ihre barbarische Kolonialpolitik international so gescholtenen Staaten Belgien und Portugal.

Die Forderung nach Rückgabe der Kolonien war Teil einer Revisionsbewegung, die den »Schmachfrieden von Versailles« beseitigt sehen wollte. Bis April 1919 hatten sich rund 3,8 Millionen Menschen in einer Unterschriftenaktion gegen den »Raub der Kolonien« ausgesprochen. Zu keiner Zeit fand die Kolonialidee in Deutschland so einhellig Zuspruch wie nach der Dekolonisierung. An die Rückgabe der Kolonien knüpften sich in weiten Teilen der Mittelschicht große Hoffnungen. Ihre Existenz im Nachkriegsdeutschland war von Hunger, politischer Unruhe und der Angst vor gesellschaftlichem Statusverlust geprägt. Nach den Worten des britischen Historiker A. J. P. Taylor gab es für einen Deutschen damals drei Gründen dafür, schlecht gekleidet, hungrig oder arbeitslos zu sein: weil Danzig eine Freistadt sei, weil ein Korridor Ostpreußen vom Reich abschneide – oder weil Deutschland keine Kolonien mehr habe.

Doch wieviel Macht hatte die Kolonialbewegung wirklich? Die Deutsche Kolonialgesellschaft (DKG) zählte 1919 rund 34 000 Mitglieder. Vor dem Krieg waren es noch 45 000 gewesen, und die Krise nach dem Krieg setzte dem Verband so zu, daß nur Unterstützung durch den Staat und aus der Wirtschaft ihn vor dem Ruin rettete. Nach einem Absinken der Mitgliederzahl auf 20 000 waren in der Deutschen Kolonialgesellschaft seit Mitte der zwanziger Jahre in rund 350 Ortsvereinen durchschnittlich 25 000 Deutsche organisiert. Die Deutsche Kolonialgesellschaft repräsentierte also keine Massenbewegung.

Der politische Einfluß des Kolonialrevisionismus ging jedoch weit über die recht bescheidene Mitgliederzahl hinaus. Seine Stärke waren die Macht und der Einfluß seiner Führung. Die engagierten Persönlichkeiten des Kolonialrevisionismus entstammten den Führungsschichten aus Verwaltung, Militär und Wirtschaft sowie dem akademisch gebildeten Bürgertum. Wer schon vor 1914 den Kolonialismus befürwortet hatte, setzte sich auch nach dem Krieg für die Wiedererlangung der Überseegebiete ein. Es ist nicht verwunderlich, daß die Vorsitzenden des 1922 gegründeten Dachverbands, der *Kolonialen Reichsarbeitsgemeinschaft*, äußerst bekannte Persönlichkeiten der »Kolonialszene« waren: Theodor Seitz und Heinrich Schnee, die ehemaligen Gouverneure von Deutsch-Südwest und Deutsch-Ostafrika.

Diese Kontinuität spiegelte sich in vielen Bereichen kolonialrevisionistischen Engagements wider. Wie vor dem Ersten Weltkrieg saßen in fast allen Parteien des Reichstags Vertreter der Kolonialbewegung. Im allgemeinen kam fast keine Partei umhin, wenigstens vor den Wahlen ein pro-koloniales Bekenntnis abzulegen, wenn dieses nicht schon im Programm der Partei festgeschrieben war. Lediglich die Kommunisten machten da eine Ausnahme. Auch in der SPD gab es einen »revisionistischen Flügel«, der es durchsetzte, daß die Partei für die Zuteilung von Völkerbundmandaten zur Verwaltung ehemaliger Kolonialgebiete eintrat. Sogar auf der Konferenz der Sozialistischen Internationale verabschiedeten die deutschen Sozialdemokraten eine Resolution, die besagte, daß die Entkolonisierung Deutschlands als »eine Ungerechtigkeit und ein Fehler« anzusehen sei, wenn das Kolonialsystem als Ganzes erhalten bleibe. Darum müsse Deutschland ein Mandatsträger des Völkerbunds werden.

Wie groß der koloniale »Common sense« war, läßt sich daran festmachen, daß emotionale Kolonialdebatten wie vor dem Ersten Weltkrieg nun im Reichstag selten waren. Es fehlten einfach die Reibungsflächen. Diskussionen fanden meist im Vorfeld großer außenpolitischer Ereignisse statt, die den Status des Deutschen Reichs im internationalen Staatengefüge zum Thema hatten, zum Beispiel die Verhandlungen um die Sicherheitsverträge von Locarno (1925) oder die Aufnahme in den Völkerbund (1926).

Der herausragende Vertreter im Zusammenspiel von Staat und Kolonialrevisionismus war Gustav Stresemann. Der Mitbegründer und Führer der Deutschen Volkspartei unterstützte als Reichskanzler und Außenminister die These, daß Deutschland und das Deutschtum ein moralisches Recht auf Kolonien hätten und sich dieser Besitz positiv auf die wirtschaftliche Erholung Deutschlands auswirken würde. Stresemann verkörperte bis zu seinem Tod im Oktober 1929 wie kein anderer Politiker die Erfolge, aber auch die Grenzen einer kolonialrevisionistischen Kooperation zwischen Staat, Verbänden und Politik.

Trotz des Verlustes der Kolonien gab es weiterhin eine koloniale Verwaltung. 1920 hatte man zwar das erst 1919 aus dem Reichskolonialamt entstandene Reichskolonialministerium aufgelöst, die Aufgaben wurden jedoch dem neuen Reichsministerium für Wiederaufbau übertragen. Diese waren »die Weiterentwicklung der abgetretenen Schutzgebiete, die Entwicklung der kolonialen Frage überhaupt und die Möglichkeit der Wiedererlangung von Kolonialbesitz«. Die Mitarbeiter rekrutierte man vorwiegend aus der ehemaligen Kolonialbeamtenschaft. Am 1. April 1924 wurde außerdem im Auswärtigen Amt eine Kolonialabteilung (Abt. III/b) gegründet, die mithelfen sollte, dem Kolonialrevisionismus auf dem diplomatischen Parkett zurückhaltend, aber effektiv Geltung zu verschaffen. Die aggressive Propaganda überließ man den Verbänden, die dafür von der Regierung finanzielle Unterstützung erhielten.

Das Auswärtige Amt war hinsichtlich der kolonialen Zukunft Deutschlands auf mittlere Sicht relativ optimistisch. In den »Richtlinien unserer Kolonialpolitik«, die 1924 bezeichnenderweise vom ehemaligen Gouverneur von Togo, Edmund Brückner, ausgearbeitet worden waren, hieß es: »Es besteht (abgesehen von dem japanischem Mandatsgebiet) die Möglichkeit, daß wir auch die uns nicht zurückgegebenen früheren deutschen Schutzgebiete ... wirtschaftlich in nicht zu langer Zeit so durchdringen, daß eine spätere Mandatsübertragung auf Deutschland nicht ausgeschlossen ist. In erster Linie werden wir Deutsch-Ostafrika, Kamerun und Togo als Ziel uns setzen können.« Man hielt es sogar für möglich, »daß in späteren Zeiten der Süden Afrikas zu einem im wesentlichen deutschen Lande würde«.

Bei aller Übereinstimmung mit den Zielen der Kolonialbewegung hielt Stresemann es jedoch für eine »delikate Aufgabe«, sie zu erreichen. Das war seiner Ansicht nach nur durch einen Spagat zwischen dem Drängen der Verbände auf rasche Fortschritte und gleichzeitiger Rücksichtnahme auf die Interessen Frankreichs und Englands zu bewerkstelligen. Stresemann bevorzugte die unpopuläre Politik der kleinen Schritte und der Kooperation, um so zumindest ein wenig Einfluß auf die Entwicklung in den Mandatsgebieten zu erhalten. Denn gegen die beiden ehemaligen Kriegsgegner konnte man seiner Ansicht nach eine Kolonialrevision niemals erreichen.

Während seiner sechsjährigen Amtszeit als Außenminister galt für ihn der Grundsatz: Vorrang haben vertrauensbildende Maßnahmen, um Deutschland wieder seinen Platz im Konzert der europäischen Großmächte zu verschaffen. Stresemann war beispielsweise nicht bereit, die Vorteile eines Vertrags von Locarno auf dem Altar eines sinnlosen Revanchismus zu opfern.

Lange Zeit trug die Kolonialbewegung diese Politik mehr oder weniger mit. Die Zusammenarbeit ergab sich aus dem zwingenden Gedanken, daß nur ein militärisch, politisch und wirtschaftlich erstarktes Deutschland in der Lage wäre, von den Siegermächten erfolgreich die Rückgabe der Kolonien zu fordern.

Mit der Konsolidierung der Weimarer Republik in den »goldenen Zwanzigern« änderte sich diese Haltung. Kolonialrevisionisten warfen der Reichsregierung nun vor, sich nicht entschieden genug für Kolonialinteressen einzusetzen. Exemplarisch waren die Vorwürfe im Zuge des Beitritts Deutschlands zum Völkerbund: Deutschland wurde zwar Mitglied in der Ständigen Mandatskommission, aber die Mitarbeit prangerte man in der Kolonialbewegung als »Erfüllungspolitik« an, weil sie angeblich auf die Wiederherstellung des Status quo ante, d.h. auf die vollständige und bedingungslose Rückgabe der Kolonien, verzichtete.

Geradezu ein Affront war das Verhalten der Kolonialrevisionisten während der Verhandlungen zur Neufestlegung der Höhe deutscher Reparationszahlungen in Paris 1929. Die deutschen Delegierten waren unter anderem der Reichsbankpräsident Hjalmar Schacht und das Vorstandsmitglied des Reichsverbandes der deutschen Industrie, Ludwig Kastl (der übrigens auch das deutsche Mitglied der Mandatskommission beim Völkerbund war). Auf der Konferenz sorgten beide pro-kolonialistisch eingestellten Männer für Aufsehen, weil sie die Zahlung von der Rückgabe der Kolonien abhängig machen wollten. London war empört – und das Auswärtige Amt außer sich. Das Vorgehen war mit Berlin nicht abgesprochen worden.

Ab Mitte der zwanziger Jahre begann die Kolonialbewegung nach einem neuen politischen Verbündeten zu suchen. Die Bewegung schien zu stagnieren. Das Ergebnis einer von der Kolonialen Reichsarbeitsgemeinschaft in Auftrag gegebenen Umfrage hatte ergeben, daß nach einem Jahrzehnt intensiver Propagandatätigkeit nur noch ein Prozent der Deutschen Interesse für das Kolonialwesen zeigte. Wie ein Menetekel wirkte auch der Verlauf der groß angekündigten »Hamburger Kolonialwoche« vom 31. Juli bis 4. August 1926. Es waren 100 000 Flugzettel verteilt worden. Doch die Resonanz in der Bevölkerung und die Qualität der Veranstaltungen fielen enttäuschend aus. Angeblich aufgrund von technischen Problemen kam die Übertragung der Ansprachen ins Ausland nicht zustande, und der Kolonialumzug geriet zu einem lächerlichen Happening: »Die Vermummungen auch der Jungen und Mädel in schwarze Trikots und die dicke schwarze und braune Bemalung … wirkte doch zu sehr als schwarze Maskerade und gefährdete damit den Ernst der Demonstration«, urteilte der liberale *Hamburger Anzeiger*. Zusammen mit einigen von Hagenbecks Tierpark bereitgestellten Afrikanern aus dem dortigen »Negerdorf« sollten glückliche Kolonialzeiten nachgestellt werden. »Die Empörung der sich im übrigen teilnahmslos verhaltenden Zuschauer über den ihnen gebotenen Kitsch, den man in jeder Kreisstadt besser zu machen versteht, war einhellig«, schrieb die *Frankfurter Zeitung*. Die »Hamburger Kolonialwoche« dauerte nur fünf Tage. Am letzten Tag bestand das Programm aus einem Besuch im Hamburger Zoo.

Die Bewegung brauchte also eindeutig neuen Schwung, neue Ideen und mehr Masse. Man wußte, daß die Kolonialbewegung in den unteren Schichten nie sehr stark gewesen war. Angesichts der zunehmenden Schwierigkeiten anderer Kolonialmächte mit den Freiheitsbewegungen in ihren Überseebesitzungen wurden auch in anderen Bevölkerungskreisen zunehmend Stimmen laut, die einem entkolonisierten Deutschland Positives abgewinnen konnten. Bei einer Befragung von 200 Persönlichkeiten des öffentlichen Lebens zu diesem Thema antwortete Thomas Mann 1927 auf die Frage, ob das Deutsche Reich Kolonien brauche: »Die Idee der Freiheit und Selbstbestimmung ist überall erwacht und wird sich nicht wieder zur Ruhe legen. Ich glaube, daß die Ereignisse gelehrt haben, unsere Freiheit von kolonialem Gepäck als einen Vorteil zu empfinden.«

Ein weiterer Befragter war Konrad Adenauer, damals Oberbürgermeister der Stadt Köln und ab 1931 einer der stellvertretenden Präsidenten der Deutschen Kolonialgesellschaft. Der Mann, der einige Jahrzehnte später der erste Kanzler der Bundesrepublik Deutschland werden sollte, vertrat hingegen weiterhin die traditionelle Mehrheitsmeinung: »Das Deutsche Reich muß unbedingt den Erwerb von Kolonien anstreben. Im Reiche selbst ist zu wenig Raum für die große Bevölkerung.«

Auch im Ausland sah man weiterhin einen »kolonialen Pangermanismus« am Werk, der alle Parteien, Ideologien und Klassen umfaßte. Doch das labile Bündnis zwischen Kolonialbewegung und

Republik löste sich auf. Die Bewegung machte sich auf die Suche nach einem neuen Partner: »Es ist nicht gelungen, die deutsche Arbeiterschaft zu gewinnen. Das ist das Grundübel, an dem der deutsche Kolonialgedanke krank ist. Unsere Führer, in den meisten Fällen verdiente Kolonialbeamte, finden wohl ein Echo unter ihresgleichen, nicht aber in der Arbeiterschaft oder den Parteien, die nun einmal ausgesprochen die Arbeiterschaft verkörpern«, heißt es in einem Leitartikel der Afrika-Nachrichten vom 1. Januar 1928.

Zunächst glaubte die Deutsche Kolonialgesellschaft, mit einem Brief an »linksgerichtete Gewerkschaftsfunktionäre« ihrer elitären »Gemeinschaft der kolonialen Intelligenz« neue Anhängerschaften erschließen zu können. Einige Kolonialrevisionisten hatten zu diesem Zeitpunkt bereits eine andere Lösung des »Grundübels« gefunden. 1927 besuchte eine Delegation der Kolonialschule Witzenhausen »als Vortrupp der gesamten kolonialen Bewegung« (Klaus Hildebrand) den dritten Parteitag der NSDAP, und einige Monate nach dem Artikel in den *Afrika-Nachrichten* trat mit dem Kolonialkämpfer und Freikorpsführer Franz Ritter von Epp erstmals ein prominenter Vertreter der Kolonialbewegung in die NSDAP ein und wurde bei der anstehenden Reichstagswahl gleich ihr Spitzenkandidat in Bayern. 1929 entschied sich auch Eduard von Liebert, einer der Vorgänger Heinrich Schnees im Amt des Gouverneurs von Deutsch-Ostafrika, in Adolf Hitlers NSDAP die kommende Macht zu sehen, die Deutschland zu alter Größe erheben und damit der Kolonialbewegung zum Sieg verhelfen werde.

Rückkehr auf leisen Sohlen: Deutsche Wirtschaftsaktivitäten in Afrika 1919–1933

Während die Kolonialbewegung nach neuen Wegen suchte, wußte Werner Voigt genau, was er wollte: Keine noch so schreckliche Geschichte von tödlichen Krankheiten, blutrünstigen Löwen und wilden Schwarzen konnte ihn hindern, seinen Traum zu verwirklichen, ein abenteuerliches

Leben in Übersee zu führen. Werner Voigt, 1905 als Sohn eines Lehrers im thüringischen Altenburg geboren, wollte in die Kolonien gehen, auch wenn nichts unmöglicher zu sein schien als das. Deutschland lag am Boden und hatte alle Schutzgebiete verloren, der deutsche Einfluß in den unter alliiertem Mandat stehenden Gebieten war marginal.

Doch Werner Voigt hatte Glück. Trotz des Verlustes der Kolonien gab es weiterhin eine koloniale Infrastruktur in Deutschland. Noch immer existierte ein auf die Arbeit in Übersee ausgerichtetes Ausbildungssystem: die 1899 gegründete Deutsche Kolonialschule für Landwirtschaft, Handel und Gewerbe in der hessischen Kleinstadt Witzenhausen (seit 1956 Deutsches Institut für Tropische und Subtropische Landwirtschaft). 17- bis 27-jährige durchliefen hier einen zwei- bis dreijährigen Studiengang zum Koloniallandwirt. Frauen stand ab dem 1. Mai 1927 die Frauen-Kolonialschule in Rendsburg offen.

Nach Bestehen der Diplomprüfungen verwaltete Werner Voigt zunächst mehrere Monate lang das Gut des Instituts. Seine Hoffnung schwand allmählich. Die Arbeitsstelle in Übersee ließ auf sich warten. Die Ausbildung drohte, sich als eine Sackgasse zu erweisen. Erst seit 1923 durften sich deutsche Firmen wieder in den britischen Kolonien Westafrikas niederlassen. Die anderen Kolonien zogen nur allmählich nach, zuletzt die französischen Gebiete im Jahr 1927. Zuvor durften Deutsche, die zum Beispiel Ostafrika besuchten, nur so lange im Land bleiben, wie sich ihr Dampfer im Hafen von Daressalam befand.

Die Anfänge deutschen Wirtschaftsengagements waren spärlich. Nur wenige Firmen hatten Krieg und Krisen überstanden, zum Beispiel die Westafrikanische Pflanzungsgesellschaft Victoria oder die Kautschukpflanzung Meanja AG, Berlin und Kamerun. Der deutsche Export in die ehemaligen Kolonien erreichte bis zum Zweiten Weltkrieg lediglich bescheidene Ausmaße. Auch der Import aus den Mandatsgebieten konnte nur unspektakuläre Wachstumsraten verzeichnen. Die Einfuhr afrikanischer Waren im Hamburger Hafen blieb auch noch im Jahr 1937 unter Vorkriegsniveau.

Es sah darum aus, als wenn Werner Voigts Traum unerfüllt zu bleiben schien. Doch nach langer Zeit des Wartens teilte der Direktor der Kolonialschule ihm endlich mit, daß die deutsche Planting and Trading Company einen Koloniallandwirt für ihr Pflanzungsprojekt in Tanganjika, dem ehemaligen Deutsch-Ostafrika, suchte. Voigt bewarb sich und bekam die Stelle. Ein Freund fiedelte ihm ein Abschiedsständchen, als Werner Voigt den Zug Richtung Italien bestieg. Voller Zuversicht schiffte er sich dort nach Daressalam ein. Er sollte dort tatsächlich Abenteuer bestehen – allerdings andere als die, von denen er als Junge geträumt hatte.

Die Situation der Deutschen in Ostafrika war nicht einfach; die Enteignungen und Expatriierungen hatten die ohnehin kleine Anzahl Deutscher in Afrika auf ein paar Tausend schrumpfen lassen. Davon lebten die meisten in Südwestafrika, wo sie wieder eine führende Rolle im Wirtschaftsleben errungen hatten. In Ostafrika lebten 1930 erst wieder rund 400 deutsche Staatsangehörige. Voigt gehörte einer Minderheit an.

Das Deutsche Reich unterstützte die Auswanderer und Unternehmen in den ehemaligen Kolonien mit bescheidenen Mitteln. Außer finanziellen Starthilfen bestanden sie in der Finanzierung deutscher Schulen. Aus der Kolonialbewegung ging 1924 die Arbeitsgemeinschaft für Kolonial- und Tropentechnik (Akotech) hervor. Mit ihr wollten kolonialrevisionistische Kreise die Ressourcen an Ingenieurswissen bewahren und fördern, die für den Aufbau von Kolonien nötig schienen, wenn es zu einer Rückgabe des deutschen Überseebesitzes käme. Darüber hinaus sammelte man Informationen über ausländische Kolonialprojekte und vermittelte deutsche Ingenieure an ausländische Firmen.

Um das geschäftliche Interesse an kolonialen Projekten wiederzuerwecken, hatte die Reichsregierung die Entschädigungsforderungen deutscher kolonialer Gesellschaften wohlwollend mit 34 Millionen Mark beglichen – wenngleich in der Wirtschaft die Meinung vorherrschte, die Entschädigung sei »außerordentlich spärlich und in entwertetem Geld« erfolgt. Eine weitere Hilfe leistete das Reichsfinanzministerium, das für den Rückkauf und Landerwerb finanzielle Mittel zur Verfügung stellte.

Mit dieser Politik verfolgte die Reichsregierung eine Strategie des »wirtschaftlichen Eindringens«. Obwohl sich von den kapitalstarken Firmen der Schwerindustrie nur die Essener Krupp AG aufgrund der Produktion von Transportbahnen für Plantagen in den ehemaligen Kolonien engagierte, gab es durchaus Erfolge zu verzeichnen. Vor dem Krieg hatte es 73 Kolonialgesellschaften in den Kolonien gegeben. Bis 1933 stieg die Zahl wieder auf 85. Zudem war die Reichsregierung mit der *Deutsch-Ostafrikanischen Gesellschaft* und der *Deutschen Tanganjika-Gesellschaft* übereingekommen, daß sie »im einzelnen noch näher zu begrenzende Siedlungsaufgaben in Deutsch-Ostafrika« wahrzunehmen hätten und der Staat ihnen im Gegengeschäft dafür »im Rahmen des Bedarfs und der verfügbaren Mittel unverzinsliche Vorschüsse« bewilligte. Die *Deutsche Tanganjika-Gesellschaft* verwaltete bis 1930 insgesamt 1 750 000 Reichsmark, die sie als Darlehen vermittelte.

Die Begründungen der Kolonialrevisionisten für ein wirtschaftliches Engagement in den ehemaligen deutschen Kolonien sowie deren Rückerwerb ähnelten stark den Argumenten aus den Jahren vor dem Ersten Weltkrieg: Als Rohstoff- und Absatzmarkt, als Arbeitskräftereservoir sowie als Siedlungs- und Auswanderungsgebiet sei Besitz in Übersee unverzichtbar. Mit Beginn der Weltwirtschaftskrise verstiegen sich diese Argumente ins Phantastische: Millionen Deutsche könnten in Afrika Arbeit finden, wenn sie sich nur zur »deutschen Völkerwanderung« entschließen würden, wie der Leiter der Kolonialfrauenschule, Dr. Philipps, in einer internen Denkschrift formulierte. Ein Ingenieur entwarf einen detaillierten Plan, von 1936 bis 1940 fünf Millionen Deutsche nach Afrika zu verschiffen. Ungeheure Zahlen, wenn man bedenkt, daß in den dreißig Jahren kolonialer Herrschaft weniger als 25 000 Deutsche in die Kolonien ausgewandert waren, aber Hunderttausende nach Amerika.

Der spätere NS-Reichswirtschaftsminister Hjalmar Schacht faßte die illusionären Hoffnungen zusammen: »Solange es auf der Welt unendlich viel mehr Völker und Menschen gibt, die noch keinen Anteil an unseren technischen Errungenschaften haben, liegt in der extensiven Ausbreitung unserer technischen Kultur die nächstliegende große Reserve für eine Wiederbelebung der Weltwirtschaft …

Immer und immer wieder muß von deutscher Seite betont werden, daß eine deutsche Betätigung auf überseeischem und kolonialem Gebiete eines der wesentlichen Mittel ist, um die Wirtschaftskrise nicht nur Deutschlands, sondern auch der Welt zu beheben.«

Als »Schule der Nation« würden die Kolonien der Entwicklung des »Volkskörpers« dienen, behaupteten Kolonialenthusiasten. In dem 1926 von der Deutschen Kolonialgesellschaft herausgegebenen Buch *Deutschland in den Kolonien* heißt es im Kapitel »Kolonien – als Schule für unsere Jugend« denn auch: »Der Typ verweichlichter Großstadtjünglinge und Stammtischbrüder muß aussterben und dafür gibt es kein besseres Mittel als afrikanische Kolonien.« Werner Voigt hätte eigentlich von der Deutschen Kolonialgesellschaft in aller Feierlichkeit nach Ostafrika verabschiedet werden müssen. Er verkörperte geradezu den Idealtypus des neuen deutschen Kolonisten.

Wie schwierig es gewesen zu sein scheint, als Deutscher in einer der Kolonien Fuß zu fassen, schildert Wilhelm Kemner, der Vorsitzende der Vereinung Kameruner Pflanzungen. Sein Bericht ist zwar von kolonialrevisionistischen Ressentiments geprägt, gibt aber dennoch einen interessanten Einblick in den Neubeginn wirtschaftlichen Engagements deutscher Unternehmer in den Mandatsgebieten. Laut Kemner hatte Deutschland es allein den höheren Mächten zu verdanken, daß nicht schon bei einer Auktion im Jahr 1922 die deutschen Pflanzungen in Kamerun in britische Hände gelangt waren: »Ein in diesem kritischem Moment einsetzender vulkanischer Ausbruch des Kamerunberges … schreckte die Kauflustigen stark ab.«

Der nächste Versteigerungstermin fand 1924 statt. Diesmal war die Teilnahme deutscher Investoren geduldet. Doch angeblich befürchtete man Übergriffe auf die deutschen Interessenten. »Ein Polizeiaufgebot war abkommandiert, um uns vor Angriffen zu schützen.« Die Deutschen boten über einen britischen Mittelsmann. »Es war ein bestimmtes Morsesystem mit ihm vereinbart, das durch Stöße mit einem Bleistift in seinen Rücken übertragen wurde, so daß er genau wußte, wie hoch er jedes Mal ein Gebot überbieten durfte. Auf diese Weise gelang es, den ganzen deutschen Pflanzungsbesitz am Kamerunberg zurückzuerwerben.« Die Vereinigung Kameruner Pflanzungen war wieder ein »King of Cameroon« geworden, wie eine englische Zeitung laut Kemner getitelt haben soll. Auch Kurt Woermann, Abkömmling des schon lange in Afrika engagierten Hamburger Handels- und Reederimperiums der Woermanns, gehörte zu den erfolgreichen Mitbietern.

In Ostafrika war es für deutsche Siedler und Investoren noch weitaus schwieriger, ihren alten Besitz wiederzuerlangen, da dort keine den Deutschen wohlgesonnene Naturmacht die rasche Veräußerung der Pflanzungen nach Kriegsende verhinderte. Der Besitz der Deutschen hatte angeblich den Wert von rund 650 Millionen Mark gehabt und soll für nur 30 Prozent dieses Betrags an neue Besitzer aus Europa und dem britischen Empire gegangen sein. Als Firmen, ehemalige Besitzer und Neu-Kolonisten aus Deutschland versuchten, die Flächen zurückzukaufen, war der Preis mitunter so hoch, daß es sich eher lohnte, neue Plantagen zu gründen, um Sisal, Kaffee oder Kokospalmen anzupflanzen.

Rasche und hohe Gewinne waren unter diesen Voraussetzungen nicht zu erwarten. Und mit dem Einsetzen der Weltwirtschaftskrise wurde die Situation deutscher Unternehmer und Pflanzer in den ehemaligen Kolonien noch schwieriger. Die heimische Industrie setzte auf Intensivierung, statt auf Ausdehnung. Nicht der Zukauf von Rohstoff war für sie interessant, sondern der Versuch, sich vom unsicheren Rohstoffmarkt abzukoppeln. Ein gutes Beispiel war die Entwicklung von chemischen Kunstfasern, die der Sisalfaser Konkurrenz machten.

Diese Veränderungen bekam auch Werner Voigt zu spüren. Die fallenden Preise für Sisal führten zunächst zu einer Verkleinerung der Pflanzung der Planting and Trading Company, dann 1929 zu ihrer vollständigen Aufgabe. Voigt entschied sich, eine Teeplantage aufzubauen, erhielt dafür aber keine Genehmigung von der britischen Mandatsverwaltung. Also gründete er mit seinen Ersparnissen und Geld seiner Eltern, die ihm nach Ostafrika folgten, eine Kaffeepflanzung und lebte zunächst unter primitivsten Bedingungen in einer selbstgebauten Lehmhütte. Doch bevor die jungen Kaffeepflanzen reif für die Ernte waren, richtete sie ein Pilz zugrunde.

Angesichts solcher Schwierigkeiten mutet der Wortlaut einer Eingabe der Kolonialen Reichsarbeitsgemeinschaft an die Reichsregierung im Jahr 1932 wie reines Wunschdenken an. Der Verband sei überzeugt, »daß die Lösung des Deutschland so schwer belastenden Arbeitslosenproblems sowie die Lösung vieler anderer wirtschaftlicher Fragen, insbesondere der Ausfuhrsteigerung, der gesicherten und billigen Rohstoffbeschaffung usw. nur dann möglich ist, wenn Deutschland wieder eigenen Kolonialbesitz hat«. Oberregierungsrat H. Thomsen, der auch im Dritten Reich noch zuständig für die Bearbeitung des nicht nachlassenden Stroms von Eingaben durch die Kolonialverbände blieb, rückte mit Marginalien die illusorischen Behauptungen der Kolonialen Reichsarbeitsgemeinschaft zurecht.

Zum Thema Arbeitslosigkeit vermerkte Thomsen skeptisch: »Ist das England gelungen?« Auch der Rohstoffbeschaffung mittels Kolonien stand er kritisch gegenüber: Das könne man anderswo billiger bekommen und sei nur im Frieden sicher. Was die Ausfuhrsteigerung anging, merkte er trocken an: »Wie groß kann die koloniale Ausfuhr zur Gesamtausfuhr sein?«

Es ist anzunehmen, daß Oberregierungsrat Thomsen die für Kolonialenthusiasten frustrierende Antwort auf die Frage kannte. Kurz vor dem Ersten Weltkrieg hatte die koloniale Ausfuhr gerade einmal einen Anteil von 0,6 Prozent am deutschen Außenhandel erreicht. Demgegenüber standen 646 Millionen Mark, mit denen das Deutsche Reich von 1884 bis 1914 seine Kolonien bezuschußt hatte. Nichts deutete darauf hin, daß Kolonien in einer von der Weltwirtschaftskrise gebeutelten Zeit etwas anderes sein würden, als das, was sie drei Jahrzehnte lang bis zum Ersten Weltkrieg gewesen waren: ein sogar in Zeiten der Prosperität unrentables, nationalistisches Prestigeprojekt, daß nur wenigen Deutschen Gewinne brachte, den Staat und seine Bürger jedoch gewaltig hohe Steuergelder kostete. Aber nicht nur bei den Revisionisten hatten die Kolonien etwas mit Rationalität, um so mehr aber mit Gefühlen zu tun: mit Verlust, Trauer, Ohnmacht und Erniedrigung. Die Entkolonisierung symbolisierte die nationale Niederlage. Diese zu akzeptieren, waren nur wenige Deutsche in der Lage.

Volk ohne Raum: Kolonialismus in Medien und Kultur

So wenig der Kolonialismus mit dem Verlust der Schutzgebiete ein Ende hatte, so wenig hörte auch in den Köpfen der Deutschen das Denken in kolonialen Schemata auf. Nach dem Ende des realen Kolonialreichs erfolgte die Errichtung eines kolonialen Utopia im kulturellen und medialen Leben der ersten deutschen Republik. Gleich im Jahr 1919 verschlang der Kinostreifen *Die Herrin der Welt* riesige Summen: sechs Millionen Mark für 20 000 Meter abgedrehten Film, 30 000 Statisten und perfekt nachgebildete, exotische Kulissen. Nach dem Motto »Wenn man keine Kolonien hat, baut man sich eben welche« hatte die Produktionsfirma ein »viele hundert Morgen großes Terrain zwischen Woltersdorf, Kalkberge und Rüdersdorf« gekauft, um es »mit Gebirge und See, mit Hügeln und Flachland« zu versehen, berichtete damals beeindruckt die *Illustrierte Film Woche*. Für echtes Lokalkolorit sorgten »72 Chinesen und Chinesinnen, die aus Skandinavien, Norwegen und der Schweiz importiert wurden, und in den Baracken, die hinter einem Stacheldraht gelegen sind, wohnen Neger aller Stämme, in die Hunderte«.

In *Die Herrin der Welt* erkundet Mia May als Heldin Maud Grey die Grenzen der eigenen Fähigkeit, sich in einer fremden, unzivilisierten Welt zu behaupten. Es ist die Geschichte einer Flucht aus der engen Heimat, die keine Zukunftsperspektive aufwies. Aber es ist auch die Geschichte einer Heimkehr aus einer exotischen Fremde, die sich nicht beherrschen läßt und aus deren Gefahren die Heldin nur unter Aufbietung aller Kraft (und natürlich dank eines männlichen Retters) entkommen kann. Jeder Kolonialrevisionist fand sich in diesem Kassenschlager wieder.

Kolonialkultur in der Weimarer Republik war in weiten Teilen Erinnerungskultur. Doch nicht nur die Fülle von Filmen und Büchern mit abenteuerlich-exotischem oder explizit kolonialem Inhalt ist beeindruckend, sondern auch die Vielfalt ihrer Erscheinungsformen. Dem kolonialen Traumreich in all seinen Ausformungen konnte man im Alltag kaum entgehen. Koloniale Vereine, Verbände und Kommissionen überboten sich mit Veranstaltungen, Ausstellungen, Umzügen und Feuerwerken. »Kolonialwochen« abzuhalten war für jede Stadt, die etwas auf sich hielt, geradezu Pflicht. Sie lockten bis zu 220 000 Besucher an. Die Einweihung kolonialer Denkmäler in den größeren Städten war ein Höhepunkt des politischen Lebens und die Teilnahme Ehrensache für jeden national gesinnten Bürger. Handelsmessen zeigten koloniale Produkte und sorgten dafür, daß den Deutschen bewußt blieb, was sie angeblich einst an den Kolonien hatten. Wie schon im Kaiserreich heuerten Zoos und Wanderzirkusse Afrikaner für Völkerschauen an, um klischeehafte Kolonialszenen nachzustellen, auf daß jedem Deutschen klar werde, gegen wen sich der deutsche Siedler und Schutztruppenangehörige durchsetzen mußte, damit die Kolonien die Heimat mit wertvollen Rohstoffen versorgen konnten. Und das leichte Gruseln, einem wilden Afrikaner so nahe zu sein, diese rassistische Exotik, gab es umsonst dazu.

Auch die Konsumwelt wußte dieses »Einfrieren kolonialer Vergangenheit« für sich zu nutzen: Der »Sarotti-Mohr« ist in Deutschland seit dem Ersten Weltkrieg als koloniales Klischee eine bekannte Werbefigur. Ebenso ein Kind der kolonialen Erinnerungskultur ist »Kaba«, mit der exotischen Beifügung »der Plantagentrank« (1929), und »Afri-Cola« (ab 1931 weltweit geschütztes Warenzeichen).

Allein im Vorfeld des Beitritts Deutschlands in den Völkerbund 1926 gab es 850 Veranstaltungen und Vorträge, die zum Inhalt hatten, daß nun für die Regierung endgültig die Zeit gekommen sei, die Rückgabe der Kolonien mit allem Nachdruck einzufordern: »Nicht vergessen, sondern stets dran denken.« Die Kolonialbewegung ließ 1,5 Millionen Flugblätter drucken und lancierte Artikel in über hundert Zeitungen. Es gab Aschenbecher und Kaffeeuntersetzer mit kolonialen Motiven. Sogar auf 3,5 Millionen Bierdeckeln prangten sie. Dem Kolonialrevisionismus war also selbst in der Kneipe kaum zu entkommen. Im Jahr 1928 sollten 70 000 Flugschriften und 100 000 Kolonialprogramme für koloniale Begeisterung sorgen. Doch die köchelte auf immer kleiner werdenden Flamme.

Auch im Printbereich versuchte man, ein Massenpublikum und jedes Alter anzusprechen: Die von der Kolonialen Reichsarbeitsgemeinschaft herausgegebene Jugendzeitschrift *Jambo* und Sammelalben hielten den Kolonialgedanken bei der nachgeborenen Generation wach. Sie sorgte ebenso wie *Carl Hagenbeck's illustrierte Tier- und Menschenwelt* (allein diese in hunderttausendfacher Auflage) für die Verbreitung populärer politischer, geschichtlicher und rassistischer Mythen, die den Kolonien das Image einer durch und durch vom deutschen Wesen kontrollierten fremden Welt verliehen und sie zu einem sorgenfreien Traumreich unter Palmen machten.

Es ist schon erstaunlich, daß der Großteil der Kolonialliteratur erst nach 1914 erschien, meist als sentimental angehauchte Erinnerungsliteratur. Immer schwingt in ihr mit, daß die Deutschen in Afrika ein siegreiches Kulturvolk waren, das den unterentwickelten Stammeskulturen zivilisatorischen Segen brachte und die Einheimischen höchstens in Notwehr mit Gewalt zu ihrem Glück zwang. Rückblickend wurde Afrika zum Land der unbegrenzten Möglichkeiten, an dem das kranke deutsche Wesen genesen konnte. Dort gab es Arbeit und Land. Dort ließ sich zwischen Gut und Böse, Oben und Unten so herrlich einfach unterscheiden wie zwischen Schwarz und Weiß.

In der Literatur wurden die Kolonien als eine natürliche Ergänzung des Deutschen Reichs dargestellt. Dem »Volke Goethes und Wilhelm Raabes, den Kindern aus der Heimat Dornröschens und der Frau Holle … gehört dieses Stück Tropenherrlichkeit zu eigen wie dem Spanier einst seine Neue Welt, wie dem Briten heute sein Indien«, schreibt H. Poeschel in seinem Buch *Bwana Hakimu, Richterfahrten in Deutsch-Ostafrika*. Geradezu überschwemmt wurde der Buchmarkt mit Veteranenliteratur. Dutzende von Titeln erschienen mit oft beeindruckenden Auflagenzahlen. Lettow-Vorbecks Kriegserinnerungen waren ein Bestseller. Sein Buch *Heia Safari. Deutschlands Kampf in Ostafrika*, das er »der deutschen Jugend« gewidmet hatte, erreichte schon 1920 eine Auflage von 192 000 Exemplaren.

Herausragend in der politischen Kolonialliteraturszene war der ehemalige Gouverneur Deutsch-Ostafrikas, Heinrich Schnee. Er schrieb die »Bibel« der Kolonialrevisionisten, das Buch mit dem wortschöpferischen Titel *Die koloniale Schuldlüge*, in dem alle Argumente der pro-kolonialen Bewegung versammelt waren: Kolonien seien für Deutschland überlebensnotwendige Rohstoffquellen und Auswanderungsgebiete, koloniale Verfehlungen lediglich Kinderkrankheiten gewesen, und überdies würden alle Afrikaner auf die Rückkehr der Deutschen warten.

Das Buch wurde so populär, daß es mit Hilfe des Auswärtigen Amtes sogar im Ausland erschien, wenngleich mit einem weniger polemischen Titel. Für die englische Ausgabe *German Colonization Past and Future* schrieb der britische Historiker W. H. Dawson gegen Bezahlung ein wohlwollendes Vorwort. Wie wenig sich das Ausland dennoch mit dem deutschen Kolonialrevisionismus auseinandersetzte, zeigte die *Times* 1925. Die Zeitung unterstellte Heinrich Schnee, immerhin ein Mitglied der staatstragenden Deutschen Volkspartei Stresemanns, aufgrund seines permanenten Eintretens für die Rückgabe der Kolonien, daß er das »Schmuckstück der faschistischen Partei im Reichstag« sei. Das geschah jedoch zu einem Zeitpunkt, als die Beziehung zwischen der Kolonialbewegung und der NSDAP nicht der Rede wert war – noch nicht.

Ein weiterer Bestseller der Kolonialliteratur war Hans Grimms *Volk ohne Raum*, wovon bis zum Jahr 1928 480 000 Exemplare verkauft wurden. Der Titel des Buches lieferte den Nationalsozialisten den Slogan für die von ihnen propagierte Ostexpansion und wurde ein Klassiker der Blut-und-Boden-Literatur. Grimms Buch mystifiziert jedoch nicht die Steppen Rußlands als Siedlungsreserve für das deutsche Volk. Für ihn zielt die Sehnsucht der Deutschen auf die Weiten Afrikas. Er läßt seinen Protagonisten Cornelius Friebott übers Land ziehen und von der »Notwendigkeit von Kolonien« predigen, bis dieser von einem antikolonialen Gegner mit einem Steinwurf getötet wird. Doch auch wenn Grimm mit der Vereinnahmung seines Buches durch die Nationalsozialisten nicht einverstanden gewesen sein mag und selbst nie der NSDAP beitrat – in *Volk ohne Raum* taucht die Forderung nach einem Führer ebenso auf wie der Hitler-Putsch 1923: »Sehnsüchtige« seien da in München »zusammengeschossen« worden.

Der Bestsellerautor Hans Grimm schrieb mit *Volk ohne Raum* den zentralen Roman des Kolonialrevisionismus. Den Nationalsozialisten diente sein Buch als ideologische Basis für die Forderung nach »Lebensraum« im Osten.

Als Grimms Buch 1926 erschien und schnell ein Bestseller wurde, hatte unter so manchem Kolonialrevisionisten das heimliche Sehnen nach einem Führer, der die Kolonisten heim in ihr Traumreich führte, bereits begonnen. Denn die koloniale Propaganda in der Weimarer Republik glich zwar einem medialen Trommelfeuer, aber zuviel Lärm macht bekanntlich taub. Ohnmächtig mußten die Kolonialverbände feststellen, daß die Bekenntnisse vieler Deutscher zu den Kolonien anscheinend Lippenbekenntnisse waren. Ähnlich wie die deutsche Einheit unmittelbar nach dem Zweiten Weltkrieg erschien mehr und mehr Deutschen in der Weimarer Republik die Rückgewinnung der Kolonien unter der Macht des Faktischen zunehmend unrealistisch.

Was für den politischen Kolonialrevisionismus gilt, trifft auch auf die kulturelle und mediale Verbreitung von kolonialen Themen zu: Nicht in der Weimarer Republik, sondern im Nationalsozialismus erreichte sie ihren Höhepunkt. Am Ende jedoch teilen alle Erscheinungsformen kolonialen Gedankenguts das Schicksal Heinz Rühmanns als »Flieger Quax«: Dem Höhenflug in Form von Auflagenrekorden und Kassenschlagern erfolgt beim letzten Ausflug ins koloniale Traumreich die Bruchlandung mit Totalschaden. Dem Film *Quax in Afrika,* noch im Dritten Reich entstanden, aber nicht mehr in die Kinos gelangt, erteilten die alliierten Besatzungsmächte Aufführungsverbot.

Mit Filmen wie *Quax in Afrika* (Ufa/Berlin 1941, in der Hauptrolle Heinz Rühmann) sollte die Bevölkerung unterhalten und vom Kriegsalltag abgelenkt werden.

»Heute gehört uns Deutschland ...« – Die NSDAP und der koloniale Gedanke

Auf der Suche nach »Kraft und Zukunft«: Die Kolonialbewegung bis 1933

Rauchschwaden und Bierdunst waberten durch den Versammlungsraum des Münchner Gasthofs »Deutsches Reich«. Am 10. Dezember 1919 ergriff ein gewisser Adolf Hitler auf der Versammlung der Deutschen Arbeiter Partei (DAP) das Wort. Kaum ein Deutscher wußte zu dieser Zeit, wer der schmächtige Mann war, der da vorne seine Stimme erhob, um den Versammelten die Ziele der kleinen rechtsradikalen Splitterpartei zu erläutern. Ein »Herr Hittler« wandte sich an die Anwesenden, notierte der Verbindungsmann des Reichswehrgruppenkommandos 4, der den Verlauf der Versammlung protokollierte. »Die Wegnahme der Kolonien bedeutet für uns einen unersetzlichen Verlust«, soll Hitler laut diesen Aufzeichnungen gesagt haben. »Wir sind gezwungen, unsere Rohstof-

Deutsches Turnfest im ehemaligen Deutsch-Südwestafrika, Mai 1939. Die Turner ziehen unter der Hakenkreuzfahne auf den Sportplatz an der Lüderitzbucht ein.

fe von den Alliierten zu beziehen und zwar so teuer, daß wir als Konkurrenz auf dem Weltmarkt ausgeschaltet sind.«

1919 scheint Hitler also ein entschiedener Anhänger der Rückgabe der alten Schutzgebiete gewesen zu sein. Bewundernd äußerte er sich einige Monate später im Hofbräuhaus in einer Rede über die Kolonialpolitik des Kaiserreichs. Da war der Mann aus Linz bereits ein Führungsmitglied der neugegründeten NSDAP, in deren erst ein paar Wochen altem Programm unter Punkt drei stand: »Wir fordern Land und Boden (Kolonien) zur Ernährung unseres Volkes und zur Ansiedlung unseres Bevölkerungsüberschusses.« Doch so wenig Hitler am Entwurf dieses Punktes wie am Programm insgesamt beteiligt war, so wenig waren die frühen Reden Hitlers aussagekräftig für seine Einstellung in kolonialen Fragen in den Jahren seines politischen Aufstiegs.

Ein Vorkämpfer der kolonialen Bewegung sei die NSDAP gewesen, sollte die Propaganda der Nationalsozialisten später stets hartnäckig behaupten. Und wie konnte eine Partei anders als prokolonial sein, wenn ihre Sturmabteilungen, die SA, sich in Braunhemden aus den Restbeständen der Schutztruppe Lettow-Vorbecks kleidete, sich also augenscheinlich in die Tradition der in der Weimarer Republik als Weltkriegshelden hochgeachteten Soldaten Deutsch-Ostafrikas stellte? Die Frage beinhaltet schon die Antwort. Die Legende von der Herkunft der Braunhemden mag ein Körnchen Wahrheit enthalten. Doch die Verbindungen der NSDAP und Adolf Hitlers zum Kolonialrevisionismus waren tatsächlich wenig mehr als reine Äußerlichkeiten.

Schon ab 1922 waren die Nationalsozialisten im Reichstag vertreten, wenngleich bis 1928 nicht als eigenständige Partei, sondern als Teil der Deutsch-völkischen Freiheitspartei (DVFP). Als die NSDAP 1924 nach dem Hitler-Putsch im Vorjahr verboten worden war, war sie Teil der Nationalsozialistischen Freiheitsbewegung. Doch in all den Jahren schickte die NSDAP weder einen Vertreter in den Ausschuß der Deutschen Kolonialgesellschaft, noch vermerkten die Protokolle des Reichstags ein über das Übliche hinausgehendes Engagement der NS-Abgeordneten in Sachen Kolonialpolitik. Das Gegenteil war der Fall. Mag man das fehlende Engagement in der Deutschen Kolonialgesellschaft noch damit begründen, daß die Gesellschaft anfangs keinen Wert auf die Teilnahme einer abstrusen Splitterpartei legte, so verwundert es dann doch, daß sich 1924 kein Nationalsozialist an den Versuchen beteiligte, die Aufhebung der Reise- und Aufenthaltsbeschränkungen für Deutsche in den ehemaligen Kolonien durchzusetzen. Auch bei der Forderung nach Auszahlung der ausstehenden Löhne für die Askari und die Mitglieder der Schutztruppe Lettow-Vorbecks übten sich die Nazis in Zurückhaltung. Auf die vor Wahlen übliche Umfrage der Kolonialen Reichsarbeitsgemeinschaft, wie die Parteien zur Kolonialfrage stehen, antwortet die DVFP kühl: »Die nationalsozialistische Freiheitsbewegung weist daraufhin, daß auf ihrer Liste im Wahlkreis 2 der Kolonialdeutsche, Herr von Bremen, wenn auch nicht auf aussichtsreicher Stelle, stehe. Er würde aber der Partei immer mit Rat und Tat beiseite stehen.«

Das klingt nicht nach Kolonialbegeisterung, sondern eher nach Ableistung einer lästiger Pflicht. Doch nicht einmal die erfüllten die Nazis. Immer wieder wetterten die Kolonialverbände gegen die Tatenlosigkeit der Parlamentarier. Bei den Nationalsozialisten hatten sie wirklich allen Grund dazu, denn kein Parteimitglied ließ sich jemals auf einem der großen Kongresse der Deutschen Kolonialgesellschaft blicken. Hinzu kam, daß sich viele der völkischen Parteigänger nicht als pro-, sondern als anti-kolonial empfanden: War nicht Deutschland selbst eine Kolonie der Alliierten? Parteimitglieder wie Gregor Strasser bedienten sich höchstens pro-kolonialer Argumente, um gegen die Republik und den Versailler Vertrag zu hetzen, verstanden sich sonst aber als »Vertreter des Bündnisses mit den unterdrückten Staaten«.

Mit einer solchen Partei schien kein Kolonialstaat machbar – und mit Hitler auf den ersten Blick ebenfalls nicht. Haß auf Frankreich und England, die Forderungen nach Wiederherstellung der Grenzen von 1914 und Rückgabe der Kolonien waren nichts Besonderes in der Weimarer Republik. Bis 1922 durchlief Hitlers politische Weltsicht jedoch einen Wandel: Zu den üblichen Feindbildern gesellte sich ein extremer Antisemitismus, der eine Verbindung mit antikommunistischem Gedankengut einging. Die Juden hätten

Rußland »bolschewisiert«, das heißt, dem Kommunismus zum Sieg verholfen. Das machte für Hitler ein Bündnis mit der Sowjetunion gegen den Westen unmöglich. Rußland wurde ein neuer Todfeind, den zu vernichten sein Hauptziel wurde. Mit der Vernichtung verband er aber auch die Schaffung neuen Siedlungsraums für die Menschen im angeblich übervölkerten Deutschland. Im Dezember 1922 schrieb Eduard Scharrer, der dem Nationalsozialismus nahestehende Miteigentümer der *Münchner Neuesten Nachrichten* nach einem Gespräch mit Hitler dessen politischen »Generalplan« zur Unterwerfung Europas nieder: »Außenpolitisch müßte sich Deutschland auf reine Kontinentalpolitik unter Vermeidung der Verletzung englischer Interessen einstellen. Es wäre die Zertrümmerung Rußlands mit Hilfe Englands zu versuchen. Rußland gäbe genügend Boden für deutsche Siedler und ein weites Betätigungsfeld für die deutsche Industrie. Bei der Abrechnung mit Frankreich würde uns dann England nicht dazwischenreden.« Kein Wort über Kolonien in Afrika oder anderswo.

Doch dann, nach dem kläglich mißglückten Hitler-Putsch und der Haft auf der Festung Landsberg, verfaßte Hitler den zweiten Band von *Mein Kampf*, in dem ein Satz von entscheidender Bedeutung für Hitlers Außenpolitik steht: »Deutschland wird entweder Weltmacht oder überhaupt nicht sein.« Hitler dachte also doch an die Errichtung von Kolonien, denn eine Weltmacht ohne Kolonien, wie sollte das gehen? Der folgende Satz erklärt es: »Wir stoppen den ewigen Germanenzug nach dem Süden und Westen Europas und weisen den Blick nach dem Land im Osten. Wir schließen endlich ab die Kolonial- und Handelspolitik der Vorkriegszeit und gehen über zur Bodenpolitik der Zukunft.« Mit Rückendeckung Englands wollte Hitler die Suprematie über Kontinentaleuropa. Für ihn war die Erde »wie ein Wanderpokal«, der das Bestreben habe, »immer in die Hand des Stärksten zu kommen«. Daß der Erwerb von Kolonien für ihn erst in ferner Zukunft in Frage kam, begründete Hitler damit, daß die Epoche der Seemächte dem Ende zugehe. Das Meer sei angesichts der Mobilisierung der Menschheit durch Technik, angesichts von Straßen, Schienen und Rollbahnen nicht mehr ein Förderer, sondern ein Hinderungsgrund für die Entstehung von Imperien. Für Hitler ermöglichte die Technik nun die Erschließung von vorher nicht besiedelbaren Gebieten, die Landmacht war für ihn das Weltreich der Zukunft, nicht die Seemacht. Für »hundert Jahre« schloß er deutsche Kolonien in Übersee aus. Erst dann sah er Deutschland mächtig genug, um Kolonien »in den Bereich des natürlich Möglichen« rücken zu lassen – erst Deutschland, dann der Osten, danach die ganze Welt. Das war Hitlers Stufenplan zur Machtergreifung über die Menschheit.

Von einer Seelenverwandtschaft mit dem Kolonialrevisionismus kann also bei Hitler nicht die Rede sein. Die ersten Begegnungen der Mächtigen der Kolonialbewegung mit den führenden Köpfen des Nationalsozialismus verliefen entsprechend enttäuschend. Zwar war seit der Neugründung der NSDAP im Frühjahr 1925 der linke Flügel der Partei unter Gregor und Otto Strasser von Hitler zurückgedrängt worden. Heinrich Schnee, der zukünftige Führer der *Deutschen Kolonialgesellschaft*, war dennoch entsetzt über das Benehmen, das Hermann Göring im September 1928 im Parlament an den Tag legte. Auch wenn dieser im Gegensatz zu Hitler dem Kolonialgedanken aufgeschlossen war: Von einem Mann, dessen Vater Reichskommissar von Südwestafrika gewesen war und dessen Bruder als Hauptmann in der ostafrikanischen Schutztruppe gedient hatte, erwartete Schnee ein weltmännisches Gebaren und kein »bramarbasierendes Auftreten«, auch als Abgeordneter einer Partei, die Schnee wohl als proletarischen Krawallhaufen ansah.

Im November 1928 traf Schnee anläßlich einer Einladung der Vereinigten Vaterländischen Verbände auch auf Adolf Hitler – jedoch ohne den Namen des nach seinen Worten jungen, sympathischen Mannes zu kennen. Erst beim Verlassen der Veranstaltung erfuhr er ihn. Kaum zu glauben, daß Schnee bald die gesamte Kolonialbewegung diesem Mann zu Füßen legen würde – für nichts als das Versprechen einer wie auch immer gearteten kolonialen Zukunft.

Zum Zeitpunkt der Begegnung von Hitler und Schnee hatte sich bereits eine Galionsfigur der Kolonialbewegung der NSDAP zugewandt. Franz Xaver Ritter von Epp, Kolonialkämpfer, Weltkriegsheld und Freikorpsführer trat bereits im Mai 1928 mit der festen Überzeugung in die Partei ein, nur Hitler sei in der Lage, das Deutsche Reich im Geiste nationaler Freiheit wiederaufzurichten. Die Methoden, derer sich die Nationalsozialisten bedienten, um ihre Gegner auszuschalten, sah Epp als Gemütsäußerungen einer pubertierenden Partei an: »Ecken und Rauheiten hängen jeder Jugendlichkeit an, trotzdem liegt in ihr die Kraft und die Zukunft.«

Trotz steter leiser Zweifel an der kolonialen Gesinnung Hitlers, die sich durch kritische Äußerungen in Interviews mit der *Times* und dem *Daily Express* 1931 noch erhärteten, glaubten viele, daß Hitler einfach nur schlecht beraten sei. Und das meinte man ändern zu können. Erich Duems, der Generalsekretär der Deutschen Kolonialgesellschaft, entdeckte in der personellen Durchdringung der NSDAP die Chance, den Antikolonialismus der Partei zu zähmen. In der Unterschätzung Hitlers unterschied sich der Kolonialrevisionismus also nicht vom übrigen Konservatismus in der Weimarer Republik. Hitler war zwar bereit, der Kolonialbewegung Zugeständnisse zu machen – Epps koloniale Äußerungen galten als offizielle Parteilinie –, aber das entsprang taktischem Kalkül. Hitler nutzte die Einbindung konservativer Kräfte in die Partei, um den »sozialistischen« Flügel der Partei um Röhm und Strasser zu schwächen. Im Juli 1930 traten Strasser und seine Anhänger aus der NSDAP aus. Das wiederum machte die NSDAP noch attraktiver für das national und kolonial denkende Bürgertum. Scheinbar gewann die Kolonialbewegung dabei an Einflußmöglichkeiten. Doch der eigentliche Gewinner hieß Adolf Hitler.

Die Meinungsanarchie innerhalb der heterogenen NSDAP auf diesem Gebiet zeigte auf die Kolonialrevisionisten Wirkung. Für Epp war Hitler der Garant für Revision, Expansion und Remilitarisierung. Daß Hitler bei Revision zunächst einmal nicht an Afrika dachte und bei Expansion primär an den Osten, war für Epp von zweitrangiger Bedeutung. Und mit welcher Menschenverachtung und Kriegslüsternheit Hitler die »Raumnot« der Deutschen zu lösen beabsichtigte, sprengte schlichtweg Epps Vorstellungskraft. Das beide Bewegungen verbindende »Raummotiv« machte die Kolonialverbände blind für die Absichten Hitlers und die Wege, die er bereit war, dafür zu gehen.

Festzug ehemaliger Schutztruppler (Abteilung Samoa) in Berlin Unter den Linden anläßlich der 50-Jahrfeier der Deutschen Kolonialgesellschaft Mitte Oktober 1932

Es wäre jedoch falsch, den Einfluß der Kolonialbewegung auf die NSDAP als gering einzuschätzen. Hitler mußte auf die Kolonialbewegung als Teil der konservativen Strömung in der deutschen Bevölkerung Rücksicht nehmen. Schließlich konnte sie einen erheblichen Einfluß im Staatsapparat und in der Wirtschaft vorweisen – zwei Größen, mit denen Hitler sich gut stellen mußte, wenn er an die Macht kommen wollte. Bis zum Jahr 1930 hatten sich fast alle Industrie- und Handelskammern der *Deutschen Kolonialgesellschaft* angeschlossen. Verarbeitende und chemische Industrie waren kolonialpolitisch durchaus engagiert, und mit dem Einsetzen der Weltwirtschaftskrise verstärkte sich dieses Engagement noch. Alle größeren Bankgesellschaften waren an kolonialen Geschäften beteiligt. Auch in den Führungsetagen der deutschen Schwerindustrie gehörte das Kolonialpostulat zum guten

Ton, wenngleich man sich mit wirtschaftlichen Projekten zurückhielt. Um dem Rechnung zu tragen, wurde in der NSDAP 1932 ein Kolonialreferat eingerichtet.

Ein typisches Beispiel für die Anpassung der Kolonialbewegung an den Nationalsozialismus waren der Generalsekretär der *Deutschen Kolonialgesellschaft* Duems und der kolonial engagierte Plantagenbesitzer und Exporteur Kurt Woermann. Der Sohn des Hamburger Reeders Adolph Woermann war spätestens seit 1931 Mitglied der NSDAP. Kurt Woermanns kolonialpolitische Einstellung hatte eine Publikation Rudolf Böhmers geprägt, die den Titel *Erbe der Enterbten* trug – und bezeichnenderweise mit Hilfe Duems veröffentlicht worden war. Darin wird nicht nur eine Kolonisierung der Hochländer Afrikas gefordert, sondern auch eine intensive Binnen- und Ostkolonisierung sowie die Einführung einer Arbeitspflicht.

Woermann und Duems ging es darum, eine Synthese aus dem »Erbe der alten Kolonialzeit« und der nationalsozialistischen »neuen deutschen Raumbewegung« zu schaffen. Ab 1929 Vorstandsmitglied der *Deutschen Kolonialgesellschaft,* distanzierte sich Woermann aber immer mehr von den liberalen Grundsätzen seines Verbands und forderte die Vereinigung aller kolonialen Verbände und Vereine sowie die Aufstellung eines neuen Programms. 1931 legte er sein Mandat wegen unüberbrückbarer Meinungsverschiedenheiten mit dem Präsidenten der *Deutschen Kolonialgesellschaft,* Seitz, nieder. Doch unter dessen Nachfolger Schnee gewann Woermann wieder an Einfluß. Flankiert wurde diese Entwicklung von den Aktivitäten Duems. Er hatte im Winter 1930 eine *Jungkoloniale Arbeitsgemeinschaft* (JKA) gründete, die ab Herbst 1931 verstärkt den Schulterschluß mit der NSDAP suchte, die seit 1930 die zweitstärkste Fraktion im Parlament stellte. Zentrales Anliegen der Arbeitsgemeinschaft war die Überwindung der deutschen »Raumnot« durch Schaffung kolonialer »Lebensräume«.

Im Oktober 1932 trat Schnee, der Vorsitzende der *Deutschen Kolonialgesellschaft,* aus der Deutschen Volkspartei mit der Begründung aus: »Die Möglichkeit, die gegenwärtige Krise zu überwinden, vermag ich lediglich in einer starken Staatsführung auf autoritärer

Grundlage zu erblicken.« Für Schnee galt es nun, »einer entschlossenen Mehrheit« mittels eines Ermächtigungsgesetzes Vollmachten in die Hand zu geben. Die parlamentarische Demokratie sah er mit dieser »Selbstausschaltung des Reichstages« als erledigt an. Die »nationale Erhebung« am 30. Januar 1933 wurde denn auch in der Kolonialbewegung freudig begrüßt. Hitler war nun Reichskanzler und die Demokratie mit der Verabschiedung des Ermächtigungsgesetzes durch den Reichstag ruiniert – so, wie es sich Schnee gewünscht hatte. Der Nationalsozialismus stellte fortan die Rahmenbedingungen für die Realisierung kolonialer Wünsche. Sie sollten sich als ein enges Korsett erweisen, das der Kolonialbewegung nur wenig Luft zum Atmen ließ.

Gleichschaltung und Scheinblüte: Die Kolonialbewegung nach 1933

> Wir wollen den Osten halten und gewinnen
> und werden wieder ein Kolonialvolk werden.
> Wir wollen tragen, wie Friedrich trug,
> auf Ostlands Acker den Westland Pflug,
> Wir wollen furchen, wie Tirpitz tat,
> mit stolzem Kreuzer den feuchten Pfad«

dichtete der Direktor der Kolonialschule Witzenhausen stolz zum krönenden Abschluß seiner Vorlesung im August 1933. Schließlich war es eine Abordnung Studenten seiner Schule gewesen, die mit ihrer Teilnahme am NSDAP-Parteitag 1927 die Annäherung von Kolonialbewegung und Nationalsozialismus offensichtlich machte. Bald darauf sollte die Führung der alternden und von Perspektivlosigkeit geprägten Bewegung in der jungen aufstrebenden Partei einen neuen Antrieb entdecken. Nach der Machtübernahme der Nationalsozialisten 1933 stellte sich jedoch heraus, daß es für Hitler nicht in Frage kam, die Kolonialbewegung entscheiden zu lassen, wann und zu welchem Zweck seine Partei sich einen Tropenhelm überstülpte – auch wenn sich die Kolonialbewegung, wie das Gedicht beweist, noch so bereitwillig der NS-Ideologie vom »Ritt nach Osten« anpaßte.

Bereits am 30. März 1933 trafen sich der Vorsitzende der *Deutschen Kolonialgesellschaft* und Hitler zu einer Unterredung. Das Ergebnis war enttäuschend. Schnee trug vor, warum Kolonien wirtschaftlich unbedingt erforderlich seien und nannte als vordringlich den Rückerwerb von Kamerun und Togo. Er empfahl Hitler, bei aller Rücksicht auf England die Forderung nach Rückgabe der Kolonien offiziell auf die politische Agenda zu setzen. Hitler antwortete hinhaltend: »Ich werde mir das überlegen.« Es sah nicht danach aus, als wenn die Kolonialfrage – jene »Frage dritten Ranges«, wie Ritter von Epp einmal formuliert hatte – nun auf einmal Priorität besaß.

Hitler hatte andere Probleme. Er mußte seine Macht im Innern konsolidieren. Außenpolitik fand 1933 und 1934 kaum statt, abgesehen vom Austritt aus dem Völkerbund im Oktober 1933. Weiterhin gab es in der Partei die »Anarchie der Meinungen«. Darüber, wie stark sich die Kolonialbewegung betätigen durfte, entschied oft die persönliche Einstellung der Gauleiter. Die sofort nach der Machtergreifung stattfindende Gleichschaltung von Parteien und Verbänden zum Zweck der Machtkonzentration in den Händen der NSDAP hatte die Kolonialbewegung zunächst nur in abgeschwächter Form getroffen. Hitler schien die politisch einflußreiche Bewegung in der riskanten Konsolidierungsphase seiner Diktatur nicht reizen zu wollen. Die schmerzhafteste Zwangsmaßnahme war die Überführung der kolonialen Jugendverbände in die HJ in der zweiten Jahreshälfte 1933. Die Nationalsozialisten raubten damit der ohnehin überalterten Bewegung die Zukunft. Ansonsten erhielt der Präsident des größten Verbandes, der *Deutschen Kolonialgesellschaft,* im Rahmen der Gleichschaltung zwar mehr Machtbefugnisse, mußte sich jedoch mit einem von der NSDAP beherrschten Ausschuß abstimmen. Der Dachverband der Bewegung, die *Koloniale Reichsarbeitsgemeinschaft,* nannte sich nun *Deutscher Reichskolonialbund,* und die *Deutsche Kolonialgesellschaft* löste sich freiwillig auf, wie zuvor schon alle übrigen Kolonialverbände. Insgesamt nahm die »verzögerte Gleichschaltung« (Hildebrand) also einen glimpflichen Verlauf. Es hätte schlimmer kommen können, wenn man bedenkt, daß der SA-Führer und Schutztruppenangehörige in Kamerun, C. W. A. Koch, geplant hatte, den Sitz der *Deutschen Kolonialgesellschaft* mit seinen Männern im Handstreich zu besetzen, Schnee hinauszuwerfen und selbst die Leitung zu übernehmen.

Erst im Mai 1936 wurde es mit der Gleichschaltung jedoch ernst. Der Grund war ein Richtungswechsel in der Außenpolitik Hitlers. Sie machte die Existenz einer absolut willfährigen Kolonialbewegung erforderlich, ein reines Propagandainstrument. Die *Deutsche Kolonialgesellschaft* wurde aufgelöst. Übrig blieb der *Reichskolonialbund*, dessen Bundesführer Ritter von Epp wurde. Seit 1934 war Epp bereits der Leiter des Kolonialpolitischen Amtes der NSDAP. Euphorisch setzte er sich weiterhin für die »Fahrt nach Afrika« ein und ließ sich auch nicht durch Maulkorberlasse an die Kolonialbewegung davon abbringen. Den »Ritt nach Osten« hielt er für undurchführbar, da in Osteuropa zu viele Völker leben würden, die man unmöglich umsiedeln könne. Nicht tropische Kolonien seien romantische Träumereien, sondern die »Ostlandreiterei«, sagte Epp in einer Rede im Juni 1935.

Der gleichen Ansicht war auch Reichsbankpräsident Hjalmar Schacht, der sich in dieser Angelegenheit am 19. März 1935 schriftlich an Hitler wandte: »Entscheidend ist, das man auf der ganzen Ostlinie für deutsche Siedlung nur Platz machen könnte durch eine glatte Entvölkerung der betreffenden Gebiete, die in heutiger Zeit auch bei noch so entscheidendem Siege kein vernünftiger Mensch für möglich halten wird.« Folglich stand nur Übersee einer Expansion Deutschlands zur Verfügung. Und diese sollte auf jeden Fall friedlich erfolgen, war zunächst noch Epps Überzeugung: »Wir werden der Kolonien wegen keinen Krieg beginnen.«

Epp konnte sich so klar in aller Öffentlichkeit äußern, weil sich inzwischen der politische Wind gedreht hatte. Nach Jahren politischen Desinteresses entdeckte Hitler 1935/36 die Kolonialfrage als Mittel zur Durchsetzung seiner territorialen Forderungen in Europa. Das Flottenabkommen mit England vom 18. Juni 1935 hatte bei ihm die Illusion genährt, das britische Königreich würde sich einem entschlossenen Deutschland beugen, das sich zur kontinentalen Su-

AFRIKA
Auch hier
liegt
deutsches Land!

permacht aufschwingen wolle. Die Forderung nach kolonialer Gleichberechtigung wurde nun ein entscheidender Faktor in Hitlers Politik – ein Joker, den er nun immer wieder zog, sobald sich England bei Gebietsforderungen in Europa widerspenstig zeigte.

Plakat der NS-Kolonialpropaganda

Nie zuvor erlebte die Kolonialbewegung einen solchen Zuspruch wie in jenen Jahren. Nach der Gleichschaltung schwang sich die Propaganda zu neuen Höhen auf. Eine schier überwältigende Zahl an Kolonialbüchern, -veranstaltungen und -vorträgen überschwemmte Deutschland. Neben Belletristik sorgten propagandistisch eingefärbte Sachbücher und Schriften wie *Afrika braucht Deutschland* oder *Die farbige Front. Hinter den Kulissen der Weltpolitik* für prokoloniale Stimmung. »Hier ist Berlin und der deutsche Kurzwellensender mit Richtstrahler nach Afrika«, tönte es ab 1934 im Äther. Filme wie *Die Reiter von Deutsch-Ostafrika,* bei dessen Premiere Weltkriegsheld Lettow-Vorbeck anwesend war, und *Deutsches Land in Afrika* fanden ein Millionenpublikum. Für den einfachen Parteigenossen, den »Mann auf der Straße«, mußte es so aussehen, als wenn Deutschland kurz davor wäre, wieder ein Kolonialreich zu erlangen. Als Indiz für die neue Attraktivität, welche die Kolonialbewegung auf junge Menschen ausübte, kann die 1927 gegründete *Koloniale Frauenschule* Rendsburg dienen, die im Laufe der Jahre immer beliebter wurde: Auf jeden Platz kamen drei Bewerberinnen. Seit 1933 war der Nachweis »arischer Abstammung« Pflicht, später auch die Mitgliedschaft im Bund Deutscher Mädel oder der Frauenschaft.

Die Mitgliederzahl des *Reichskolonialbunds* explodierte förmlich. Bis 1938 stieg sie auf eine Million, die in 39 Gauverbänden, 750 Kreisverbänden und 6809 Ortsverbänden organisiert waren. Die *Deutschland-Berichte* der SPD im Exil aus jener Zeit besagen, daß sich viele Deutsche, die sich aus dem einen oder anderen Grund nicht mit dem Nationalsozialismus identifizierten, in den *Reichskolonialbund* »flüchteten«. Bis 1941 stieg die Zahl der Mitglieder auf 2,1 Millionen. Der Preis war die Unterwerfung unter ein totalitäres System. Aus dem kleinen, aber einflußreichen »Zirkel kolonialer Intelligenz« der Weimarer Republik war eine Art »schöne Leiche« geworden, eine riesige, aber dafür machtlose Massenorganisation. Der *Reichskolonialbund* unterstand der Partei, seine Politik wurde von Ribbentrops Außen- und Goebbels Propagandaministerium bestimmt. Hitler wußte um die emotionale Bedeutung der Kolonien für die Deutschen. Er wollte sie nutzen, jedoch ohne sich in Gefahr zu begeben, von einer kolonialenthusiastischen Volksmeinung zu Schritten gezwungen zu werden, die seine Strategie nicht vorsah.

Am 4. Februar 1936 hatte Hitler öffentlich von England die Abtretung von zwei Kolonien gefordert, als Preis für die Fortdauer einer »aktiven deutschen Freundschaft«. Das stellte eine Zäsur dar. Bis zu diesem Zeitpunkt war Hitler überzeugt gewesen, der Verzicht auf Kolonien würde ausreichen, damit England bereitwillig mit Deutschland die Welt teilte. Jetzt griff er zum Mittel der Erpressung, um England in ein Bündnis mit Deutschland zu zwingen. Die inzwischen gleichgeschaltete Kolonialbewegung sollte das Propagandalied zu dieser Politik singen, mal laut, mal leise, wie es die Situation erforderte.

Doch auch diese Taktik scheiterte. England war nicht bereit zu einem Bündnis. Dies hätte Deutschland unbeschränkt freie Hand in Europa gelassen. Und Hitler war nicht bereit, für koloniale Zugeständnisse, die Frankreich und England vage in Aussicht stellten, auf sein primäres Ziel der europäischen Expansion zu verzichten. Von 1937 an wechselte Hitler nach und nach erneut das außenpolitische Konzept. Immer wieder erklärte er nun öffentlich, daß Deutschland ein Recht auf Kolonien habe und es dieses auch einfordere. »Es wird von Jahr zu Jahr stärker die Forderung nach kolonialem Besitz ertönen«, erklärte er zum Beispiel am 20. Februar 1938 vor den Abgeordneten des Reichstags. Jetzt wurde England in seinen Augen vom »natürlichen« Bündnispartner zum Todfeind, den es niederzuringen galt, sobald Deutschland die dazu entsprechende Stärke auf dem Kontinent erreicht haben würde. Vor altgedienten Parteimitgliedern in Nürnberg erklärte Hitler am 21. November 1937, daß die europäischen Mächte in zehn Jahren die koloniale Frage selber zu klären wünschten.

Wie Hitler seinen Teil dazu beitragen wollte, wurde im Januar 1939 klar. Der Diktator genehmigte den Z-Plan der Marine, den Bau von sechs 50 000-Tonnen-Schlachtschiffen, die bis 1946 – nach anderen Angaben bereits 1943 – einsatzbereit sein sollten. Der Diktator ließ keinen Zweifel daran, daß vorher der Osten unterworfen sein würde und danach Frankreich, bevor er mit dem Niederkämpfen Englands Deutschland zur neuen Herrin der Weltmeere und Erbin des Empire mache. In den zwanziger Jahren hatte Hitler ein Ausgreifen nach Übersee für hundert Jahre ausgeschlossen. Nun sagte er gegenüber dem scheidenden französischen Botschafter André François-Poncet, daß er Kolonien erst in fünf, sechs, sieben Jahren zu erwerben gedenke. *Die Koloniale Rundschau* verkündete 1939 begeistert: »Wir sind bereit.«

Mit seinen Äußerungen gab Hitler den Startschuß für das Anrollen einer gewaltigen bürokratischen Maschinerie. Die für das Dritte Reich so typische Pluralität der Planungen setzte ein, mit der man sich Pfründe und Einfluß bei Hitler sichern wollte. Bereits 1934 hatte die *Geographische Wochenschrift* verkündet, man könne mit Bestimmtheit behaupten, »daß der Deutsche überall, aber auch wirklich überall, sich als der großartigste Kolonisator bewiesen hat, den es überhaupt auf der Welt gibt«. Nun zeigte sich, daß der deutsche Kolonist nicht mal eine Kolonie brauchte, um seine Fähigkeiten unter Beweis zu stellen. In Dutzenden von Stäben, Ausschüssen und Abteilungen der Marine, der Partei, der Ministerien, der Wehrmacht und der SS wurde in vorauseilendem Gehorsam ein voll funktionsfähiges »virtuelles Imperium« erschaffen, bevor es auch nur in Ansätzen real existierte.

Die Fünfte Kolonne: Der Nationalsozialismus und die Afrika-Deutschen

Euphorisch verkündete die Stimme aus dem Off den großdeutschen Triumph in Südwestafrika: »Schon wehen die Hakenkreuzfahnen an den Gebäuden, schon rufen die Fanfaren die Hitler-Jugend zu gemeinsamer Arbeit. Diese deutsche Jugend ist bereit, einzustehen für das Land, für das die Väter gelebt und gelitten haben, einzustehen für Deutschlands Ehre und koloniale Größe ... Dieses Land war deutsch, ist deutsch und muß vor aller Welt wieder deutsch werden.« In dem Film *Deutsches Land in Afrika* schien die Wiedergewinnung der ehemaligen Kolonie nur noch eine Frage der Zeit zu sein. Alle Zeichen sprachen dafür, daß Deutschland wieder eine Kolonialmacht werden und das Dritte Reich die Deutschen in den Mandatsgebieten an der »nationalen Wiederauferstehung« in der Heimat teilhaben lassen würde. Hatte Hitler denn nicht die Österreicher »heim ins Reich« geholt und die Sudentendeutschen ebenfalls, durch die Einverleibung des tschechoslowakischen Staatsgebiets?

Bereits einige Jahre zuvor hatte sich die Fliegerin Elly Beinhorn in ihrem Dokumentarfilm *Elly Beinhorn fliegt nach Afrika* begeistert über das stramm auf Parteilinie marschierende Deutschtum in Südwestafrika geäußert: »Und da werden Sie sehen, daß gerade die Jugend aber hundertprozentig in unserem neuen Geist in Deutschland drin ist und mitgegangen ist.« Der Flug fand 1932 statt. Nur ein Jahr später hätte Elly Beinhorn Aufnahmen von wehenden Hakenkreuzflaggen machen können. In den ehemaligen Kolonien war der Nationalsozialismus bereits angekommen, bevor die Partei in Deutschland diktatorische Macht erlangte. Nach der Machtergreifung nahm der nationalsozialistische Einfluß jedoch noch einmal erheblich zu.

Bezeichnenderweise war im Gespräch des Vorsitzenden der *Deutschen Kolonialgesellschaft* mit Adolf Hitler am 30. März 1933 die Unterstützung der Auslandsdeutschen der einzige Punkt gewesen, bei dem der Diktator der Kolonialbewegung sofort Hilfe zusagte. Schnee hatte um Finanzhilfen von mehreren hunderttausend Mark gebeten. In den ehemaligen Kolonien eine »Fünfte Kolonne« für alle Fälle zu haben, konnte nicht verkehrt sein. Auch wenn die Wiedererlangung der Kolonien auf der Agenda des Führers zu dieser Zeit noch keine Rolle spielte.

Ein deutscher Pflanzer in seinem Haus im ehemaligen Deutsch-Ostafrika; an der Wand das Hakenkreuz-Emblem und ein Porträt Hitlers

Die Betreuung der Auslandsdeutschen oblag im Dritten Reich jedoch nicht den Kolonialverbänden, sondern der Auslandsorganisation der NSDAP (NSDAP/AO). Ihre Arbeit konzentrierte sich weitgehend auf das ehemalige Deutsch-Südwestafrika. Dort lebte

1933 mit rund 31 600 Deutschstämmigen ein Großteil der Gesamtzahl auf dem ganzen Kontinent. Die Ernennung Hitlers zum Reichskanzler führte zu erheblicher politischer Unruhe in Südwestafrika. Bereits in den Jahren zuvor hatte die NSDAP/AO in Südwestafrika Fuß gefaßt. Zwar lebten die Deutschen in Wohlstand, sie fühlten sich aber durch den burischen Zuzug aus Südafrika kulturell und politisch an den Rand gedrängt. Im Mai 1933 reiste der Leiter der Verbindungsstelle Berlin des Kolonialpolitischen Amtes, SS-Oberführer Bauszus, aus Deutschland an. Mit erheblichen Geldmitteln ausgestattet, machte er sich daran, deutsche Einrichtungen wie etwa Schulen gleichzuschalten. Die Arbeit Bauszus', der einst als Kolonialoffizier an der Niederschlagung des Herero-Aufstands am Waterberg beteiligt war, hatte die Züge eines Putsches: »Er begann diktatorische Methoden einzuführen«, besagt ein südafrikanischer Bericht aus dem Jahr 1936. »Alle sozialen, kulturellen und politischen Einrichtungen, die hauptsächlich von naturalisierten Deutschen getragen waren, wurden in den nationalsozialistischen Machtbereich hineingezwungen. Die Schulen wurden zu Pflanzstätten nationalsozialistischer Rekruten. Provozierende Umzüge mit Hakenkreuzfahnen und Absingen nationalsozialistischer Lieder wurden veranstaltet. Die Unionsflagge wurde vom Regierungsgebäude in Windhuk niedergeholt und an ihrer Stelle die deutsche Flagge gehißt. Propagandaschriften wurden verteilt, die die Rückkehr Südwestafrikas zu Deutschland forderten.« Gleichzeitig brachte der deutsche Übersee-Radiosender Zeesen Propagandabeiträge und versuchte in Afrikaans pro-deutsche Stimmung unter den Buren zu machen.

Im Mai 1933 sandte Berlin Lossnitzer einen eigens für Südwestafrika ernannten HJ-Führer, mit seiner Ehefrau, einer BDM-Führerin, nach Afrika. Bereits vor 1933 waren Teile der deutschen Pfadfinderjugend eindeutig nationalsozialistisch orientiert. Zweck der Reise war die Gleichschaltung aller Jugendgruppen zu einer Untergrund-HJ, die sich nach außen als Pfadfindergruppe geben sollte, wenngleich »richtige HJ-Uniformen und BDM-Uniformen nach deutschem Vorbild vorrätig gehalten werden zum passenden Termin«.

Währenddessen wurden deutsche Amtsträger gedrängt, einen Eid auf Hitler abzulegen. Den Direktor der Oberrealschule in Windhuk, Dr. Wallberg, der die Zusammenarbeit mit den HJ-Funktionären verweigerte, versuchte man aus dem Amt zu treiben. Zuständig für die »Ablösung unzuverlässiger und reaktionärer Elemente im Auslandsschulwesen« war die Kolonialpolitische Abteilung von Ritter von Epp. Am 27. Mai meldete Major Weigel, leitender NSDAP-Repräsentant in Südwest, daß die Eidesleistungen durchgeführt worden seien, und man machte sich daran, die »Linientreue« der Deutschen in Südwestafrika zu überwachen und Verstöße für spätere Repressionen zu registrieren.

Es dauerte lange, bis die nichtdeutschen Bürger Südwestafrikas Gegenmaßnahmen ergriffen. Zwar hatte die Gesetzgebende Versammlung Südwestafrikas bereits im August 1933 ein Verbot von NS-Organisationen beschlossen. Doch es trat erst in Kraft, nachdem im Juli 1934 beim »Tag der Deutschen« in Windhuk nationalsozialistische Umzüge stattfanden und ein Redner offen den Anschluß an Deutschland forderte. Am 28. August 1934 verbot der Administrator in Südwestafrika die NSDAP und die HJ.

Doch beide Organisationen waren darauf vorbereitet. In der inzwischen nationalsozialistisch unterwanderten Partei der Deutschen in Namibia, dem *Deutschen Bund*, lebte die NSDAP weiter, bis die Nazis im März 1935 die *Deutsche Front* gründeten. Aus der HJ wurde, wie ohnehin geplant, eine »Untergrund-HJ«.

1939 verschmolzen die drei deutschen Zeitungen zum *Deutschen Beobachter*, der von der NSDAP kontrolliert wurde. Man schätzt, daß 1939 rund 80 Prozent der Südwest-Deutschen mit Hitler sympathisierten.

Der nationalsozialistische Jugendschriftsteller P.C. Ettighofer stellte 1938 bei einer Reise durch Südwest fest, daß sich im Grunde nichts verändert hatte: »Im Schatten der steilen Böschung hat sich die Jugend gelagert. Nicht anders als daheim in Deutschland singt die Jugend, singt die gleichen Fahrten- und Kampflieder. Einzelne Spielgruppen bilden sich. Es wird gelacht, gescherzt und gesungen. Es ist dieselbe Jugend wie daheim, nur etwas sonnenbrauner, und es scheint mir, als leuchteten die Blondhaare dieser Kinder hier

Kundgebung des Reichskolonialbundes in Hamburg. Reichsstatthalter Ritter v. Epp, der spätere Leiter des *Reichskolonialbundes*, während seiner Rede über »Deutschlands Recht auf seine ehemaligen Kolonien«. *Völkischer Beobachter* vom 6. Dezember 1935

noch blonder. Wir sind hier in Afrika wahrhaftig die Herrenrasse …« Lange Zeit wurden die NS-Aktivitäten von einflußreichen burischen Sympathisanten in Südafrika gedeckt, unter anderem von Daniel François Malan, dem Führer der burischen Nationalen Partei und dem südafrikanischen Premier James Barry Hertzog, in dessen Regierungszeit es zu Sondierungsgesprächen bezüglich einer Loslösung Südafrikas vom britischen Empire und einer Neutralität im Falle eines Krieges Deutschlands mit England kam. Mit seiner Neutralitätspolitik erlitt Hertzog allerdings Schiffbruch. Sie fand nach Kriegsausbruch im südafrikanischen Parlament keine Mehrheit, und General Smuts wurde sein Nachfolger. Dieser veranlaßte die Internierung aller einschlägig bekannten NS-freundlichen Deutschen. 1942 verloren die Deutschen die britische Staatsbürgerschaft, und

1944 erfolgte ihre Ausweisung aus der seit dem Versailler Vertrag unter südafrikanischem Mandat stehenden ehemaligen deutschen Kolonie.

Nach dem Krieg, 1948, gewann jedoch ihr alter Freund Malan die Wahlen. Er erlaubte die Rückkehr der Deutschen und gab ihnen ihren früheren Besitz in Südwestafrika zurück. Im Krieg hatte ein Parteikollege Malans formuliert: »Wir treten für den christlichen Nationalismus ein, der ein Verbündeter des Nationalsozialismus ist. Man kann dieses antidemokratische Prinzip auch Diktatur nennen, wenn man will. In Italien heißt es Faschismus, in Deutschland Nationalsozialismus und in Südafrika christlicher Nationalismus.« In den folgenden Jahrzehnten hatte die Nationale Partei Malans in den Deutschen eine treue Wählerschaft.

»… und morgen die ganze Welt«? – Hitlers Kolonien

Der geteilte Globus: Das nationalsozialistische Streben nach Weltherrschaft

Es war ein zentrales Einrichtungsstück in Hitlers »Berghof«, dem Wohnsitz des Diktators auf dem Obersalzberg im Berchtesgadener Land. Dem Hitler-Intimus Albert Speer stach es sofort ins Auge, besonders ein Detail darauf, eine dünne Linie: »In der Wohnhalle des Berghofes stand ein großer Globus … Bedeutungsvoll deutete einer der Wehrmachtadjutanten auf einen Bleistiftstrich: Ein Strich von Nord nach Süd, am Ural. Hitler hatte ihn zur Kennzeichnung der zukünftigen Abgrenzung seines Interessengebietes mit der japanischen Einflußsphäre eingezeichnet.« Ein schneller Strich, der über das Schicksal Hunderter Millionen Menschen entscheiden sollte: So offenbarte sich Hitlers monomanischer Stufenplan zur Etablierung einer globalen Schreckensherrschaft – mit weltweiten Kolonien als Rohstoff- und Arbeitskräftereservoir im Dienst der »arischen Rasse«.

»Es gibt kein Zurück!« – Verstärkung für das Deutsche Afrika-Korps

Auf geniale Weise zieht Charlie Chaplin in *Der große Diktator* (United Artists/USA 1940) Hitlers Absicht ins Lächerliche, die Welt in eine gigantische NS-Kolonie zu verwandeln.

Nach der Unterwerfung Mitteleuropas war Hitlers vorrangiges Ziel die Vernichtung Polens und des »jüdischen Bolschewismus« in der Sowjetunion. Das sollte Platz schaffen für das »Volk ohne Raum«. In diesem Reich wollte Hitler die größte Armee der Welt heranzüchten und hochrüsten, um dann weiterkämpfen zu lassen. »Jede Generation braucht ihren Krieg«, war die Ansicht des Gefreiten aus dem Ersten Weltkrieg. Dem nächsten Krieg sollte Frankreich zum Opfer fallen und dem übernächsten England – falls es sich nicht doch noch zu einem Bündnis mit der neuen Kontinentalmacht Deutschland entschloß. In beiden Fällen gedachte Hitler, die britischen Kolonien zu erobern. Sie würden ihm ausreichend Rohstoffquellen bieten, um für den Endkampf mit dem einzig verbliebenen ernsthaften Konkurrenten um die Weltherrschaft gerüstet zu sein – denn dann galt es, die USA zu besiegen.

Dies war Hitlers Stufenplan. Er variierte ihn in den dreißiger Jahren und im Zweiten Weltkrieg in verwirrender Vielfalt, je nachdem wie es die außenpolitische Großwetterlage erforderte oder er es für die Wahrung seiner Herrschaft im Innern für nötig befand. Aber das eine größenwahnsinnige Grundmuster wurde stets beibehalten: Jede Eroberung, sei es über Verträge oder Kriege, sollte dazu dienen, einen gigantischen Wall von Kolonialräumen zu errichten – von Rußland über Afghanistan und Indien in den arabischen Raum, von dort quer durch Afrika von Ost nach West. Erst an der Atlantikküste dieses Kontinents sollte er enden und – nach dem Sieg über die USA – um die ganze Welt reichen.

Daß all diese Pläne von der Kriegserklärung Frankreichs und Großbritanniens beim Einmarsch deutscher Truppen in Polen durchkreuzt wurden, führte bei Hitler nur kurzfristig zu Irritationen. Der erfolgreiche Blitzkrieg in Polen, die schnellen Eroberungen Dänemarks, Norwegens, Hollands, Belgiens, Luxemburgs, die Niederwerfung Frankreichs in weniger als drei Wochen, die Besetzung Jugoslawiens und Griechenlands bis April 1941 – all diese Erfolge ließen die Hybris Hitlers und seiner Paladine unglaubliche Ausmaße annehmen. Nichts schien sie aufhalten zu können, auch nicht der bis dahin so gefürchtete Zweifrontenkrieg, der sich aus dem Überraschungsangriff auf die Sowjetunion am 22. Juni 1941 ergab. Denn im Westen leistete Großbritannien noch immer wider Erwarten erstaunlich starke Gegenwehr.

Aber dieses Problem sah man eigentlich schon als gelöst an. Generalstabschef Halder schrieb am 3. Juli 1941 hoffnungsvoll in sein Tagebuch, daß der Feldzug gegen Rußland in vierzehn Tagen gewonnen werde. Die gewaltigen Kesselschlachten, die zur Vernichtung und Gefangennahme Hunderttausender sowjetischer Soldaten geführt hatten, ließ die Wehrmachtsführung glauben, die deutschen Armeen binnen kurzer Zeit nach einem Sieg im Osten gegen den letzten Feind im Westen werfen zu können.

Unterdessen hatte die drohende Niederlage des Bündnispartners Italien in Nordafrika zur Entsendung eines »Panzersperrverbandes« in die libysche Wüste geführt. General Erwin Rommel stoppte im März 1941 den Vormarsch britischer Truppen und ging zum Gegenangriff über.

Erstmals seit 1918 standen deutsche Truppen wieder auf afrikanischem Boden. Auf persönliche Anweisung Hitlers erhielten Rommels Truppen den Namen »Deutsches Afrikakorps«. War dies der Startschuß zur Rückeroberung der alten Kolonien? Zumindest auf dem Papier war die Unterwerfung Afrikas schon bis ins Detail durchgeplant ...

Zehntausend Mann Kolonialtruppen: Die »Mittelafrika«-Planungen

Das Libretto zur grotesken Oper »Hitler ergreift die Macht über Afrika« ließ an Detailversessenheit nichts zu wünschen übrig. Sogar wem die Ehre zuteil werden sollte, die Fahnenstange in die Erde zu rammen, war von den deutschen Planungsstäben penibel festgelegt worden. Die Marine, schon immer im Bewußtsein etwas Besonderes zu sein, hätte die Eröffnungsarie gesungen: »Auf Wunsch des Herrn Oberbefehlshabers der Kriegsmarine« hatten es die anderen Wehrmachtsgruppen und das Kolonialpolitische Amt der NSDAP den Marinetruppen gestattet, als erste an Land zu gehen und mit der Hissung der Hakenkreuzfahne die deutsche Hoheit über die Kolonien ihrer Feinde zu vermelden. Erst im zweiten Akt wäre der Auftritt des »gemeinen Volkes« erfolgt: Ein Generalgouverneur oder ein Gouverneur hätte mit einem Vortrupp seines Stabes Kontakt mit der bisherigen Kolonialmacht aufgenommen. Im dritten Akt hätten das Heer und die

Luftwaffe das Landesinnere planmäßig besetzt. Und dann, als furioses Finale, hätte man dem Führer bereits nach sechs Monaten stolz melden können, daß Afrikas Kolonien dem Dritten Reich zu Füßen lägen. Einziger Wermutstropfen: Safaris für die »Kraft-durch-Freude«-Touristen wären bis auf weiteres ausgefallen. »Der Herr Reichskolonialminister wird Massenreisen zu Jagd- und Vergnügungszwecken in der ersten Zeit verbieten«, lautete die »Regieanweisung« des Oberkommandos der Wehrmacht zur Inbesitznahme der Kolonien.

So sollten also Hitlers Kolonien entstehen – und Deutschland endlich nach Jahrzehnten wieder eine koloniale Großmacht werden. Der Eroberungsplan war ebenso detailversessen wie absurd – eine Kopfgeburt endloser Beratungen und Schachereien. Den Startschuß hatte das Oberkommando der Marine im Herbst 1938 gegeben. In einer Denkschrift forderte man den Erwerb von Kolonien. Sie sollten als überseeische Stützpunkte im Kampf gegen England dienen. Diese Forderung war der Auftakt zur Errichtung eines Traumreichs, das bis ins letzte Detail durchgeplant wurde, um jedoch niemals Realität zu werden: ein Abbild nationalsozialistischen Größen-, Planungs- und Rassenwahns.

So irreal die Planungen auch waren, so real waren sie ein Schlachtfeld sich gnadenlos bekämpfender Institutionen und Einzelpersonen. Es ging um Macht und Einfluß im Dritten Reich. Und es war ein Vielfrontenkrieg. Denn die Akteure waren zahlreich: das Auswärtige Amt, die Auslandsorganisation der NSDAP, Heer, Luftwaffe und Marine, das Kolonialpolitische Amt, Hermann Göring als »Beauftragter für den Vierjahresplan«, Heinrich Himmler und seine SS, die Chefs der Reichskanzlei und der Parteikanzlei, Hans Heinrich Lammers beziehungsweise Martin Bormann, und, nicht zu vergessen, Reinhard Heydrich, der Chef der Sicherheitspolizei und des Sicherheitsdienstes.

Wie so oft handelten die Beteiligten im NS-typischen, vorauseilenden Gehorsam: Beim Oberkommando der Wehrmacht wurden auf Drängen des Reichsaußenministers Joachim von Ribbentrop bereits Listen mit den Namen von Armeeangehörigen eingereicht, die über koloniale Erfahrung verfügten, als Hitler sich noch ganz auf die »tschechische Frage« konzentrierte. Der Führer erfuhr von diesen kolonialen Planungen erst später, ließ sie dann jedoch nicht stoppen, sondern erteilte Anfang 1939 sogar die Anweisung, sie zu forcieren. Die Marine war weit vorausgeprescht: Bereits im Dezember 1938 hatte sie zwei Kompanien für koloniale Einsätze bereitgestellt. Die Wehrmacht erkor das Infanterieregiment 69 in Hamburg für diese Zwecke und bat das Wirtschafts- und Rüstungsamt darum, Afrika wehrwirtschaftlich zu untersuchen. Das hatte zum Ergebnis, daß das Amt im August 1942 meldete, über 50 Gebiete in Afrika auf ihre kriegswirtschaftliche Wichtigkeit zu prüfen. Die Gier nach Stützpunkten und Rohstoffquellen war anscheinend unersättlich.

Die SS wollte angesichts dieser umfangreichen Planungen natürlich nicht zurückstehen, und so ließ der Reichsführer SS, Heinrich Himmler, Kader schulen, die später in den Kolonien polizeiliche Aufgaben übernehmen sollten. Höhepunkt der kolonialen Aktivitäten der SS vor dem Krieg war eine geheimdienstliche Mission des SS-Gruppenführers Schellenberg nach Afrika, um das westafrikanische Küstengebiet und besonders den französischen Flottenstützpunkt Dakar zu inspizieren.

Im Gegensatz zum weiterhin in kolonialen Dingen recht vorsichtig agierenden Hitler hatte Himmler bereits am 8. November 1938 in einer Rede vor SS-Gruppenführern offen ausgesprochen, wozu die Planungen dienten: »Ich habe den Glauben, wenn wir in dieser Schutzstaffel unsere Pflicht tun, daß dann der Führer dieses großgermanische Imperium, das großgermanische Reich schaffen wird, das größte Reich, das von dieser Menschheit errichtet wurde und das die Erde je gesehen hat.«

Doch wer sollte die Aktivitäten der diversen Stäbe im Staatsapparat, in der Partei, der Wehrmacht und der SS koordinieren? 1938 konnte Oberst von Geldern-Crispendorf, Kolonialbeauftragter des Oberkommandos der Wehrmacht, vermelden, Hitler bestehe zwar darauf, daß Kolonien derzeit keine »akute Forderung« in seiner Außenpolitik seien, er aber dennoch den Plan hege, das Kolonialpolitische Amt zum Reichskolonialministerium zu machen. Zumindest solle das Kolonialpolitische Amt schon einmal mit der

Wehrmacht »die gesamten Angelegenheiten bearbeiten«. Am 13. Februar 1939 erteilte Hitler dem Leiter dieses Amtes, Franz Ritter von Epp, zwar die Gesamtleitung, billigte aber gleichzeitig alle bisher beim Kolonialpolitischem Amt, beim Oberkommando der Wehrmacht, bei der SS und den verschiedenen Ministerien angelaufenen Aktivitäten. Vor diesem Hintergrund erscheint die Anweisung Hitlers an Epp, daß die Vorbereitung für die Übernahme von Kolonien in Afrika »unter Vermeidung jeglicher Nebeneinanderarbeit« zu erfolgen habe, geradezu ironisch.

Ritter von Epp, von manchem abfällig auch »Chevalier d'Epp« genannt, tat dennoch sein Bestes. Er gründete einen »Central-Ausschuss für den Wiederaufbau deutschen Kolonialbesitzes«. Mit bürokratischer Gründlichkeit wurde jeder ehemaligen Kolonie ein Ausschuß zugeordnet, mit je einem Ressort für die Verwaltung, die Finanzen, den Verkehr und die Wirtschaft. Ein Generalreferent sorgte für den geordneten Ablauf aller Einzelplanungen. Eile schien angebracht: Oberst von Geldern-Crispendorf nahm an, daß die Lösung der kolonialen Frage ab Sommer 1939 akut werden könnte. Auch in der Presselandschaft machte sich die Möglichkeit eines baldigen Rückerwerbs der ehemaligen Kolonien bemerkbar. Ab 14. Februar 1939 hielt die Reichspressekonferenz die Journalisten der gleichgeschalteten deutschen Zeitungen und Zeitschriften an, künftig nicht mehr von »verlorenen« oder »ehemaligen« Kolonien zu sprechen, sondern nur noch von »den deutschen Kolonien«.

Im Mai 1939 waren die kolonialen Planungen weiter fortgeschritten: Die NSDAP hatte auf Weisung Hitlers einen Kolonialhaushalt von 500 000 Reichsmark aufgelegt, um davon unter anderem eine Schule in Buckow zu kaufen, an der ab Herbst 1939 Reichskolonialbeamte ausgebildet werden sollten. Reichswirtschaftsminister Funk hatte den Auftrag, eine Kolonialwährung aufzubauen. Auch im Reichspostministerium hatte man genügend kolonialerfahrene Beamte gefunden, um alle Poststellen in Kamerun und Togo zu besetzen. In etwa einem halben Jahr sollte der koloniale Verkehrsplan fertiggestellt sein, versprach der Verkehrminister. Und damit sich die Vertreter der neuen Kolonialmacht nicht verliefen, waren im Katasteramt anfangs 27, später bis zu 40 Mitarbeiter damit beschäftigt, Kartenblätter zu zeichnen. Bis Oktober 1940 gab es für jede einzelne ehemalige Kolonie je nach ihrer Größe 2000 bis 3500 Stück.

Mit Ausbruch des Krieges wurden die kolonialen Vorbereitungen ein weiteres Mal verstärkt: Hitler gab im März 1940 den von vielen ersehnten Auftrag, die notwendigen Vorbereitungen für die Errichtung eines Kolonialministeriums zu treffen. Schließlich erwartete man einen baldigen Frieden mit England und dann eine Neuordnung der Welt. Die SS begann nun mit der Ausbildung von Kolonialpolizisten. Am 14. November 1940 forderte Himmler, daß sich jeder Bewerber auf eine Polizeistelle in Übersee medizinischen und ideologischen Tests auf »Kolonialtauglichkeit« zu unterziehen habe. Er setzte eine Frist von einem Monat, um eine ausreichende Menge Kandidaten für einen Einsatz in Afrika zusammenzubekommen. Es meldeten sich kaum ehemalige Kolonialoffiziere, sondern jüngere Männer, die noch nie afrikanischen Boden betreten hatten. Ab April 1941 gab es dafür sogar eine eigens eingerichtete Schule, wo zu Spitzenzeiten bis zu 1500 Beamte der Ordnungspolizei unterrichtet wurden.

Was die Polizisten in den Kolonien zu schützen hatten, war schon am 22. März 1940 im »Kolonialkatechismus« niedergelegt worden. Auffällig sind darin die Punkte, die sich mit der »Scheidung der Rassen« befassen. Wäre Afrika deutsch geworden, hätte dies die Übertragung der Nürnberger Gesetze von 1935 auf Afrika bedeutet. Es waren außerdem die Einführung der Prügelstrafe und der Kettenhaft vorgesehen. Das Rassenpolitische Amt der NSDAP forderte die Todesstrafe für männliche Schwarze, die mit einer weißen Frau Geschlechtsverkehr hatten und im umgekehrten Fall die Ausweisung. Die Auslandsorganisation der NSDAP sah das Verbot gemischtrassischer Ehen vor. Bestehende gemischtrassische Ehen sollten durch Ausweisung des weißen Partners getrennt werden. Es sollte kein Miteinander von Kolonialisierten und Kolonialherren geben und ein nach Rassen getrenntes Gerichtswesen. Überdies sollten die Kolonien der Produktion von Rohstoffen dienen und nicht wie traditionell als Siedlungsraum. »Diese Farmen und Betriebe werden durch Beamte und Soldaten … verwaltet und geführt«, schrieb Himmler an den Stabsleiter beim Stellvertreter des Führers, Martin Bormann, im Jahr 1939. Der »weiße Arbeitsführer« steht über dem »schwarzen Schutzbefohlenen«. Für die Einheimischen sah man Reservate vor, wenn dies die Steigerung ihrer Leistungsfähigkeit versprach. Umsiedlungen und Deportationen waren geplant – sei es als Strafe oder aus ökonomischen Gründen. Das »Ausscheiden« von Volksgruppen, die man für schwere Arbeiten nicht geeignet fand, wurde damals ebenfalls von Kolonialplanern angedacht. Nach nationalsozialistischen Prinzipien hatte koloniale Verwaltung also nicht die Förderung des Gemeinwohls zum Ziel, sondern die totale Ausbeutung der Kolonien und ihrer Bevölkerung zum Nutzen des Dritten Reichs.

Welche Gebiete Afrikas waren für diese pervertierte Form des kolonialen Imperialismus vorgesehen? Nur jene von herausragender wirtschaftlicher Bedeutung? Wieviel Einfluß hatten militärische Gesichtspunkte dabei? Im Mai 1940 ließ Außenminister Ribbentrop durch zwei Mitarbeiter einen dementsprechenden Plan ausarbeiten, dessen Resultat ein kompaktes Gebiet war, das quer durch Afrika von Ost nach West reichte.

Noch raumgreifender als dieser »Mittelafrika-Plan« des Auswärtigen Amtes waren die Vorstellungen der Marine, die im Falle einer Niederlage Großbritanniens die Errichtung von Stützpunkten in Nord- und Südamerika, Asien und Australien forderte sowie weitere in den französischen Kolonien und auf Inseln vor Afrikas Küste. In einer Lagebesprechung am 13. Juli 1940 hielt Adolf Hitler die Entstehung eines deutschen Mittelafrikas erstmals für möglich, wenn es denn zu einem Friedensschluß mit England käme, und erweiterte den kolonialen Forderungskatalog um die Beherrschung der nordafrikanischen Küste zusammen mit Spanien um Stützpunkte auf den Kanarischen Inseln sowie an der marokkanischen Küste. In den Augen der Kolonialbegeisterten schien Hitler nun endlich den Befehl »Leinen los« für die langersehnte Fahrt Richtung Afrika zu geben. Generalstabchef Franz Halder notierte in seinem Tagebuch: »10 000 Mann Kolonialtruppen werden aufgestellt.«

Der Grund für Hitlers plötzliche Wandlung zum »Kolonial-Paulus« war die spezielle Kriegssituation in Europa. Zu dieser Zeit schien ein Friedensschluß mit London tatsächlich kurz bevorzustehen. Das Auswärtige Amt hatte von Plänen der britischen Regierung erfahren, sich nach Kanada in Sicherheit zu bringen. Gleichzeitig herrschte im Osten jedoch aufgrund des Hitler-Stalin-Pakts keine Möglichkeit, weiter zu expandieren. Der Stufenplan Hitlers war ins Stocken geraten und darum ein Vorziehen des Kolonialerwerbs für den Diktator eine reale Option. Angesichts dieser Entwicklung forderte der Chef der Reichskanzlei, Hans Heinrich Lammers, die Reichsbehörden auf, ihre Kolonialplanungen möglichst bald zu Ende zu bringen.

Doch im kolonialen Überschwang verdrängten Hitlers Paladine in der Phase militärischen Stillstands im Osten die grundsätzliche Bipolarität der Expansionspläne Hitlers. Hitler behielt sich immer das Recht vor, bei einer veränderten militärischen oder politischen Lage erneut stärker auf die Ostexpansion zu setzen. Je weiter die Pläne für den Überfall auf die Sowjetunion gediehen, desto ferner wurde dem Diktator denn auch wieder das tropische Traumreich in Übersee, das in den Amtsstuben der NS-Bürokratie gerade so emsig organisiert wurde. Die Annexion britischer oder französischer Kolonien mochte noch so nahe rücken: Für Hitler war der Osten Kolonialland Nr. 1. Und so sah es der Diktator für zukunftsträchtiger an, Mitte Februar 1941 den Aufmarsch deutscher Truppen in Afghanistan mit Stoßrichtung Indien planen zu lassen, als die Einrichtung eines Reichskolonialministeriums zu erlauben. Der Presse wurde sogar verboten, über die Errichtung der Kolonialpolizeischule in Oranienburg zu berichten. Aber um die Kolonialenthusiasten nicht völlig vor den Kopf zu stoßen, ließ Hitler ihnen einen kleinen Funken Hoffnung: Er gab Anweisung, das Gebäude für das zukünftige Ministerium, das Marstallgebäude, »mit größter Beschleunigung« umzubauen.

Doch jeder Panzervorstoß Richtung Osten, jede gewonnene Schlacht ließ Mittelafrika für Adolf Hitler uninteressanter werden. Hitler kam bei Beginn des Feldzugs gegen die Sowjetunion wieder auf seinen alten Stufenplan zurück: Zunächst galt es, den Ostraum

Das Marstallgebäude, 1896–1901 von Ernst von Ihne erbaut, sollte nach Hitlers Vorstellungen das zukünftige Reichskolonialministerium beherbergen.

zu erobern, dann den Westen, darauf hieß es, England niederzuringen. Erst danach folgte die »Fahrt zur See«. »Was für England Indien war, wird für uns der Ostraum sein«, war nun wieder Hitlers Überzeugung. »Kolonien sind ein fraglicher Besitz.« Aber er wußte, daß er mit dieser Meinung nicht alle überzeugt hatte. »Wenn ich dem deutschen Volk nur eingeben könnte, was dieser Raum für die Zukunft bedeutet«, haderte Hitler im Herbst 1941.

Trotz der erneuten Abneigung des Führers gegen einen vorgezogenen Erwerb von Kolonien gingen die Planungen weiter. Nach dem Ende des Frankreich-Feldzugs waren etliche Stabs- und Verwaltungseinheiten mit der Organisation des kolonialen Utopia beschäftigt. Diese gewaltigen bürokratischen Mühlsteine waren nicht so leicht vom Mahlen abzuhalten. Allein das Kolonialpolitische

Amt hatte inzwischen eine Stärke von rund 260 Personen erreicht. Dabei sollte es nicht bleiben. Für das zukünftige Kolonialministerium forderte man 500 bis 600 Büroräume. Mag kolonialer Eifer dahinter gesteckt haben oder die Absicht, sich möglichst lange vor einem Fronteinsatz zu schützen – alles wurde durchgeplant: ob Rechts- oder Schulwesen, Landwirtschafts- oder Bibliothekswesen. Man veröffentlichte eine Gesundheitsfibel auf Kisuaheli, technische Fachausdrücke wurden übersetzt, und die Besoldung der künftigen Kolonialbeamten war geklärt. Außerdem waren umfangreiche Pläne für die Stellenbesetzung in Umlauf. Allein für das ehemalige Deutsch-Südwest hielt man für eine effiziente Verwaltung den Einsatz von 790 Beamten für nötig. Das Postministerium hatte bis Mitte 1941 rund 1100 Beamte für den Kolonialdienst ausbilden lassen, die Reichsbank 101 Beamte, das Reichssicherheitshauptamt 369 Führer und Unterführer, die Kolonialpolizei 280 Beamte.

Auch Heinrich Himmler mochte nicht von seinen Kolonialplänen lassen. Kein Wort davon, daß er 1941 Arbeiten einstellen oder drosseln ließ, um alle Kraft der SS Richtung Osten zu wenden. Noch ein Jahr später meldete man Heinrich Himmler den erfolgreichen Vollzug kolonialer Planungen durch die Organisationen »Sisal« und »Bananen«. Hinter den Tarnnamen versteckten sich die SS-Einsatzstäbe für Ostafrika und Westafrika. Der Bericht verkündete die Ernennung der Leiter der SS-Kolonialverbände und den Beginn der Vorarbeiten für die Reorganisation der bisherigen Verwaltungseinheiten und kopierte dazu den Todfeind: »Man hat dabei nach englischem Vorbild gehandelt, das sich sehr bewährt hat.«

Das Schreiben an Himmler datiert vom 17. Juni 1942. Rommel rückte zu jener Zeit mit seinen Verbänden auf die ägyptische Grenze vor. Nur wenige Wochen später sollte die Sommeroffensive der Deutschen an der Ostfront losbrechen mit dem Ziel der Eroberung der kaukasischen Ölfelder und des Rüstungszentrums Stalingrad. Noch gab es keinen Grund dafür, am Endsieg zu zweifeln. Und konnte man nicht auch über Rußland nach Afrika gelangen, wenn man nur wollte?

Der Madagaskar-Plan: Afrika und die Entfesselung des Holocaust

Hans Frank, der Gouverneur von Polen, konnte sein Glück kaum fassen. Madagaskar! Eine Abertausende von Kilometern entfernte Insel vor Ostafrika sollte ihn von unlösbaren Problemen befreien. In der Königsburg zu Krakau, dem Amtssitz Franks, schien im Juli 1940 ein Alptraum vorbei zu sein. Das war eine »kolossale Entlastung«, freute sich Frank: Madagaskar als neue Heimat für die Millionen Juden Europas und nicht der armselige »Vandalengau«, wie er seinen Machtbereich abfällig nannte. »Heiterkeit« erfaßte die im königlichen Palast feiernden Hofschranzen, sobald Frank sich wieder einmal vergnügt über die Entscheidung zeigte, die ihm der Höhere SS- und Polizeiführer Friedrich Wilhelm Krüger am 10. Juli mitgeteilt hatte. Endlich hatten sich nach Meinung des Gouverneurs die Bürokraten in Berlin etwas Vernünftiges ausgedacht. Alle Juden ab nach Afrika!

Frank verdankte seine Freude nicht Himmlers Schergen, sondern einem jungen Referatsleiter im Auswärtigen Amt: Franz Rademacher. Er war Jurist und Diplomat, einer jener vielen jungen Menschen, für die das Dritte Reich die Gelegenheit bot, die soziale Leiter durch eine rasche Karriere emporzusteigen. Er kam aus dem Arbeitermilieu, war zuständig für Judenfragen – und langweilte sich, tagtäglich immer nur Einzelfälle bearbeiten zu müssen. Er wollte große Dinge bewegen, grundsätzliche Entscheidungen herbeiführen helfen.

Am 3. Juni 1940 lag dem Leiter der Deutschlandabteilung beim Auswärtigen Amt schließlich ein Schreiben des ehrgeizigen Rademacher zum deutschen Kriegsziel in der Judenfrage vor. Rademacher schlug darin vor, die Ostjuden im polnischen Bezirk Lublin in ein Ghetto zu stecken »als Faustpfand in deutscher Hand, damit die Juden Amerikas in ihrem Kampf gegen Deutschland lahm gelegt bleiben. Die Westjuden werden dagegen aus Europa entfernt, beispielsweise nach Madagaskar«.

Franz Ritter von Epp, designierter NS-Kolonialminister

Der letzte Satz sorgte für Aufregung im Auswärtigen Amt. Dabei war der Vorschlag Rademachers nicht neu und nicht einmal originär deutsch. Er war in der Zwischenkriegszeit aufgekommen und zuerst von den britischen Antisemiten Henry Hamilton Beamish und Arnold Leese verbreitet worden. 1937 schickte Polen sogar eine Kommission in die französische Kolonie Madagaskar. Sie sollte untersuchen, ob es möglich sei, polnische Juden auf der afrikanischen Insel anzusiedeln. Obwohl die Expedition zu dem Ergebnis kam, daß maximal 7000 Juden, nach Angaben der jüdischen Teilnehmer höchstens 2000 siedeln könnten, blieb Madagaskar im Gespräch. Ende der dreißiger Jahre kursierten Überlegungen, Juden dorthin abzuschieben, auch in britischen und französischen Regierungskreisen sowie beim jüdischen »American Joint Distribution Committee«.

Es war nur eine Frage der Zeit, daß auch die Nazis auf diese Absurdität stießen, um sie für ihren Terror gegen die Juden zu nutzen. Eine alternative Lösung hatte der südafrikanische Verteidigungs- und Wirtschaftsminister Pirow im November 1938 Hitler angeboten: Pirow war der Ansicht, daß die Staatengemeinschaft dem Deutschen Reich bei der Lösung seiner Probleme mit den Juden helfen würde: Für den Fall, daß sich Deutschland bereit erklärte, eine seiner früheren Kolonien für die Besiedlung durch Juden freizugeben, stellte Pirow eine internationale Anleihe in Aussicht, um die Auswanderung und Niederlassung der Juden zu finanzieren. Doch die Forderung wurde von Hitler sofort zurückgewiesen: Das deutsche Volk würde nicht verstehen, »daß Gebiete, in denen so viel deutsches Blut vergossen sei, in denen ein Lettow-Vorbeck gekämpft habe, den ärgsten Feinden der Deutschen zur Verfügung gestellt würden«.

Bereits mehrere Monate vor diesem Gespräch, im März 1938, war Adolf Eichmann, der spätere Organisator der Ausrottung der europäischen Juden, beauftragt worden, Material der französischen und britischen Planungen für eine Ansiedlung von Juden in Madagaskar zu sammeln. Doch weit war Eichmann noch nicht gekommen, als sein Referat für »Juden- und Räumungsangelegenheiten« beim Reichssicherheitshauptamt von den Plänen Rademachers erfuhr. Dieser hatte seine Überlegungen inzwischen vertieft: Im Friedensvertrag mit Frankreich (am 22. Juni 1940 wurde der Waffenstillstand in Compiègne vereinbart) solle Frankreich Madagaskar als Mandat den Deutschen überlassen. Alle 25 000 Franzosen sollten die Insel verlassen und entschädigt werden. Nachdem Marine und Luftwaffe sich ihre Stützpunkte gesucht hätten, wäre es nach Rademachers Plan zur Schaffung eines Großghettos gekommen, das vom Reichsführer SS Heinrich Himmler mittels eines Polizeigouverneurs kontrolliert worden wäre. Auch die finanzielle Seite des

◀ Der Chef des Außenpolitischen Amts der NSDAP, Alfred Rosenberg, berichtet am 7. Februar 1939 vor der Auslandspresse in Berlin über Vorstellungen, die Juden nach Madagaskar abzuschieben.

Projekts ließ Rademacher nicht außer acht: Für den ihnen zur Verfügung gestellten Grund und Boden sollten die Deportierten ihr Vermögen einer Bank übertragen, und aus dem Guthaben könnten die Kosten der Übersiedlung beglichen werden.

Außenminister Ribbentrop zeigte Einverständnis mit Rademachers Plänen. Das Reichssicherheitshauptamt war hingegen nicht auf eine Kooperation mit dem Auswärtigen Amt erpicht. Es legte sie wohl als Infragestellung seiner Kompetenz aus und bemühte sich darum um eigene Lösungen. Unter dem Titel *Reichssicherheitshauptamt: Madagaskar-Projekt* wurde im August 1940 eine ausführliche Studie fertiggestellt. Sie empfahl, die vier Millionen Juden unter deutscher Herrschaft in Schüben von jeweils einer Million pro Jahr auf die Insel zu deportieren. Während Rademacher vorgesehen hatte, daß sich die Juden eigene Verwaltungsstrukturen aufbauen dürften, kamen für Heydrichs Amt diese nur in Frage, sofern sie der Umsetzung der Anordnungen der SS dienten. Madagaskar sollte ein »Polizei-Staat« werden. Als leitenden Projektbeauftragten sah die SS Heydrich vor, der bereits von Göring zum Sonderbeauftragten für jüdische Auswanderung ernannt worden war. Mit der Ausarbeitung der Details beauftragte Heydrich den Leiter des »Judenreferats« im Reichssicherheitshauptamt, Adolf Eichmann.

Rademacher konterte Eichmanns Versuch, ihn auszustechen, mit Gegenvorschlägen: Nicht das Reichssicherheitshauptamt, sondern das Auswärtige Amt solle die Madagaskar-Vereinbarungen bei den Friedensverhandlungen mit Frankreich führen, die SS dafür das Zusammentreiben der Juden, die Deportation der von ihm auf bis zu 6,5 Millionen geschätzten Menschen nach Madagaskar übernehmen sowie die Verwaltung des afrikanischen Riesenghettos. Außerdem versuchte Rademacher die Dienststelle des Vierjahresplans auf seine Seite zu ziehen, indem er ihr die Erfassung des jüdischen Vermögens, dessen »Betreuung« und Verwertung andiente. Eine Kommission sollte »auf ein bis zwei Monate nach Madagaskar« geschickt werden, »um an Ort und Stelle die Einzelfragen der Ansiedlung und deren Vorbereitung festzustellen«.

Doch dann brach das Duell zwischen Reichssicherheitshauptamt und Auswärtigem Amt ab. Weder Eichmanns noch Rademachers Pläne fanden auf höherer Ebene weitere Beachtung. Sie wanderten in die Schublade Ribbentrops bzw. Heydrichs, wie sich Eichmann im Dezember 1940 beklagte. Sogar ein scharfer Protest der beiden Kontrahenten bei ihren Vorgesetzten hätte ihre Pläne nicht zu neuem Leben erweckt. Der Grund war die inzwischen veränderte militärische Lage. Im Sommer 1940 hatte es so ausgesehen, als seien Großbritanniens Tage als welt- und seebeherrschendes Empire vorbei. Ein freier Zug deutscher Konvois, ergänzt durch Schiffe der französischen Flotte, hätte nach den Vorstellungen der nationalsozialistischen Planer die Deportation der Juden nach Übersee ermöglicht. Doch die Invasion Englands wurde erst aufgeschoben und dann von Hitler endgültig am 12. Oktober 1940 aufgegeben. Jetzt sollte England in einem zermürbenden Bombenkrieg niedergekämpft werden. Damit war die Grundvoraussetzung für den Madagaskar-Plan nicht mehr erfüllt: Großbritannien war unbesiegt und beherrschte weiterhin die Meere. Das Projekt hatte sich auf absehbare Zeit erledigt, man mußte nach einer anderen Möglichkeit zur Beseitigung der Juden Ausschau halten.

Im Februar 1941 äußerte sich Hitler in Anwesenheit von Martin Bormann, Wilhelm Keitel und Albert Speer ausführlich über die ausstehende Lösung der »Judenfrage«. Wenn er nur wüßte, wo man die paar Millionen Juden hintun könne, grübelte der Führer, es seien doch gar nicht so viele! Hitler kam zu dem Entschluß, man müsse Frankreich dazu bringen, Madagaskar für die Ansiedlung der Juden zur Verfügung zu stellen. Plötzlich war der Madagaskar-Plan wieder da. Bormann fragte nach, wie er sich denn mitten im Krieg eine Deportation dorthin vorstelle. Hitler antwortete, er sei bereit, dafür die gesamte Kriegsmarine abzustellen, wenngleich er sie nicht den Torpedos der Alliierten aussetzen wolle. War die Judenfrage also ein unlösbares Problem? Hitler verlor sich in geheimnisvollen Andeutungen: Er denke über manches jetzt anders, nicht gerade freundlicher.

Bald sollte sich zeigen, was er damit meinte. Nur wenige Monate später begann der »Vernichtungskrieg« des Dritten Reichs gegen den »jüdischen Bolschewismus« in der Sowjetunion: Eine widerwärtige Mischung aus »militärischer Eroberung, systematischer

Repression, planmäßigem Terror und gezielter Aushungerung« führte zur Massenvernichtung menschlichen Lebens. Davon betroffen waren besonders die Juden. »Mit dem Mord an den sowjetischen Juden wurde das Tor zur ›Endlösung‹ aufgestoßen« (Chr. Browning).

Am 10. Februar 1942 teilte Rademacher dem Leiter der Kolonialabteilung beim Auswärtigen Amt, Ernst Bielfeld, mit, der Krieg gegen die Sowjetunion habe inzwischen die Möglichkeit ergeben, »andere Territorien für die Endlösung zur Verfügung zu stellen. Demgemäß hat der Führer entschieden, daß die Juden nicht nach Madagaskar, sondern nach dem Osten abgeschoben werden sollen. Madagaskar braucht mithin nicht mehr für die Endlösung vorgesehen werden«.

Vor dem Hintergrund der rassenbiologischen Massenvernichtung durch Gas und Sklavenarbeit wirkt der Madagaskar-Plan zur »Endlösung« zunächst geradezu human. Doch erdacht wurde er vom gleichen grausamen Geist. Madagaskar wäre mehr als nur eine geographische Endlösung gewesen, die Liquidierung hätte man dem Klima und der Ernährungslage überlassen. Aus Meyers Lexikon hatte Rademacher erfahren, daß auf Madagaskar nur im Hochland angenehme Temperaturen herrschten, das heiße feuchte Küstenklima hingegen »für Europäer sehr ungesund sei«. Am 29. Mai 1942 sagte Hitler in einer Mittagsrunde, daß es sich nicht empfehle, »die Juden nach Sibirien abzuschieben, da sie bei ihrer Klimafestigkeit dort nur gesundheitlich noch besonders abgehärtet würden«. Es wäre richtiger, entschied der Diktator, sie nach Afrika zu schicken, da das dort herrschende Klima den menschlichen Organismus schwäche. Millionen Siedler auf einer von der Außenwelt abgeschnittenen Insel mit mörderischem Klima und mit landwirtschaftlichen Ressourcen, die nur für ein paar Tausend Menschen mehr, aber nicht für Millionen ausgereicht hätten: Der Madagaskar-Plan hatte zum unausgesprochenen Ziel, die Juden Europas der Vernichtung in einer Todeskolonie zuzuführen.

»Koloniale Betätigung ist nicht ein politischer Irrgang, ist nicht ein überhebliches Raubrittertum«, hatte 1934 der Leiter des Kolonialpolitischen Amtes, Franz Ritter von Epp, formuliert, »sondern Ausdruck der Größe der Völker … Kolonien wollen ist keine Laune und kein Luxus, sondern zwingende Notwendigkeit auf dem Gebiet der Wirtschaft, der Kultur, des Geistes.« Bis 1940 pervertierte dieser traditionelle Kolonialismus zu einer Vorstufe des Holocaust.

Von Daressalam nach Sachsenhausen: NS-Rassenpolitik und das Schicksal des Askari Mohamed Husen

Das Jahr 1933 begann gut für Mohamed Husen. Am 10. Januar wurde sein erster Sohn geboren. Nach Jahren der Unsicherheit schien sein Leben nun in ruhigeren Bahnen zu verlaufen. 1932 hatte er Maria Schwadner geheiratet, er arbeitete als Kellner im »Haus Vaterland«, dem mit 2500 Plätzen größten Gastronomiebetrieb Berlins, und seit dem Sommersemester des gleichen Jahres zusätzlich als Sprachgehilfe am Seminar für Orientalische Sprachen. Husen glaubte, es geschafft zu haben: eine Frau, ein Kind, regelmäßiges Einkommen, eine Wohnung. Nicht jeder Afrikaner in Deutschland hatte es so weit gebracht wie der ehemalige Kindersoldat im Dienste des ostafrikanischen Heerführers Paul von Lettow-Vorbeck.

Eine wahre Odyssee hatte ihn nach Deutschland geführt. Im Jahr 1904 war er als Bayume Muhammed Hussein geboren worden. Erst die Paßbehörden verdeutschten seinen Namen zu Mohamed Husen. Sein halbwegs gesichertes Leben in Deutschland hatte der Afrikaner unter anderem seinen guten Beziehungen zu ehemaligen Kolonialbeamten zu verdanken, die er noch aus seiner Zeit als Schutztruppenangehöriger kannte.

In Deutsch-Ostafrika hatte Husen zu der afrikanischen Kolonialelite gehört. Vor dem Krieg hatte er sechs Jahre die Deutsche Schule in Daressalam besucht. Darauf folgte eine Ausbildung zum Telegrafisten bei der Post. Als Postbeamter trug er eine Uniform, und irgendwann hätte er auch Pensionsansprüche erworben. Aufgrund seiner Bezahlung gehörte er bereits zur afrikanischen Oberschicht.

1914 tauschte er die Beamtenuniform gegen die eines Askari in der Schutztruppe. Husen wurde ein Kindersoldat und zog auf der Seite der Deutschen in den Krieg.

Doch Husens Kriegsglück währte nicht lange. Nach einer Schlacht wurde er von den Engländern gefangengenommen. Als er nach dem Krieg aus der Gefangenschaft entlassen wurde, erfuhr er, daß sein Vater im Krieg gefallen war. Ohne familiäre Bindungen und ohne Aussicht, unter den neuen britischen Kolonialherren eine Arbeit zu bekommen, heuerte Husen zunächst auf einem englischen Dampfer, dann auf deutschen Schiffen an und trieb sich einige Jahre »in allen Herren Ländern herum«. An Bord der »Tanganjika» erreicht er Deutschland. In Hamburg verließ er das Schiff und fuhr nach Berlin.

Die Situation der 2500 bis 3000 Schwarzen in Deutschland war äußerst schwierig. Bald wurde Husen klar, daß ein Afrikaner, auch wenn er noch so gut deutsch sprach, in diesem Land nicht willkommen war. Man beschwor den Mythos von der Askari-Treue zur deutschen Kolonialmacht als Beweis für die kolonialen Fähigkeiten der Deutschen, allerdings hatte die Liebe der Deutschen zu ihren ehemaligen Kolonialisierten Grenzen. Zwar verhalfen ihm die Bekannten, die er aufsuchte, zu einer Arbeit bei der Post, doch die war auf drei Monate befristet. Mit Gelegenheitsarbeiten schlug er sich anschließend durch. Ende 1929 hoffte er, daß ihm als ehemaligem Askari wie allen anderen Schutztruppenangehörigen der ausstehende Sold ausbezahlt würde. Auch auf den Sold seines Vaters erhob er Anspruch. Doch die Behörden wiesen sein Ersuchen ab, wenngleich ein ehemaliger Adjutant von Lettow-Vorbeck, Major Müller, 1927 in die ehemalige Kolonie Deutsch-Ostafrika gereist war, um den Askari einen Teil des ausstehenden Solds auszuzahlen. Das Auswärtige Amt versuchte Husen über Hamburg abzuschieben. Das mißlang. Husen blieb hartnäckig und gelangte anhand eines Askari-Dienstnachweises schließlich an einen deutschen Paß und 1930 zu einer Daueranstellung in der »Wildwestbar» im »Haus Vaterland«.

Am 30. Januar 1933, kaum drei Wochen nach der Geburt seines Sohnes, berief Reichspräsident von Hindenburg Adolf Hitler zum Reichskanzler – und Husens kurzer Traum vom friedlichen Familienglück in bescheidenen Verhältnissen löste sich in Luft auf.

Hitlers Einstellung zu den Afrikanern im Deutschen Reich war unmißverständlich. Daß Frankreich afrikanische Kolonialtruppen das Rheinland hatte besetzen lassen, erfüllte ihn mit Ekel. Er sah darin die Gefahr einer »Verpestung mit Negerblut am Rhein im Herzen Europas«. Hitlers Ansicht nach hätte die Kolonialpolitik Frankreichs, die es zuließ, daß Afrikaner europäischen Boden betreten dürften, in »dreihundert Jahren« zur Folge, daß die »letzten fränkischen Blutsreste in dem sich bildenden europa-afrikanischen Mulattenstaat« untergehen würden.

»Ein gewaltiges, geschlossenes Siedlungsgebiet vom Rhein bis zum Kongo, beherrscht von einer aus dauernder Bastardisierung langsam sich bildenden niederen Rasse. Das unterscheidet die französische Kolonialpolitik von der alten deutschen«, geifert Hitler in *Mein Kampf.* Überdies könne in Deutschland »jedes Juden-, Polen-, Afrikaner- oder Asiatenkind ohne weiteres zum deutschen Staatsbürger deklariert werden«. Während in den fortschrittlichen Kreisen es ein Zeichen für Weltoffenheit war, Jazz zu hören, sich für Afrikas Kunst und Kultur zu interessieren und Kontakte mit Schwarzen zu haben, waren für Hitler und die Nationalsozialisten Afrikaner »Giftstoffe«, die man aus dem »deutschen Volkskörper auszuscheiden« habe. Ob Josephine Baker, Louis Armstrong, Duke Ellington oder Jesse Owens, letztendlich verkörperte für einen Nationalsozialisten jeder Schwarze nur eine Marionette der Juden, die diesen antrieben, deutsche Frauen zu vergewaltigen oder weiße Männer zur »Blutschande« zu verführen.

Auch auf die Afrikaner in Deutschland begann darum nach 1933 eine unerbittliche Hetzjagd: auf der Straße durch Schlägertrupps, in Amtsstuben durch rassistische Erlasse. Besonders Schwarze in Begleitung weißer Frauen liefen Gefahr, zusammengeschlagen zu werden. Die ersten systematisch Verfolgten waren die »Rheinlandbastarde«, Kinder schwarzer Besatzungssoldaten und deutscher Frauen. Mehrere Hundert von ihnen wurden zwangssterilisiert. Keiner von ihnen erhielt übrigens nach 1945 dafür eine Entschädigung.

Im Juli 1933 wurden allen Afrikanern und ihren Ehefrauen die Pässe eingezogen. Das Reisen wurde erschwert, eine Ausreise kam für Staatenlose nicht mehr in Betracht. Mit diesem Status war es kaum möglich, ein Visum zu bekommen, eine Flucht in die Kolonien schied ebenfalls aus. Auch dort waren verheiratete Schwarze und Weiße nicht erwünscht; die Ehepaare waren in Deutschland in einer lebensgefährlichen Falle gefangen.

Die Einziehung des Passes erschwerte erheblich das Leben der Afrikaner, die oft im Schau- und Filmgeschäft beschäftigt waren. Auch Husen stand nun das erstemal vor der Kamera. Er spielte 1934 einen treu ergebenen Askari in Herbert Selpins *Die Reiter von Ostafrika* – und damit sich selbst. Kleine Rollen wurden für ihn fortan ein wichtiger Nebenerwerb. Denn den Job als Kellner verlor er bald darauf, weil seine nationalsozialistisch eingestellten Kollegen ihn des Diebstahls bezichtigten, nachdem sie sich bereits vorher erfolglos geweigert hatten, mit einem Afrikaner zusammenzuarbeiten. Eine neue Arbeit zu bekommen, war fast unmöglich, weil ausschließlich »Arier« Anstellungen bekamen. Auch das Eheleben von Mohamed Husen wurde systematisch kriminalisiert: Mit der Einführung der Nürnberger Gesetze im September 1935 waren alle sexuellen Beziehungen zwischen »Ariern« und »Nichtariern« nun bei schwerer Strafe verboten. Es schien nur noch eine Frage der Zeit zu sein, bis auch Ehen zwischen Afrikanern und Europäern unter diesem rassistischen Vorwand zwangsaufgelöst würden.

Bald waren die Lebensbedingungen der Afrikaner so unerträglich, daß Bormann, damals noch Stabsleiter bei Hitlers Stellvertreter Rudolf Heß, sich gezwungen sah, sie in Schutz zu nehmen: »Diese Eingeborenen sind fast sämtlich ohne feste Arbeit und wenn sie Arbeit gefunden haben, so wird der Arbeitgeber angefeindet und zur Entlassung der Neger gezwungen. Ich weise darauf hin, daß diesen Negern eine Lebensmöglichkeit in Deutschland geboten werden muß ... und daß jede Einzelaktion gegen sie zu unterlassen ist.« Bormanns Anweisung entsprang keiner humanen Einstellung, sondern der Befürchtung, »daß die Neger teilweise noch mit ihrer Heimat in Verbindung stehen und über ihre Behandlung dort berich-

ten könnten«. Durch Übergriffe wollte man sich nicht die Chance auf eine Rückgabe der Kolonien verbauen.

Die Artisten der »Deutschen Afrika-Schau« um 1938. In der dritten Reihe (dritter von links) Mohamed Husen

Dennoch wurde in den folgenden Jahren die ökonomische Situation der Familie Husen immer schwieriger. Zwar hatte Husen weiter Arbeit am Seminar für Orientalische Sprachen. Doch dort hatten die Nazis schon das Sagen, noch bevor es in die »Deutsche Auslandswissenschaftliche Fakultät« eingegliedert wurde und einem SS-Führer unterstand. Man behandelte Husen wie einen Leibeigenen, und aufgrund von Mietschulden, die das Institut übernahm, verfügte man ab Oktober 1936, was in der Familie Husen zu geschehen hatte. Der Umzug in eine günstigere Wohnung erfolgte, ohne daß Mohamed Husen oder seine Frau zuvor gefragt wurden. Der Unterricht in Suhaheli, den Husen ab 1939 im Auftrag des Seminars als Hilfssprachlehrer in kolonialen Ausbildungskursen Polizisten erteilen mußte, wurde nicht bezahlt. Trotz seiner Sprachfähigkeiten stand Husen ganz unten in der Hierarchie – und entsprechend auch auf der niedrigsten Gehaltsstufe. Es kam zu Auseinandersetzungen mit seinem Arbeitgeber.

Für kurze Zeit arbeitete Husen auch in der »Deutschen Afrika-Schau«, die im Frühjahr 1936 mit einem Ensemble von rund 20 Darstellern auf Tour ging. Der Plan für diese Schau war bereits 1934 entstanden. Das Auswärtige Amt hatte die NSDAP mit zeitgemäßen Argumenten überzeugt, in diesem »mobilen Lager« die Afrikaner unter vollständiger Kontrolle halten zu können: »Die Neger werden dem Müßiggang entzogen … Sie fallen nicht der öffentlichen Fürsorge zur Last … Durch ihre Zusammenziehung … kann eine weit bessere Kontrolle, als bisher möglich gewesen, ausgeübt werden, um auf diese Weise Rassevergehen leichter unterbinden zu können.« Mit exotischen Tieren, Tanz- und Musikeinlagen im »Negerdorf« sollte dem »Volksgenossen« das wilde Afrika präsentiert werden. In der Presse wurde für die Vorstellungen kräftig Werbung gemacht: »Ein schwarzer Krieger rührt die dumpfe Trommel, er zieht Sie hinein in das Dorf, das eine herrliche Sammlung vieler Gebrauchsgegenstände der Eingeborenen Afrikas sowie auch ausgestopfte Tiere aufweist. Ein wirklich eindrucksvolles Bild…«

Bis Juni 1940 war das Ensemble, protegiert von der NSDAP und den Behörden, in Deutschland unterwegs. Dann wurden die Auf-

Standaufnahme aus dem Film *Carl Peters,* 1940. Erster von rechts: Mohamed Husen; in der Mitte: Hans Albers; zweiter von links: Louis Brody führungen gestoppt. Im Herbst 1940 erging ein allgemeines Auftrittsverbot für alle »Farbigen«. Nun blieb vielen Afrikanern nur noch die Chance, als Komparse beim Film Geld zu verdienen. Auch Husen ergriff sie. Im Herbst 1940 spielte er wieder einmal einen den Deutschen treu ergebenen Afrikaner, diesmal im kolonialen Propagandafilm *Carl Peters*. Es war eine kurze Flucht vor dem täglichen Terror. An der Seite von Hans Albers, der den deutschen Kolonialpionier spielte, durchstreifte Husen vor den laufenden Kameras die Wildnis der tschechischen Wälder und genoß ansonsten die relativ liberale Atmosphäre in den Filmstudios der Bavaria-Filmkunst in Prag.

Mitte 1941 kam es dann zur Katastrophe: Husen wurde denunziert. Man unterstellte ihm, mit einem Münchener BDM-Mädchen ein Verhältnis gehabt zu haben. Das war »Rassenschande«. Husen wurde ins Polizeigefängnis am Alexanderplatz gebracht. Auf Druck der Gestapo beantragte seine Frau die Scheidung. Auch sein Arbeitgeber ließ ihn im Stich. Da Husen sich angeblich »durch verschiedene Disziplinlosigkeiten um das Ansehen bei seinen Dozenten gebracht« habe, teilte man ihm mit, daß er zum 1. November 1941 entlassen sei. Aber auch die veränderte Lage im Weltkrieg wurde Husen zum Verhängnis: Zu diesem Zeitpunkt war eine Rücksichtnahme auf Afrikaner aufgrund einer wie auch immer gearteten kolonialen Perspektive Deutschlands nicht mehr nötig. Der Kolonialgedanke verschwand allmählich von der Politik-Agenda der NSDAP. »Der Mohr hat seine Schuldigkeit getan.« Die Machthaber hielten es nicht einmal für nötig, ein Verfahren wegen »Rassenschande« gegen ihn zu eröffnen, um ihn einem KZ zu überstellen. Am 27. September 1941 wurde Husen mit einer größeren Gruppe Gefangener auf einen Zug gesetzt. Endstation war das KZ Sachsenhausen. Auf der Reise lernte Husen den katholischen Priester Franz Ballhorn kennen, der nach dem Krieg von Mohamed Husens Schicksal berichtet hat.

Das Lager Sachsenhausen war bereits völlig überfüllt, als Husen eingeliefert wurde. Ballhorn schildert Husen als Überlebenskünstler trotz Seuche, Mißhandlungen und Hunger. Husens Widerstandskraft war in der Tat groß; er starb am 24. November 1944 und teilte damit das Schicksal der meisten der rund 2000 schwarzen KZ-Häftlinge während der NS-Zeit. Wie und woran er zu Tode kam, weiß niemand. Sein ältester Sohn Heinz Bodo bekam die Urne mit der Asche. Er kam Ende des Krieges bei einem Bombenangriff ums Leben. Die anderen drei Mitglieder der Familie sind verschollen.

Was wäre passiert, wenn Mohamed Husen das Lager überlebt hätte? Wahrscheinlich hätte er einen Antrag auf Entschädigung gestellt, so wie es auch Fasia Jansen nach dem Krieg tat. Mit vierzehn Jahren war die Tochter eines nigerianischen Konsuls und eines deutschen Kindermädchens als Zwangsarbeiterin nach Neuengamme gekommen und hatte das KZ schwer herzkrank überlebt. Ihr Antrag auf Entschädigung wurde 1960 abgelehnt, »da Neger im NS nicht besonderen Maßnahmen ausgesetzt waren«, wie es in einem Gutachten hieß.

»Wenn wir diesen Krieg verlieren ...«: Das Ende der deutschen Kolonialbewegung

Es stand nicht zum Besten im Osten. »Wir haben nun einen Winterkrieg in Rußland, ohne daß wir die dafür gewünschten Linien hätten nehmen ... können ... Der Russe ist viel stärker an Zahl, viel zäher als wir gerechnet hatten.« Epps Analyse der Situation an der Ostfront im Winter 1941/42 ist eindeutig, doch die politischen Zukunft seines Kolonialamtes sah er hingegen mit einer rosa Brille: »Die Aufgabe der kolonialen Bewegung vermindert sich nicht, wie manche glauben, im Gegenteil.« Seiner Einschätzung nach stiegen ihr »Anteil am laufenden Krieg und Verständnis für seine allgemeine Bedeutung«. Doch das war eine Fehleinschätzung. Als Epp sich schon als Kolonialminister wähnte, und die Planungen für den über 1,5 Millionen Reichsmark teuren Umbau des Marstalls zu seinem Amtssitz auf vollen Touren liefen, sank der Stern der Kolonialbewegung im Dritten Reich, kaum daß er aufgegangen war, bereits wieder.

Mit dem Beginn des »Unternehmens Barbarossa«, und noch einmal verschärft durch das Ausbleiben eines schnellen Erfolgs im Osten, begannen sich die politischen Feinde Epps und der Kolonialplanungen zu formieren. Gegenüber Arthur Seyß-Inquart, dem Reichskommissar für die besetzten niederländischen Gebiete, erklärte Hitler im September 1941, daß ihm die Machtmittel fehlten, über »Deutschlands Kolonialreich im Osten hinaus« nun »endgültige Ziele« in Angriff zu nehmen.

Es war der zum Leiter der Parteikanzlei und Hitlers Sekretär aufgestiegene Kolonialskeptiker Martin Bormann, der aus dieser Tatsache eine politische Waffe gegen die personalintensiven Kolonialplanungen seiner politischen Kontrahenten schmiedete: Infolge der neuerlichen Entwicklungen der Dinge im Osten erschien es Bormann im Spätsommer 1941 fraglich, ob die Anordnung vom 15. Juni 1940 noch den Absichten Hitlers entsprach. Damals hatte Hans Heinrich Lammers, der Leiter der Reichskanzlei, im Auftrag Hitlers das Vorantreiben der kolonialen Planungen gefordert. Nun forderte dessen Gegenspieler Bormann, »in Ergänzung der bisher schon getroffenen Maßnahmen zur Einsparung von Arbeitskräften und Material bei nicht unbedingt kriegswichtigen Aufgaben die Entscheidung des Führers in dieser Frage einzuholen«. Zugleich forderte er in dem Schreiben vom 6. September 1941, alle Planspiele einzustellen oder sie »zumindest scharf einzuschränken«. Lammers kam nun nicht mehr umhin, den »Wunsch des Führers« zu verkünden und die Planungen zurückzufahren. Das Kolonialpolitische Amt meldete daraufhin, sein Personal um 32 Prozent beziehungsweise um 53 Prozent der Wehrdienstfähigen zu senken.

Doch das reichte Bormann nicht. Im Januar 1942 ritt er seine zweite Attacke und äußerte in einem Brief an Lammers, daß er, Bormann, in der Partei nun noch einmal die Zahl der Unabkömmlich-Stellungen radikal reduziert hätte, weil der Einsatz von 600 000 weiteren Soldaten an der Front erforderlich wäre. Er hätte in der NSDAP nur noch »die notwendigsten Kräfte« vom Kriegseinsatz freigestellt. »Genauso rücksichtslos muß in sämtlichen Verwaltungen vorgegangen werden. ... Ich habe deshalb erhebliche Bedenken, die vom Kolonialpolitischen Amt gewünschten Freistellungen

Reichspropagandaminister Joseph Goebbels rief in einer Rede im Berliner Sportpalast am 18. Februar 1943 zum »totalen Krieg« auf. Doch der Krieg war schon verloren. Wenige Wochen zuvor hatte die Reichskanzlei bereits die Einstellung aller Kolonialplanungen befohlen.

durchzuführen, zumal es sich hier um Männer handelt, die im Osten zweifellos notwendiger gebraucht werden ... Wenn wir diesen Krieg verlieren, nützt uns auch die schönste koloniale Verwaltung nichts.«

So kam es, daß ungefähr einen Monat bevor Propagandaminister Joseph Goebbels in seiner Rede im Berliner Sportpalast vor 14 000 Menschen die Frage nach der Bereitschaft der Deutschen zum »totalen Krieg« stellte, das Kolonialpolitische Amt bereits die Konsequenzen dieses unbedingten »Führer befiehl, wir folgen dir«

zu spüren bekam. Als im Kessel von Stalingrad Mitte Januar 1943 die 6. Armee ihre letzten Gefechte führte, erwirkte Bormann von Hitler die Erlaubnis, alle nicht kriegswichtigen Dienststellen aufzulösen. Epps Aufforderung, Lammers solle bei Hitler ein gutes Wort für das Kolonialpolitische Amt einlegen, scheiterte an Bormanns Widerstand: »Jede koloniale Tätigkeit ist heute gänzlich inaktuell.«

Auch die Kolonialplaner hatten nun ihren Blutzoll an der Front zu entrichten. Epp erhielt am 13. Januar »im Auftrag des Führers« den Befehl, bis zum 15. Februar 1943 sein eigenes Amt zu liquidieren. Übrig blieben vier Beamte, acht Angestellte und elf Arbeiter. Dieser bedeutungslose Rest des Amtes wurde dem Auswärtigem Amt eingegliedert. Auch für koloniale Tropenträumereien wurde es nun im Schatten des totalen Krieges endgültig zu kalt: Der *Reichskolonialbund* wurde aufgelöst.

Die Geschichte setzte noch einen ironischen Schlußakkord an das Ende der deutschen Kolonialbewegung. Die kläglichen Reste des Kolonialpolitischen Amts erhielten die Erlaubnis, in dem Marstall zu »residieren«, in dem Epp gern als Minister Hitlers Kolonien verwaltet hätte. Als das Gebäude dann nach einem Bombenangriff ausbrannte, war dies, um mit Karsten Linne zu sprechen, »ein auch nach außen hin sichtbares Zeichen für das Ende der deutschen kolonialen Existenz«.

DER SAROTTI-MOHR

Hans Helmut Hillrichs

Waldaffen, »Nickneger«, schwarze Perlen – Und ewig leben die (Zerr-)Bilder

Kolonialismus ist nicht nur ein an Daten und äußere Ereignisse geknüpfter Vorgang auf der weltpolitischen Bühne. Kolonialismus – als zeitüberdauerndes System der Unterdrückung und der Diskriminierung – bedarf seelischer Potentiale, Dispositionen und Ressourcen, die langfristig im Menschen (einem aggressiven Wesen par excellence) verankert, aber durch Zivilisation, Sozialisation und Erziehung konstruktiv »umzuleiten«, gleichsam gesellschaftsfähig zu machen sind. Aus der Obhut des Gewissens, der Moral, der Verantwortung befreit, abgerufen zu Zwecken der Eroberung und Erniedrigung, leisten sie hingegen furchtbare Dienste.

Die Langfristigkeit solcher Potentiale zeigt sich nicht nur in der ewigen Wiederkehr politischer Konflikte und gewaltsamer Auseinandersetzungen. Sie offenbart sich auch in der penetranten Vitalität bestimmter Symbole, in der Langlebigkeit von Worthülsen, im volksmundlichen Bildervorrat, im Witz und in der Werbung, in Vergleichen, Anspielungen, sprachlichen »Ausrutschern« und Fehlleistungen vielerlei Art.

Der Schlußbeitrag des Buches will – ohne jeden Anspruch auf Vollständigkeit – den Blick auf solche zeitübergreifenden kolonia-

Der »Sarotti-Mohr«. Porzellan-Werbefigur aus den Beständen des Deutschen Historischen Museums in Berlin len Klischees lenken. Nicht um sie mit scharfrichterlicher Attitüde zu brandmarken und erst recht nicht, um sie zu verharmlosen. Aber die Aufmerksamkeit für jene feinen Nadelstiche der Verachtung zu schärfen, die eher unterschwellig und fast augenzwinkernd verabreicht werden und ihre ganz eigene Tradition haben, scheint wichtiger, als sich an ihrer Verdrängung zu beteiligen und sie wieder in den Untergrund der Affekte zurückzustoßen. Denn dort sind sie verfügbar für jene, die sie neu erwecken wollen.

Als deutsche Fußballspieler in der nationalen Eliteklasse dieses Sports, in der 1. Bundesliga, noch weitgehend unter sich waren und nur dann und wann ein dunkelhäutiger Mannschaftskamerad diese oder jene Spitzenelf verstärkte, hatte sich flugs der Ausdruck »schwarze Perlen« für solche südländischen Fußballartisten eingebürgert. Zwar traten nach und nach auch Kritiker auf den Plan, die mit feinem Gespür für die verräterischen Untertöne solcher Bezeichnungen Protest dagegen einlegten. Und in der Tat steckt ja in dem scheinbar schmucken Kompliment nicht nur herablassendes Staunen darüber, daß die merkwürdige Spezies der »schwarzen Perlen« überhaupt existiert, sondern auch eine gehörige Portion Ausgrenzung und Distanzierung.

Aber es lag wohl eher an der Beseitigung der juristischen Hindernisse, die zuvor nur eine begrenzte Mitwirkung ausländischer Spieler erlaubt hatten, als an der Einsicht der Fußballreporter, daß die dubiose Wortschöpfung allmählich ausstarb. Denn es waren nun (um im verräterischen Bild zu bleiben) ganze »Perlenketten«, die die Bundesliga bereicherten und allmählich den anmaßenden Glanz »weißer« Fußballkunst souverän verdunkelten. Ob allerdings die schnell geprägten Ersatzvokabeln die Sache besser machten, sei dahingestellt, denn selbst in der devoten Qualifizierung der fremdländischen Kollegen als »Fußballzauberer« blieb der Hinweis auf möglicherweise heidnisch-vorzivilisatorische Ursprünge solcher Begabungen erhalten.

Daß die Zeit kolonialer Sprachhülsen nicht vorbei ist und Charakterisierungen aus der Schmuckbranche vielleicht sogar zu den leichteren Entgleisungen gehören, belegt die Fehlleistung zweier belgischer Rundfunkmoderatoren, die sich im Januar 2003 bei der

Austragung der internationalen australischen Tennismeisterschaften in Melbourne freiwillig disqualifizierten: Sie titulierten die afroamerikanischen Tennisspielerinnen Venus und Serena Williams kurzerhand als »Waldaffen«. Die Hoffnung, solche rhetorischen Rufmorde seien vereinzelte Ausrutscher, trügt allerdings. Auch wissenschaftliche Untersuchungen bestätigen den Verdacht, daß das Zerrbild vom primitiven und instinktgesteuerten Schwarzen, der den letzten wilden Tieren in seiner Umgebung ähnlicher ist als der ersten Welt der Weißen, nicht etwa mit der Blütezeit des kolonialen Zeitalters ausgestorben, sondern in vielen europäischen Köpfen noch präsent ist.

Es ist kein Zufall, daß die beiden entlarvenden Beispiele aus dem Bereich der Ballsportarten stammen. Fußball und Tennis, obwohl längst bis in die feinsten Verästelungen ritualisiert und kommerzialisiert, sind Spiele geblieben. Die Emotionalität solcher Spiele scheint selbst bei denen, die sie kommentierend begleiten, die Kontrollmechanismen herabzusetzen, die sich bei einer stärker rational gelenkten Beschäftigung mit Angehörigen fremder Kulturen zumeist behaupten. So lenkt der moderne Sport den Blick zurück in jene Zeiten, als Spiele ganz selbstverständlich für solche Zwecke eingesetzt und mißbraucht wurden, die heute nur noch als verräterischer Unterton oder affektgesteuerte Entgleisung den zivilisatorischen Firnis durchdringen.

Auf den deutschen Gabentischen des Jahres 1885 beispielsweise war insbesondere Kamerun, das Bismarck soeben den Engländern in einer Art kolonialem Wettrennen weggeschnappt hatte, in spielerischem Gewand präsent. Als Weihnachtsgeschenk für die ganze Familie empfahl sich »Das Kamerun-Spiel oder King Bell und seine Leute«, ein Produkt des Leipziger Militaria-Verlags Moritz Ruhl, der später vor allem durch seine Prachtbände über Uniformen (speziell die der deutschen Schutztruppen) bekannt wurde. Das reich ausgestattete Kartenspiel nahm Bezug auf die Ereignisse des Jahres 1884, als das deutsche Kanonenboot »Möwe« in den Kamerun-Fluß eingelaufen war und wenig später die Könige Bell und Akwa mit diversen Unterhäuptlingen die Abtretung der Hoheitsrechte unterzeichneten.

Familien, die das exotische Präsent im Winter 1885/86 in Gebrauch nahmen, konnten darin als Spielmaterial sechzehn »fein ausgeführte Neger-Porträts in Farbendruck auf Karton« und ebenso viele Namens- und Ereigniskarten finden. Über einen relativ einfachen Spielaufbau wird am Ende derjenige »von den Kamerun-Negern« ermittelt, der »die größte Treue und Ausdauer in seinen friedlichen Gesinnungen gegen die Deutschen bewahrt«. Dessen glücklicher »Besitzer« wird mit dem verbliebenen Kassenbestand belohnt.

Das Spiel ist geprägt durch Auszeichnungs- und Bestrafungsaktionen, die sich in neutralerer Form in vielen Gesellschaftsspielen eingebürgert haben und in diesem »schwarzen Monopoly« quasi eine Grundlegung erfuhren. Hinrichtungen, gnadenhalber und gegen Zahlung von Spielgeld in Verbannung umgewandelt, gehören ebenso dazu wie Belohnungen für »Gesang in der Negersprache«, der den Kolonialherren »Ergötzen« bereitet hat.

Die Duala, die Ureinwohner Kameruns, agieren in der Spielhandlung stereotyp entweder als folgsame Unterstützer deutscher Interessen oder als böswillige Aufrührer und Diebe. Ihre Kulthandlungen werden – wenn sie nicht als Spektakel zum Vergnügen der Weißen einsetzbar sind – als heimtückische Hexerei verworfen.

»Das ›Kamerun-Spiel‹«, schreibt die Kulturwissenschaftlerin Nana Badenberg, die diese spezielle Variante kolonialer Mobilmachung eindrucksvoll dokumentiert hat, »sollte für deutsche Familien eine Sonntagsverlustierung sein«; zugleich jedoch sollte der Kolonialismus spielerisch-alltäglich »eingeübt« und die angebliche sittliche (Fehl-)Disposition bestimmter afrikanischer Stämme transparent werden. Ohne je in direkten Kontakt mit der einheimischen Bevölkerung zu kommen, ließ sich – so Badenberg – »anhand der Vulgärethnographie des ›Kamerun-Spiels‹ lernen«, was man von ihr zu halten hatte: ein dem Trunk ergebenes Volk von Händlern, zu Streit, Verrat und offenem Aufruhr neigend, charakterlich geprägt, wie Hugo Zöller, einer der kolonialen Wortführer geißelte, durch »Eitelkeit, Faulheit, Habgier«, und deshalb allein durch ein striktes Regime von Zuckerbrot und Peitsche unter Kontrolle zu halten.

Am härtesten traf es dabei jene Bevölkerungsgruppen, die bereit waren, sich auf die westliche Vorstellungswelt einzulassen. Für sie lag bereits das beliebte zeitgenössische Schmähbild des »Hosenniggers« parat, das mit dem deutschen Kolonialismus mächtig Auftrieb erhielt. Es sollte den in Hose, Gehrock und Zylinder als Kulturmensch posierenden Schwarzen lächerlich machen und im blamablen »Nachäffen« (erneut ein Wort, das den Hinweis auf die animalische Verwandtschaft transportiert – die »Waldaffen«, siehe oben, lassen grüßen!) die prinzipielle Unmöglichkeit, den europäischen Zivilisationsgrad zu erreichen, kenntlich machen.

Es mutet schon merkwürdig an, sich auszumalen, wie deutsche Familien, die diese Zivilisationshöhe vermeintlich verkörperten, beim »Kamerun-Spiel« wieder zu Kindern wurden, und zugleich zu wissen, daß die »neuen Landsleute« mit dem Stereotyp »große Kindsköpfe« bedacht wurden, die nichts lieber tun als spielen. Während die kolonialen Welten immer stärker auf den Spiele-Markt drängten und in Deutschland die Woge der neuen Familienunterhaltung auch die Vorformen des ewigen Bestsellers »Mensch, ärgere dich nicht« nach oben spülte, verbreitete sich gleichzeitig die Botschaft der kindlich-naiven Spielsucht des »Negers« mit der Schnelligkeit eines Buschfeuers.

Alban von Hanffs *Buch der Spiele* berichtet beispielsweise über den landesüblichen »Kameruner Skat«, ein reines Glücksspiel, das mit dem herkömmlichen Skat nichts gemein hatte. Schließlich widmete sich – gewissermaßen als oberste Instanz – sogar die *Deutsche Kolonialzeitung* dem »Zeitvertreib unserer engeren dunkelfarbigen Landsleute« und sah diesen – wie zu erwarten – beherrscht von Wettkämpfen und Kinderreigen sowie Glücksspielen mit Kaurimuscheln oder einem Strategiespiel namens »Npuia«, in dem die geschickte Besetzung gegnerischer Felder und Mulden mit Spielsteinen bzw. Bohnen am Ende zum Sieg führt.

Es ist ein merkwürdiges Konglomerat aus dumpfen Vorurteilen, archaischen Phantasien, stereotypen Denkmustern, unbewußten Projektionen, naiven Unterstellungen, abgewehrten (oder zugelassenen) Wünschen, Ängsten und Begehrlichkeiten, das mit den Verheißungen kolonialer Besitztümer einhergeht. Und es wäre ja auch verwunderlich, wenn der fremde dunkle Kontinent, der wie eine Filmleinwand dazu einlädt, alle nur denkbaren Motive darauf abzubilden und zu projizieren, nur im politischen Denken, Planen und Handeln und nicht auch in der Gefühlswelt der Kolonialisten und ihrer Heimatländer eine zentrale Rolle spielte.

Untersucht man mit der psychoanalytischen Methode diesen »kolonialen Komplex«, so ergeben sich auf den ersten Blick eher vertraute Befunde. Aggressive Impulse, (insbesondere in Form von Macht-, Eroberungs-, Unterwerfungs- und Herrschaftsansprüchen), erotisch-sexuelle Motive, die sich auf das vermeintlich ursprünglichere und stärker triebgesteuerte Leben der unterworfenen Völker richten, sowie Überlegenheits-, Überheblichkeits- und Hochmutsgefühle gegenüber dem »primitiven« Entwicklungsstand der neuen Einflußsphären liefern das seelische Potential, das den Kolonisatoren zur Verfügung steht. Hinzu kommen Ordnungsanweisungen des (schlechten) Gewissens, die darauf drängen, in den »barbarischen« Regionen »aufzuräumen«, neue Strukturen zu schaffen und Gehorsam durchzusetzen.

Daß solche aus dem »Über-Ich« gespeisten Kommandobefehle auch als unbewußte Strafandrohung gegenüber dem eigenen Ich des Kolonisators gedeutet werden können (das sich den Lockungen des »Fremden« nicht zu entziehen vermag), versteht sich der psychoanalytischen Argumentation nach fast von selbst. Interessanter und ergiebiger – gerade für das hier relevante Weiterleben und Weiterwirken kolonialer Schablonen – sind Indizien, die auf die Doppelbödigkeit und Mehrdeutigkeit der europäischen Seelenlagen verweisen.

So zeigt sich als markanter Gegenzug gegen die (am Beispiel Kameruns beschriebene) Infantilisierung der Schwarzen und als paradoxe Parallele zu ihrer plakativ angeprangerten kindlich-kindischen Vorstellungswelt auch eine partielle Selbst-Infantilisierung der Weißen. Möglicherweise ist sie auf die dunkle Ahnung zurückzuführen, im fernen, auf einer zeitlich früheren Entwicklungsstufe befindlichen Afrika gleichsam auf die eigenen Vorfahren und menschheitsgeschichtlichen Urverwandten zu treffen.

Aus diesem Blickwinkel betrachtet, befänden sich die eigentlichen »Kinder« nun kurioserweise in den europäischen »Mutterländern«, wozu die passiv-regressive Erwartung paßt, sich durch die natürlichen Reichtümer, die Bodenschätze und »Kolonialwaren« des afrikanischen Kontinents gleichsam dauerhafte Versorgung und Ernährung zu sichern und (wie es letztlich nur in der eigenen Kindheit möglich ist) verwöhnt zu werden – die Kolonien als rückwärtsgewandte seelische Oase, als Paradies und Schlaraffenland!

Es ist dieses – ausgesprochen komplexe – Szenario von ambivalenten und sich scheinbar widersprechenden psychischen Komponenten, das die weitere Durchleuchtung des »kolonialen Komplexes« besonders reizvoll machen würde. Systematisch betrieben, könnte sie den Nährboden, das Energiereservoir freilegen für das fast wiedergängerische Aufflackern bestimmter kolonialer Leitmotive und Symbolfiguren, die sich auch in die scheinbar so auf- und abgeklärte Welt von heute wie selbstverständlich hinübergerettet haben.

Ein »Nickneger«, der bis 1968 in einer katholischen Kirche stand

Besondere Aufmerksamkeit sollte dabei den merkwürdigen »Kindheitsmustern« des kolonialen Denkens zugewandt werden, die allerdings nicht zu einem Zuwachs an Solidarität geführt haben. Dann könnte es auch dem »Sarotti-Mohren«, jenem geschlechtsneutralen schokoladenbraunen Mischwesen, das wir zum Fressen gern haben und das uns in der Vorfreude auf koloniale Genüsse das Wasser im Munde zusammenlaufen läßt, endlich an den Kragen gehen. Und erst recht dem mitleidheischenden »Nickneger« im Kindchen-Look, der bis in die zweite Hälfte des vergangenen Jahrhunderts, als entwürdigtes Zerrbild seiner selbst, kirchliche Sammelbüchsen schmückte.

Das eigentliche Paradestück aus dem Kanon des unvergänglichen kolonialen Kulturerbes ist aber die in fast inflationärer Auflage und Abwandlung traktierte »Mohrenwäsche«. In der Tradition des gleichnamigen Gemäldes von Carl Joseph Begas, dessen themati-

sche Spur sich bis in die Antike zurückverfolgen läßt, tritt es in Bild und Schrift seinen Siegeszug durch das 19. Jahrhundert an, erlebt seine künstlerische Krönung in Theodor Fontanes Roman *Effi Briest* und kann selbst heute, wie wiederum Nana Badenberg nachweist, nicht als ausgestorben gelten.

Die Mohrenwäsche. Stahlstich von Albert Henry (1851) nach einem Gemälde von Carl Joseph Begas

Selbst in den besonders liebevoll ausgestalteten Versionen, in den scheinbar harmlos-neckischen Darstellungen oder in den erotisch inspirierten Figurationen erweist sich die nicht weiß zu waschende schwarze Haut der Afrikaner aus europäischer Sicht »als faszinierendes Zeichen körperlicher Differenz und untilgbarer Makel zugleich«:

»Vergebens wäschet sich der Mohr,
Denn er bleibt schwarz.
Der Tor bleibt Tor.«

Wer solche kalauerhaften Reimsentenzen in den Dienst seiner Weltanschauung stellt, sollte allerdings nicht übersehen, daß der Tor zuallererst im Kolonisa*tor* steckt. Das müßte zu denken geben.

ANGOLA
(port.)
RHODESIEN
(brit.)
Sambesi
Kunene
Okavango
Caprivi-Zipfel
Andara
Kaokoveld
Ovamboland
Etoscha-
Salzpfanne
Tsumeb
Zesfontein
Swartboois
Grootfontein
Otavi
Otjitambi
Okavango
Basin
N
S
Omaheke-
Sandfeld
Waterberg
Namib-Wüste
Bergdama
Buschmänner
Omaruru
Epukiro
Herero
Kreuzkap
Khauas
Okahandja
Gobabis
Otjimbingwe
Windhoek
Swakopmund
BETSCHUANA-
LAND
(brit.)
Walfischbai
(brit.)
Rehoboth
Kalahari-Wüste
Hoachanas
Mariental
Franzmann-
Nama
Naukluft-
Gebirge
Gibeon
Witboois
Groß-Namaland
Berseba
Bethanien
Keetmanshoop
Lüderitz
Lüderitzbucht
Bethanier
Bondelzwarts
Heirachabis
Sandfontein
Oranje
Atlantischer Ozean
KAPKOLONIE
(brit.)
Kapstadt
0
100
200
300 km
Deutsch-Südwestafrika

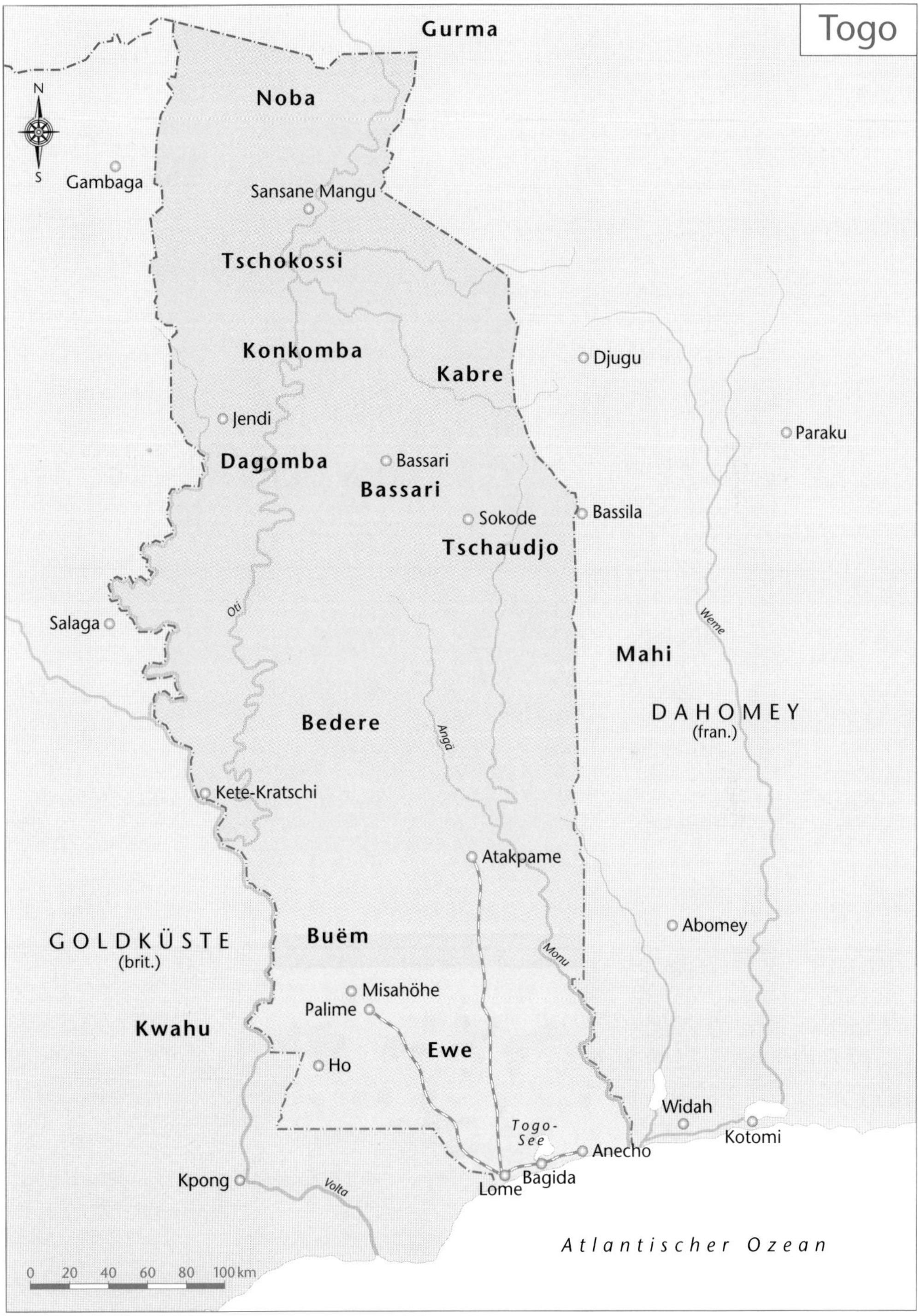
Togo
Gurma
Noba
N
S
Gambaga
Sansane Mangu
Tschokossi
Konkomba
Kabre
Djugu
Jendi
Paraku
Dagomba
Bassari
Bassari
Bassila
Sokode
Tschaudjo
Salaga
Oti
Weme
Mahi
DAHOMEY
(fran.)
Bedere
Angä
Kete-Kratschi
Atakpame
Abomey
GOLDKÜSTE
(brit.)
Buëm
Monu
Misahöhe
Palime
Kwahu
Ewe
Ho
Widah
Kotomi
Togo-See
Anecho
Bagida
Lome
Kpong
Volta
Atlantischer Ozean
0 20 40 60 80 100 km

Kamerun
Alt-Kamerun (bis 1911)
Gebietserweiterungen 1911
Gebietsverluste 1911
N
S
Tschad-See
Tschad
Kuka
Birni
Bornu
Maidugari
Tschekna
Melfi
Schari
Marua
Hausa
NIGERIA
(brit.)
FRANZÖSISCH ÄQUATORIAL-AFRIKA
Benuë
Garua
Yola
Fulbe
Hausa
Hausa
Logone
Nadele
Pebo
Adamaua
Katsena Allah
Ngaundere
Baia
Bamum
Tibati
Kunde
Bali
Mbam
Mamfe
Manenguba-Gebirge
2230
2400
Calabar
Rio del Rey
Nordbahn
Sanaga
Mambere
Gasa
Kamerun-Berg
Bakwiri
Gamane
Buëa
Duala
Victoria
Bakoko
Nyong
Bania
Mbaiki
Duala
Jaunde
Fernando Póo
Edea
Mittellandlinie
Klein-Batanga
Bane
Kribi
Ebolowa
Dscha
Mabea
Bulu
Kampo
Molundu
Bata
RIO MUNI
(span.)
Ssanga
Bakota
Atlant. Ozean
Kongo
Gabun
Libreville
FRANZÖSISCH ÄQUATORIALAFRIKA
Coquilhatville
Port Gentil
0
100
200
300 km
Bonga
BELG.-KONGO

Deutsch-Ostafrika
N
S
UGANDA
(brit. Protektorat)
Mengo
Entebbe
Port Florence
BRITISCH-
OSTAFRIKA
Edward-See
Victoria-See
Bukoba
Kiwu-
See
Ukerewe
Natron-
See
Muansa
Ruanda
Ussumbwa
Ussukuma
Dschagga
Kilimandscharo
6010
Moschi
Sabaki
Usumbura
Njarasa-
See
Aruscha
Pangani
Mombasa
Urundi
Usambara
Nyamwesi
Kinjangiri
Wilhelmstal
Tanga
Kigoma
Pemba
Tabora
Udjiji
Sindi
Ostafrikanische
Zentralbahn
Kilimatinde
Sansibar
Wami
Sansibar
Mpapua
Bagamojo
Kilossa
Morogoro
Daressalam
Tanganjika-See
Usagara
Usaramo
BELGISCH-
KONGO
Iringa
Ruaha
Mafia
Usangu
Hehe
Rufiji
Matumbi-Berge
Bismarckburg
Kilwa
Mahenge
Meru-See
Kahmgwisi
Neu-Langenburg
Bena
Alt-Langenburg
Lindi
Pangwa
Wiedhafen
Kionga
Songea
Ngoni
Bangweolo-
See
Rovuma
RHODESIEN
(brit.)
Nyassa-See
NYASSA-
LAND
(brit.)
PORTUGIESISCH-
OSTAFRIKA
(Moçambique)
0
100
200
300 km

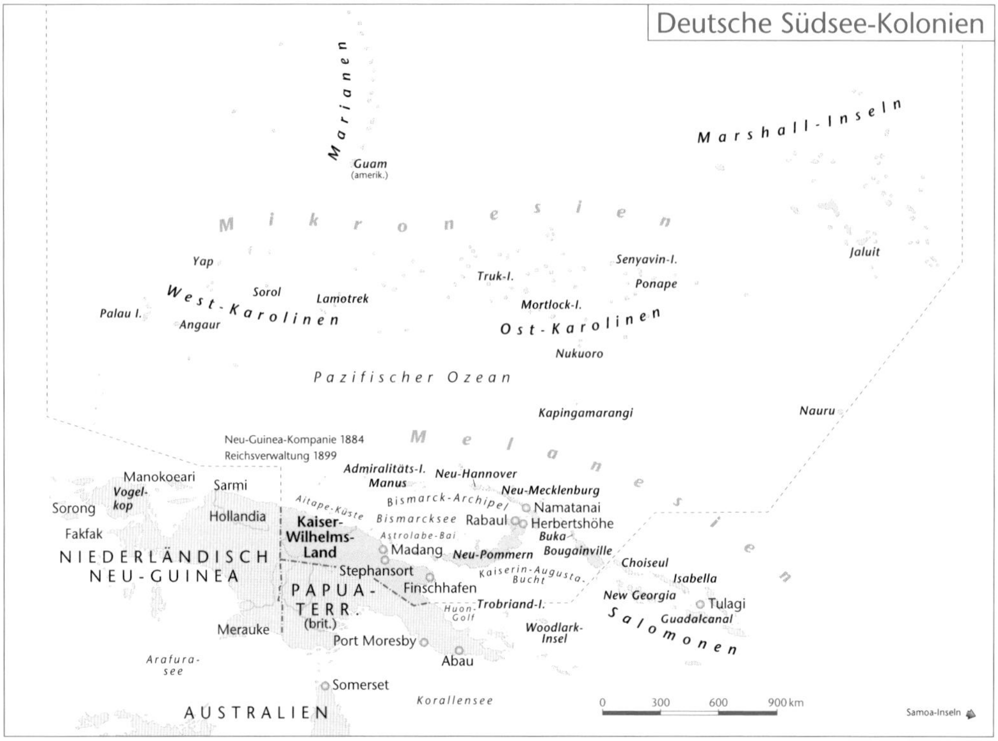
Deutsche Südsee-Kolonien
Marianen
Guam
(amerik.)
Marshall-Inseln
Mikronesien
Jaluit
Yap
Senyavin-I.
Truk-I.
Ponape
Sorol
West-Karolinen
Lamotrek
Mortlock-I.
Palau I.
Angaur
Ost-Karolinen
Nukuoro
Pazifischer Ozean
Kapingamarangi
Nauru
Neu-Guinea-Kompanie 1884
Reichsverwaltung 1899
Melanesien
Admiralitäts-I.
Manus
Neu-Hannover
Manokoeari
Vogelkop
Sarmi
Neu-Mecklenburg
Bismarck-Archipel
Namatanai
Sorong
Aitape-Küste
Hollandia
Bismarcksee
Rabaul
Herbertshöhe
Kaiser-Wilhelms-Land
Fakfak
Astrolabe-Bai
Buka
Madang
Bougainville
NIEDERLÄNDISCH NEU-GUINEA
Neu-Pommern
Choiseul
Stephansort
Kaiserin-Augusta-Bucht
Isabella
PAPUA-TERR.
(brit.)
Finschhafen
New Georgia
Tulagi
Huon-Golf
Trobriand-I.
Guadalcanal
Salomonen
Merauke
Woodlark-Insel
Port Moresby
Abau
Arafurasee
Somerset
AUSTRALIEN
Korallensee
0 300 600 900 km
Samoa-Inseln

nach Peking
N
S
Tientsin
Taku
Port Adams
Port Arthur
(1898–1905 russ.)
Kwantung
Halbinsel
Gelbes Meer
Hokien
Tsang
Hu-to-ho
Golf und Straße
von Tschili
Wuting
Töngtschou
CHINA
Laitschou
Bucht
Tschi-fu
Wei-hai-wei
(brit.)
Laitschou
Jungtschöng
Gelber Fluss
(Hwang-ho)
Tschoutsun
Weihsien
Taku
Tsinan
Tsingtschou
50 km-Zone
Tungtschang
Poschan
Kaomi
Shantung
Kiautschou
Gelbes Meer
chin. Hwang-Hai
Wei-ho
Kiautschou
Bucht
Tsingtao
Mu-ho
Yentschou
Itschowfu
„Pachtgebiet"
Kiautschou (1897/98)
Kaiser-
kanal
Jining
Yen-
Chow-Fu
Kü
0
50
100
150 km
Itschou
neutrales Gebiet
Kiautschou

Literaturauswahl

Auer von Herrenkirchen, Helmuth: *Meine Erlebnisse während des Feldzuges gegen die Hereros und Witbois nach meinem Tagebuch,* Berlin 1912.

Bade, Klaus J.: *Friedrich Fabri und der Imperialismus in der Bismarckzeit. Revolution – Depression – Expansion,* Freiburg i. Br. 1975.

Baer, Martin / Olaf Schröter: *Eine Kopfjagd. Deutsche in Ostafrika. Spuren kolonialer Herrschaft,* Berlin 2001.

Bald, Detlef: *Deutsch-Ostafrika 1900–1914. Eine Studie über Verwaltung, Interessengruppen und wirtschaftliche Erschließung,* München 1970.

Becker, Frank (Hg.): *Rassenmischehen – Mischlinge – Rassentrennung. Zur Politik der Rasse im deutschen Kolonialreich,* Wiesbaden 2004.

Bendikat, Elfi: *Organisierte Kolonialbewegung in der Bismarck-Ära,* Brazzaville / Heidelberg 1984.

Benninghoff-Lühl, Sibylle: *Deutsche Kolonialromane 1884–1914 in ihrem Entstehungs- und Wirkungszusammenhang,* Bremen 1983.

Bley, Helmut: *Kolonialherrschaft und Sozialstruktur in Deutsch-Südwestafrika 1894–1914,* Hamburg 1968.

Brechtken, Magnus: *»Madagaskar für die Juden«. Antisemitische Idee und politische Praxis, 1885–1945,* München 1997.

Browning, Christopher: *Die Entfesselung der »Endlösung«. Nationalsozialistische Judenpolitik 1939–1942,* München 2003.

Busche, Jürgen: *Heldenprüfung. Das verweigerte Erbe des Ersten Weltkriegs,* München 2004.

Carmel, Alex / Ejal Jakob Eisler (Hg.): *Der Kaiser reist ins Heilige Land. Die Palästinareise Wilhelms II. 1898,* Stuttgart 1999.

Deppe Charlotte u. Ludwig: *Um Ostafrika. Erinnerungen,* Dresden 1925.

Eckart, Wolfgang U.: *Medizin und Kolonialimperialismus: Deutschland 1884–1945,* Paderborn 1996.

Eckert, Andreas: *Die Duala und die Kolonialmächte. Eine Untersuchung zu Widerstand, Protest und Protonationalismus in Kamerun vor dem Zweiten Weltkrieg,* Münster 1992.

Erhard, Andreas / Eva Ramminger: *Die Meerfahrt. Balthasar Springers Reise zur Pfefferküste. Mit einem Faksimile des Buches von 1509,* Innsbruck 1998.

Esche, Jan: *Koloniales Anspruchsdenken in Deutschland im Ersten Weltkrieg, während der Versailler Friedensverhandlungen und in der Weimarer Republik (1914 bis 1933),* Hamburg 1989.

Essner, Cornelia: *Deutsche Afrikareisende im neunzehnten Jahrhundert. Zur Sozialgeschichte des Reisens,* Wiesbaden 1985.

Flaskamp, P.: *Tätigkeit der beiden Funktelegraphen-Abteilungen in Südwestafrika 1904 bis 1907,* Berlin 1910.

Förster, Larissa / Dag Henrichsen / Michael Bollig (Hg.): *Namibia – Deutschland: eine geteilte Geschichte. Widerstand, Gewalt, Erinnerung,* Köln 2004.

Franke, Victor: *Die Tagebücher des Schutztruppenoffiziers Victor Franke,* Delmenhorst 2002.

Franzke, Jürgen: *Bagdad- und Hedjazbahn. Deutsche Eisenbahngeschichte im Vorderen Orient,* Nürnberg 2003.

Fröhlich, Michael: *Imperialismus. Deutsche Kolonial- und Weltpolitik 1880–1914,* München 1994.
Götzen, G. A. Graf von: *Deutsch-Ostafrika im Aufstand 1905/06,* Berlin 1909.
Graudenz, Karlheinz: *Die deutschen Kolonien. Geschichte der deutschen Schutzgebiete in Wort, Bild und Karte. Dokumentation und Bildmaterial von Hanns Michael Schindler,* München 1982.
Gründer, Horst: *»... da und dort ein junges Deutschland gründen«. Rassismus, Kolonien und kolonialer Gedanke vom 16. bis zum 20. Jahrhundert,* München 1999.
–: *Christliche Mission und deutscher Imperialismus. Eine politische Geschichte ihrer Beziehungen während der deutschen Kolonialzeit (1884–1914) unter besonderer Berücksichtigung Afrikas und Chinas,* Paderborn 1982.
–: *Geschichte der deutschen Kolonien,* Paderborn 5. Aufl. 2005 (mit ausführlicher Bibliographie).
Handel, Kai (Hg.): *Kommunikation in Geschichte und Gegenwart. (Die Technikgeschichte als Vorbild moderner Technik, Bd. 27),* Freiburg 2002.
Hardach, Gerd: *König Kopra: Die Marianen unter deutscher Herrschaft 1899–1914,* Stuttgart 1990.
Hauer, August: *Kriegserlebnisse eines Arztes in Deutsch-Ostafrika,* Berlin 1935.
Haupt, Werner: *Die deutsche Schutztruppe 1889/1918. Auftrag und Geschichte,* Utting 1989.
Helbig, Helga und Ludwig: *Mythos Deutsch-Südwest. Namibia und die Deutschen,* Weinheim 1983.
Helbig, Klaus: *Legende und Wahrheit. Der Erste Weltkrieg in Ostafrika und die Rolle des Generals Lettow-Vorbeck,* Leipzig 1968.
Henn, Alexander: *Reisen in vergangene Gegenwart. Geschichte und Geschichtlichkeit der Nicht-Europäer im Denken des 19. Jahrhunderts: Die Erforschung des Sudan,* Berlin 1988.
Heyden, Ulrich van der: *Rote Adler an Afrikas Küste. Die brandenburgisch-preußische Kolonie Großfriedrichsburg an der westafrikanischen Küste,* Berlin 1993.
Heyden, Ulrich van der / Joachim Zeller (Hg.): *Kolonialmetropole Berlin. Eine Spurensuche,* Berlin 2002.
Hiery, Hermann: *Das Deutsche Reich in der Südsee (1900–1921). Eine Annäherung an die Erfahrungen verschiedener Kulturen,* Göttingen 1995.
–: *Die Deutsche Südsee 1884–1914. Ein Handbuch,* Paderborn 2. Aufl. 2003.
Hiery, Hermann / Hans-Martin Hinz (Hg.): *Alltagsleben und Kulturaustausch. Deutsche und Chinesen in Tsingtau 1897–1914,* Berlin 1999.
Hildebrand, Klaus: *Vom Reich zum Weltreich. Hitler, NSDAP und koloniale Frage 1919–1945,* München 1969.
Hinz, Hans-Martin / Christoph Lind (Hg.): *Tsingtao. Ein Kapitel deutscher Kolonialgeschichte in China 1897– 1914,* Katalog Deutsches Historisches Museum Berlin 1998.
Honold, Alexander / Klaus R. Scherpe (Hg.): *»Mit Deutschland um die Welt«. Eine Kulturgeschichte des Fremden in der Kolonialzeit,* Stuttgart 2004.
Honold, Alexander / Oliver Simons (Hg.): *Kolonialismus als Kultur. Literatur, Medien, Wissenschaft in der deutschen Gründerzeit des Fremden,* Tübingen 2002.

Hücking, Renate / Ekkehard Launer: *Aus Menschen Neger machen. Wie sich das Handelshaus Woermann in Afrika entwickelt hat,* Hamburg 1986.
Jacobs, Hans C.: *Reisen und Bürgertum. Eine Analyse deutscher Reiseberichte aus China im 19. Jahrhundert. Der Fremde als Spiegel der Heimat,* Berlin 1995.
Jing, Chunxiao: *Mit Barbaren gegen Barbaren. Die chinesische Selbststärkungsbewegung und das deutsche Rüstungsgeschäft im späten 19. Jahrhundert,* Münster 2002.
Kampe, Hans Georg: *Nachrichtentruppe des Heeres und Deutsche Reichspost. Militärisches und staatliches Nachrichtenwesen in Deutschland, 1830–1945,* Waldesruh bei Berlin 1999.
Klein-Arendt, Reinhard: *»Kamina ruft Nauen«. Die Funkstellen in den deutschen Kolonien 1904–1918,* Köln 1996.
Krech, Hans: *Die Kampfhandlungen in den ehemaligen deutschen Kolonien in Afrika während des 1. Weltkrieges (1914–1918),* Berlin 1999.
Krüger, Gesine: *Kriegsbewältigung und Geschichtsbewußtsein. Realität, Deutung und Verarbeitung des deutschen Kolonialkriegs in Namibia 1904 bis 1907,* Göttingen 1999.
Kum'a N'Dumbe III, Alexandre: *Was wollte Hitler in Afrika? NS-Planungen für eine faschistische Neugestaltung Afrikas,* Frankfurt a. M. 1993.
Kundrus, Birthe: *Moderne Imperialisten. Das Kaiserreich im Spiegel seiner Kolonien,* Köln 2003.
Kundrus, Birthe (Hg.): *Phantasiereiche. Zur Kulturgeschichte des deutschen Kolonialismus,* Frankfurt a. M. 2003.
Kuß, Susanne / Bernd Martin (Hg.): *Das Deutsche Reich und der Boxeraufstand,* München 2002.
Laak, Dirk van: *Imperiale Infrastruktur. Deutsche Planungen für eine Erschließung Afrikas, 1880 bis 1960,* Paderborn 2004.
Längin, Bernd G.: *Die deutschen Kolonien. Schauplätze und Schicksale 1884–1918,* Hamburg 2004.
Langner, Rainer-K.: *Das Geheimnis der großen Wüste. Auf den Spuren des Saharaforschers Gerhard Rohlfs,* Frankfurt a. M. 2004.
Lettow-Vorbeck, Paul von: *Heia Safari! Deutschlands Kampf in Ostafrika,* Leipzig 1920.
–: *Meine Erinnerungen an Ostafrika.* Leipzig 1920.
Leutner, Mechthild (Hg.): *»Musterkolonie Kiautschou«: Expansion des Deutschen Reiches in China. Deutsch-chinesische Beziehungen 1897–1914.* Quellensammlung, München 1997.
Linne, Karsten: *»Weiße Arbeitsführer« im Kolonialen Ergänzungsraum,* Münster 2002.
Lorbeer, Marie / Beate Wild (Hg.): *Menschenfresser – Negerküsse. Das Bild vom Fremden im deutschen Alltag,* Berlin 1991.
Marx, Christoph: *»Völker ohne Schrift und Geschichte«. Zur historischen Erfassung des vorkolonialen Schwarzafrika in der deutschen Forschung des 19. und 20. Jahrhunderts,* Stuttgart 1988.
Meier, Axel: *Die kaiserliche Palästinareise 1898. Theodor Herzl, Großherzog Friedrich I. von Baden und das jüdische Protektorat,* Konstanz 1998.
Meighörner-Schardt, Wolfgang: *Wegbereiter des Weltluftverkehrs wider Willen. Die Geschichte des Zeppelin-Luftschifftyps »w«,* Friedrichshafen 1992.

Mühlhahn, Klaus: *Herrschaft und Widerstand in der »Musterkolonie« Kiautschou. Interaktionen zwischen China und Deutschland, 1897–1914,* München 2000.

Nuhn, Walter: *Flammen über Deutschost. Der Maji-Maji-Aufstand in Deutsch-Ostafrika 1905–1906,* Wilhelmshaven 1991.

Oguntoye, Katharina: *Eine afro-deutsche Geschichte. Zur Lebenssituation von Afrikanern und Afro-Deutschen in Deutschland von 1884 bis 1950,* Berlin 1997.

Pfingsten, Otto: *Das Schicksal der Else Sonnenberg im Herero-Aufstand. Das Geschehen 1904 in Deutsch-Südwestafrika,* Wendeburg 2004.

Picker, Henry: *Hitlers Tischgespräche im Führerhauptquartier 1941 bis 1942,* Bonn 1951.

Pohl, Manfred: *Von Stambul nach Bagdad,* München 1999.

Rust, Conrad: *Krieg und Frieden im Hererolande,* Berlin 1905.

Schiefel, Werner: *Bernhard Dernburg. 1865–1937. Kolonialpolitiker und Bankier im wilhelminischen Deutschland,* Zürich / Freiburg 1974.

Schinzinger, Francesca: *Die Kolonien und das Deutsche Reich. Die wirtschaftliche Bedeutung der deutschen Besitzungen in Übersee,* Stuttgart 1984.

Schmitt, Eberhard / Friedrich Karl von Hutten (Hg.): *Das Gold der Neuen Welt. Die Papiere des Welser-Konquistadors und Generalkapitäns von Venezuela Philipp von Hutten 1534–1541,* Hildburghausen 1996.

Schmokel, Wolfe W.: *Der Traum vom Reich. Deutscher Kolonialismus 1919–1945,* Gütersloh 1967.

Schröder, Martin: *Prügelstrafe und Züchtigungsrecht in den deutschen Schutzgebieten Schwarzafrikas,* Münster 1997.

Schubert, Michael: *Der schwarze Fremde. Das Bild des Schwarzafrikaners in der parlamentarischen und publizistischen Kolonialdiskussion in Deutschland von den 1870er bis in die 1930er Jahre,* Stuttgart 2003.

Senger und Etterlin, Stefan von: *Neu-Deutschland in Nordamerika. Massenauswanderung, nationale Gruppenansiedlungen und liberale Kolonialbewegung 1815–1860,* Baden-Baden 1991.

Sonnenberg, Else: *Wie es am Waterberg zuging,* Berlin 1905.

Steltzer, Hans Georg: *Die Deutschen und ihr Kolonialreich,* Darmstadt 1984.

Timm, Uwe: *Deutsche Kolonien,* München 1981 (Bildband).

Trotha, Trutz von: *Koloniale Herrschaft. Zur soziologischen Theorie der Staatsentstehung am Beispiel des »Schutzgebietes Togo«,* Tübingen 1994.

Warmbold, Joachim: *»Ein Stückchen neudeutsche Erd'«. Deutsche Kolonial-Literatur. Aspekte ihrer Geschichte, Eigenart und Wirkung, dargestellt am Beispiel Afrikas,* Frankfurt a.M. 1982.

Wehler, Hans-Ulrich: *Bismarck und der Imperialismus,* München, 4. Aufl. 1976.

Westphal, Wilfried: *Geschichte der deutschen Kolonien,* Gütersloh 1984.

Willmott, Hedley P.: *Der Erste Weltkrieg,* Hildesheim 2005.

Witbooi, Hendrik: *Afrika den Afrikanern! Aufzeichnungen eines Nama-Häuptlings aus der Zeit der deutschen Eroberung Südwestafrikas 1884–1894, hg. v. Wolfgang Reinhard,* Berlin / Bonn 1982.

Zantop, Susanne M.: *Kolonialphantasien im vorkolonialen Deutschland (1770–1870),* Berlin 1999.
Zimmerer, Jürgen / Joachim Zeller (Hg.): *Völkermord in Deutsch-Südwestafrika. Der Kolonialkrieg (1904–1908) in Namibia und seine Folgen,* Berlin 2003.
Zimmerer, Jürgen: *Deutsche Herrschaft über Afrikaner. »Südwest« 1905–1915,* Münster / Hamburg 2001.

Bildnachweis

Nicht in allen Fällen war es möglich, die Rechteinhaber ausfindig zu machen. Berechtigte Ansprüche werden selbstverständlich im Rahmen der üblichen Vereinbarungen abgegolten. Besonderer Dank gilt Cilly Pleschucsnik für zahlreiche Bildbearbeitungen.

Von Archiven und Privatpersonen zur Verfügung gestellte Abbildungen

Afrikahaus, Sebnitz: S. 268, 269
akg-images, Berlin: S. 216 (aus Kladderadatsch, 1885), 246, 296, 422, 436/437,450, 460
Archiv der Basler Mission: S. 109
Archiv der Berliner Missionsgesellschaft: S. 129
Archiv der Pallottiner-Mission, Limburg: S. 98
Archiv der Vereinigten Evangelischen Mission, Wuppertal: S. 78, 120, 121, 122, 165
Archiv des Zoologischen Gartens Basel: S. 279 (Foto: Römmler und Jonas)
Archiv Societas Verbi Divini, Rom: S. 279
Asarschahab: S. 27
Bavaria Film, München-Geiselgasteig: S. 289, 446
Bildamt des Reichskolonialbundes: S. 410
bpk, Berlin: S. 54/55, 76, 197 (Fotosammlung Albert Hahl), 256 (Sammlung Gottwaldt), 284, 369, 396, 422
Bundesarchiv Koblenz, Sammlung Dobbertin: S. 148/149, 336, 339, 343, 353, 357,
Bundesverwaltungsamt Köln: S. 36
Deutsches Historisches Museum, Berlin: S. 452 (Inv.-Nr. Ak 96/638)
dpa-picture alliance, Frankfurt a. M.: S. 434
Heimatmuseum Schloß Schönebeck, Bremen: S. 48
Historisches Archiv Krupp, Essen: S. 219, 220
Institut für Stadtgeschichte, Frankfurt a. M.: S. 253
Linden-Museum, Stuttgart: S. 76 (Sammlung Hildebrandt), 190
Marineschule Mürwik, Historische Sammlung, Flensburg: S. 340
National Archives of Namibia, Windhuk: S. 304. 347, 348

National Archives, Washington D. C.: S. 209
Philipp Holzmann AG, Frankfurt a. M.: S. 255
Politisches Archiv des Auswärtigen Amtes, Berlin: S. 102
www.postcard-museum.com (Peter Weiss, Hamburg): S. 115, 293
Privatarchiv der Autoren: S. 66, 116
Staatliche Kunsthalle, Karlsruhe: S. 24
Staatsarchiv Bremen: S. 112 (Bestand 7.1025-110/46)
Staatsarchiv Windhuk: S. 135, 138, 144, 151
SV-Bilderdienst, München: S. 328 (Scherl), 354 (Blanc Kunstverlag)
Ufa, Berlin: S. 397
ullstein-bild, Berlin: S. 200, 220, 229, 366, 369, 376, 398, 415, 431
Völkerkundemuseum / Ethnologisches Museum, Berlin: S. 168 (Sammlung Siemens), 198
Völkerkundemuseum Leipzig: S. 183
Zeppelin-Museum Friedrichshafen, LZ-Archiv: S. 317 (LZF 104-30), 320 (LZF 104-0029)

Aus Büchern, Katalogen und Zeitschriften entnommene Abbildungen

Theodor de Bry, *Das dritte Buch Americae*. Frankfurt a. M. 1593: S. 19
Hans Burgkmair, *Das graphische Werk. Ausstellungskatalog Graphische Sammlung Staatsgalerie Stuttgart*. Stuttgart 1973: S. 20
Carrington L./Cameron, Nigel (Hg.), *China in Fotografien und Reiseberichten 1860–1912*. Köln 1999: S. 219
Oliver Dapper, *Umbstaendliche und Eigentliche Beschreibung von Africa*. Amsterdam 1670: S. 45
Hans Werner Debrunner, Presence & Prestige – *Africans in Europe. A History of Africans in Europe before 1918*. Basel 1979: S. 46
W. W. Gills, *Life in the Southern Isles*, 1876: S. 174
Ulrich van der Heyden, *Rote Adler an Afrikas Küste*. Berlin 1993: S. 85
Knefelkamp, Ulrich/König, Hans-Joachim u.a., *Die Neuen Welten in alten Büchern*. Bamberg 1988: S. 16
Bernd G. Längin, *Die deutschen Kolonien. Schauplätze und Schicksale 1884–1918*. Hamburg/Berlin/Bonn 2004: S. 49, 153, 159, 243
Paul v. Lettow-Vorbeck, *Mein Leben*. Biberach/Riß 1957: S. 360, 362
Deutscher Kolonial-Atlas mit illustriertem Jahrbuch, hg. von der Deutschen Kolonialgesellschaft. Berlin 1910 ff.: S. 322
Hubert Luschka, *Die Anatomie des Menschen*. Tübingen 1864: S. 260
Bernhard Möllers, Robert Koch. *Persönlichkeit und Lebenswerk 1843 bis 1910*. Hannover 1950: S. 299, 301
Walter Nuhn, *Flammen über Deutschost. Der Maji-Maji-Aufstand in Deutsch-Ostafrika 1905/06, die erste gemeinsame Erhebung schwarzafrikanischer Völker gegen weiße Kolonialherrschaft*. Wilhelmshaven 1991: S. 158
Marcel Prawy, *Richard Wagner. Leben und Werk*. München 1982: S. 34
Eberhard Schmitt/Friedrich Karl v. Hutten (Hg.), *Das Gold der Neuen Welt*. Hildburghausen 1996: S. 12
Else Sonnenberg, *Wie es am Waterberg zuging*. Berlin 1905: S. 134
E. Teurich, *Johann Kuny, der erste brandenburgisch-preußische Negerfürst. Eine Erzählung aus den Kolonien des Großen Kurfürsten*. München o. J. : S. 29

Zuber, Karl-Heinz/Joachim Cornelissen (Hg.): *Von der Zeit der Aufklärung bis zum Ersten Weltkrieg, Bd. 3,* München 1985: S. 101

Das Herz des Menschen, ein Tempel Gottes oder eine Werkstätte des Satans in zehn Figuren sinnbildlich dargestellt zur Erweckung und Beförderung des christlichen Sinnes. Basel 1906: S. 64/65

Das deutsche Kaiserpaar im Heiligen Lande im Herbst 1898. Mit Allerhöchster Ermächtigung Seiner Majestät des Kaisers und Königs bearbeitet nach authentischen Berichten und Akten. Berlin 1899: S. 240, 243

Das deutsche Telegraphen-, Fernsprech- und Funkwesen 1899–1924. Berlin 1925: S. 313

Andenken an den Kolonialismus. Ausstellungskatalog, Tübingen 1984: S. 69

Ausstellungskatalog Franckesche Stiftungen. Halle Juli–Oktober 2001: S. 31

Der Überblick 1/1984: S. 95

Kladderadatsch (Titelblatt), 30. Juli 1919: S. 374

Kolonie und Heimat 1913: S. 276

Simplicissimus, Spezial-Nummer (»Kolonien«), 9. Jg. (1904), Nr. 6: S. 96; 11. Jg. (1906) Nr. 30: S. 290

Telefunken-Zeitung, Nr. 5, April 1912: S. 306, 311

Über Land und Meer. Deutsche Illustrirte Zeitung, Stuttgart 1914: S. 325

Übersee- und Kolonialzeitung 1932: S. 405

Völkischer Beobachter, 6.12.1935: S. 418

Personenregister

Das Deutsche Reich und seine Kolonien